心一堂術數古籍珍本叢刊

書名：蔣大鴻嫡傳水龍經注解 附 虛白廬藏珍本水龍經四種（一）
系列：心一堂術數古籍珍本叢刊 堪輿類 蔣徒張仲馨三元真傳系列 第二輯 187
作者：【清】蔣大鴻編訂、【清】楊臥雲、汪云吾、劉樂山註
主編、責任編輯：陳劍聰
心一堂術數古籍珍本叢刊編校小組：陳劍聰 素聞 梁松盛 鄒偉才 虛白盧主

出版：心一堂有限公司
通訊地址：香港九龍旺角彌敦道六一〇號荷李活商業中心十八樓〇五－〇六室
深港讀者服務中心：中國深圳市羅湖區立新路六號羅湖商業大廈負一層〇〇八室
電話號碼：(852)67150840
網址：publish.sunyata.cc
電郵：sunyatabook@gmail.com
網店：http://book.sunyata.cc
淘寶店地址：https://shop210782774.taobao.com
微店地址：https://weidian.com/s/1212826297
臉書：https://www.facebook.com/sunyatabook
讀者論壇：http://bbs.sunyata.cc/

版次：二零一七年七月初版
平裝：十冊不分售

定價：港幣　二千八百元正
　　　新台幣　一萬零八百元正

國際書號：ISBN 978-988-8317-46-2

香港發行：香港聯合書刊物流有限公司
地址：香港新界大埔汀麗路36號中華商務印刷大廈3樓
電話號碼：(852)2150-2100
傳真號碼：(852)2407-3062
電郵：info@suplogistics.com.hk

台灣發行：秀威資訊科技股份有限公司
地址：台灣台北市內湖區瑞光路七十六巷六十五號一樓
電話號碼：+886-2-2796-3638
傳真號碼：+886-2-2796-1377
網絡書店：www.bodbooks.com.tw
台灣國家書店讀者服務中心：
地址：台灣台北市中山區松江路二〇九號一樓
電話號碼：+886-2-2518-0207
傳真號碼：+886-2-2518-0778
網絡書店：http://www.govbooks.com.tw

中國大陸發行　零售：深圳心一堂文化傳播有限公司
深圳地址：深圳市羅湖區立新路六號羅湖商業大廈負一層〇〇八室
電話號碼：(86)0755-82224934

心一堂微店二維碼

心一堂淘寶店二維碼

心一堂術數古籍珍本叢刊 整理 總序

術數定義

術數，大概可謂以「推算（推演）、預測人（個人、群體、國家等）、事、物、自然現象、時間、空間方位等規律及氣數，並或通過種種『方術』，從而達致趨吉避凶或某種特定目的」之知識體系和方法。

術數類別

我國術數的內容類別，歷代不盡相同，例如《漢書．藝文志》中載，漢代術數有六類：天文、曆譜、五行、蓍龜、雜占、形法。至清代《四庫全書》，術數類則有：數學、占候、相宅相墓、占卜、命書、相書、陰陽五行、雜技術等，其他如《後漢書．方術部》、《藝文類聚．方術部》、《太平御覽．方術部》等，對於術數的分類，皆有差異。古代多把天文、曆譜、及部分數學均歸入術數類，而民間流行亦視傳統醫學作為術數的一環；此外，有些術數與宗教中的方術亦往往難以分開。現代民間則常將各種術數歸納為五大類別：命、卜、相、醫、山，通稱「五術」。

本叢刊在《四庫全書》的分類基礎上，將術數分為九大類別：占筮、星命、相術、堪輿、選擇、三式、讖諱、理數（陰陽五行）、雜術（其他）。而未收天文、曆譜、算術、宗教方術、醫學。

術數思想與發展——從術到學，乃至合道

我國術數是由上古的占星、卜筮、形法等術發展下來的。其中卜筮之術，是歷經夏商周三代而通過「龜卜、蓍筮」得出卜（筮）辭的一種預測（吉凶成敗）術，之後歸納並結集成書，此即現傳之《易經》。經過春秋戰國至秦漢之際，受到當時諸子百家的影響、儒家的推崇，遂有《易傳》等的出現，原本是卜筮術書的《易經》，被提升及解讀成有包涵「天地之道

（理）」之學。因此，《易・繫辭傳》曰：「易與天地準，故能彌綸天地之道。」

漢代以後，易學中的陰陽學說，與五行、九宮、干支、氣運、災變、律曆、卦氣、讖緯、天人感應說等相結合，形成易學中象數系統。而其他原與《易經》本來沒有關係的術數，如占星、形法、選擇，亦漸漸以易理（象數學說）為依歸。《四庫全書・易類小序》云：「術數之興，多在秦漢以後。要其旨，不出乎陰陽五行，生尅制化。實皆《易》之支派，傅以雜說耳。」至此，術數可謂已由「術」發展成「學」。

及至宋代，術數理論與理學中的河圖洛書、太極圖、邵雍先天之學及皇極經世等學說給合，通過術數以演繹理學中「天地中有一太極，萬物中各有一太極」（《朱子語類》）的思想。術數理論不單已發展至十分成熟，而且也從其學理中衍生一些新的方法或理論，如《梅花易數》、《河洛理數》等。

在傳統上，術數功能往往不止於僅僅作為趨吉避凶的方術，及「能彌綸天地之道」的學問，亦有其「修心養性」的功能，「與道合一」（修道）的內涵。《素問・上古天真論》：「上古之人，其知道者，法於陰陽，和於術數。」數之意義，不單是外在的算數、歷數、氣數，而是與理學中同等的「道」、「理」--心性的功能，北宋理氣家邵雍對此多有發揮：「聖人之心，是亦數也」、「萬化萬事生乎心」、「心為太極」。《觀物外篇》：「先天之學，心法也。……蓋天地萬物之理，盡在其中矣，心一而不分，則能應萬物。」反過來說，宋代的術數理論，受到當時理學、佛道及宋易影響，認為心性本質上是等同天地之太極。天地萬物氣數規律，能通過內觀自心而有所感知，即是內心也已具備有術數的推演及預測、感知能力；相傳是邵雍所創之《梅花易數》，便是在這樣的背景下誕生。

《易・文言傳》已有「積善之家，必有餘慶；積不善之家，必有餘殃」之說，至漢代流行的災變說及讖緯說，我國數千年來都認為天災，異常天象（自然現象），皆與一國或一地的施政者失德有關；下至家族、個人之盛衰，也都與一族一人之德行修養有關。因此，我國術數中除了吉凶盛衰理數之外，人心的德行修養，也是趨吉避凶的一個關鍵因素。

術數與宗教、修道

在這種思想之下，我國術數不單只是附屬於巫術或宗教行為的方術，又往往是一種宗教的修煉手段--通過術數，以知陰陽，乃至合陰陽（道）。「其知道者，法於陰陽，和於術數。」例如，「奇門遁甲」術中，即分為「術奇門」與「法奇門」兩大類。「法奇門」中有大量道教中符籙、手印、存想、內煉的內容，是道教內丹外法的一種重要外法修煉體系。甚至在雷法一系的修煉上，亦大量應用了術數內容。此外，相術、堪輿術中也有修煉望氣（氣的形狀、顏色）的方法；堪輿家除了選擇陰陽宅之吉凶外，也有道教中選擇適合修道環境（法、財、侶、地中的地）的方法，以至通過堪輿術觀察天地山川陰陽之氣，亦成為領悟陰陽金丹大道的一途。

易學體系以外的術數與的少數民族的術數

我國術數中，也有不用或不全用易理作為其理論依據的，如揚雄的《太玄》，司馬光的《潛虛》。也有一些占卜法、雜術不屬於《易經》系統，不過對後世影響較少而已。

外來宗教及少數民族中也有不少雖受漢文化影響（如陰陽、五行、二十八宿等學說。）但仍自成系統的術數，如古代的西夏、突厥、吐魯番等占卜及星占術，藏族中有多種藏傳佛教占卜術，苯教占卜術，擇吉術，推命術，相術等；北方少數民族有薩滿教占卜術；不少少數民族如水族，白族，布朗族，佤族，彝族，苗族等，皆有占雞（卦）草卜，雞蛋卜等術，納西族的占星術，占卜術，彝族畢摩的推命術，占卜術……等等，都是屬於《易經》體系以外的術數。相對上，外國傳入的術數以及其理論，對我國術數影響更大。

曆法、推步術與外來術數的影響

我國的術數與曆法的關係非常緊密。早期的術數中，很多是利用星宿或星宿組合的位置（如某星在某州或某宮某度）付予某種吉凶意義，并據之以推演，例如歲星（木星），月將（某月太陽所躔之宮次）等。不過，由於不同的古代曆法推步的誤差及歲差的問題，若干年後，其術數所用之星辰的位置，已與真實星辰的位置不一樣了；此如歲星（木星），早期的曆法及術數以十二年為一周期（以應地支），與木星真實周期十一點八六年，每幾十年便錯一宮。後來術家又設一「太歲」的假想星體來解決，是歲星運行的相反，週期亦剛好是十二年。而術數中的神煞，很多即是根據太歲的位置而定。又如六壬術中的「月將」，原是立春節氣後太陽躔娵訾之次而稱作「登明亥將」，至宋代，因歲差的關係，要到雨水節氣後太陽才躔娵訾之次，當時沈括提出了修正，但明清時六壬術中「月將」仍然沿用宋代沈括修正的起法沒有再修正。

由於以真實星象周期的推步術是非常繁複，而且古代星象推步術本身亦有不少誤差，大多數術數除依曆書保留了太陽（節氣）、太陰（月相）的簡單宮次計算外，漸漸形成根據干支、日月等的各自起例，以起出其他具有不同含義的眾多假想星象及神煞系統。唐宋以後，我國絕大部分術數都主要沿用這一系統，也出現了不少完全脫離真實星象的術數，如《子平術》、《紫微斗數》、《鐵版神數》等。後來就連一些利用真實星辰位置的術數，如《七政四餘術》及選擇法中的《天星選擇》，也已與假想星象及神煞混合而使用了。

隨着古代外國曆（推步）、術數的傳入，如唐代傳入的印度曆法及術數，元代傳入的回回曆等，其中我國占星術便吸收了印度占星術中羅睺星、計都星等而形成四餘星，又通過阿拉伯占星術而吸收了其中來自希臘、巴比倫占星術的黃道十二宮、四大（四元素）學說（地、水、火、風），並與我國傳統的二十八宿、五行說、神煞系統並存而形成《七政四餘術》。此外，一些術數中的北斗星名，不用我國傳統的星名：天樞、天璇、天璣、天權、玉衡、開陽、搖光，而是使用來自印度梵文所譯的：貪狼、巨門、祿存、文曲，廉貞、武曲、破軍等，此明顯是受到唐代從印度傳入的曆法及占星術所影響。如星命術中的《紫微斗數》及堪輿術中的《撼龍經》等文獻中，其星皆用印度譯名。及至清初《時憲曆》，置閏之法則改用西法「定氣」。清代以後的術數，又作過不少的調整。

此外，我國相術中的面相術、手相術，唐宋之際受印度相術影響頗大，至民國初年，又通過翻譯歐西、日本的相術書籍而大量吸收歐西相術的內容，形成了現代我國坊間流行的新式相術。

陰陽學——術數在古代、官方管理及外國的影響

術數在古代社會中一直扮演着一個非常重要的角色，影響層面不單只是某一階層、某一職業、某一年齡的人，而是上自帝王，下至普通百姓，從出生到死亡，不論是生活上的小事如洗髮、出行等，大事如建房、入伙、出兵等，從個人、家族以至國家，從天文、氣象、地理到人事、軍事，從民俗、學術到宗教，都離不開術數的應用。我國最晚在唐代開始，已把以上術數之學，稱作陰陽（學），行術數者稱陰陽人。（敦煌文書、斯四三二七唐《師師漫語話》：「以下說陰陽人謾語話」，此說法後來傳入日本，今日本人稱行術數者為「陰陽師」）。一直到了清末，欽天監中負責陰陽術數的官員中，以及民間術數之士，仍名陰陽生。

古代政府的中欽天監（司天監），除了負責天文、曆法、輿地之外，亦精通其他如星占、選擇、堪輿等術數，除在皇室人員及朝庭中應用外，也定期頒行日書、修定術數，使民間對於天文、日曆用事吉凶及使用其他術數時，有所依從。

我國古代政府對官方及民間陰陽學及陰陽官員，從其內容、人員的選拔、培訓、認證、考核、律法監管等，都有制度。至明清兩代，其制度更為完善、嚴格。

宋代官學之中，課程中已有陰陽學及其考試的內容。（宋徽宗崇寧三年〔一一零四年〕崇寧算學令：「諸學生習……並曆算、三式、天文書。」「諸試……三式即射覆及預占三日陰陽風雨。天文即預定一月或一季分野災祥，並以依經備草合問為通。」

金代司天臺，從民間「草澤人」（即民間習術數人士）考試選拔：「其試之制，以《宣明曆》試推步，及《婚書》、《地理新書》試合婚、安葬，並《易》筮法，六壬課、三命、五星之術。」（《金史》卷五十一・志第三十二・選舉一）

元代為進一步加強官方陰陽學對民間的影響、管理、控制及培育，除沿襲宋代、金代在司天監掌管陰陽學及中央的官學陰陽學課程之外，更在地方上增設陰陽學課程（《元史・選舉志一》：「世祖至元二十八年夏六月始置諸路陰陽學。」）地方上也設陰陽學教授員，培育及管轄地方陰陽人。

（《元史·選舉志一》：「（元仁宗）延祐初，令陰陽人依儒醫例，於路、府、州設教授員，凡陰陽人皆管轄之，而上屬於太史焉。」）自此，民間的陰陽術士（陰陽人），被納入官方的管轄之下。

至明清兩代，陰陽學制度更為完善。中央欽天監掌管陰陽學，明代地方縣設陰陽學正術，各州設陰陽學典術，各縣設陰陽學訓術。陰陽人從地方陰陽學肆業或被選拔出來後，再送到欽天監考試。（《大明會典》卷二二三：「凡天下府州縣舉到陰陽人堪任正術等官者，俱從吏部送（欽天監），考中，送回選用；不中者發回原籍為民，原保官吏治罪。」）清代大致沿用明制，凡陰陽術數之流，悉歸中央欽天監及地方陰陽官員管理、培訓、認證。至今尚有「紹興府陰陽印」、「東光縣陰陽學記」等明代銅印，及某某縣某某之清代陰陽執照等傳世。

清代欽天監漏刻科對官員要求甚為嚴格。《大清會典》「國子監」規定：「凡算學之教，設肄業生。滿洲十有二人，蒙古、漢軍各六人，於各旗官學內考取。漢十有二人，於舉人、貢監生童內考取。附學生二十四人，由欽天監選送。教以天文演算法諸書，五年學業有成，舉人引見以欽天監博士用，貢監生童以天文生補用。」學生在官學肄業、貢監生肄業或考得舉人後，經過了五年對天文、算法、陰陽學的學習，其中精通陰陽術數者，會送往漏刻科。而在欽天監供職的官員，《大清會典則例》「欽天監」規定：「本監官生三年考核一次，術業精通者，保題升用。不及者，停其升轉，再加學習。如能黽勉供職，即予開復。仍不及者，降職一等，再令學習三年，能習熟者，准予開復，仍不能者，黜退。」除定期考核以定其升用降職外，《大清律例》中對陰陽術士不準確的推斷（妄言禍福）是要治罪的。《大清律例·一七八·術七·妄言禍福》：「凡陰陽術士，不許於大小文武官員之家妄言禍福，違者杖一百。其依經推算星命卜課，不在禁限。」大小文武官員延請的陰陽術士，自然是以欽天監漏刻科官員或地方陰陽官員為主。

官方陰陽學制度也影響鄰國如朝鮮、日本、越南等地，一直到了民國時期，鄰國仍然沿用着我國的多種術數。而我國的漢族術數，在古代甚至影響遍及西夏、突厥、吐蕃、阿拉伯、印度、東南亞諸國。

術數研究

術數在我國古代社會雖然影響深遠，「是傳統中國理念中的一門科學，從傳統的陰陽、五行、九宮、八卦、河圖、洛書等觀念作大自然的研究。……傳統中國的天文學、數學、煉丹術等，要到上世紀中葉始受世界學者肯定。可是，術數還未受到應得的注意。術數在傳統中國科技史、思想史，文化史、社會史，甚至軍事史都有一定的影響。……更進一步了解術數，我們將更能了解中國歷史的全貌。」（何丙郁《術數、天文與醫學中國科技史的新視野》，香港城市大學中國文化中心。）

可是術數至今一直不受正統學界所重視，加上術家藏秘自珍，又揚言天機不可洩漏，「（術數）乃吾國科學與哲學融貫而成一種學說，數千年來傳衍嬗變，或隱或現，全賴一二有心人為之繼續維繫，賴以不絕，其中確有學術上研究之價值，非徒癡人說夢，荒誕不經之謂也。其所以至今不能在科學中成立一種地位者，實有數因。蓋古代士大夫階級目醫卜星相為九流之學，多恥道之；而發明諸大師又故為惝恍迷離之辭，以待後人探索；間有一二賢者有所發明，亦秘莫如深，既恐洩天地之秘，復恐譏為旁門左道，始終不肯公開研究，成立一有系統說明之書籍，貽之後世。故居今日而欲研究此種學術，實一極困難之事。」（民國徐樂吾《子平真詮評註》，方重審序）

現存的術數古籍，除極少數是唐、宋、元的版本外，絕大多數是明、清兩代的版本。其內容也主要是明、清兩代流行的術數，唐宋或以前的術數及其書籍，大部分均已失傳，只能從史料記載、出土文獻、敦煌遺書中稍窺一鱗半爪。

術數版本

坊間術數古籍版本，大多是晚清書坊之翻刻本及民國書賈之重排本，其中豕亥魚魯，或任意增刪，往往文意全非，以至不能卒讀。現今不論是術數愛好者，還是民俗、史學、社會、文化、版本等學術研究者，要想得一常見術數書籍的善本、原版，已經非常困難，更遑論如稿本、鈔本、孤本等珍稀版本。在文獻不足及缺乏善本的情況下，要想對術數的源流、理法、及其影響，作全面深入的研究，幾不可能。

有見及此，本叢刊編校小組經多年努力及多方協助，在海內外搜羅了二十世紀六十年代以前漢文為主的術數類善本、珍本、鈔本、孤本、稿本、批校本等數百種，精選出其中最佳版本，分別輯入兩個系列：

一、心一堂術數古籍珍本叢刊

二、心一堂術數古籍整理叢刊

前者以最新數碼（數位）技術清理、修復珍本原本的版面，更正明顯的錯訛，部分善本更以原色彩色精印，務求更勝原本。并以每百多種珍本、一百二十冊為一輯，分輯出版，以饗讀者。

後者延請、稿約有關專家、學者，以善本、珍本等作底本，參以其他版本，古籍進行審定、校勘、注釋，務求打造一最善版本，方便現代人閱讀、理解、研究等之用。

限於編校小組的水平，版本選擇及考證、文字修正、提要內容等方面，恐有疏漏及舛誤之處，懇請方家不吝指正。

心一堂術數古籍珍本 整理叢刊編校小組

二零零九年七月序

二零一四年九月第三次修訂

水龍經序

自鴻蒙開闢以來山水爲乾坤二大神器並雄於天壤之間一陰一陽一剛一柔一流一峙如天覆地載日旦月暮各司一職後世言地之家罔識厥理知山之爲龍而不知水之爲龍即有高談水法者莫不以山爲之體而水爲之用至比之兵之聽令爭將婦之效順乎夫乎是山之名獨尊而水之權小絀遂使平陽水局之地置水龍之真機而傳會山龍之妄説舉世昏昏有若聾聵此非楊曾以還未晰此義也古人不云乎行到平陽莫問蹤只看水遶是

真龍又云平陽大地無龍虎滯、歸何處東西只取水為龍扦着出三公其言之曉暢條達彰、在人耳目間如是久矣人自不之察耳至其裁製格法寔鮮專書發揮未備卒使學者有同面墻無徑可入推原其故豈不以山之結構有定而水之運用無窮世人若知水龍作法盡大地山河隨所指顧咸可握神机參造化故引而不發為天地惜此秘奥耳高、在上哀此下民亦欲使千古不傳之緒宣露一時假
階
下愚發抒要妙為後此通人彥士執鑾前驅乃因無極之傳盡泄楊公之訣于是
階
乃蕩然大闢其奇以山龍屬高山以水龍屬平壤二法判分不憚大聲疾呼以正告天下有識之士間亦信之從来迷謬兹為洞豁
階
竊自懼其遭逢之太幸恐冒陰陽之懲何敢貪天之功以為己力也始
階
初得師傳時既知有水龍之法矣而求之古今成跡茫無考據及得幕講禪師玉鏡正經千里眼諸書而後入穴古机若合符契未幾又得水龍經若干篇乃嘆平陽龍法未嘗無書但先賢珍重不浪泄于世尔因無刊本間有字句之訛用加較讐詮次成書編成五卷一卷明行龍結穴大辟支幹相乘之法二卷明五星正变穴體吉凶審辨之

法三卷述水龍正應星垣諸大格四卷指水龍託物比類之象五卷義同二卷而縱橫言之一二四卷得之吳天柱先生三卷得之乍浦一人家五卷最後得之我郡夫是五者或有作者姓名或失其姓名其言各擅精義互見得失合而觀之則水龍軌度無餘蘊矣以此水龍為之辭而后施之以三元九宮乘氣作用譬之大匠水龍者梗楠杞梓而三元九宮其方圓繩墨也譬之丹家水龍者鼎鼐藥物而三元九宮其卦爻火候也名材未搜公輸無所施其巧鉛汞不備伯陽無以運其神故天元心法亦云至矣而是書又曷可少乎經之為名不可漫加即其舊名因而不革實可藏之金匱石室與青囊狐首並垂不朽後之學者苟非有過人之福天牖其衷未獲觀此書也希世之寶惟有德者當之尚其知敬也欲尚其知懼也欲當天啟下元甲子又四十年歲次癸卯律中　後學杜陵蔣平階大鴻氏題於丹陽之水精庵

水龍經第一卷總論

此卷專明水龍支榦之理蓋以通流大水為行龍而謂之榦以溝渠小水為割界而謂之支穴法取支不取榦猶之高山起祖重岩叠嶂之中反無真結而老龍發出嫩枝始有結作也篇中主意嘗以榦龍遠抱取外氣形局而以支龍止息交會取內氣孕育其子水龍之理論之特為美備蓋大江大河雖有灣抱其氣曠渺與墓宅不親斷難下手須於其傍另有支水作元辰遶抱成胎則化氣內生并大水之氣脉皆收攬而無餘斯大地矣予觀舊家名塚枝

川小幹首尾通流其形曲折竟于轉處下龍腹穴全無内堂界水亦得大發其小枝盡處或一水单纏或双流界抱深藏蜿蜒毓秀鍾靈世家大族所在都有不必盡論外局其福力已不可限量似乎此書所論不可盡拘然小幹無支其局雖大必須久而後應終難驟發支龍無幹其效雖捷而氣盡易衰不能綿遠究不若支幹相扶之地可希求旦夕之功而亦可期代興之澤也然則此書之義其可廢而不察歟其所重在特朝之水迎秀立穴斯雖正論然必欲其逆入朝迎猶是一偏之論蓋水龍妙用只在流神曲秀生動化机自呈前後左右無往不宜順逆去来隨方協應以予所見尤以坐向首尾為駕馭有權或左或右未免偏于公位耳若湖蕩龍法此書皆取衆砂環聚蓋即做山龍圖式脈倒星辰之說也果如所圖局法固美然予徧觀吳楚之間三江五湖巨浸多矣欲合此等圖式百無一遇今存此說會意之亦必欲按圖索驥求此等之地而葬之涉于愚矣要之湖蕩之脈亦當深明支幹蓋大蕩即名大幹必須其傍又求支水立穴而後發福可期若单取大蕩陽宅尚有歸收陰基必難来接其借外砂包護亦即支幹之法而變

用之者也至于水龍作用全在八卦三元江河湖蕩其歸一也不精此義縱得合格大地未免求福而反受其禍則又乾坤之祕奧聖哲之心傳而非作此書者所能知也此書作者不著姓名大約近代人手筆其每篇立論未免尚存流俗之見于真傳正訣猶隔一山予以支榦之說為水龍開卷第一義故節取其圖列之卷首若一〻泥于其說則于真寔際分反致河漢貴學者之善讀書也

水龍經第一卷

氣機妙運論

太始惟一氣耳究其所先莫先于水水〻中滓濁積而成土水土震盪水落土出遂成山川是以山形有波浪之勢焉經云氣者水之母水者氣之子氣行則水隨水止則氣止子母同情水氣相逐猶影之隨形也夫氣一也盪于地外而有迹者為水行乎地中而無形者為氣水其表也氣其裏也表裏同運內外同流此造化必然之妙用故欲知地中之氣趨東趨西即其水之或去或來可以槩

知之矣若觀氣機之運者觀諸水川上之嘆亦可以觀宣聖見道之情焉然行龍必有水輔氣止必有水界輔行龍者既在乎水故察其水之所來是以知龍氣發源之始止龍氣者亦在乎水故察其水之所交是以知龍氣融聚之處故經曰界水則止又曰外氣橫行內氣止生旨哉斯言欤然夫天地之氣陰與陽而已易曰一陰一陽之謂道又曰陰陽互藏其宅動靜互為其根陰陽相禪萬物化醇郭子有云獨陽不長生獨陰不成陰陽合德而生成之功備故山脉之峙水脉之流各有陰陽水者陽也山者陰也二者交互不可須臾離也地脉之行藉水以導之地脉之住藉水以止之既能導其行又能止其止者何也蓋外氣與內氣相合二氣相盪而成物犹夫婦交姤而成生育之功也陽為雄陰為雌陽以畜陰陰以含陽即雌雄相會牝牡交姤之情也故曰陰陽相見福祿永貞冲陽和陰萬物化生此天地自然之化機也合而言之混沌之体即萬物統體一太極之妙用分而言之隨物付物又萬物各具一太極之元真也知太極之理則可以語化機之妙知化機之妙則可以語形象之學矣

自然水法歌

水法最多難盡述略舉大綱釋迷惑世傳卦例千數家彼吉此凶行不渇自然水法君切記無非屈曲有情意来不欲冲去不直橫不欲反斜不急橫須遶抱及彎環来則之元去屈曲澄清停蓄甚為佳傾瀉急流何有益八字分開男女淫川流三派業欹傾急瀉急流財不聚直来直去損人丁左射長男必遭殃右射幼子受灾傷若還水從中心射中房之子命難長掃脚蕩城子息少冲心射脇孤寡夭反跳人離及退財捲簾填房與人贅澄清出人多俊秀

污濁生子蠢愚鈍大江洋朝田萬頃牆拱爵祿食五點池湖凝聚卿相職大江洋朝貴無敵飄斜出是桃花一云犯流霞男女貪淫搖破家又生出人好遊蕩終朝吹唱逐奢華屈曲流來秀水朝定然金榜有名標此言去流無妨碍財豐亦主官豪邁水法不拘去與來但要屈曲去復迴三回五度轉頤穴隱眷戀不忍別何用九星并八卦生旺死絕皆虛誕述此一篇真口訣讀者胸中皆透徹免惑時師卦例言禍無福有須當別

幹水城垣格

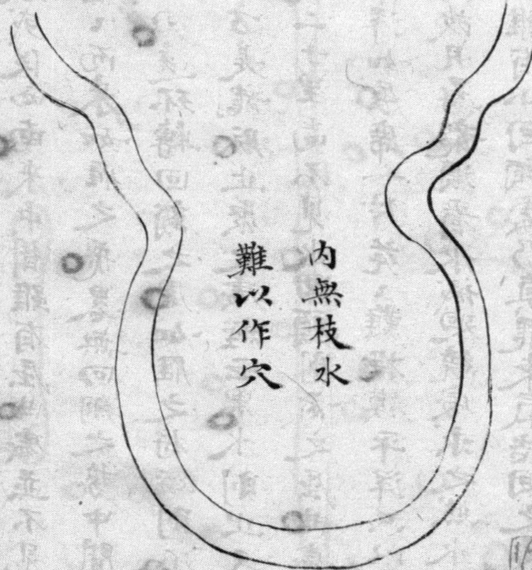

大河大江或從東南來或從西南來中間雖有屈曲處並不見回頭環遶十里二十里滔滔而來如雁之飛畧無回翔之勢中間雖有屈曲決不結穴直至回遶环轉回顧之處如雁之將止則不必回翔而後歇泊也至此方是龍脉止聚之處經云界水則止又云界水所以止來龍若一二十里尚不見水回頭則前之屈曲處乃行龍處也書云龍落平洋如展席一片茫茫難捉摸平洋只以水為龍水纏便是龍身泊故凡尋龍須看水城廻繞處求之然水之來路遠其勢寬大中間雖有小回頭處乃真龍東氣結咽之處即

未結穴直至大纏大回之處方始聚氣然到頭形勢寬大又難捉摸必須求支水界劃何如得枝水挿腹界出内堂砂水包裹不球不密形局完固方為真穴若非支水界劃則大水雖環遶終是茫茫無以指點蓋勢寬則氣蕩形大則氣散内無枝水交衿一片頑皮何以立穴雖無大害必不發福矣

榦水散氣格

此局榦水斜行似有曲折而非環抱又無枝水以作內氣總不結

不結

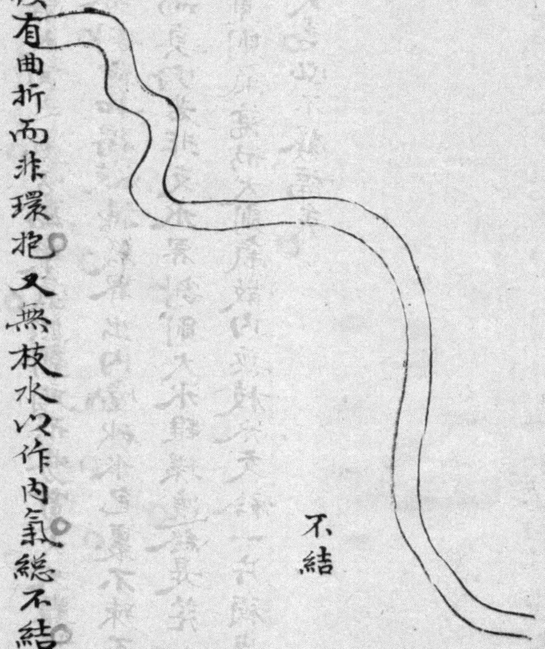

枝水交界格

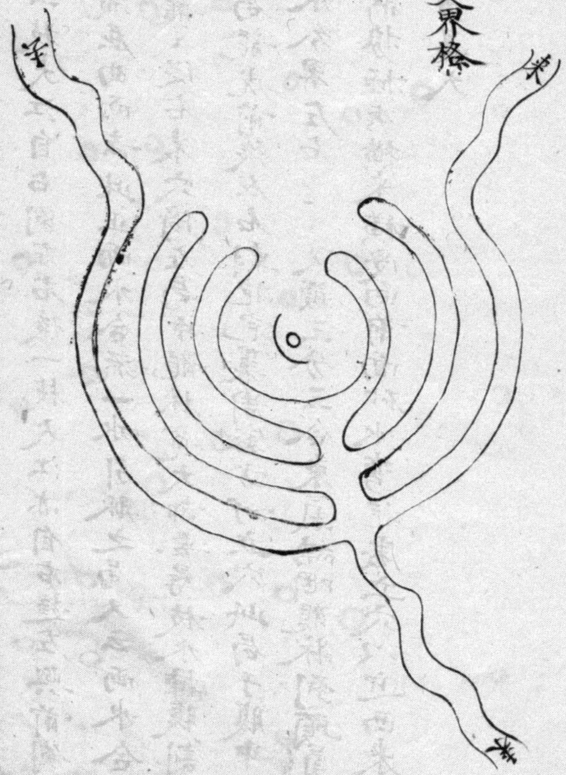

右前一枝大江自右倒左右後一枝大江亦自右趋左與前倒左
水合流屈曲而去此正两水合流一水引脉之局又云两水合出
是真龍、從右来穴倚左局中龍脉寛大卻要尋枝水揷腹劏界
作内局龍虎前後左右朝抱包裹周密方可立穴此局手腹中揷
入小水分界左右重重交鎖三分三合東氣結咽龍脉到頭員浄
端嚴形勢極秀横来横受向前面砂水彎抱處立穴以近西来水
其福力甚大

支水交界格

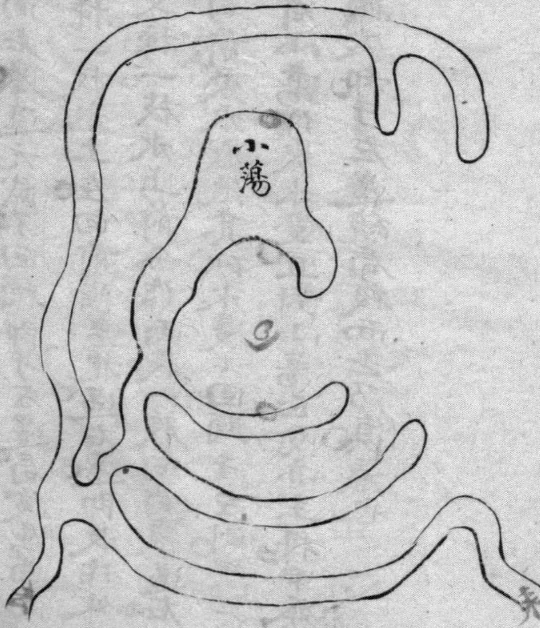

此勢受水只從後面右來遶元武不回頭即于左邉局後屈曲而去于後大水去處揷一枝水上左向前灣弓抱過右邉即收作外包裹又于左之後又揷一枝水上前分作两股一股向局後過右界出龍脉一股向局前聚水成池其砂水隻隻回頭于左側此亦横来側結穴也前有小蕩作聚水堂直對小蕩正受亦主科甲發貴盖元武水雖不顧穴却于左邉繞局後而去乃真氣也

支水交界格

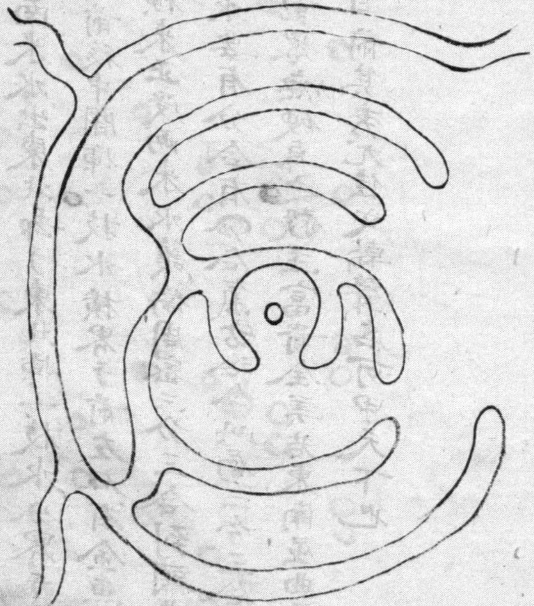

西南水来送合東南来水出東北却于東北揷一枝水分界于左右作龍虎砂横夾于前後中間揷一枝水横界于前左右有金魚水緊拱 于兩間作横来正受两来水護衛周密三分三合到頭其氣完固如斯經云水要有分合有分合氣方洽合此局三分三合而轉頭向南委曲活動畧無硬直之殺主富貴全美若東南屈曲而来穴中望之如在目前其秀尤佳文翰聲名可甲天下也

支水交界格

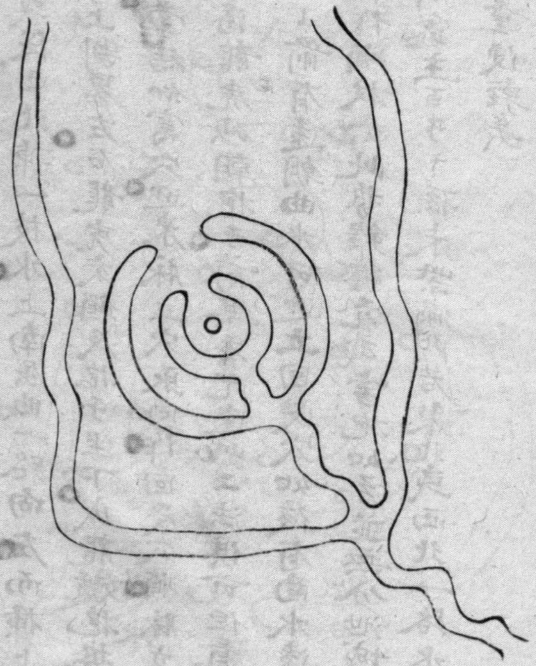

坐下或從東北或從西北棒一枝水上南屈曲一路向左而棒上一路向右而棒上割界左右龍虎交鎖及抱手坐下成龍虎抱勢到頭成仙人仰掌結仰窩穴逆來脉立穴取向作回受穴順脉立穴取向爲順杖得龍虎砂朝抱手前其秀尤速此二法俱可但看前後朝應何如。前有遠朝曲水可逆五回受穴如後有面水遠朝或遠山呈秀作順杖穴此勢雖纒元武旁抱如弓並無分泄城郭完固局勢周密主百子千孫朱紫滿門若東北或西北一路水分泄而去其力量便輕矣

曲水朝堂格

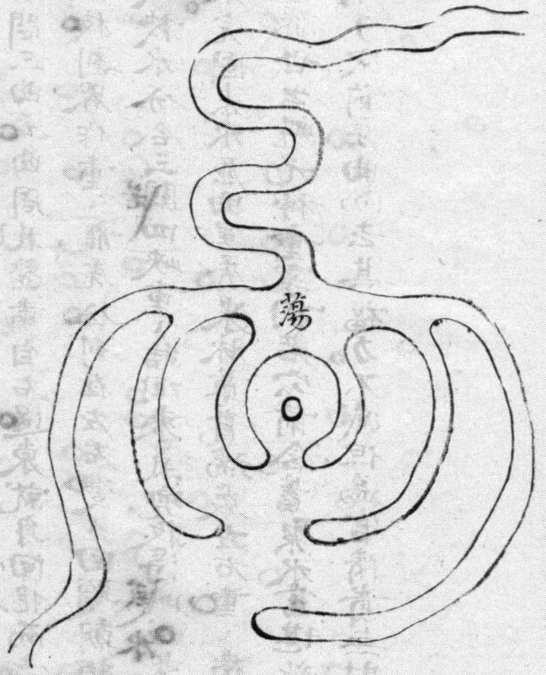

穴前曲水不問三曲五曲周札（迊）整肅自右過東就身回抱而去却
于曲水後分枝劃界作重丶龍虎分列在左右雙丶回頭朝顧如
拜如揖穴後枝水分合三關四峽重丶結咽束氣兜收得此形勢極
爲周密秀水完固来水屈曲呈秀来脉尊貴端嚴左右重丶衛護
主有百子千孫世出魁元神童宰相若穴前含蓄聚水富堪敵國
若水係左来于穴前屈曲而去其福力不減但爲官清貴無財清
白傳家

曲水朝堂格

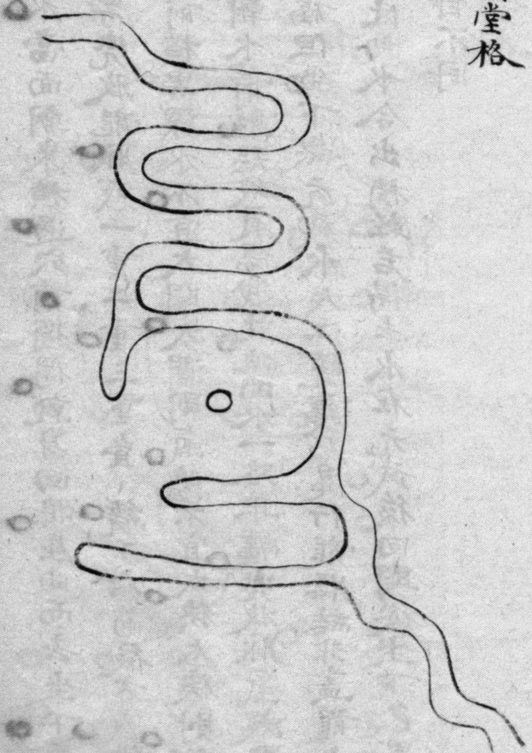

凡見曲水當面朝來橫過穴前須得就身回抱屈曲而去坐下要枝水割界兜收龍脉或一重二重三重疊疊繞于穴前後方成體勢其穴前橫界深水不宜太闊太濶則氣蕩不宜太狹太狹則氣促而前朝水箭射恐破氣傷洩此地曲水一路单纏兜收脉氣凝聚大能發福但坐下無元武水大江繞護乃是行龍腰結非盡龍也其力量比两水合出稍輕若得去水在元武後回頭從坐下包裹而去更自不同

曲水朝堂格

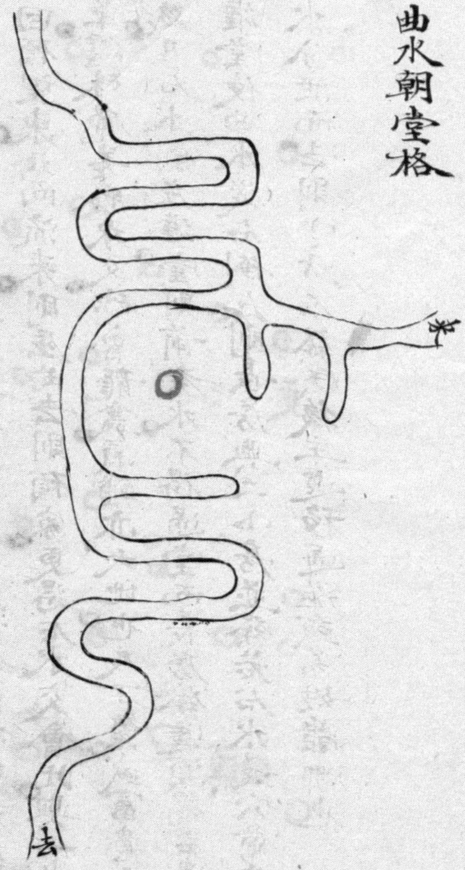

穴前秀水當面朝來與右來橫水合流倒左就身回抱繞元武却回顧望東北而流來則屈曲去則顧家更得右水交會此與一水單纏殊覺差勝水交砂會龍盡氣鍾亦大地也人丁繁盛富貴之兆盛凡右水倒左灌堂則前秀水不得過堂而長房發達須得右邊灌堂使曲水從右倒左則長房與二小房並發若右水是穴前曲水分泄而去則小房不發矣後主遷移過繼或易姓離鄉也

曲水朝堂格

或從左来屈曲到堂或從右倒就身環抱繞元武而去或從右来
屈曲到堂從左倒就身環抱繞元武而去其曲處須要如元字樣
或如之字樣不懈不跡整肅周匝至穴前却如湾环就身遠轉包承
于穴後得此形勢甚佳若形勢太寬中間須得枝水界得脉絡清
奇若局勢周密雖無枝水劃界亦可立穴

曲水朝堂格

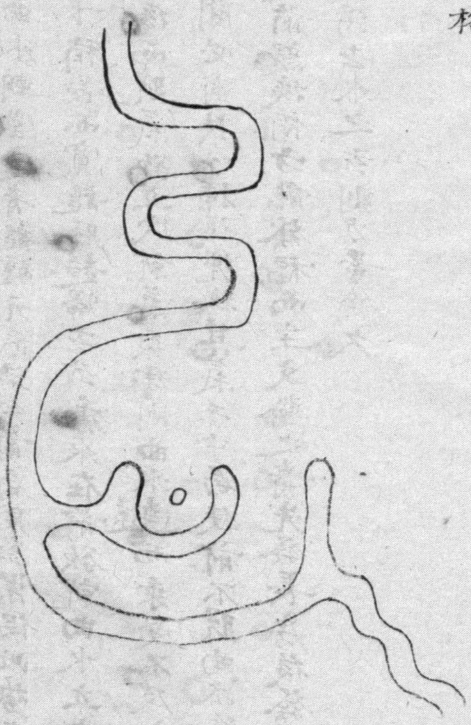

此勢與前曲水朝堂遠青龍纏元武法合前局周密緊促此勢左來就身夾下稍長而寬龍脉趋歸玄武旁水在前欲就曲水立穴則氣聚在後而脫氣欲立穴就氣聚處則曲水遠遶而乘受不及如此形勢中間必有枝水插腹兜收其氣于中局使前不脫曲水後不脫龍氣前親後倚方能發福而主文翰之貴先發長房後發中房小房更得去水之玄則力量悠久

曲水单纏格

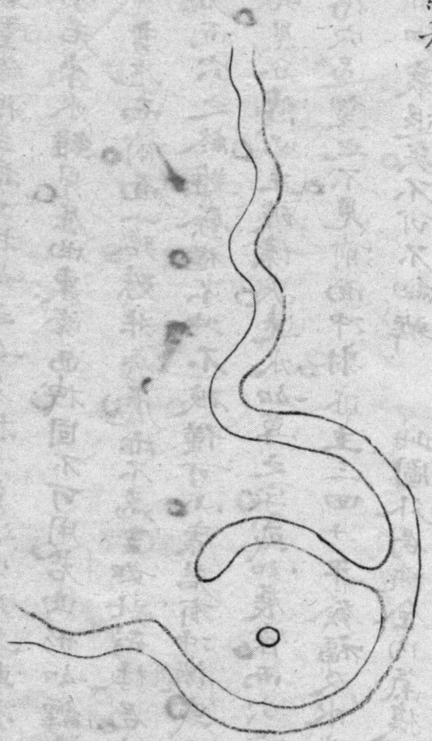

凡曲水朝堂須得三摺四摺如之如元摺丶包過穴塲其轉摺處不至冲射若來水雖見屈曲東牽西拽固不可用若曲形如纏索穴前雖見彎抱而前面一路殊非秀麗亦不為吉如此形体局中雖割成殺而穴之終難發福不冲不破僅可小康若有冲激或左右前後略見分淺必主破壞矣速水如草之字或如展褭而穴前灣抱蓋得穴過望之不見前面冲射亦主三四十年發福及水步行至之日即衰退矣不可不細辨

此圖外局既全內氣復固爵尊福厚丁旺力長美不可言

曲水朝堂格

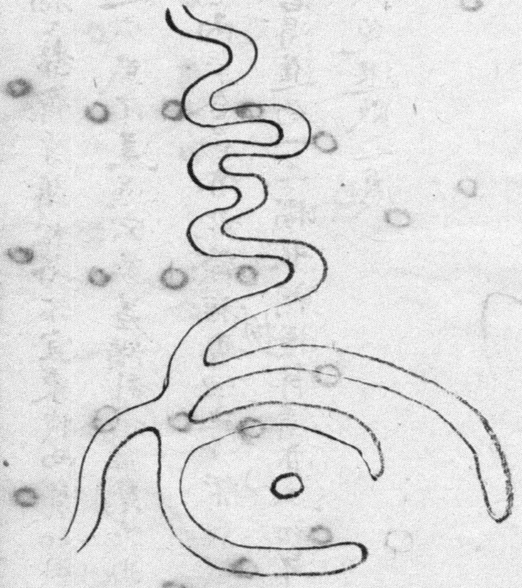

凡曲水朝堂須要揭〻整齊厚薄相等不宜東拽西竄如風擺柳
條如風偃艸或蓋過穴或不蓋過穴參差錯亂者雖見屈曲無足
取也垣局割界結咽內氣合局亦能發福秀但主子孫飄蕩淫逸
受歌舞輕狂靡費若得進局一二揭水朝抱揖有情亦主初年穩發
行至搖動擺跌處不免退敗之憂

曲水單纏格

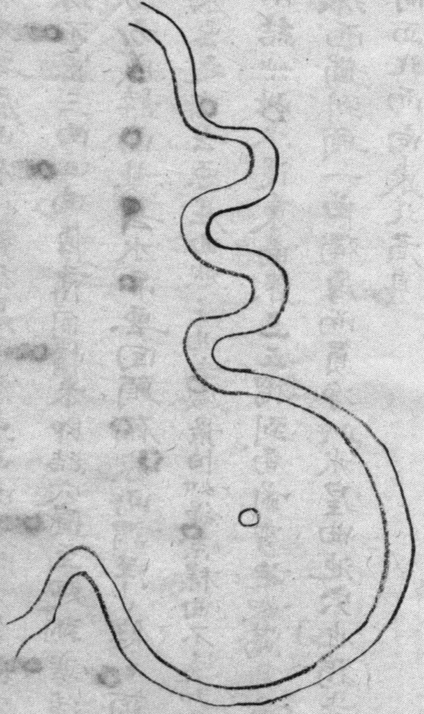

一水単纏只要屈曲有情或從東南來或西南來摺摺勻調不牽
不拽不跡不窘三曲四曲厚薄同情來即結穴直至迴翔變遶如
滿月之勢方成粹面其去水亦要回頭顧家所謂洋洋悠悠顧我
欲留是來要之玄去要屈曲然屈曲去處最怕如繩索樣曲不遠即反背
走跳亦不結地此水從東南來三五摺到局前變抱如滿月前面
不厚不薄而獨到頭一曲獨厚而員淨此水星曲池穴也得之水
変局不向西北而向東北者真

曲水単纏格

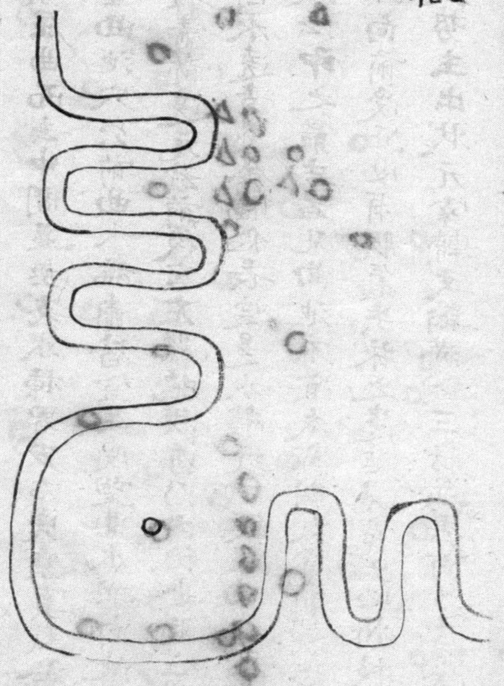

三横九曲當面朝堂不陎不竄不牽不拽曲〻整肅繞青龍纏白虎回頭顧家屋曲而去中間並無支水揷界左右兜乘真氣於中此穴名水星曲池穴穴前曲水端肅皆宜正受望曲水立向此名曲水朝堂纏青龍遶元武前後左右環抱拱秀乃大地也賦云為官清貴多因水遶青龍發福悠長定是水纏元武更兼曲水朝堂去水回頭水法中之最吉者凡曲池不宜太寬則太寬則氣恐蕩（武無）歸元武穴雖向前受正必有脫氣失脈之患若見寬大必將枝水兜架方妙此勢主出狀元宰輔文翰滿朝三房並秀百子千孫富貴悠久

曲水单纏格

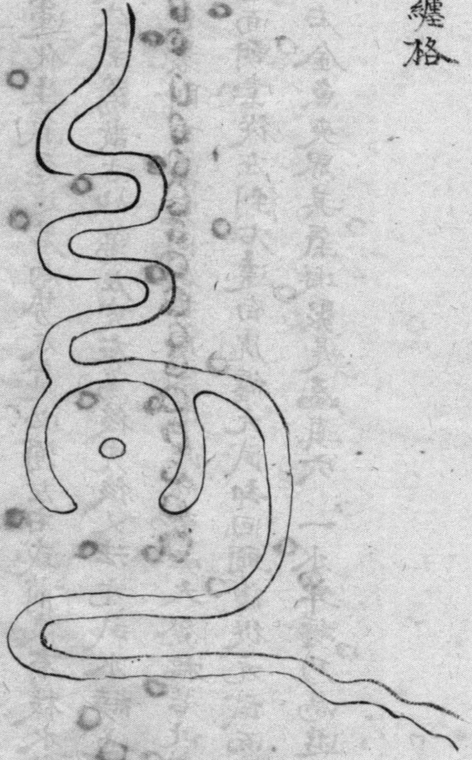

凡一水单纏局内不宜太寛太寛則氣不歸聚亦不宜太狹太狹則氣不運化生氣急迫若局勢太寛必須左右或前後有枝水兜乘不使生氣蕩散方妙蕩左兜右蕩後兜後又法元武水繞過穴後上下包裹則秀氣完固局勢周密得此形勢必大發福若此勢曲水當面朝堂從左倒右遶白虎纏元武却回頭復從元武而去局内左右金魚夾界其氣凝聚是爲真穴　一水单纏乃爲遊龍戲水

曲水单纏格

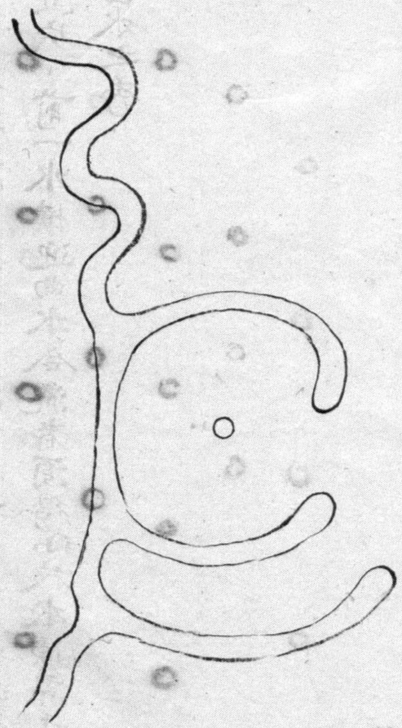

凡是曲水左來朝堂不跡不峹不牽不栈㯐、齊整者宜從曲水至處立穴、前一水橫迎曲水合流者須得小枝水捙界于後方能收曲水之秀

兩水夾纏格

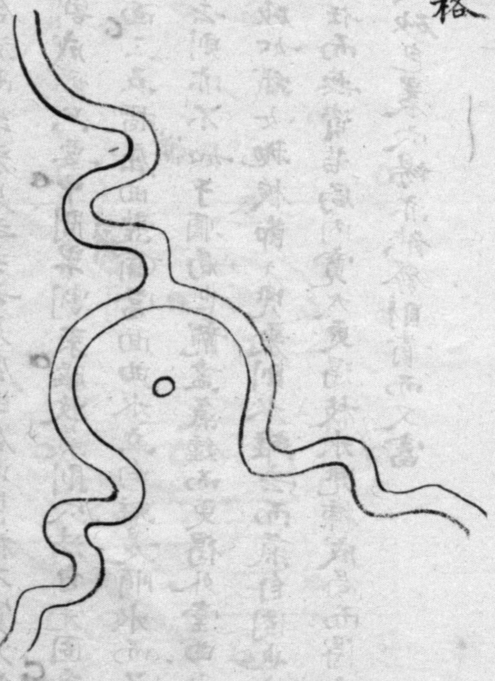

両水夾纏合流而出来見之玄去見屈曲局内緊拱不寛不蕩不必枝水界割成形只要中間界割束腰波氣則穴法自完固矣両水合出前面三五摺屈曲盤旋當面曲水立向雖是順水而不至于直流直去則亦不如（嫌）于順局也龍盡氣鍾而更得外堂曲水有情明堂内砂如織女拋梭節節兜乘則水雖去而氣自固也主發文翰清貴仕而無資若局内寛大更得枝水兜揷成局而得水瀦更有回頭砂包裹穴場亦能發財貴而又富

水纏元武格

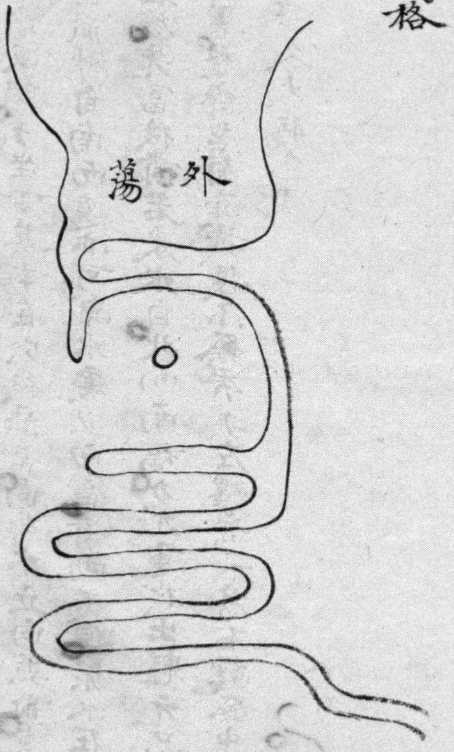

局前大水聚于明堂從東南横架過右抱身纏繞于元武三曲四曲而去砂水反關于坐下其本在穴後法當向曲水立向然前有曲水明堂流神自南而遶亦可就水處立向富貴兩美但聚水在前秀水在後先富後貴若来水自北而南福力尤重代出魁元只要曲水包裹整齊若有牽扯便不發秀矣左纏發長房右纏發中小房福力悠久大旺人丁

水纏元武格

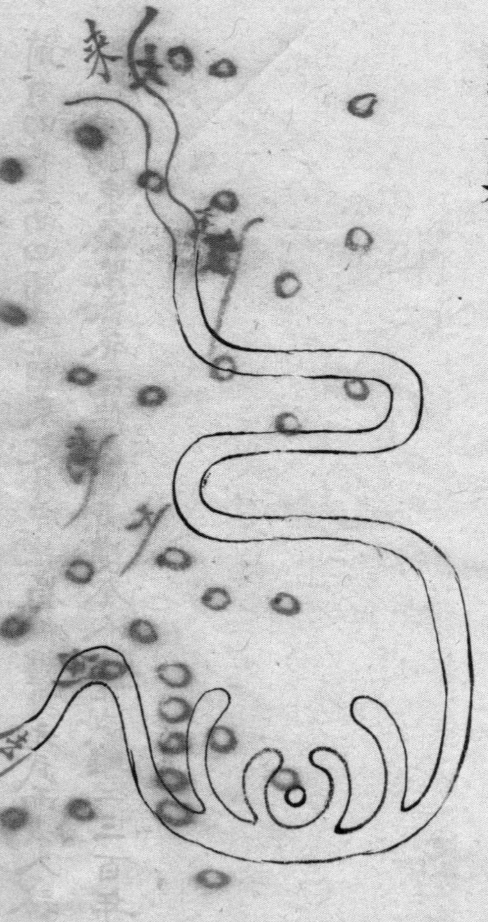

前有曲水三曲四摺遠、朝來就身兜抱局後纏身元武而去入路得結咽處東氣聚密發福悠久富貴雙全人丁繁盛雖二三百年不衰

水纏元武格

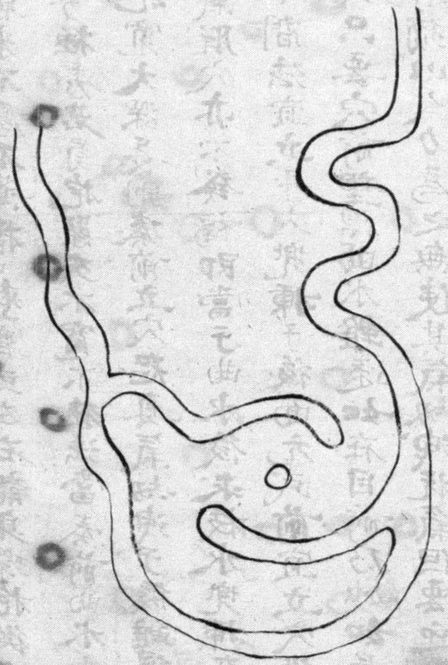

迴

曲水當面朝來不厚不薄揖揖整齊或左右龍身環抱從元武纏回而去此勢極秀若員抱緊夾不寬不狹法當湊前曲水中立穴若就身環抱寬大深長則湊前立穴恐真氣劫洩于後雖得親就曲水而失氣脱穴亦不發福即當于曲水後來枝水兜揷在于何處若兜揷中間法宜立中穴兜揷于後面元武前宜立穴坐元武水作回受穴只要穴前望得曲水雖遠如在目前乃妙如局內別無枝水揷界須以人力為之無使其氣劫洩脱氣但要迎受滑秀水着耳經云曲水朝堂秀而可穴纏護緊密湊近迎抨若還寬大發福必遲

水纏元武格

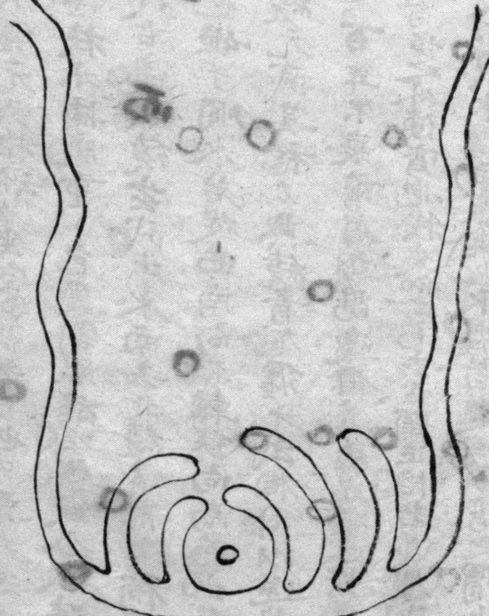

凡回曲受穴多是水纏元武格云俗師坐空割背者妄也只要天源流水從東而西左右得枝水棟腹重重包裹割界結咽與夫分合清奇其福力亦大若從右邊來繞玄武出東南去北繞青龍者稍輕以水向東流者常也嫌于順水若從西南向北轉繞向南而出東南穴向朝西瀉水繞元武其福力與繞青龍纏元武相同以逆勢也百子千孫富貴三百年不衰前有朝陽邀截其秀在朱雀為應凡元武水纏須得數百步之外使齊抱扶夾仰而去方顯正格若面前循循棟案而去不見回頭此又不可以水纏元武論也水纏者遶回繞齊之謂也

順水界抱格

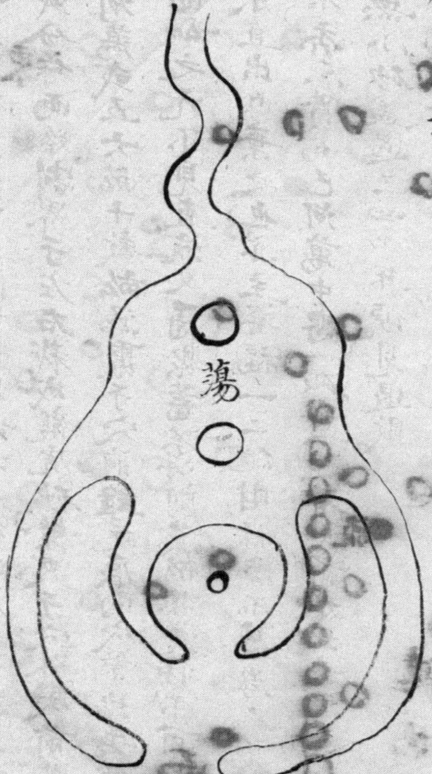

一片大砂周圍四水團聚中間却揷一枝水屈曲直至大砂中腹或分作兩路割界于左右裁成龍虎砂緊夾于穴外穴前蓄成一河蕩或五六畝十數畝涵聚于穴前雖元辰向穴前出去然得屈曲如之元不見直流又得聚蓄不淺則其形勢尤佳不可以元辰水直出而棄之也亦主發福一二紀財祿亦不甚厚人丁雖盛甫不秀小貴而已河蕩中得一砂蓋過不見前水出去乃爲可貴如無小砂蓋過三四十年便見退敗

順界水抱格

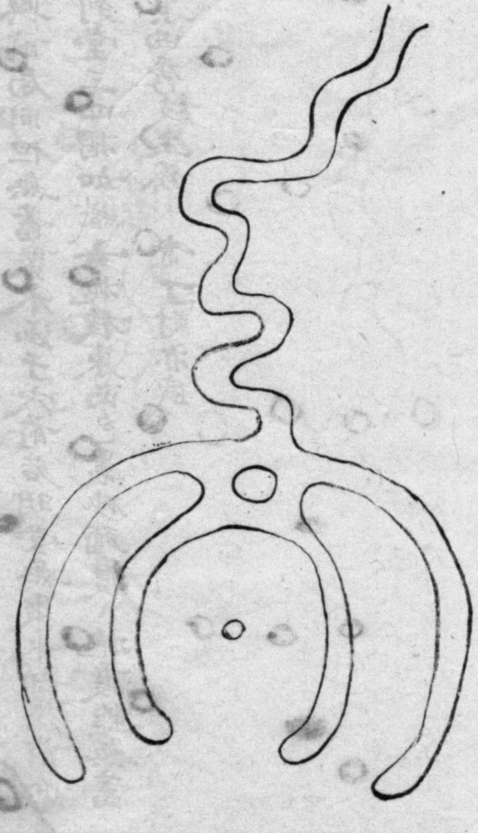

此勢與前局同但無蓄聚水涵于穴前若明堂無聚水却得前面枝水到堂三四摺如織女抛梭東西包裹砂頭僂僂抱護雖無蓄水因其曲秀枝生發貴丁財亦盛

順水曲鉤格

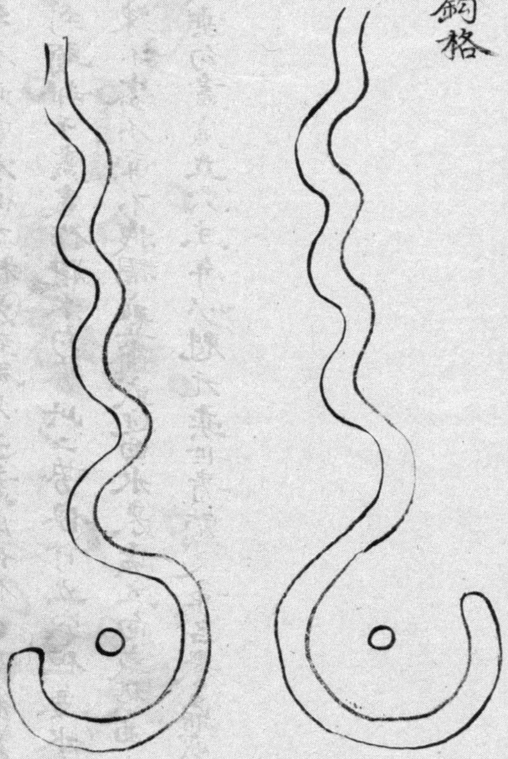

齊

曲水垂勾有兩勢有曲水橫來到頭却于盡處作仰勾如鉤有曲水直來到頭却于盡處作抱水勾勢此二勢俱可立穴但要水來曲屈不蹺不竄不牽不拽搊、整齊或迎曲水來處立向或張曲水作朝或垂勾盡處立穴主年少魁元奕世貴顯文章名譽鼎盛一時

齊

曲水倒勾格

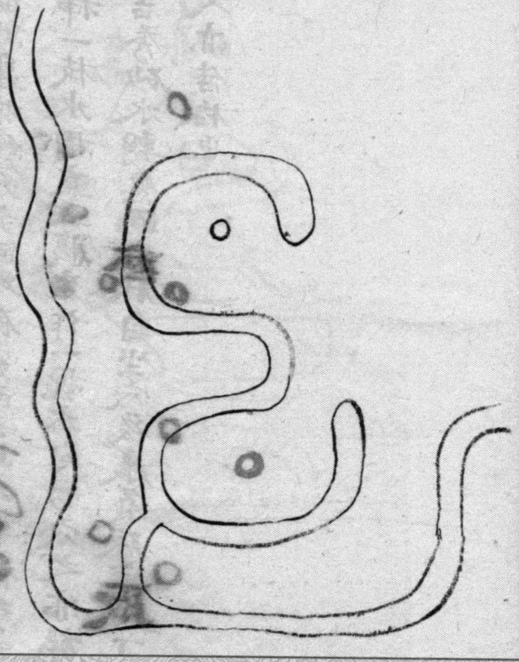

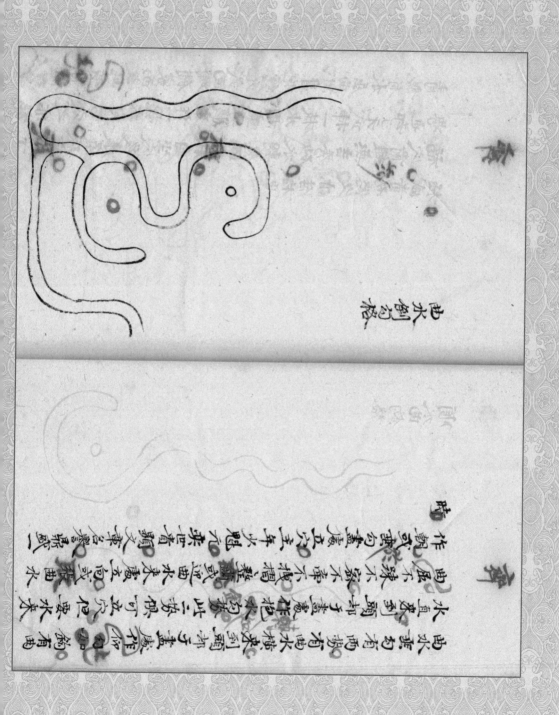

青龍有水屈曲就身抱纏元武回頭顧家而去此繞青龍纏元武勢也却于元武拂一枝水摺直至腹中作一挽水勾形穴之亦能發福穴前雖無吉秀砂水朝應而水脈自坐穴後來氣脈完足丁財極盛貴而悠久亦佳格也

斬氣逆朝格

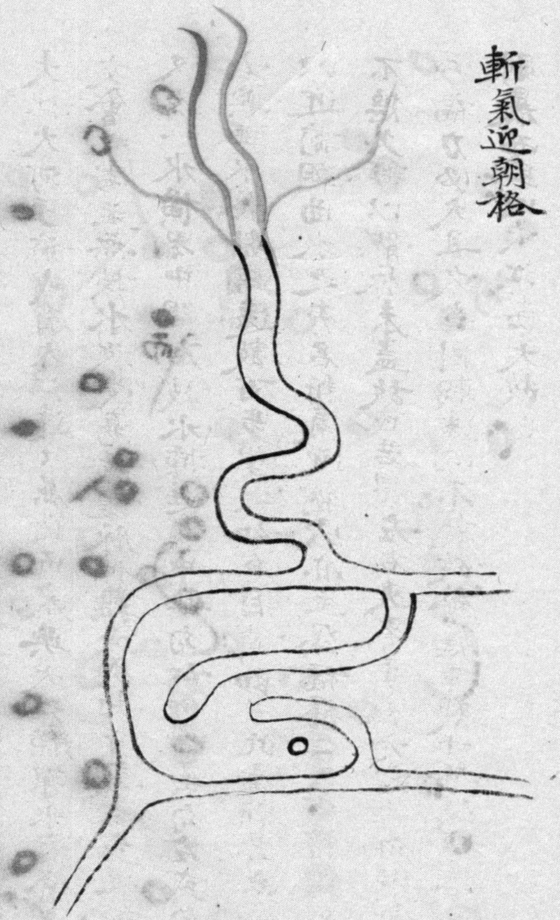

大江大河于前或有大江遠遠屈曲而來與大江横架水交會其交會之處並無枝水收受蕩散龍脉似難立穴却于數百步之後又有一水横界中間有枝水捶進腹中如勾如仰掌或勾左或勾右與曲水登對雖遠數百步望之如在目前即于此處斬脉立穴以迎前朝曲水之秀名斬氣迎朝穴亦主發福發二三代福力但不悠久耳以龍脉未盡故也若得左右夾界重密元武水仰抱如弓福力必大且久也曰朝遠而不就故發應遲數十年後方發也則暴而盛以大江勢大故也

斬氣迎朝格

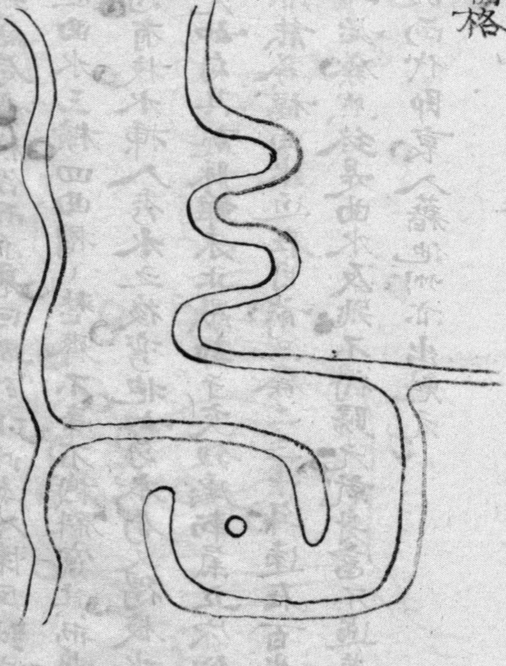

曲水遠來到結局竟橫架而不見回頭砟下此本入懷反跳之勢理無可取然曲水三橫四曲摺摺整齊不牽不拽斜竄其形勢秀而可愛若得有枝水插入秀水之後彎抱如勾本局又得枝水插入于後仰兜如勾其龍脈雖未止歇却于交鈕處斬氣立穴仰乘曲水之秀亦能發福曲水近在目前只發二三十年遠在百步之外三四十年始發然終是曲水反跳不得歸元就身富不過萬金貴不過三品兩代即衰入藉他州亦出魁元

遠朝偉秀格

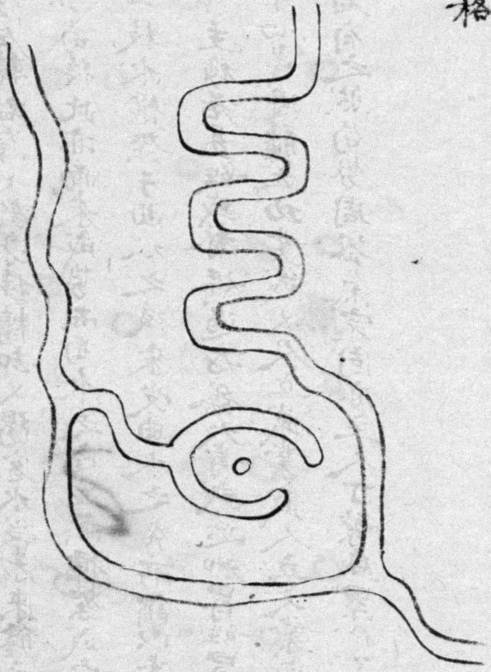

曲水朝堂從左轉右彎彎就身繞轉却又得客水從東來纏元武與曲水合于局後此亦兩來成勢而曲水之內並無揷架成穴反于客水揷一枝水橫架于曲水之後乘受曲水之秀所謂以李接桃名曰邀倖主移居易姓或贅婿過房發大貴或遠鄉冒姓冒籍發科甲或于四夷邊疆立功業或文人立武業武人立文業或于他途立名者有之然局勢周密氣完固亦主人丁繁盛累代不絕也

遠朝倖秀格

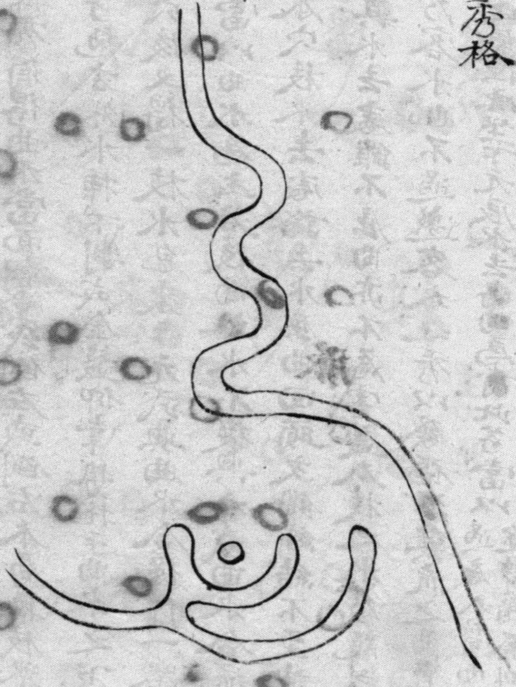

凡遠朝倖秀循得曲水當面朝堂或倒左或倒右本局無枝水插界成形却于他方外水插下割成金盤仰掌勢托于曲水之下亦名倖秀無穴後又得一枝水包裹于元武與曲水合從作一路而去則水口當以曲水為主若後面外水不從與元武曲水合流則水口當從本穴枝水去處論去水屈曲回頭交鎖織結不至洩漏方為大地其水去處雖不屈曲亦不為害蓋本枝之水乃龍之元辰而曲水乃客水也不過邀客水之秀以發福耳其流之曲直無預于本龍之氣但要坐下元辰水去得曲為貴此等當以過房入贅而發或他途絆籍發科也

流神聚水格

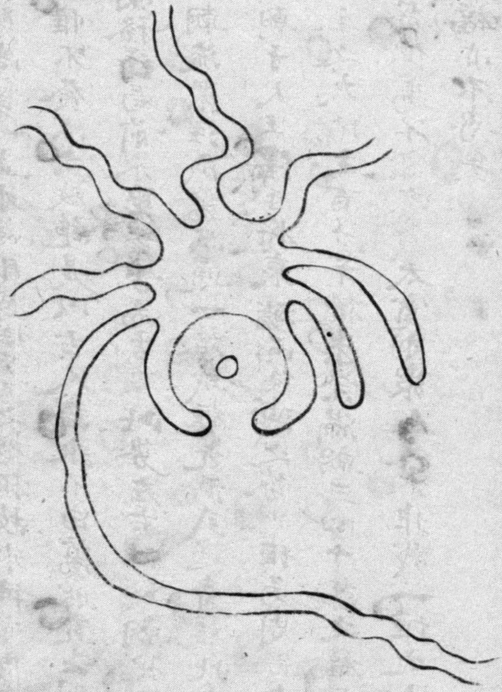

十八格惟水聚堂第一蓋水爲財祿富貴之樞机故水神渙散無所收拾者不惟不發亦主敗絶是以古人論水不曰蕩然直去則曰水無關闌務得局前水聚蓄方爲吉壤此勢左右砂頭朝抱面前又見衆水朝流聚注成蕩口通一路或纏元武或過青龍此來多去少所謂朝于大旺澤于將衰瀦而後洩之勢也垣局周密衆水聚堂成十全之大地主百子千孫朱紫滿朝三四十紀之福長中幼三房並發但蕩不宜太寬太寬則衆人之水非我一垣之水情不專而發福亦不專矣

流神聚水格

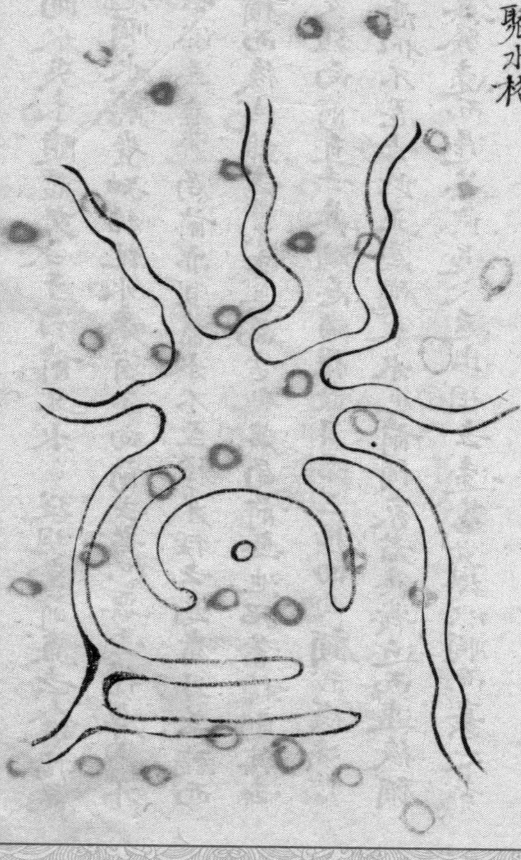

凡是兩水夾來隨龍交合于局前其水多從明堂前直去人皆指為順水地順水龍豈知結地水來有不向前去者只要去得屈曲不見直去亦為吉勢局前亦宜蓄水不至徑來徑去為貴耳蓋瀦而後流積而後洩雖去而不害其為吉也若局前無池沼蓄積則其去水無交鈕向前直去其所忌者惟此耳若三橫四曲顧我後流悠揚眷戀似不忍去此正為顧家水也前顧家者其發近而速後顧家者其發遠而遲其與過穴返出相去遠甚豈得以順而棄之哉

流神聚水格

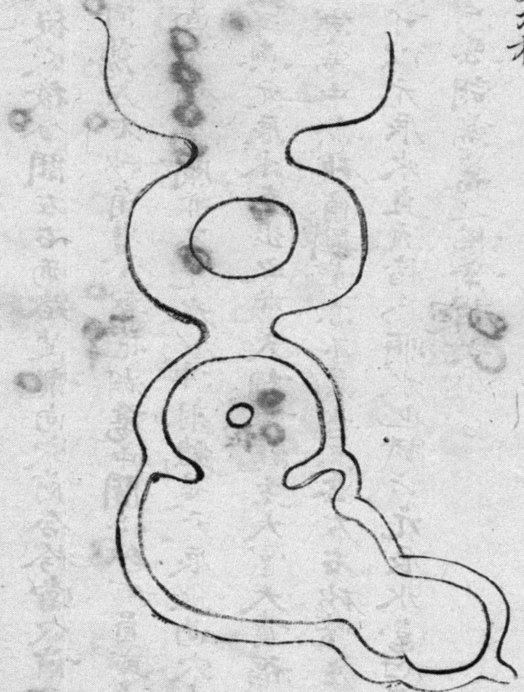

元辰水從穴後分開左右兩路隨龍向穴前合衿當穴前而出却聚成一河蕩左右砂角叟丶朝抱湖蕩中間小砂或員或方或長橫浮水面交鎖關闌亦不見水口冲射雖是元辰水向穴出流而聚蓄汪洋與元辰水直出之勢大相懸絶主大富大貴福力悠久若穴前湖蕩中無砂角攔截亦不為害只要左右砂嘴左右拱抱為佳不可以元辰水直流指為順水也賦云元辰水當心直出未可言凶只要湖蕩蓄之横案闌之乃吉

流神聚水格

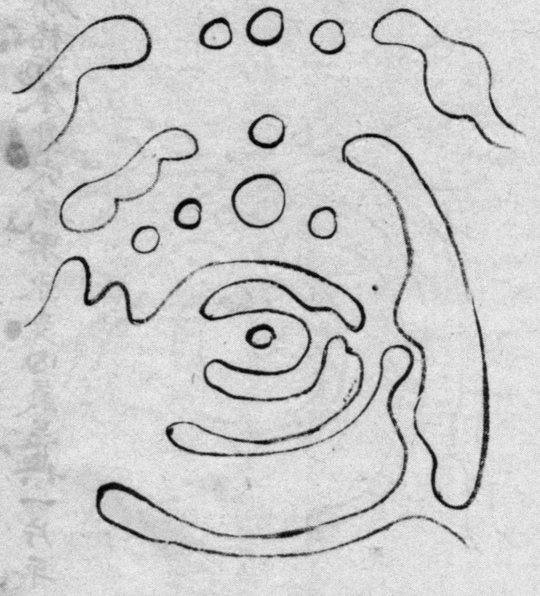

此亦類湖蕩聚砂格而本身穴後界水多而氣足與一片平坡者不同

流神聚水格

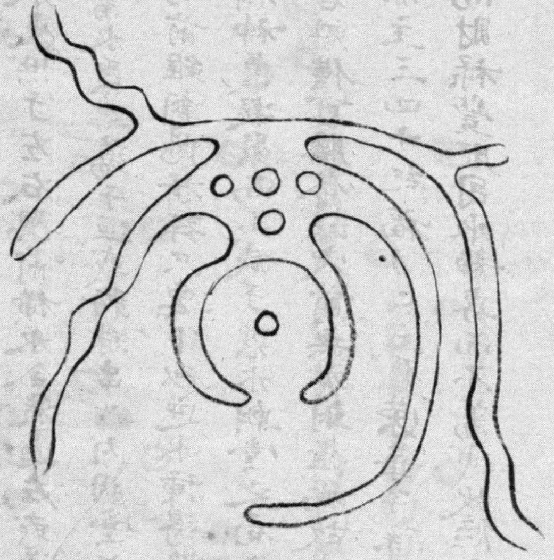

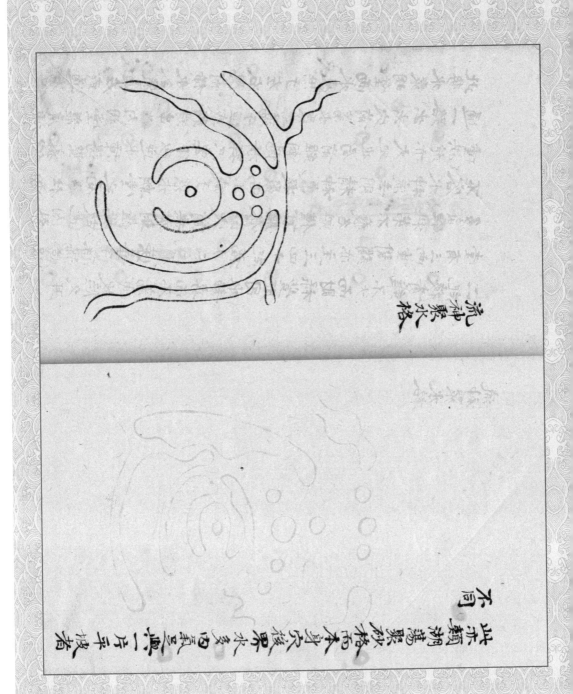

此勢水聚明堂而水來拱于左右與前橫水合流過左或過右只通一路出去穴前蓄水聚蕩于垣或聯珠串作內明堂龍虎重重拱抱亦大地也局前雖朝陽揖拜只要下砂逆水捍得緊密似不容水神流去則精神氣凝聚而不減于衆水朝堂之局也仕而多貲但科第不獲名魁僅可腰金以穴前無秀朝橫拱故也內外堂有三而重關鎖亦主三四十紀福力二三代榮華子孫滿堂過二紀後貴雖不大而財祿豐肥曰水靜專而不蕩洩故悠久耳

一水橫欄格

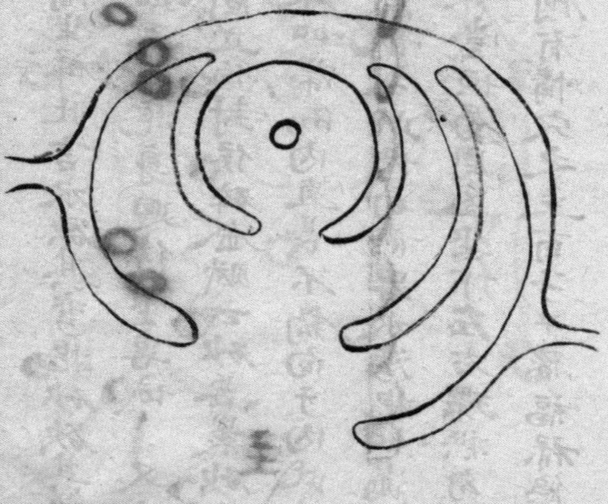

經云好水如弓上弦好砂如僧坐禪此言水欲其彎抱砂欲其尊嚴端正也　又云水要彎環如玉帶抱身迴繞坐專城　又云內水如勾外水如帶堂氣完固立伯封侯碎金賦云砂要裹穴不破水要纏身氣自然全若外如帶而內直長不鉤向于內此外是而內非書云来不結咽真氣散今此地局前界水灣抱如滿月形左右水又見就身緩轉其外堂垣局周密坐下左右環拱勾搨結咽前合流分鬼砂還氣朝顧有情穴之主百子千孫福祿悠長公位均平大格局也

一水橫欄格

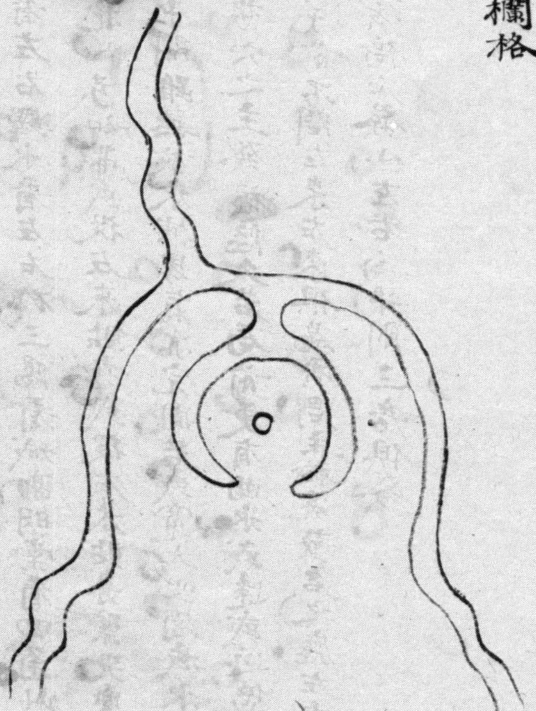

書云穴看左右鐸水看左右砂三陽看城郭明堂看四角此格穴前水環抱如弓如帶或從左來貼身或從右來貼身緊夾兜收並無渙散中間雖無枝水揀界氣亦完固若或寬大必須裁水收聚得此形扬穴之主發福悠久若局前更有曲水或遠或近悠悠揚揚朝揖于前不問左來右來俱為秀局主翰苑聲名之應左秀倚左發長右秀倚右發小左右均平則三房俱發

一水橫欄格

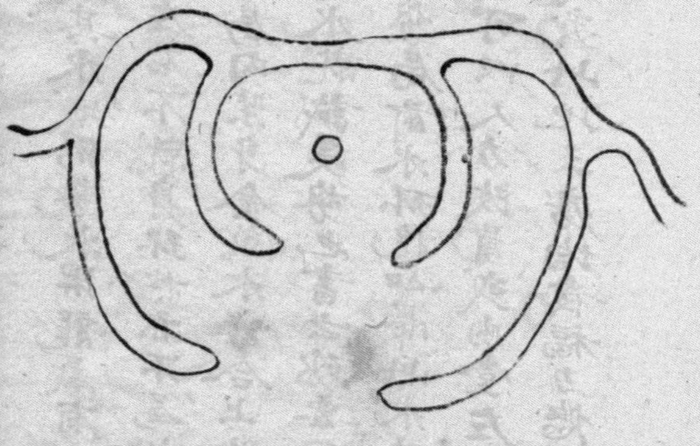

腰帶水左右砟下緊夾包裹其水城形勢收界龍氣有力經云界水所以止來龍若大橫界而左右不就身环抱亦不爲妙　書云水隨左右砟穴看左右鐸今局內緊身金魚水合上前面頭拱抱後有結咽前有包乘砂回水就識美勢也書云砂要回頭水要就又云好水灣环巧如帶此勢局前水环抱如帶此水法之最佳者當面若有小反亦不爲害可以人力改圓或內堂左右各開腮水棟進作內蕩則不見其反矣此地三房均發福力悠久數世不替矣

界水前抱格

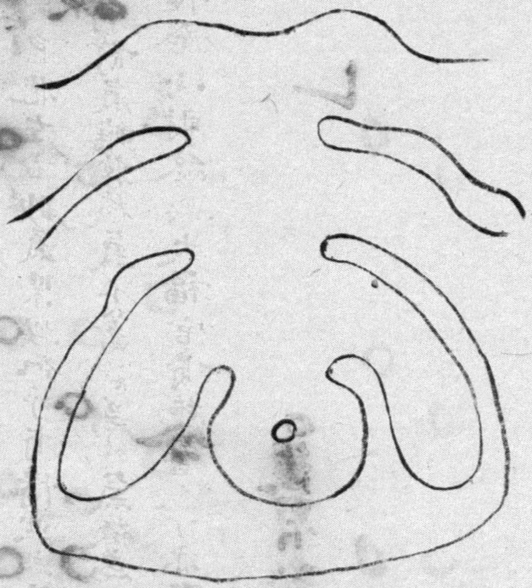

此勢局前枝水棹入包抱左右砂氣聚扶似乎有情然湖蕩在坐下砂角隻隻飛散則前氣雖收後氣不蓄前為外氣後為內氣外實內虛此等地僅發小財終無大福官貴絕響人丁亦稀

界水外抱格

此勢龍虎重〻朝抱局前灣環如弓此形勢之美者然穴前左右砂角硬直無情外形可觀内形似覺礙直然不可以硬直而棄之也賦云内直外勾儘可剪裁以人力掘去直指便成灣勢關淨亦大地也

湖蕩聚砂格
亦名雙盤龍勢

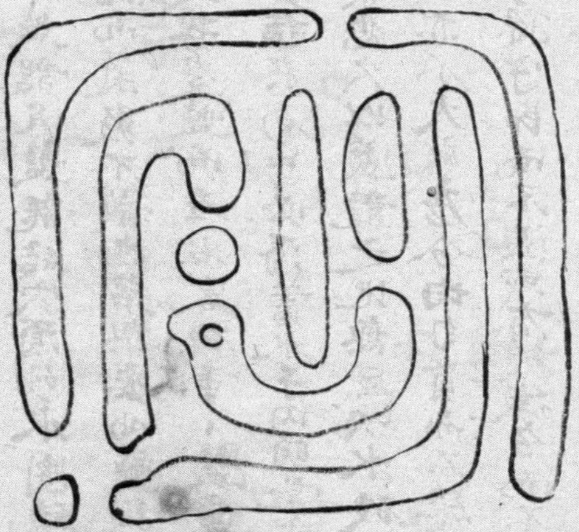

砂水團雲勢有雙盤龍單盤龍凡盤龍結穴須砂水團繞周旋委曲如雲之圍繞方成盤結而氣聚不散也若無委曲盤旋之勢雖回頭朝應非盤龍結也此勢雙盤而左右客砂重重盤曲旋繞如雲之護日凡盤龍結穴多結在局中必得蓄水于內明堂或小砂照應方佳得此形局發福最悠久以盤龍之地無風吹水破之患故也雖穴不盡真縱不大發亦不大敗房分均勻貴而不驕富而不吝男女貞潔風声可愛子孫守節而不濫或有枝徵名而不仕者皆氣脉潛藏之應也

湖蕩聚砂格

雙盤龍勢

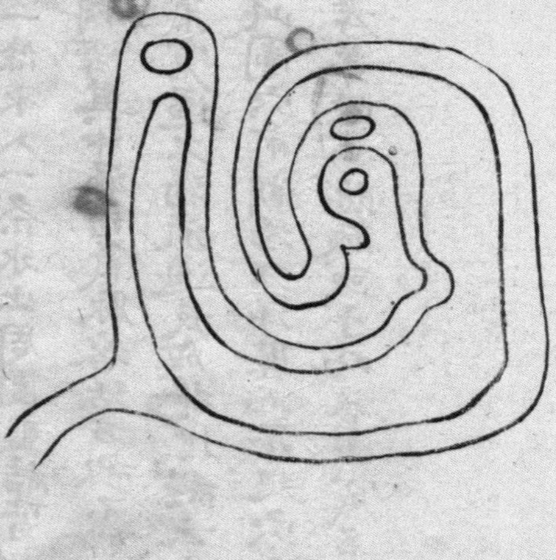

凡砂水團雲勢多結盤龍穴一條水入一条水出周圍盤結皆在局中結穴處須要水寬聚成湖澤其中涵渴氣脉流活方妙不然成褁頭城矣褁頭名巾幗水穴氣宮逼不得流通反成絕地經云山因水囚屬王滅侯蓋其義也此圖穴前湖澤汪洋聚而不迫穴之自能發福子孫悠久更出人孝弟性巧聰敏或于巧藝中成名發財以龍水秀曲也

湖蕩聚砂格

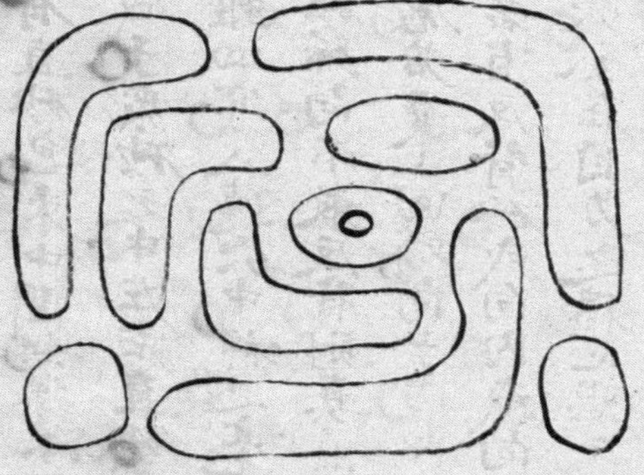

前後各有長砂橫架左右各有直砂包束中間却得小橫砂或三四畝或七八畝並無枝水揮界藏于衆砂之中左右直砂角角回頭湖頭勾搭包抱左右前水後水雖四穿八達穴中視之毫無滲漏正如車輪之湊合團簇周密衆砂歸向不敢反背則真氣聚矣凡看地先要看左右前後朝向何處若淒淒回頭向于內即于中間尋中正不倚或大或小處求之若有反背砂或向內或向外或反跳即非真氣所聚之處不必求穴全在目力之精心思之巧體察其情實見得其真方無墨漏矣

湖蕩聚砂格

湖泊之處多有小砂或二三十塊或一畝二畝五六畝團簇抱聚中間包含湖蕩其砂點點印于水面若浮鷗泛水小砂之外却有長砂周圍包裹小砂于其中左右前後見水穿漏而外有大砂長砂角角包裹不見缺方成局勢却于中間小砂認出一中砂頭面端正嚴肅而前後左右小砂雖零散而定朝向攢簇擁護不遠不近不疎不密其外面更得大砂灣抱周密完固者此大局也其力量雄盛誠大貴之地若中間雖有小砂而不得湖蕩含蓄其秀不顯露雖發貴而富不甚厚主出文翰之貴但小砂不鵞頭鴨頸方妙

湖蕩聚砂格

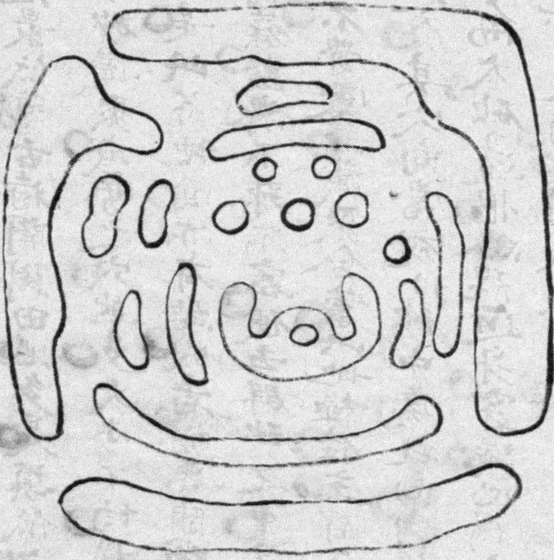

湘漢之間及浙直等處地最低薄古時開闢田地多是填低就高各因沙汰以成田故多小砂攢聚成勢之穴然多大小不均橫斜不齊零散而團簇者必凡是此等地面亦有結穴者須要隨砂詳看砂頭朝向何地若見攢簇整齊不雜不容便去群砂之中尋得中立之砂四顧有砂包裹不覺露氣藏聚含蓄此地極佳主百子千孫富貴悠久朱紫滿朝之應其穴向當視小砂中處之向內得來正面迎受方美若小砂多而大砂遠抱終恐近身穿漏必得穴砂左右有貼身金魚水緊抱以護漏風則氣益固矣

湖蕩聚砂格

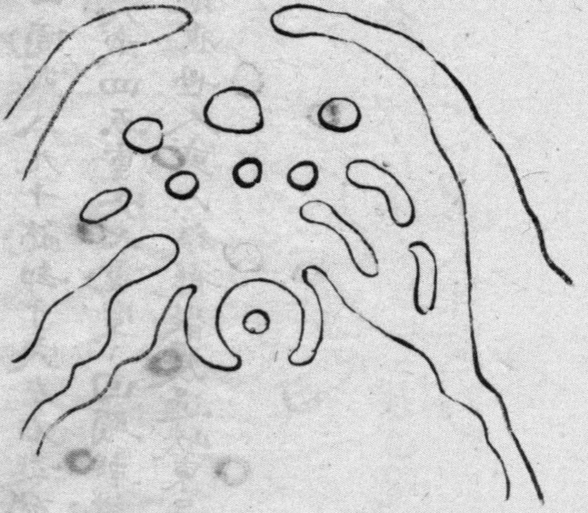

積水滙堂水蓄成湖或一二頃或八九十畝却于穴左右起砂條條夾身逆水捍出護衛區穴或四五重六七重重回頭朝拱形如勒馬其力量最重是大地也世人或以後龍散漫過峽東氣不清而棄之悞矣

湖蕩聚砂格

亦名踢球勢

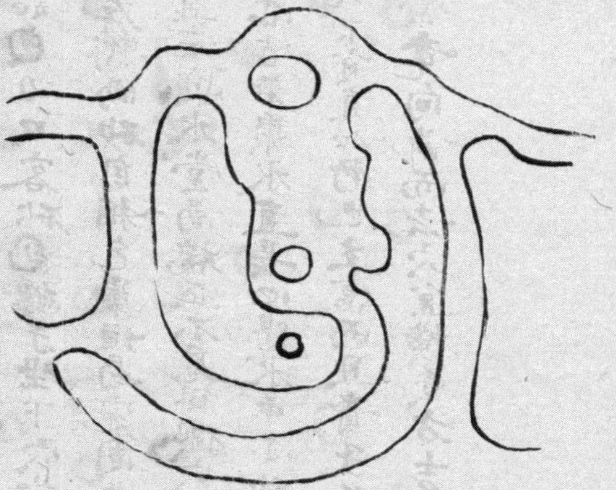

砂形勾踢如馬蹄如靴頭如皮刀口客砂包纏于坐下穴前蓄聚
来水或湖一水单纏元武左轉兩砂自相包裹垣局完固並無水
割亦大地也水自右来穴宜右迎水堂局端正不見斜側穴宜正受
湖澤方佳雖無盖砂焰應亦吉若聚水直長必得水中小砂照應
美爲盖明堂水喜横長如几不宜直如竹也主富而且貴子孫代〻
榮顯若元武水倒纏入明堂竟向前而去穴宜横受方吉

湖蕩聚砂格
雙踢球垺
又名鴛鴦鈎

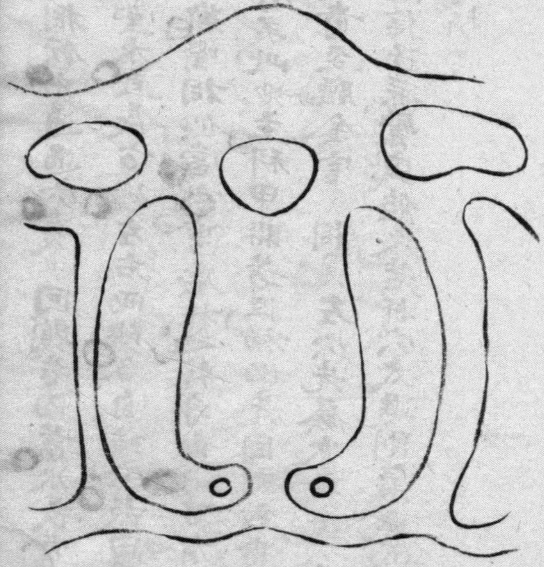

內漲河蕩左右兩砂相砍中通過穴凄凄回頭若內蓄水長直須得蓋砂護覆不見明堂水直長方妙左右兩砂各自結穴故曰鴛鴦垂鈎勢其形皮刀靴嘴相似當就彎處扦之轉身向上方有力若側扦之則不發秀矣此地主科甲聯芳但初必先曰財致貴或納粟奏名後發文翰貴至腰金官官相見左穴先發次房右穴先發長房多主孝弟忠信子孫繁盛悠久若扦穴太進則氣散而不收難以發貴兩穴同斷

湖蕩駿砂格

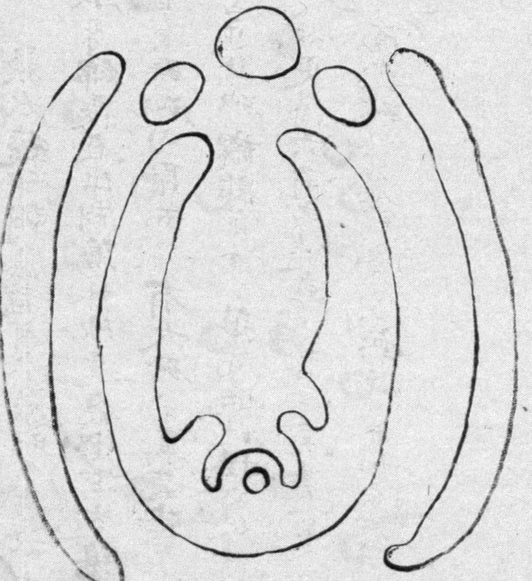

凡羣砂輻輳有五勢有穴聚水纏砂朝應者有水聚明堂近砂夾輔而遠砂拱衛者有本身綿長直出湖蕩外砂遠應者有湖蕩中群砂朝繞自相輻輳者有群砂內聚而外有大砂包裹者皆大地也此局水聚于明堂得近身砂襯貼前有湖蕩而遠砂拱夾外砂拱水外水夾砂其局勢更妙更得穴前或遠或近有砂呈秀富貴極大若左右拱夾雖多前面無砂作應則堂空無物富而不顯

湖蕩聚砂格

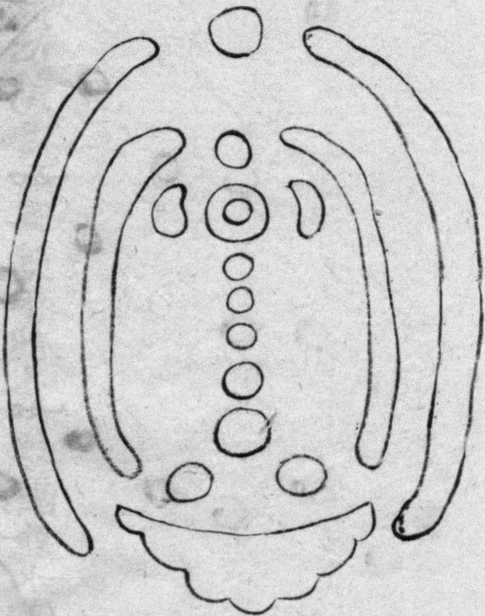

蕩泊之處多有結穴如波心蕩月如雁落平砂又如浮鷗點水審而穴之無不發福

湖蕩聚砂格

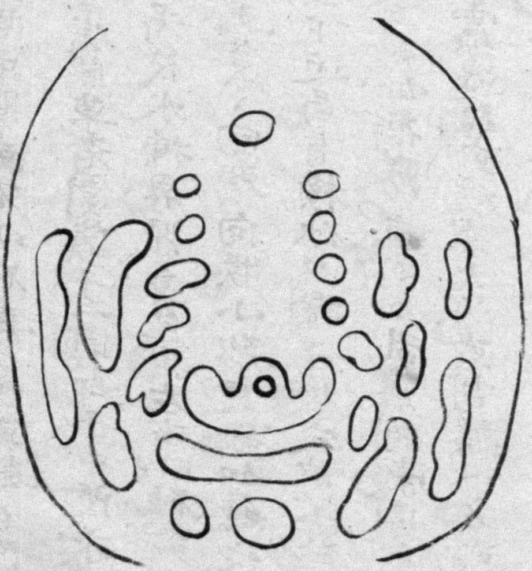

洲泊河蕩之處一望無際中間或有小砂數十塊或數百塊大則五七畝小則三二畝或蘆葦草渚團簇于一處却于中間求看內有大砂或十畝二十畝得枝水棟界緊身包抱左右小砂或長或短簇擁團聚如蜂之從王隻隻回頭向拱小砂交觕如練之聯屬重重疊疊不見穿漏坐下近局有橫砂以攔于後穴前小砂點點如鷗浮水橫列如排班倚列如衙直列如乱籮倒穀團列如屯軍匝師有此形勢主威震邊疆或統軍大將或割據一方或分茅定伯者前有倒拖反砂主出强梁之人

湖蕩聚砂格

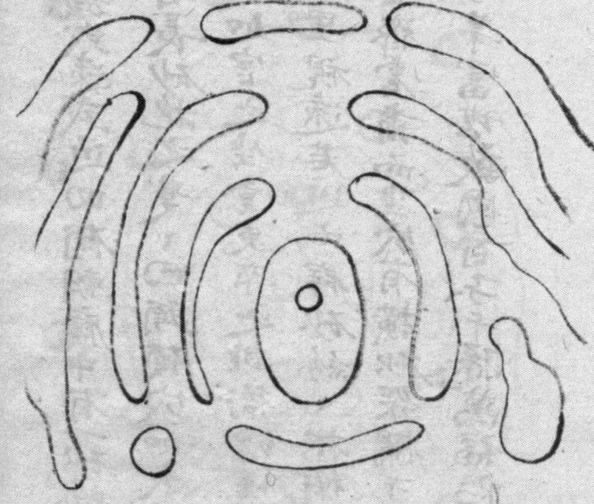

河泊之穴多有羣砂圍繞或遠或近四顧朝應中有一砂端肅齊整中處望之左右前後各有長砂抱之叟叟回頭顧穴如大將之坐營而衆軍之执戟屯列也如官之坐堂吏卒之排衙唱喏也四畔俱係湖蕩相去或半里一里視遠若近而群砂紛紛拱衛如在目前如拜如俯如揖如伏整齊肅而坐穴有横砂架欄于後不致滲漏如此形势主立伯分茅富堪敵國百子千孫萬福悠久亦主子孫孝義世出忠良

湖蕩聚砂格

羣砂輻輳衆水聚堂左右各有長砂二三重抱衛于兩旁砂頭向
堂回顧不硬不直又不背坐更得托坐于後中間有一枝水界出
龍虎坐堂中位向前遠砂左右趋堂勢若排衙如拱如揖中含湖
蕩外有遠山或長砂為盖照湖蕩寬濶中有小砂如星如月印于
水中排列如展班有此形体格局之最勝者也主富貴綿遠出宰輔
產英賢千子萬孫世所罕見

湖蕩聚砂格

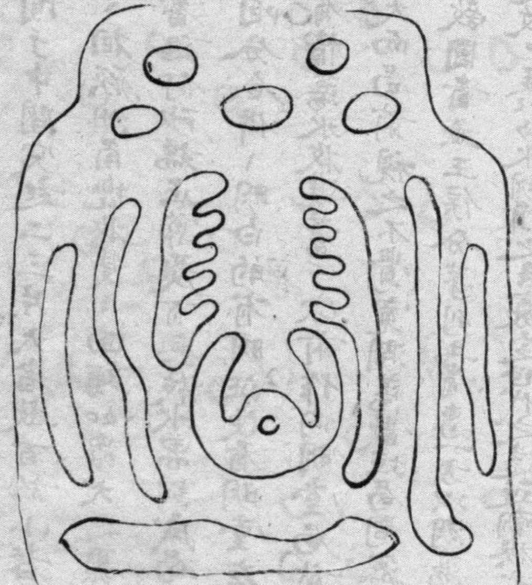

湖蕩聚砂格

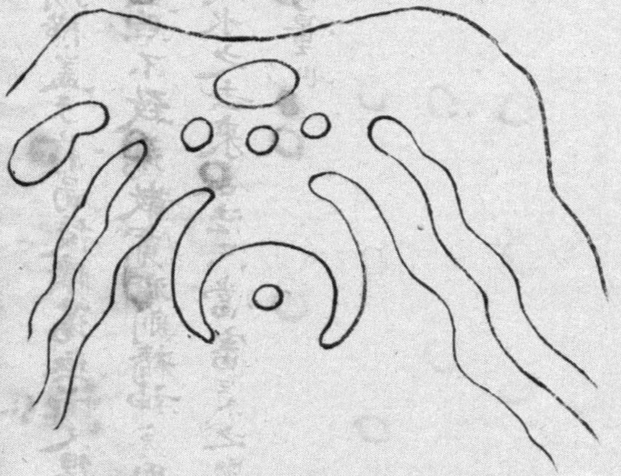

大湖大蕩數千頃于中間突起二三片大者數百畝小者五六十畝團簇拱聚面面相顧洲角兜收兜收回頭如衆犬之聚食于槽者此即于中間審認何砂端正尊嚴有無枝水界割成局中間如有界割枝水結咽分合件件明白的有明証便看明堂左右朝抱如何若見朝抱有情蕩水收進蓄于穴前作內明堂局前更有遠砂蓋照湖蕩雖大而局前視之不覺寬濶蕩散垣局周密乃大地也穴之主富堪敵國貴並王侯分茅列土貴專一方以湖蕩中精神獨擅而人不得分受之故也兼以砂水朝揖之多寡定世代之遠近朝揖之砂多多益善

此勢前面湖蕩或干順橫盖于前局後曠蕩無頃又得枝水裨界成局穴前再見小砂盖照不致蕩散寬潤則精神完周穴之無不發福凡此等地不必問水之去来合法只當審氣之聚止何如耳主富貴並美福力不可量也

曲水斜飛格

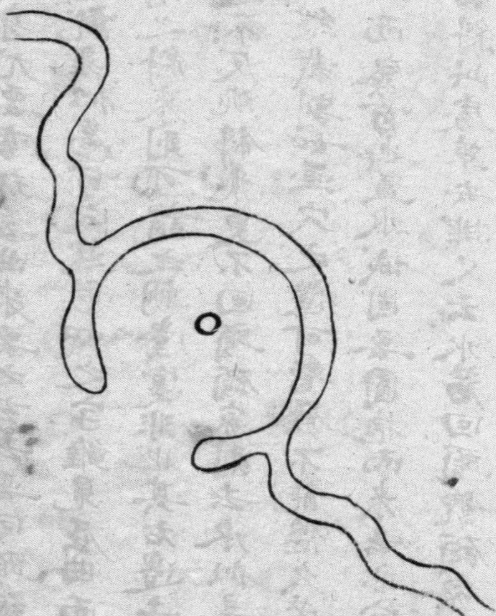

凡水来去要朝抱就身尤要彎环委曲来要之玄去要回頭纏遶此勢穴前左来右抱就身似為可穴然形如之字雖見屈曲而勢如挽索斜曲不秀謂之斜来則可謂之朝堂寔非也其右邊去水雖見就身成局不遠不反跳斜飛更不回頭顧家則去水似是而非其貼身左右枝水綫裁割如画穴之僅可暫發不能悠久若誤認水玄如帶是得一而廢百也盖水城固要圓抱而来去亦宜朝拱書云来挽索曲而斜此處莫安排又云水若回頭號顧家水不顧家〻必破觀此而水之来去可例明矣

曲水斜飛格

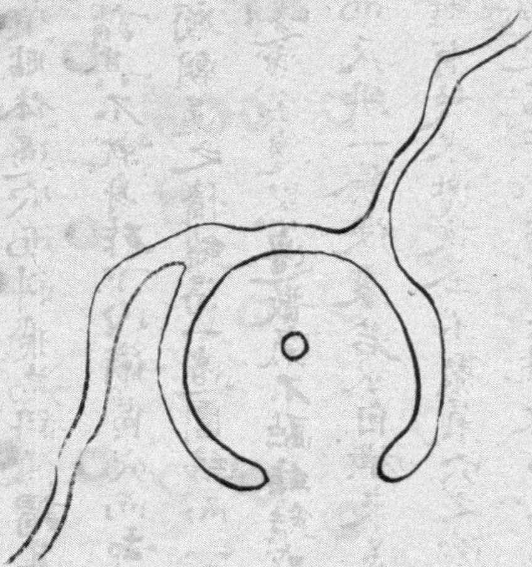

凡水界龍來要就身宜貼体過穴而斜飛為斜流謂其不衛穴也過穴而反跳圜為跳謂其不就身砕下以衛邑穴而却于穴前反跳而去更無屈曲回頭朝過之情雖得一邊圜繞而一邊反跳則穴氣已従反跳之處走洩矣邊聚邊散氣不融結雖或發達亦不悠久賦云水才過穴而反跳一發便衰若水自横來過穴而反圜是左右俱不得水抱雖有枝水兜收全不聚氣穴之必敗經云来不揖穴去不拜堂敗絶之藏正此勢也左跳長房當右跳小房絶

水城反跳格

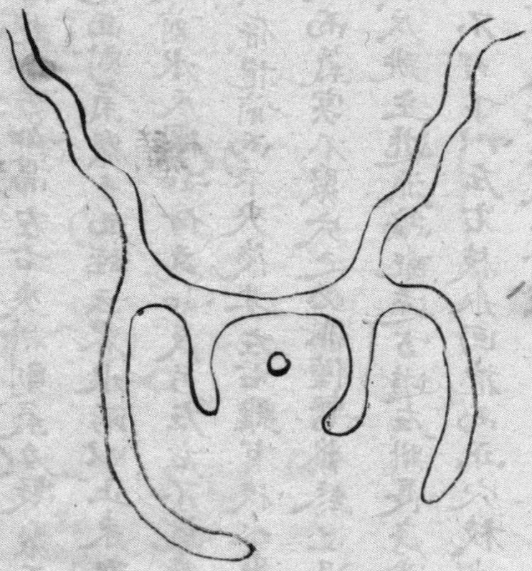

凡水須要就身环抱如弓如帶左右夾拱則氣力凝聚而結穴抱東則氣聚于東抱西則氣聚于西經云界水所以止来龍彎抱所以聚穴氣此勢穴前水反圍如仰瓦如反弓左右不就身砟下却反跳斜飛其情実係抱前而不夾後其左右雖有枝水夾護而情不在後勢雖迎氣而氣実不聚穴之必亦僅暫發終必退敗盖水忌背城書云背城反跳主逃流編配遠方遊左跳長房當右跳小房當如見此水切不可下以左右枝水回抱而正穴枝水拱夾是假勢而外而走竄如穴之悞人不淺

水城反跳格

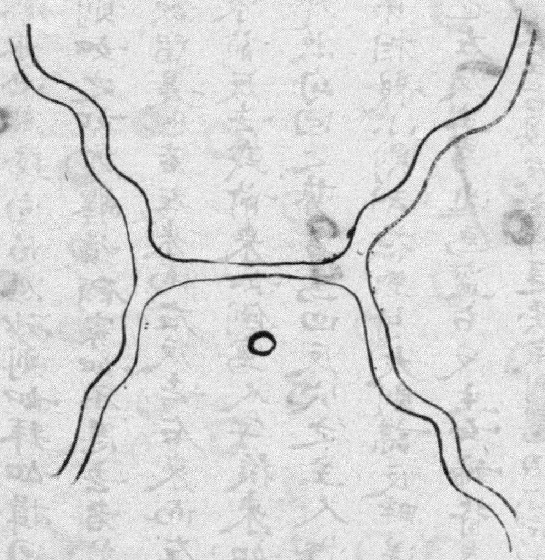

凡真氣所聚之地其砂水必然歸向當應砂則如拜如揖回頭如勒馬俯伏如眠弓水則如之如元纏繞顧家如不忍去者然青鳥經之揚揚悠悠顧我欲留是也若左來而右反去右來而左反去或前來後反去或後來前反去或前來如倒寫人字後來如順書人字源頭水尾並無兜收勾回之勢名爲四反穴之主人忤逆無父無居父子不和兄弟相殺小則刦掠鄉村大則謀反畔逆殺身亡家覆宗滅族之地也左反主男逃爲盜右反主女婦背夫前反主瘟疫後反主火盜前後左右俱反主忤逆覆宗刑憲切不可以四水交流而穴之也

來水撞城格

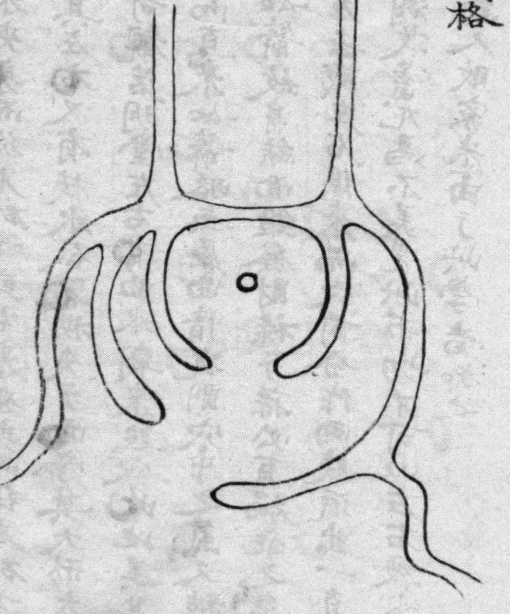

此水或左来夾身而從右砟下或右来夾身而從左砟下穴前水如弓如帶其左右又有枝水合界拱夾于兩旁其大形大勢似覺凝聚成局可觀若明堂左右有曲水朝来照穴此地美甚使局前雖有水来而直来如箭略無屈曲情况則穴中之氣又被直水射散書云来如箭殺身繞面雖發財祿子孫必有編配之患若左来右去右来左去或左右俱来而穴前分作兩股流出一直如箭遠去更無池湖渟蓄尤爲不美見此形切不可以左右枝水夾抱可觀而穴也絶人敗家悉由于此學者知之

来水撞城格

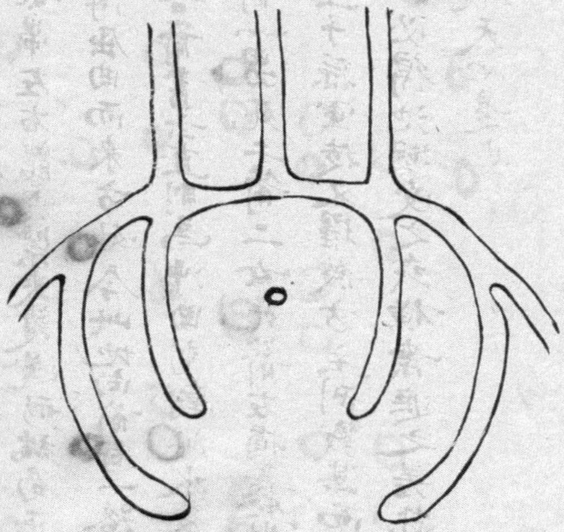

此穴前水灣抱如帶左右龍虎緊夾護送形端局正似為結地然向前明堂水更得屈曲而來方妙今此地向前有一路二路三路水直冲穴前為金吾箭書云直則為冲曲則朝此水直來撞城其禍最亟書云一箭一男死二箭二女死箭左損長箭右損小箭中損二若見斜冲主子孫軍徒又曜殺方主刑戮甚而至于絕嗣凡穴前有此直水或必得池湖受之或橫案遮之差能免禍賦云為人無後多因水破天心是也

界水無情格

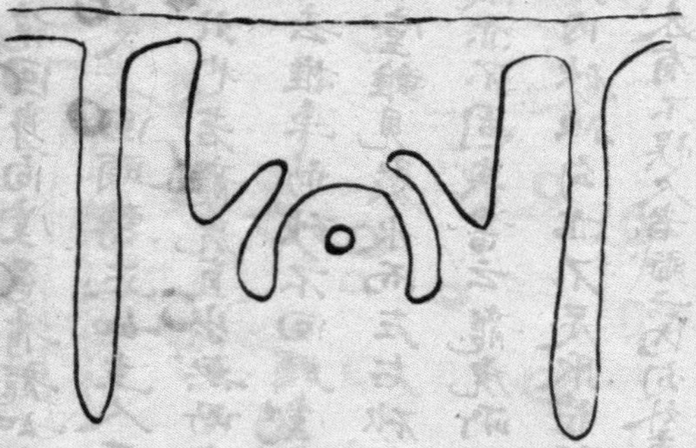

凡看地須要左右砂水朝抱回身向堂局青龍如勒馬白虎似眠弓書云大地都如羊見犬雙雙回頭轉正如主人在座而僕從之歸向四面環遶如星之拱北也若龍虎直出無所灣抱者形如推車謂之無情書云都如伸去推車形砂不回頭堂氣即散今此地龍虎直去不見回頭其明堂雖見聚水而左右砂頭直去則水亦不合蓄矣堂氣不裹（聚）穴氣亦不固矣書云龍虎所以衛區穴既不回頭其內豈有生氣耶雖內砂似勾亦不足取時師見有龍虎出堂不究其情況何若便從指點未有不悮人者賦云內勾外直枉勞心可不審諸

界水無情格

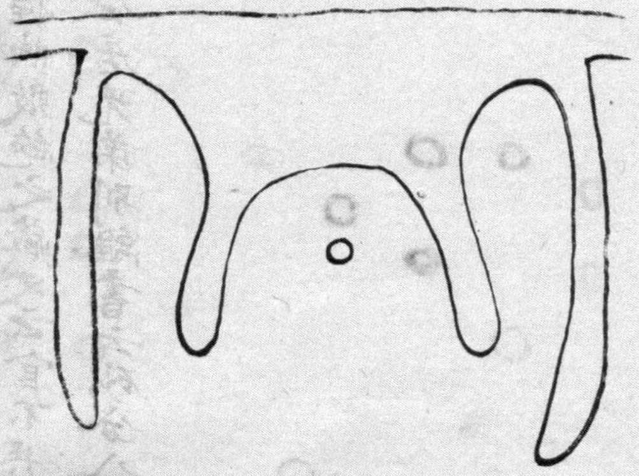

赤霆經云棹椅反張手足握縛敗絕之藏又云官不供職鬼不還
氣忤逆之地穴之主父子分居兄弟別離書云砂分八字水斜流
田地不留卯是已

界水無情格

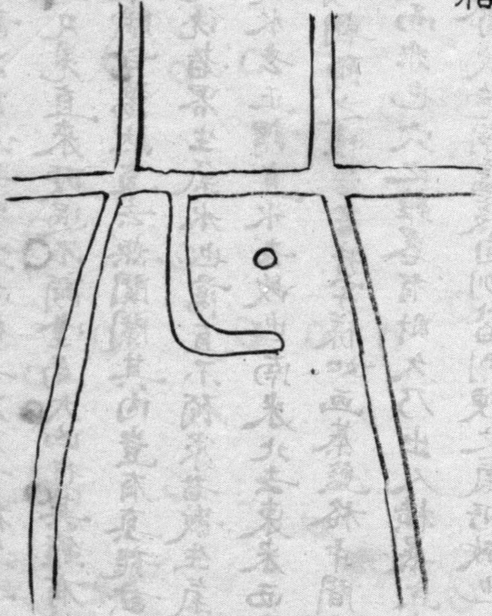

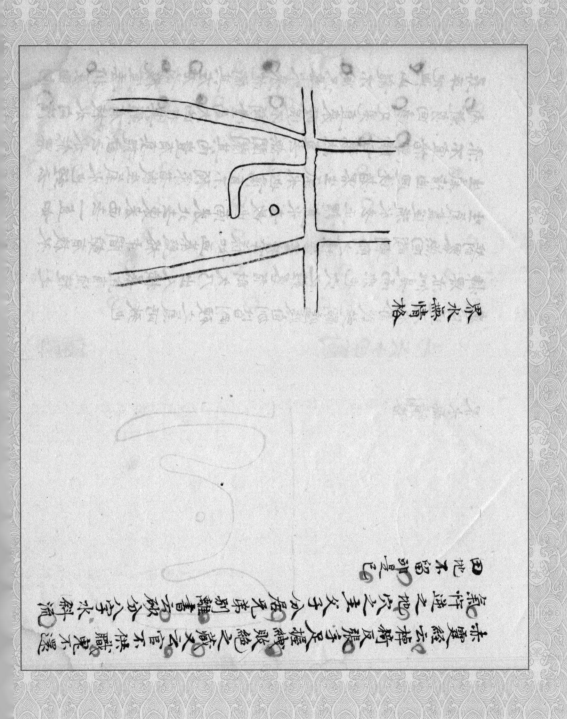

尋平地與山龍不同只要水來抱衛其左右前後宜委折屈曲向内就身回遶凡見直來硬過不顧堂局大凶也其雖有枝水向灣亦不宜指點賦云蕩然直去無關闌其内豈有真龍訣云水能界生氣灣曲迴遶者界生氣水也蕩直不顧家者散生氣水也經云生氣盡逐流水去正謂直水去故也南來北去東來西去一直如箭略無回頭朝顧之情若書井字樣如西碁盤格中間雖有枝水捷界亦似是而非也穴之雖略有財久乃出人橫暴主有流徒之患忤逆不仁貧敗絶嗣瘟疫自刎皆剛硬之氣所致也

共六十四圖

水龍経第二巻總論

此巻專言水龍貼體吉凶形局而入穴星辭已森然粲列于其中此水龍肯綮扼要之書也亦不著作者姓名言都俚俗而我以為此必楊公真本千年以来師師相授之秘旨也歟開巻先言五星而五星之中惟取金水土三星本吉木火二曜皆凶此與山龍少異山龍有火星起頂頂下即結真穴亦有行龍穴星皆木星結臍弥見貴秀水龍則一犯火木立見灾禍推原其故総為水形喜柔荏而惡剛強宜轉抱而忌冲激金水柔荏而土形轉抱與木火之

剛強冲激者，情性判然矣。是以五星既別，而即繼之以遠抱、反跳、收氣、漏風、蓄聚、分飛諸格，辨之最詳，亦即五星之变体，而引伸觸類以求詳之者也。夫先明支幹之義，則行龍之幹格大畧已定，繼明五星之正变，而後入穴之作用得其主宰，掌握自由。學者苟有意於楊公之術，能於是書深切而體驗之，水龍之道思過半矣。過此以往，三元九宮之法，庶幾其有逢原之樂乎。

論支幹　水龍經第二卷

無名氏　著

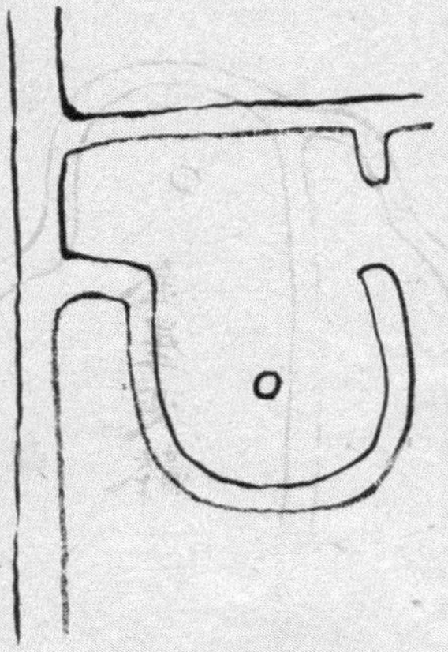

大水汪洋是幹龍
枝龍作穴出三公

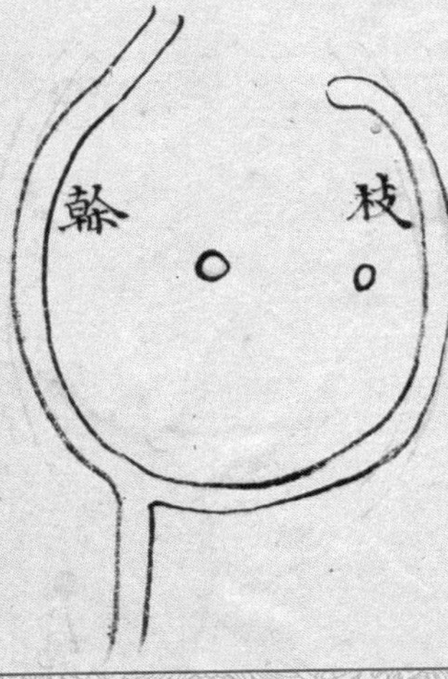

枝龍作穴須長久
幹龍氣盡不須求

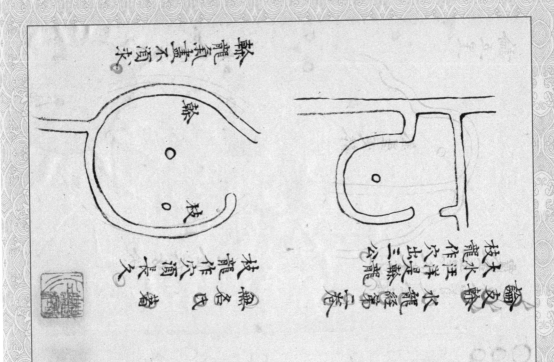

論五星

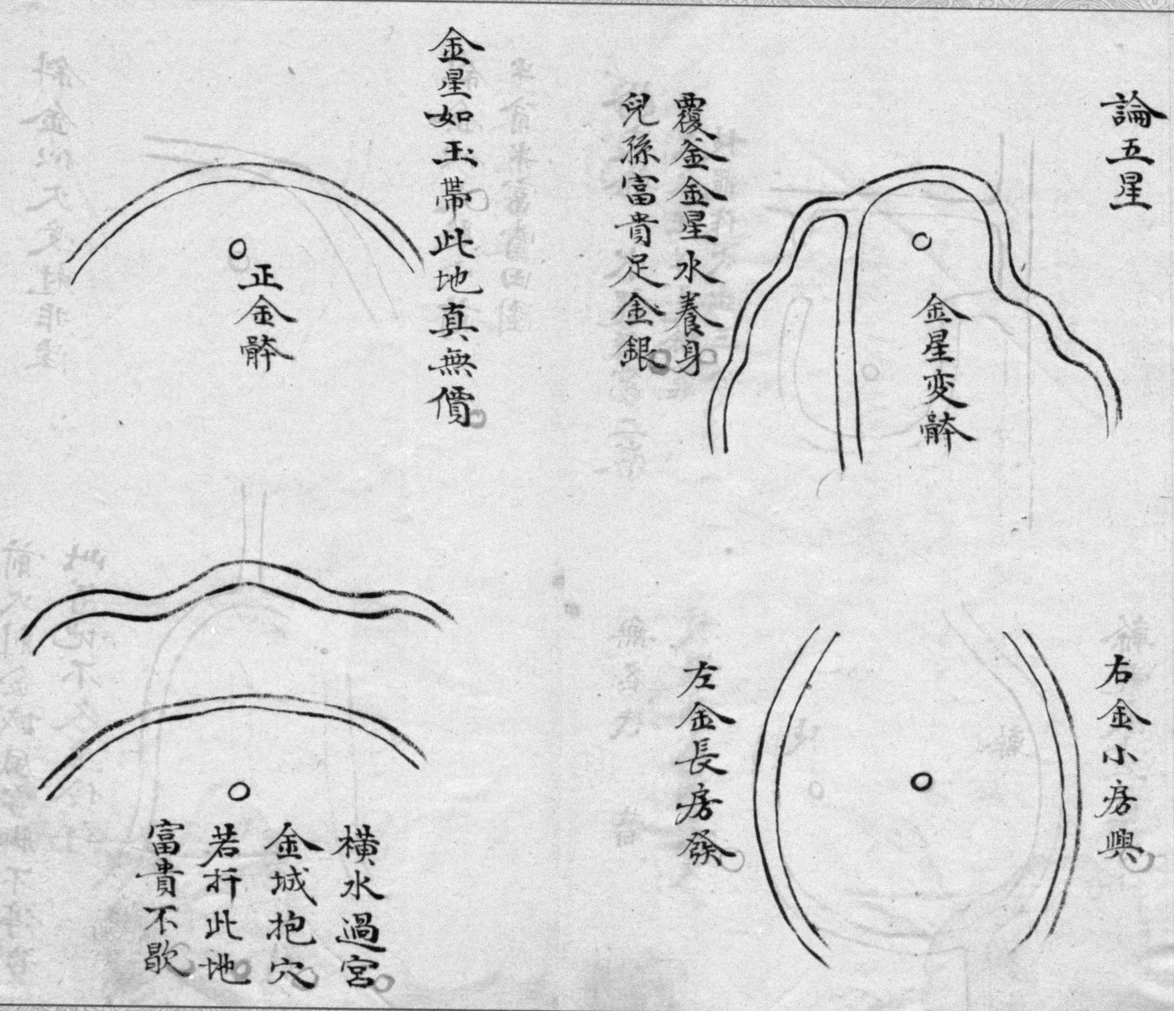
金星变脉
覆釜金星水養身
兒孫富貴足金銀
右金小房興
左金長房發
金星如玉帶此地真無價
正金脉
橫水過宮
金城抱穴
若扦此地
富貴不歇

斜金似火受尅非佳

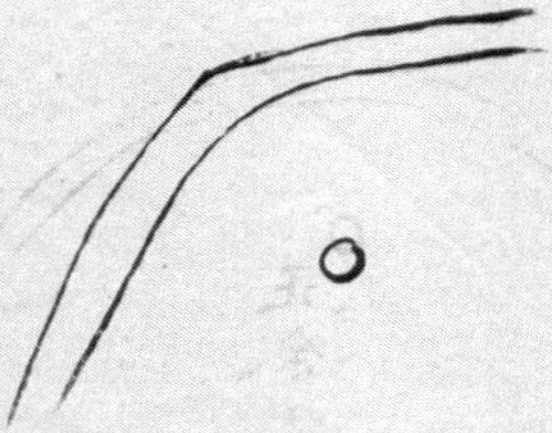

前火尅金城風字脚不停若扞
此穷地不久主伶仃

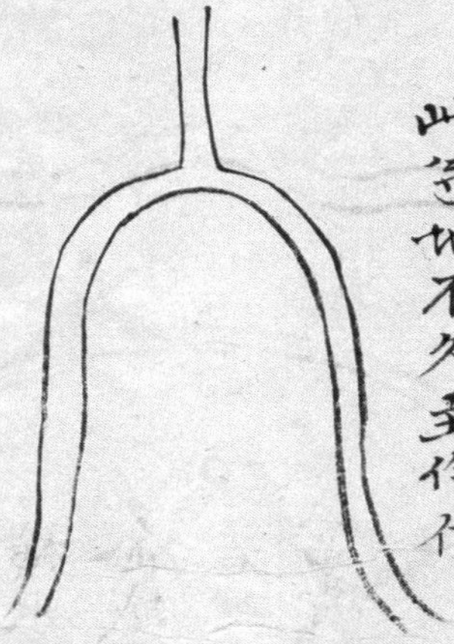

斜金似火照穴前
半貧半富賣田園

此水名為犁頭
形一發火燒貧

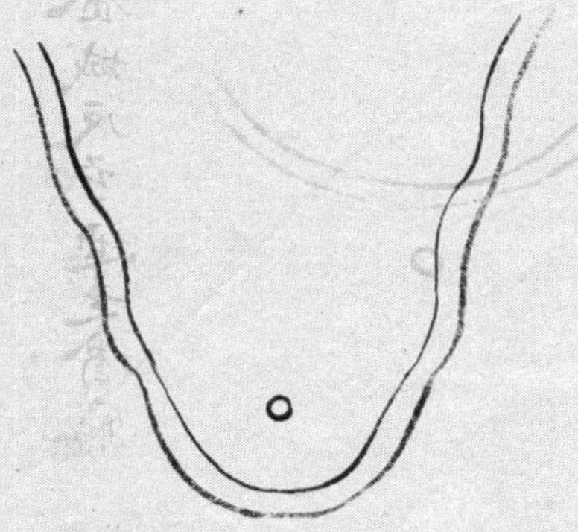

金城右反弓
小子必孤窮

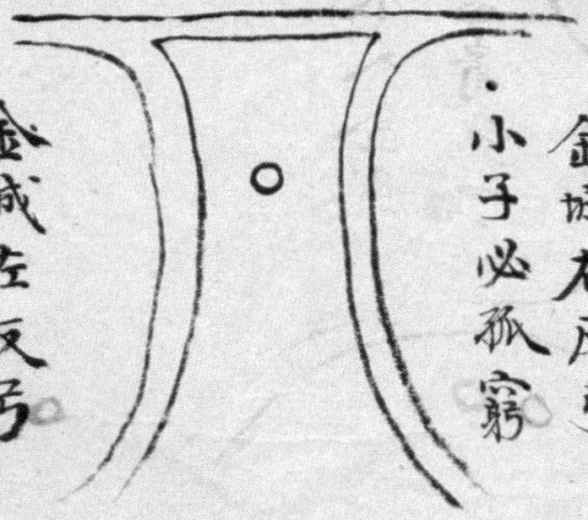

金城左反弓
長子定離宗

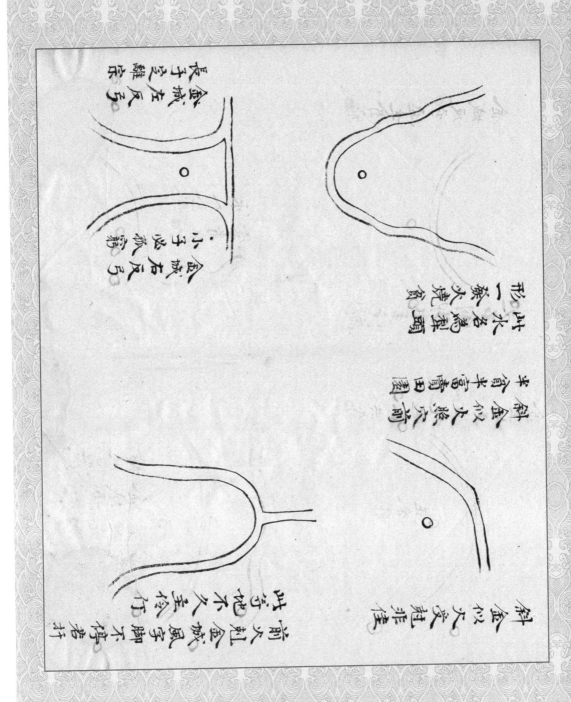

金城反弓
迎走貧窮

又名劃脚水主絕嗣

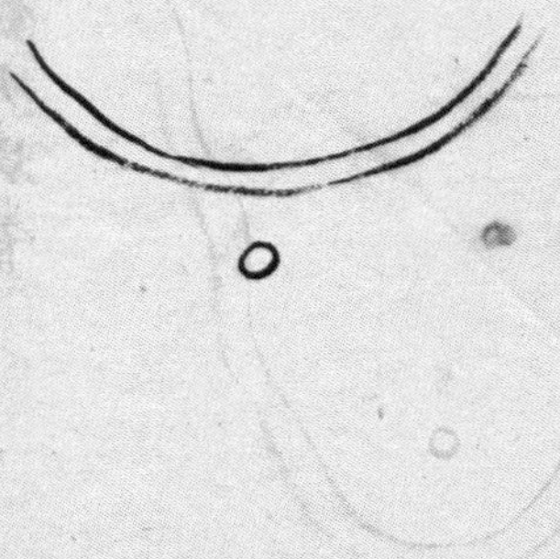

水入金城
富貴多丁

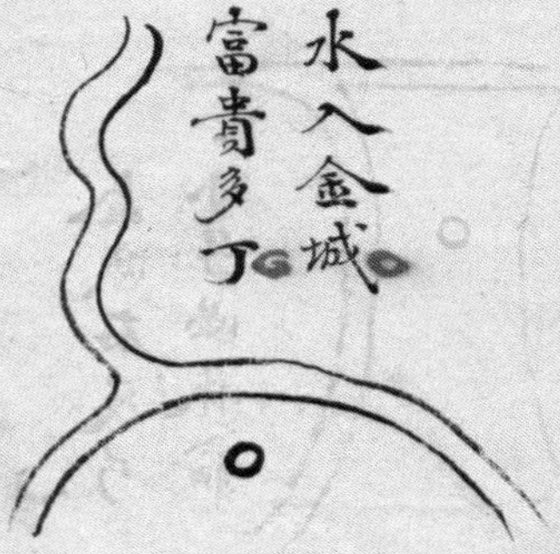

金水泛濫
風聲可憾

金水相生
富貴豪英

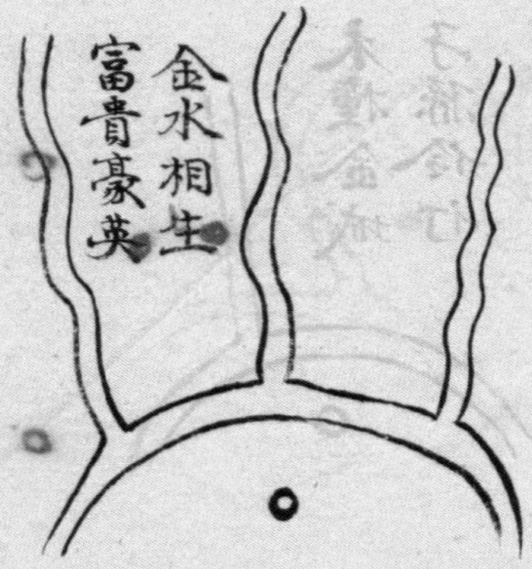

金星木来撞
子孫家傾蕩

金水得地
子孫富貴

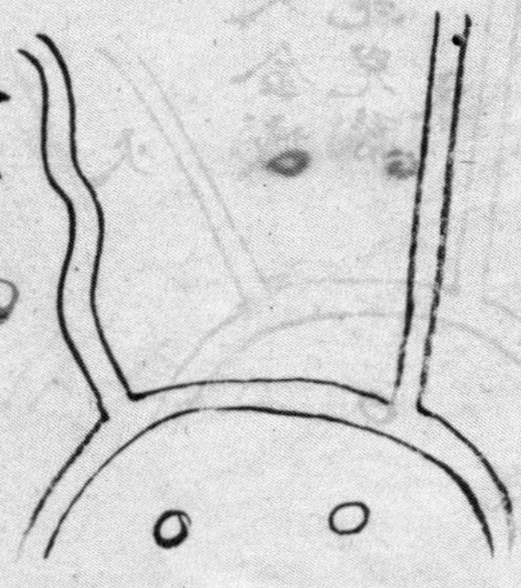

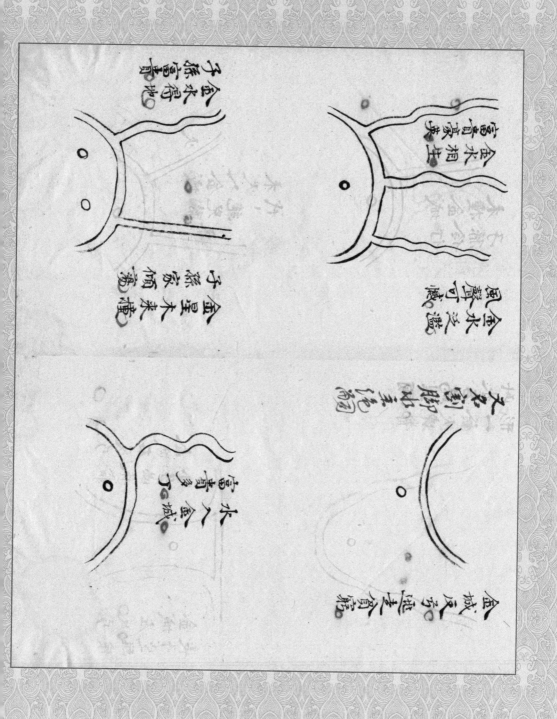

木撞金城
子孫伶仃

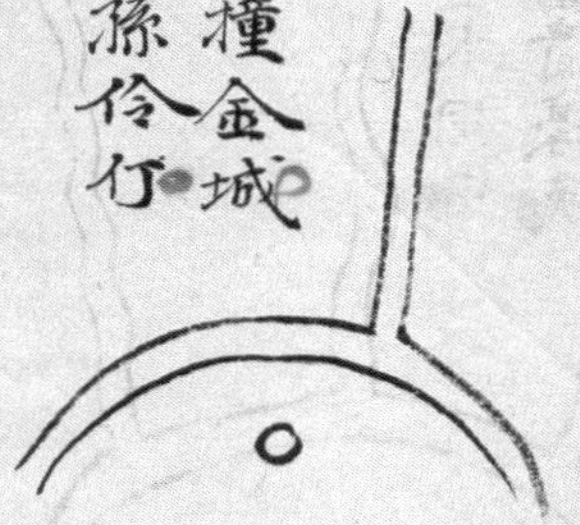

木火入金城
代代絕兒孫

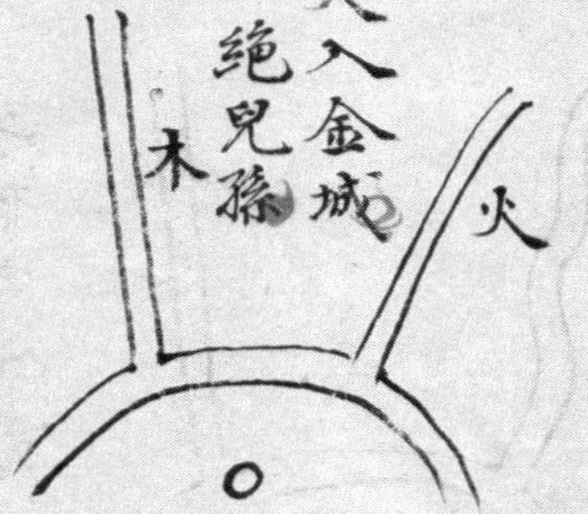

曲水入金城
官鬼損人丁

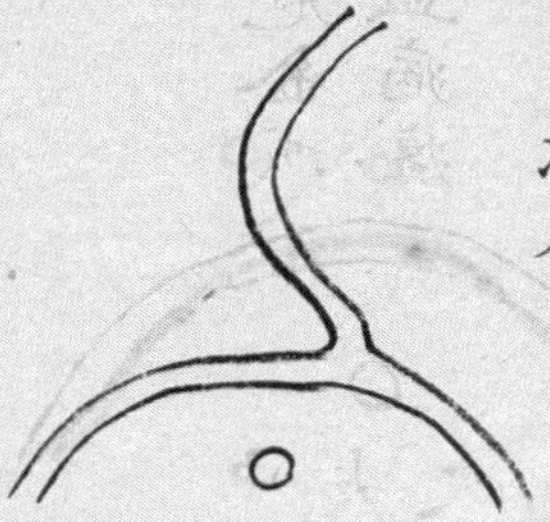

殺入金城窮敗無丁

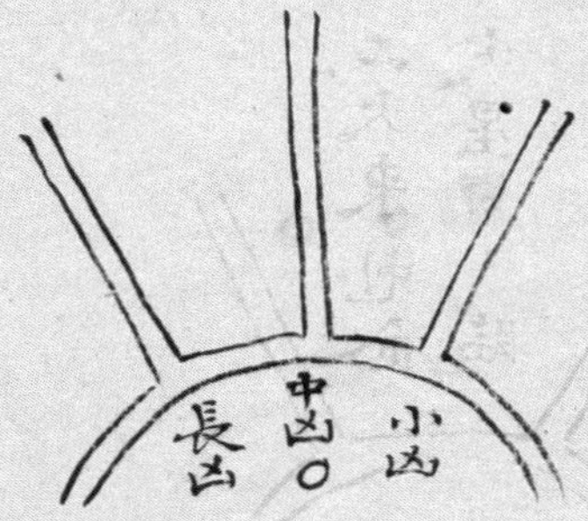

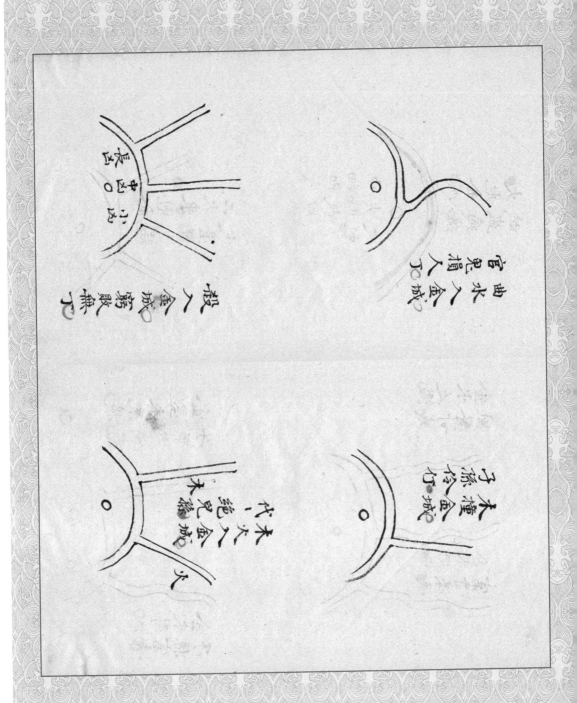

火尅金城
賊盗病瘟

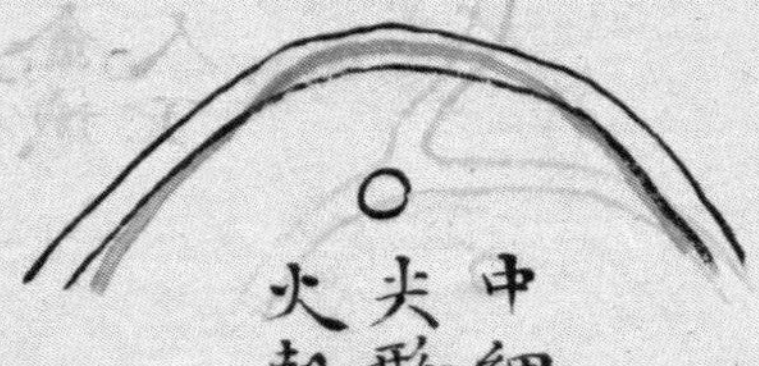

中細即成
尖形故曰
火剋

二火来剋金
突星曰臨

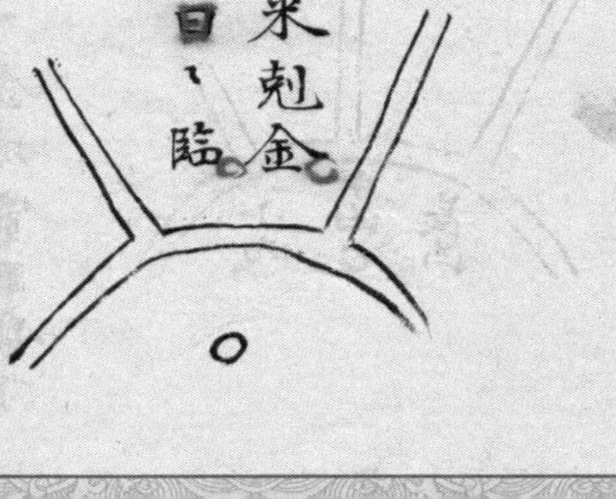

火金相刑
敗絶無丁

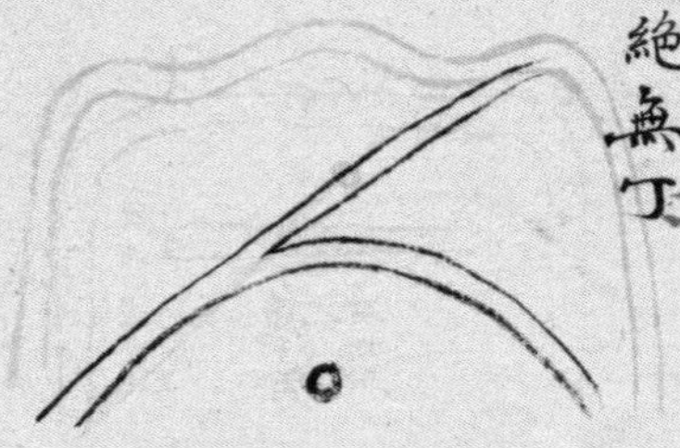

同上

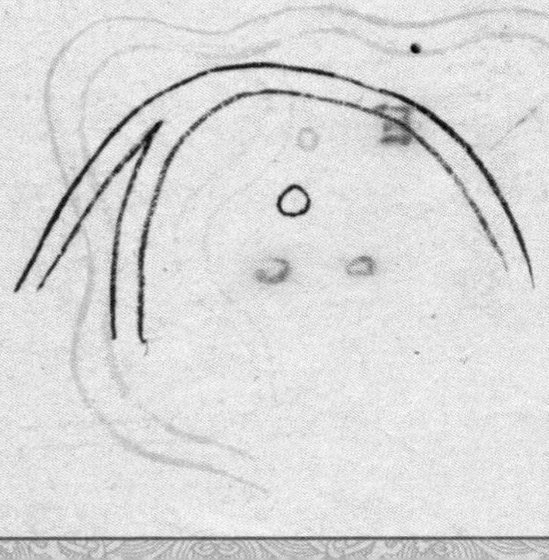

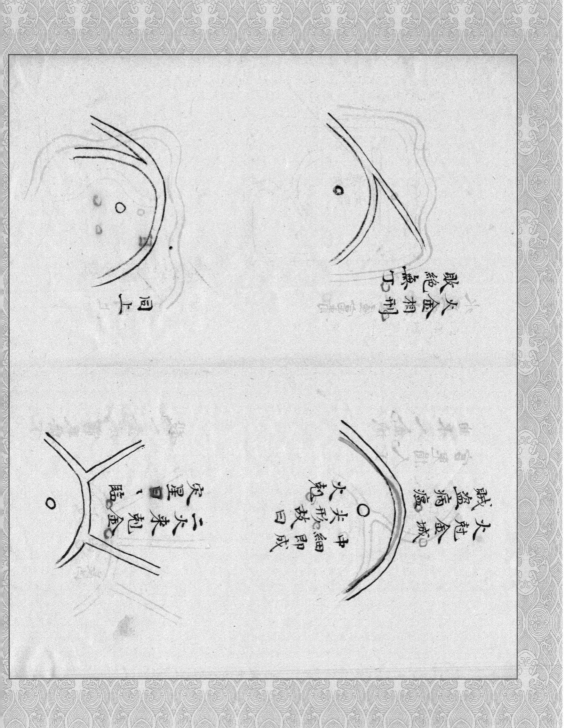

水星得地　金屋富貴

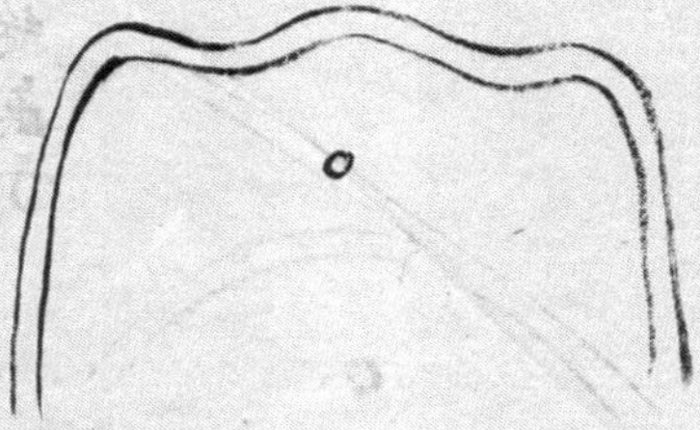

同上

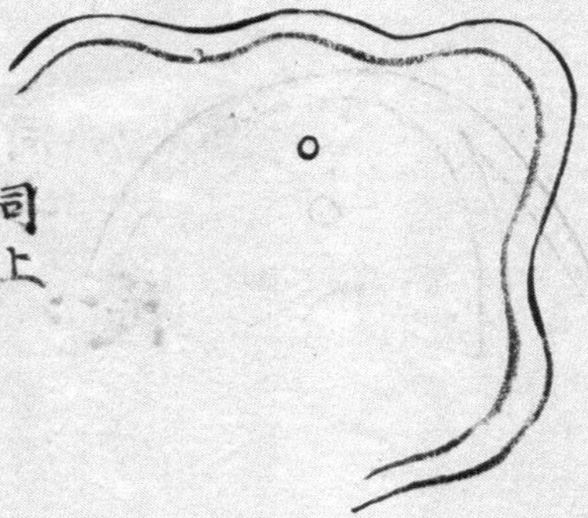

二土應門前　富貴有金錢

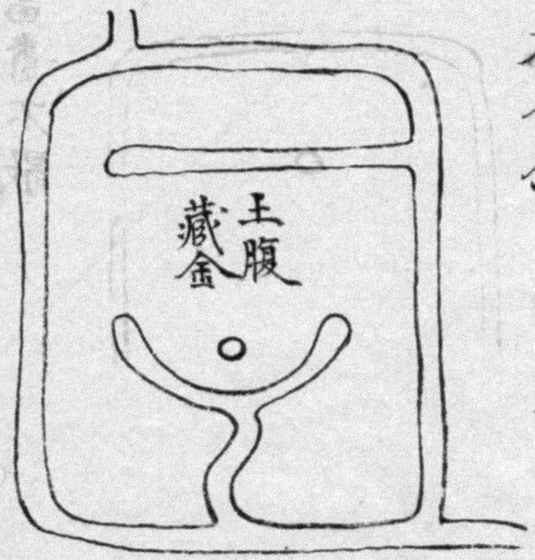

水星入土曲来冲　先主剋財福後生

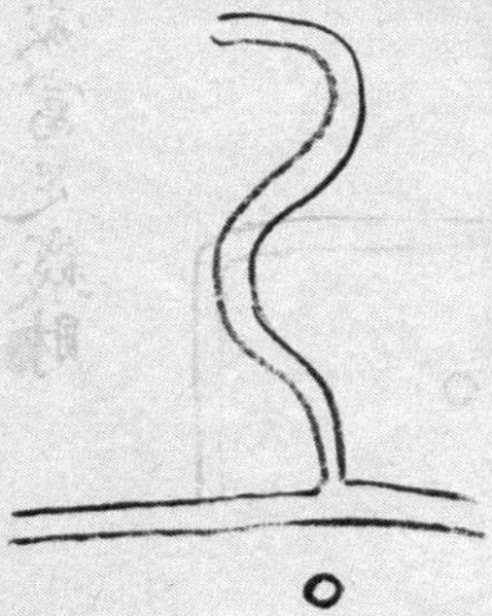

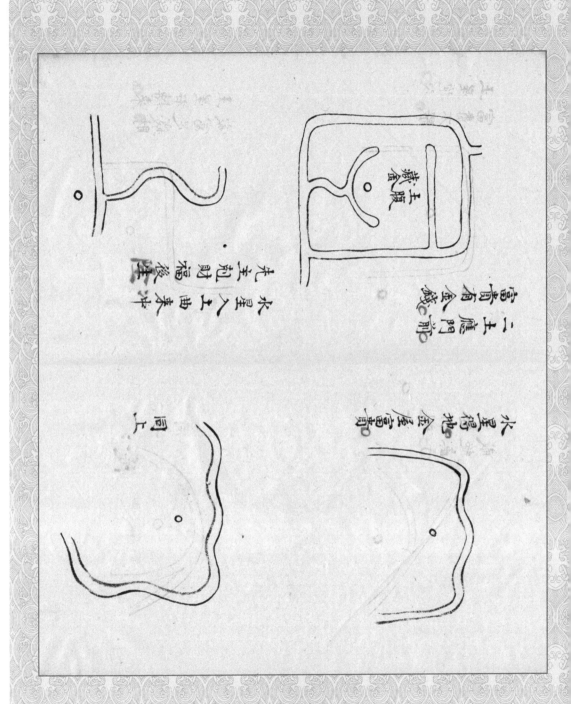

土星抱穴
富貴不歇

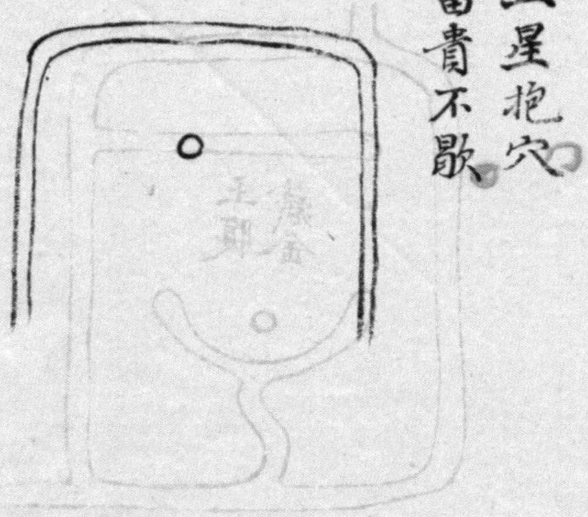

土星右轉来
家富足錢財

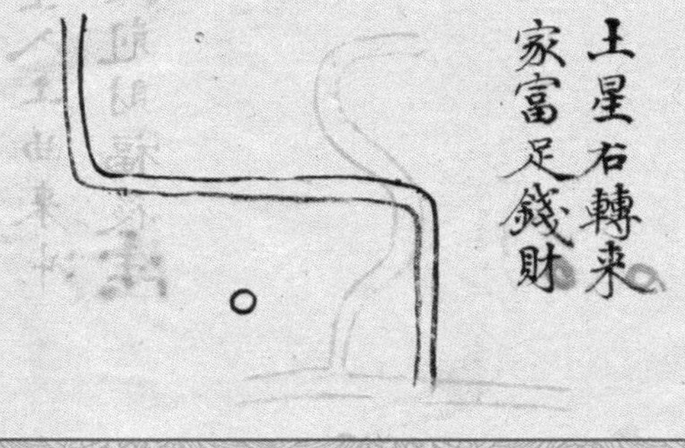

土星直去無回意不久家門退又云一直如舟
不可安雖發貧窮不久年不問東西南北往必
然退走不知端

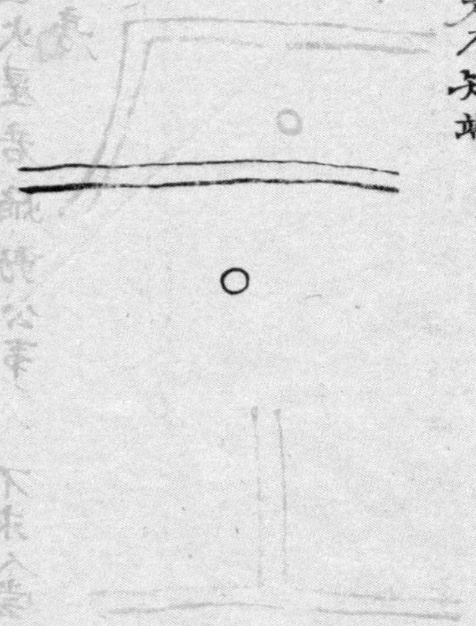

土城反去絕敗身家
貧窮淫亂軍配天涯

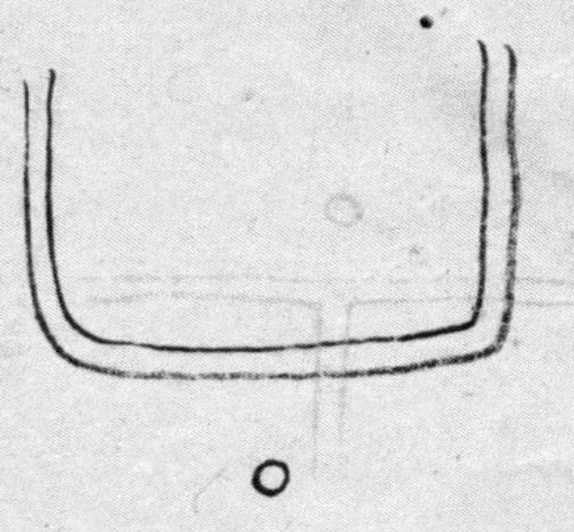

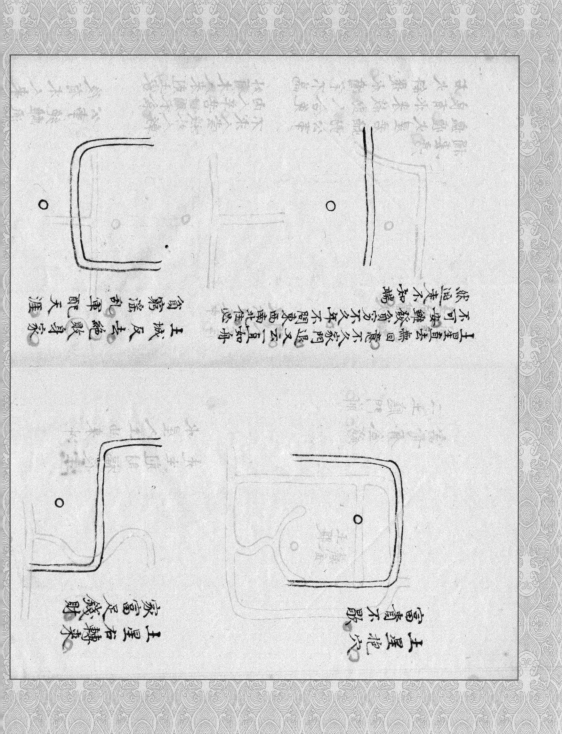

右火斜飛水墳宅不為
良有水来救助人合免
瘟癀火星若焰動公事
損妻房

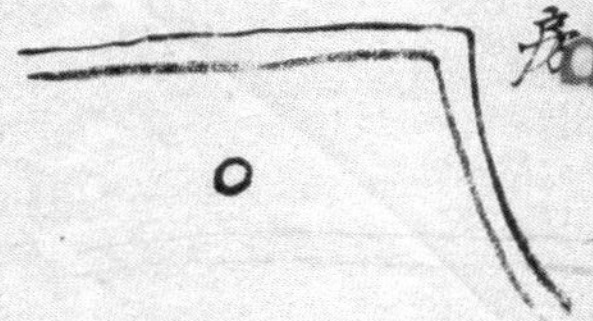

土城帶火
別離鄉土

外有木人来剋土家
內人辛苦世須衣食
不求人尝被外人輕

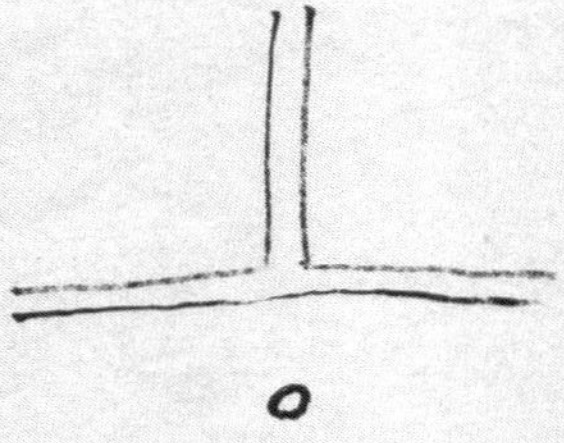

又云直木冲
門人口不存

後有木人来剋土
公事絶離流竄苦

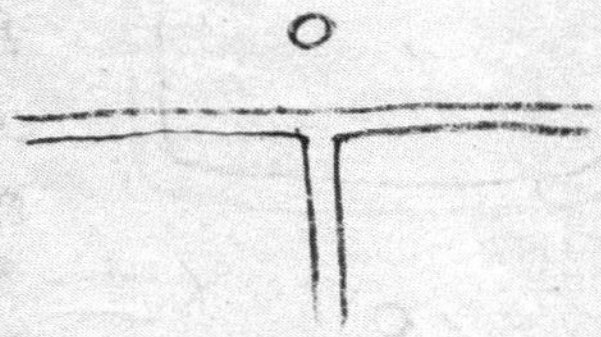

直木如鎗公事橫殃　又
云木城直冲穴中房必敗
絶前木後来冲軍賊犯刑
凶

正木直行退敗動瘟
斜木不堪為下後主
生離

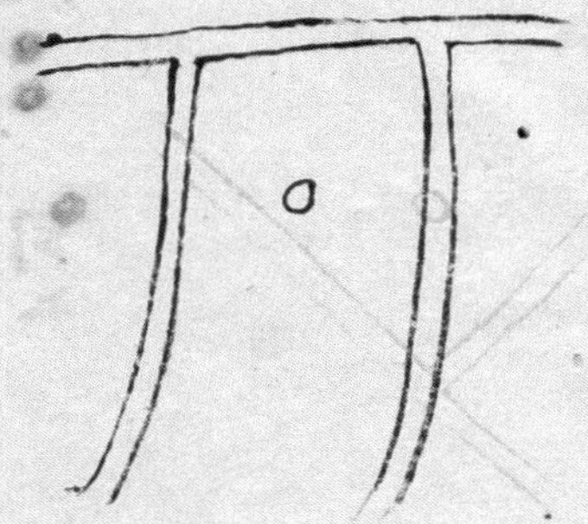

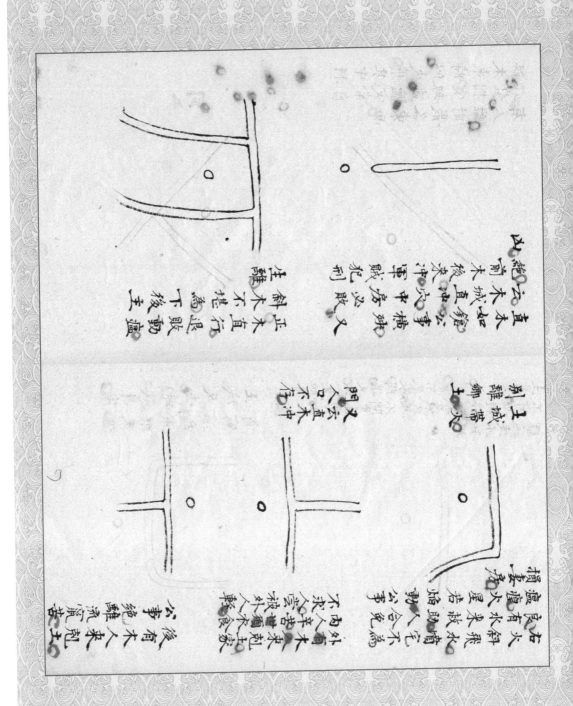

斜木来時似火飛其中扦
穴豈相宜劫盗瘟灾常自
有人離財散各東西

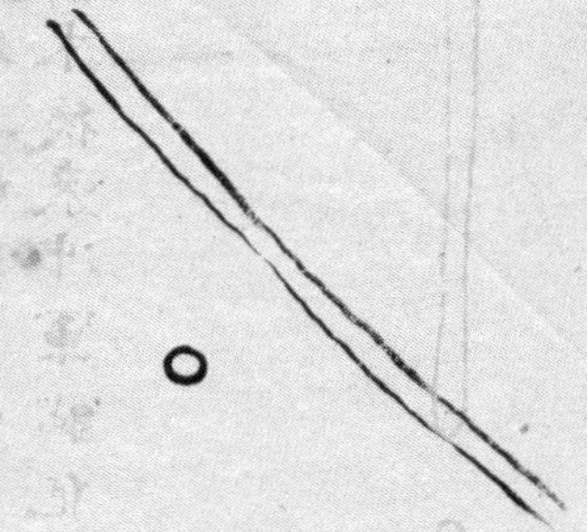

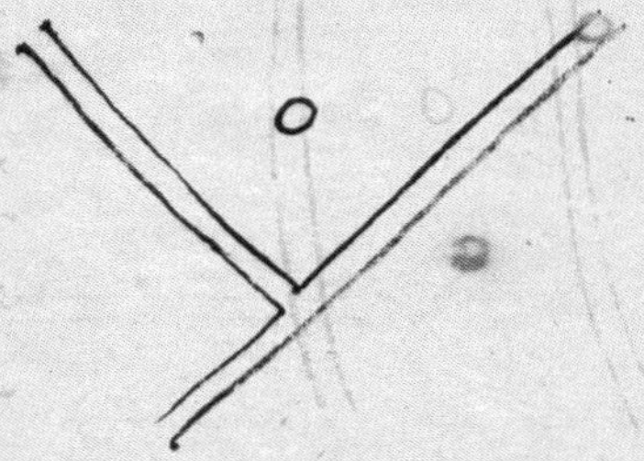

同上

水似木又瘟絶孤貧
尖砂随水出子孫做
軍賊

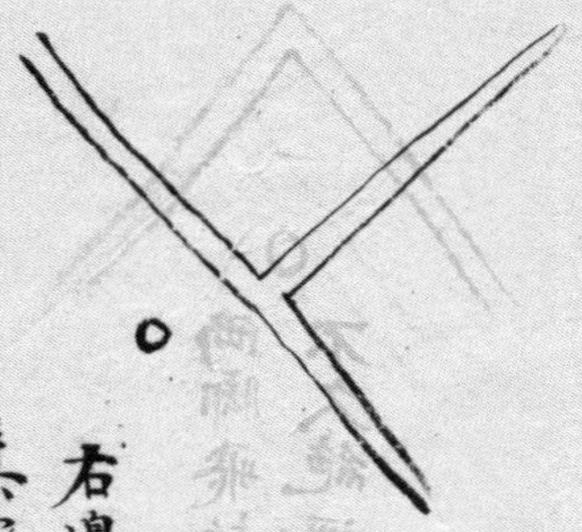

右邉水冲扇怪在前頭見
其家瘟火定燒空小水也
虚驚

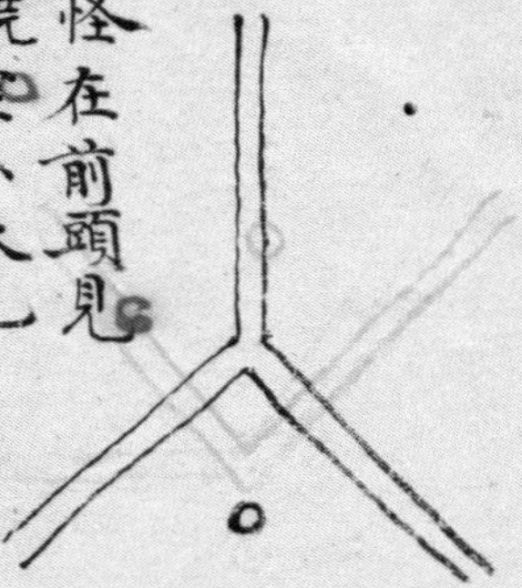

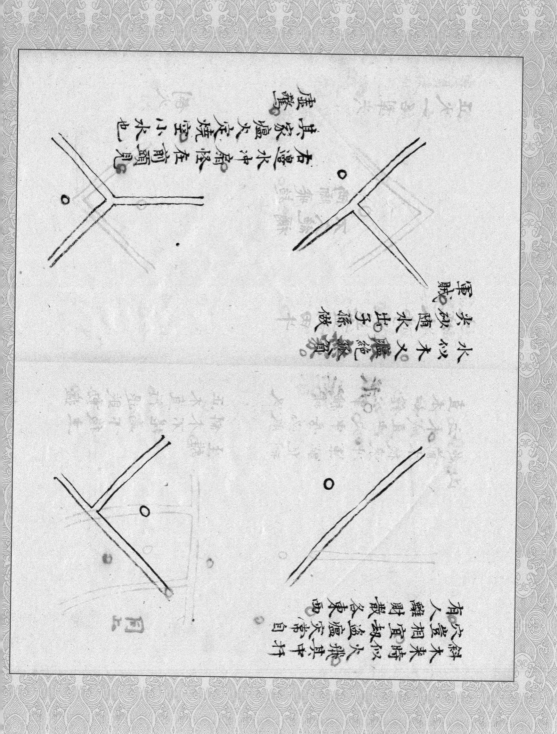

正火一名犁尖

兩脚飛趋
不久絕禰

火城合掌流退盡好田牛

倒火

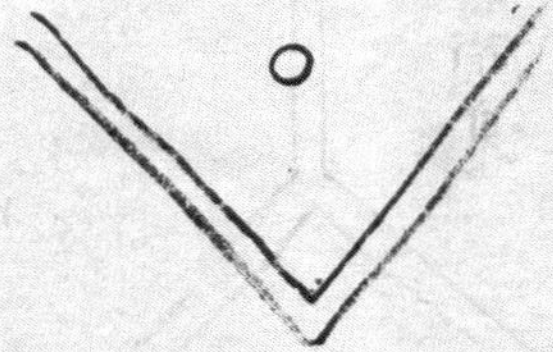

火城後反弓忤逆各西東
若還如此樣退盡主貧窮

右火斜飛兄偷弟婦
左火斜飛弟偷兄嫂

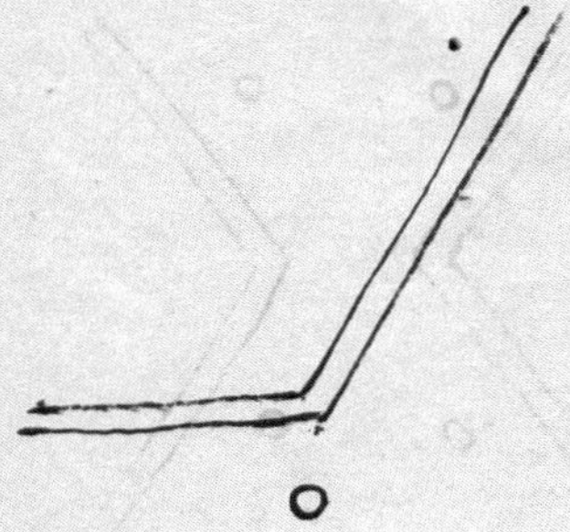

又云火城反去淫亂不良
家貧徒配絕嗣逃鄉

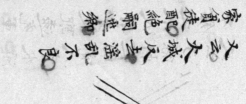

刀鎗之水反射身徒配遠充軍
又云子孫忤逆面前八字水流

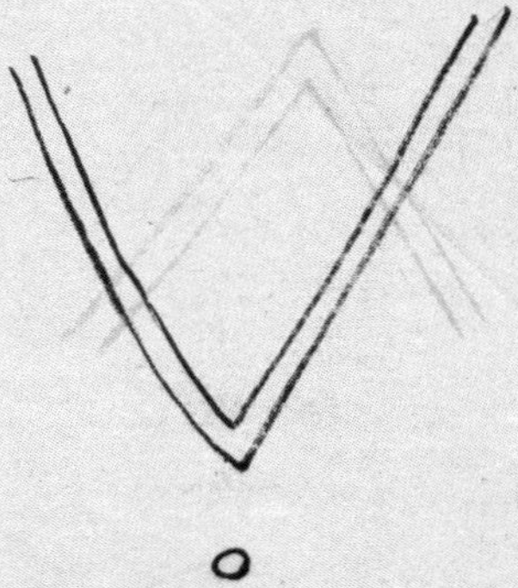

右火反飛逃走東西

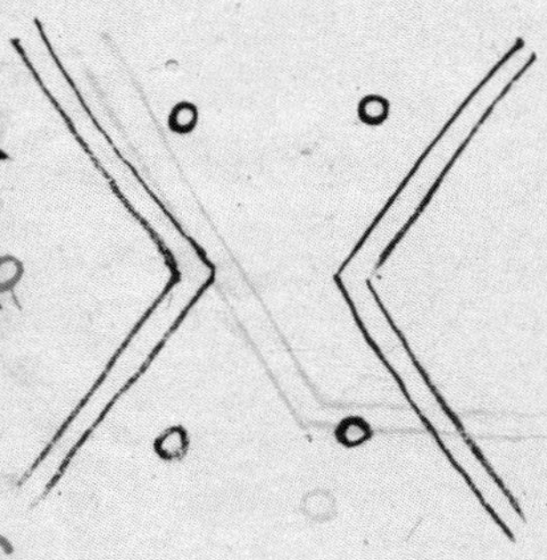

左火斜飛軍賊傷夷
逃移外死絕子無依

尖火射其身
官刑絕子孫

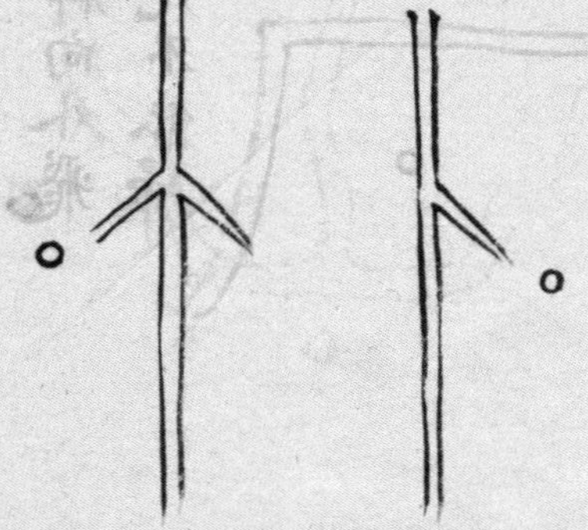

燥火焰焰動
老死無人送

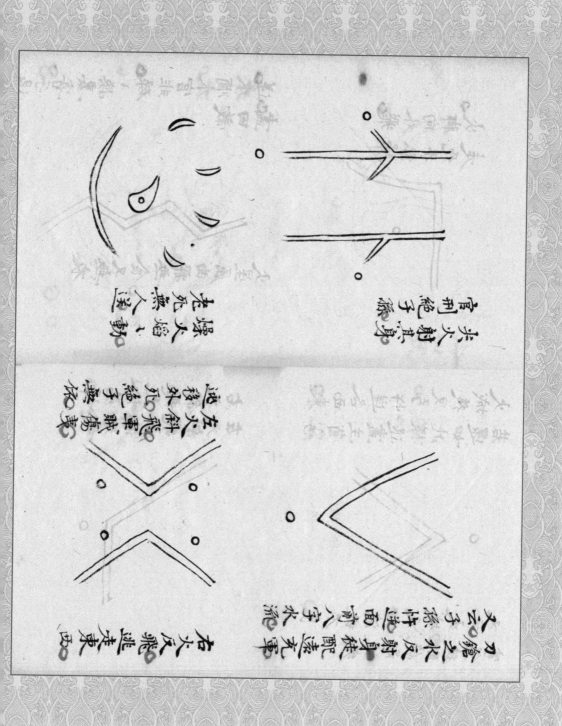

火脚向外飛
走死不能歸

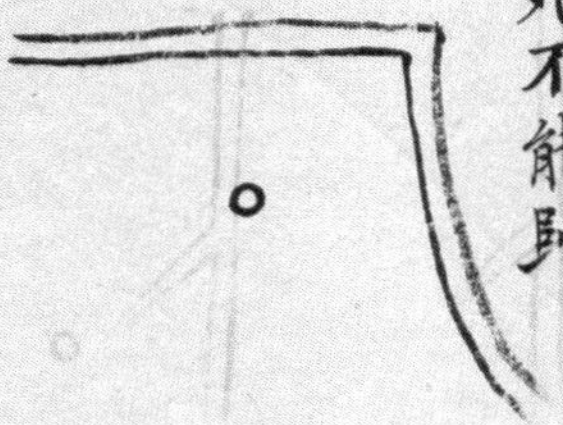

逆水順水官非祿、換妻寄子退
盡田穀

火星屈曲飛無食又無衣

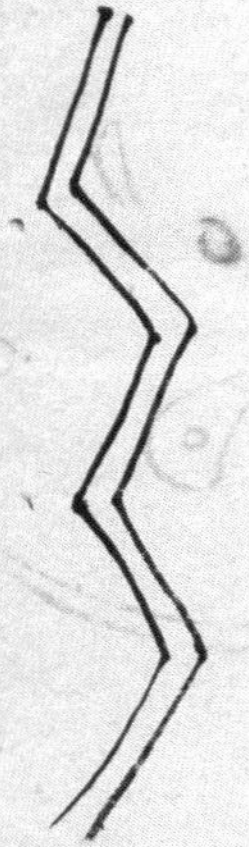

論四獸

朱雀之前水之反男盜女淫無
衣飯

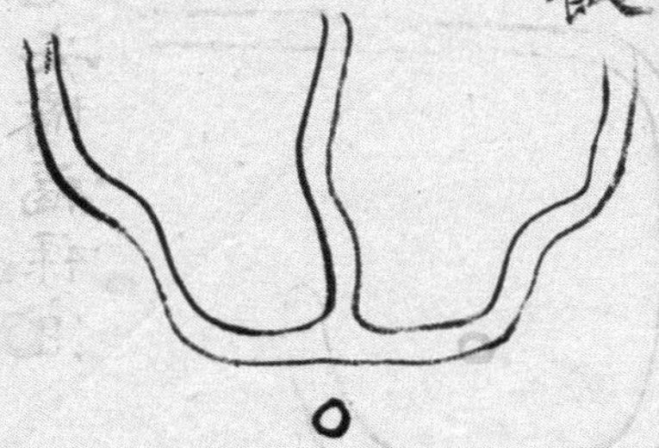

發福久長
定是水纏
元武

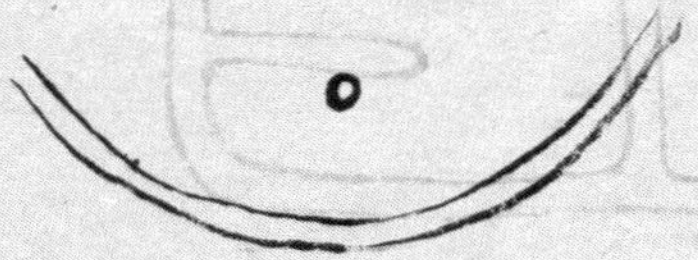

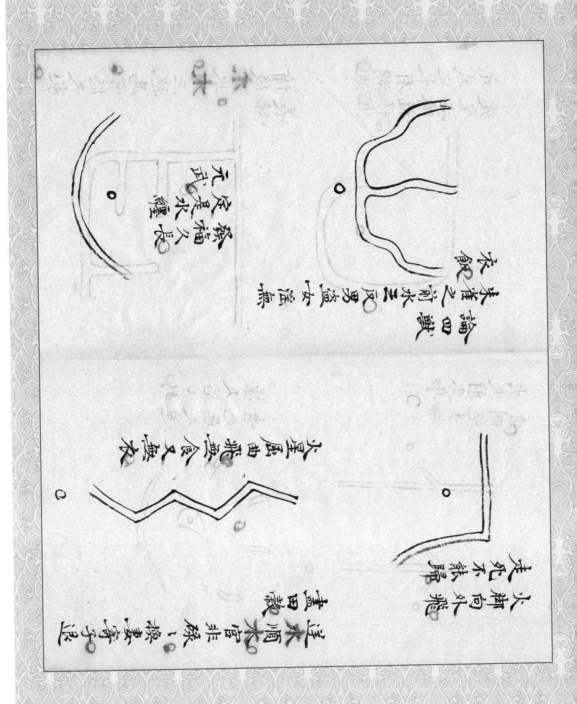

元武之水有湖池
定宅安墳福祿宜

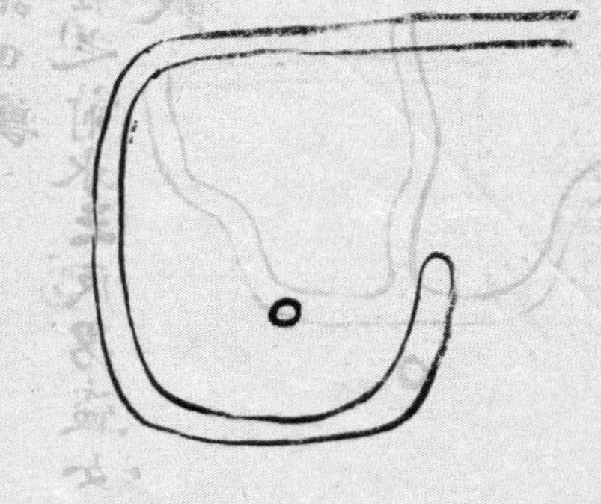

墳後有水両三抱為官悠久家
長婦

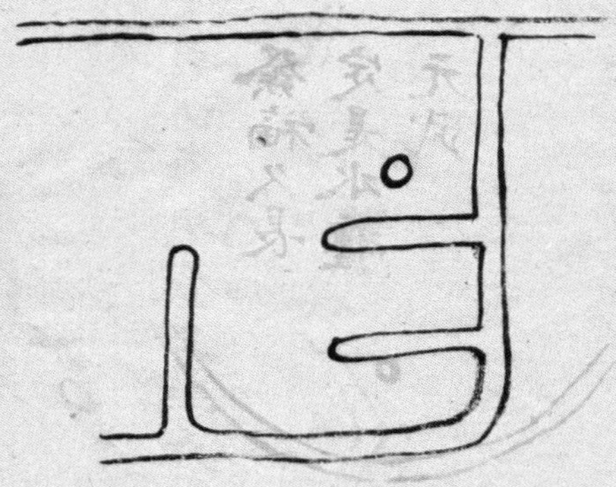

水冲元武頭枷鎖去為囚
又云前丁後丁主絶人丁

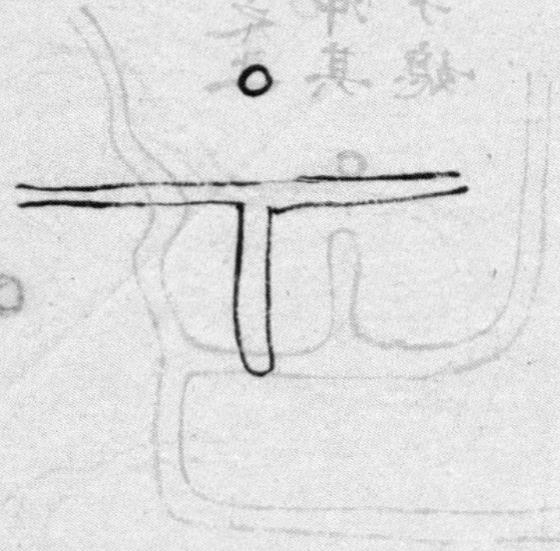

元武吐舌水風吹
絶嗣官灾少死隨

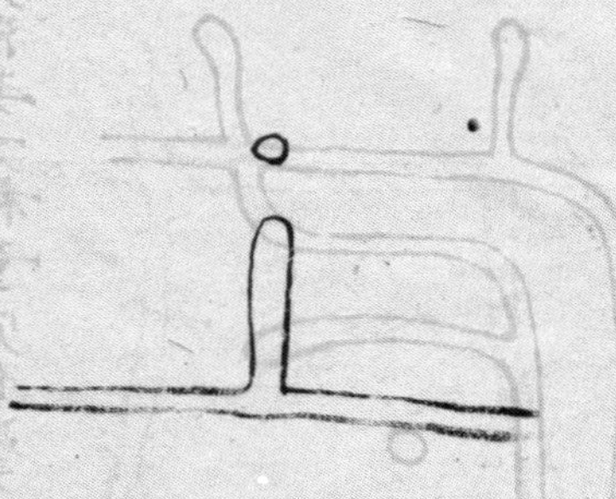

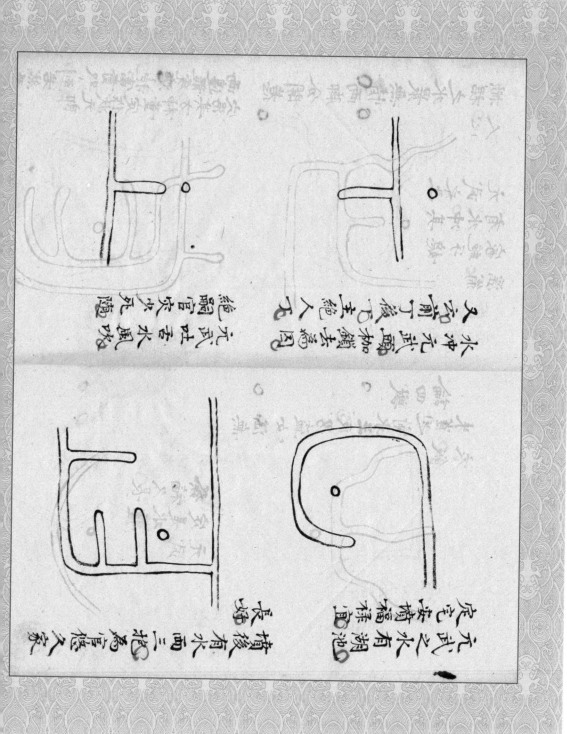

掀裙之水最無情
兩脚分開惹人心

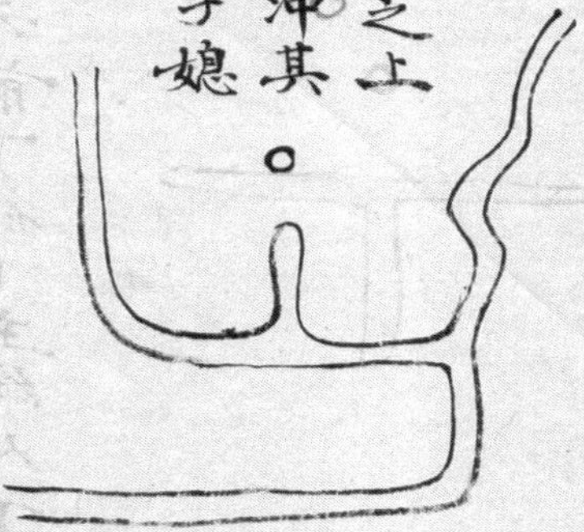

元武之上
有水冲其
家絶子媳
淫翁

兩邊龍虎灣抱富貴双双到若然點
穴得其方神童定作狀元郎

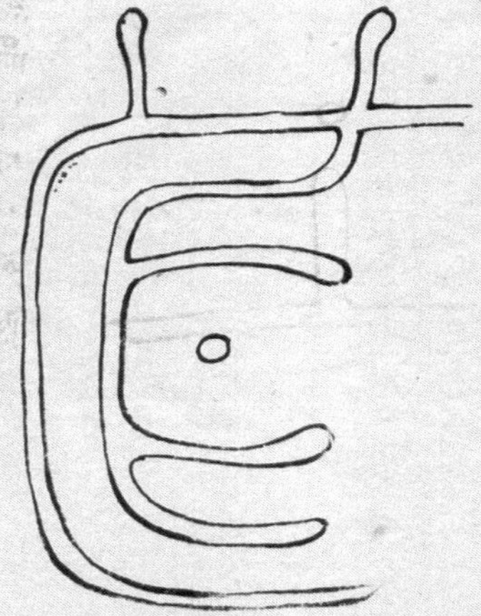

青龍水轉抱其身
須知此地出官人

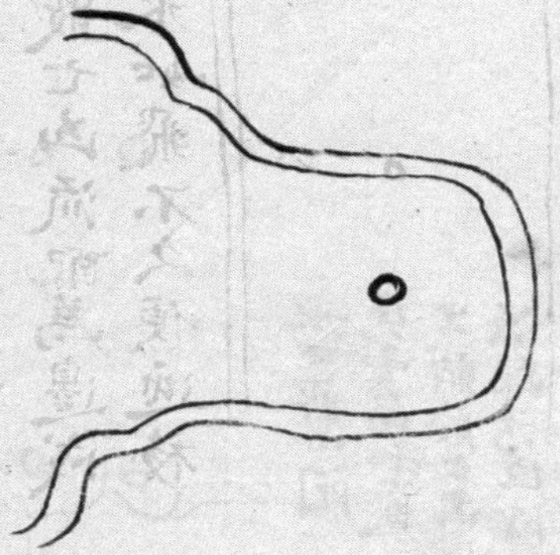

青龍白虎兩分張
流徙退敗主離鄉

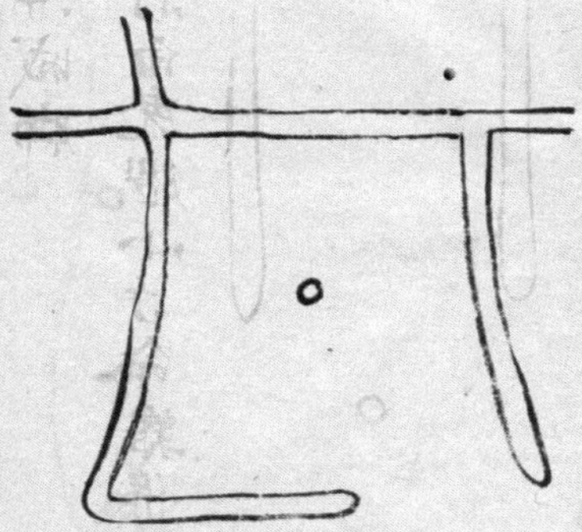

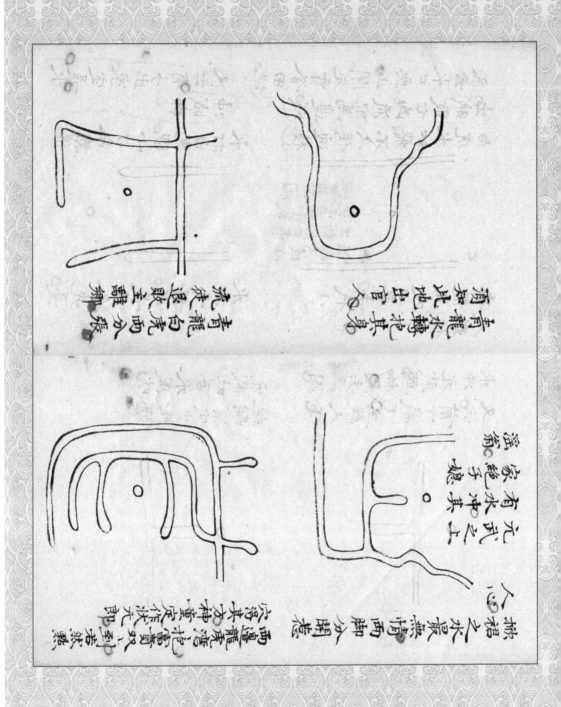

又云水口無山閉先賣爹田地
出賊敗亡凶流配為邊戍
白虎水如飛不久便逃移

青龍直走如飛去代〻人難住

又云有子出家定是水冲城脚
水打白虎腦小子命難保

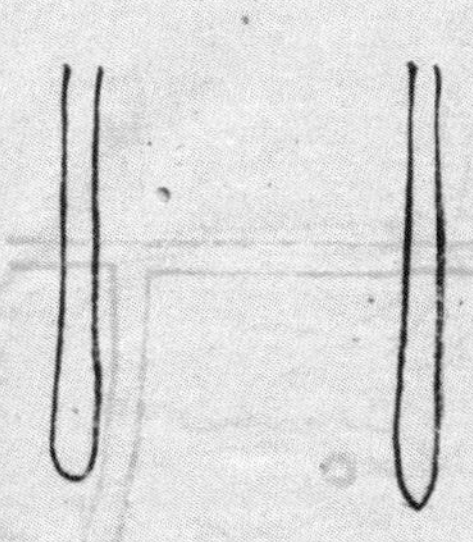

水打青龍頭長子命先憂

同前

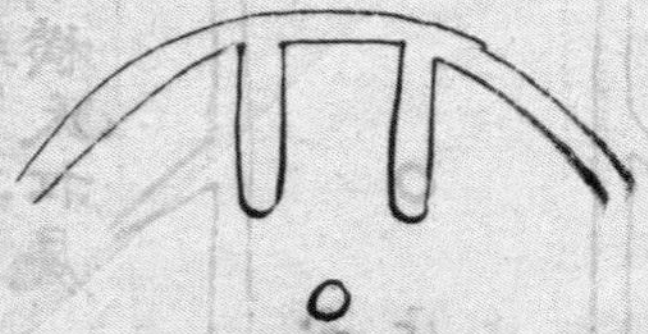

左右兩邊水反去兒抛父母離鄉住

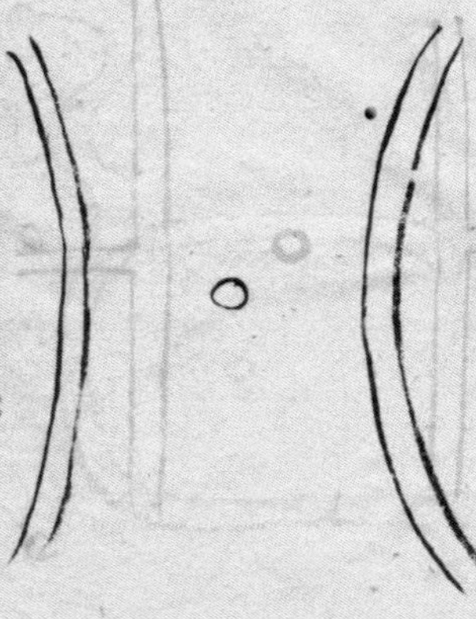

又云兩邊水去不回頭財物鬼來偷

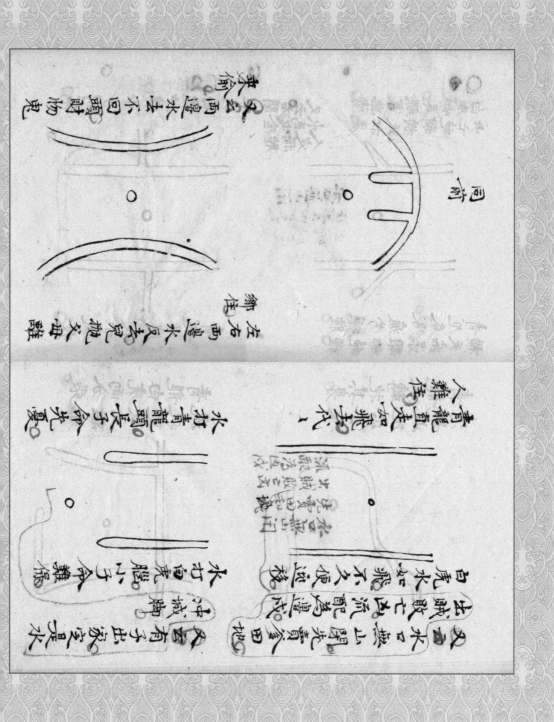

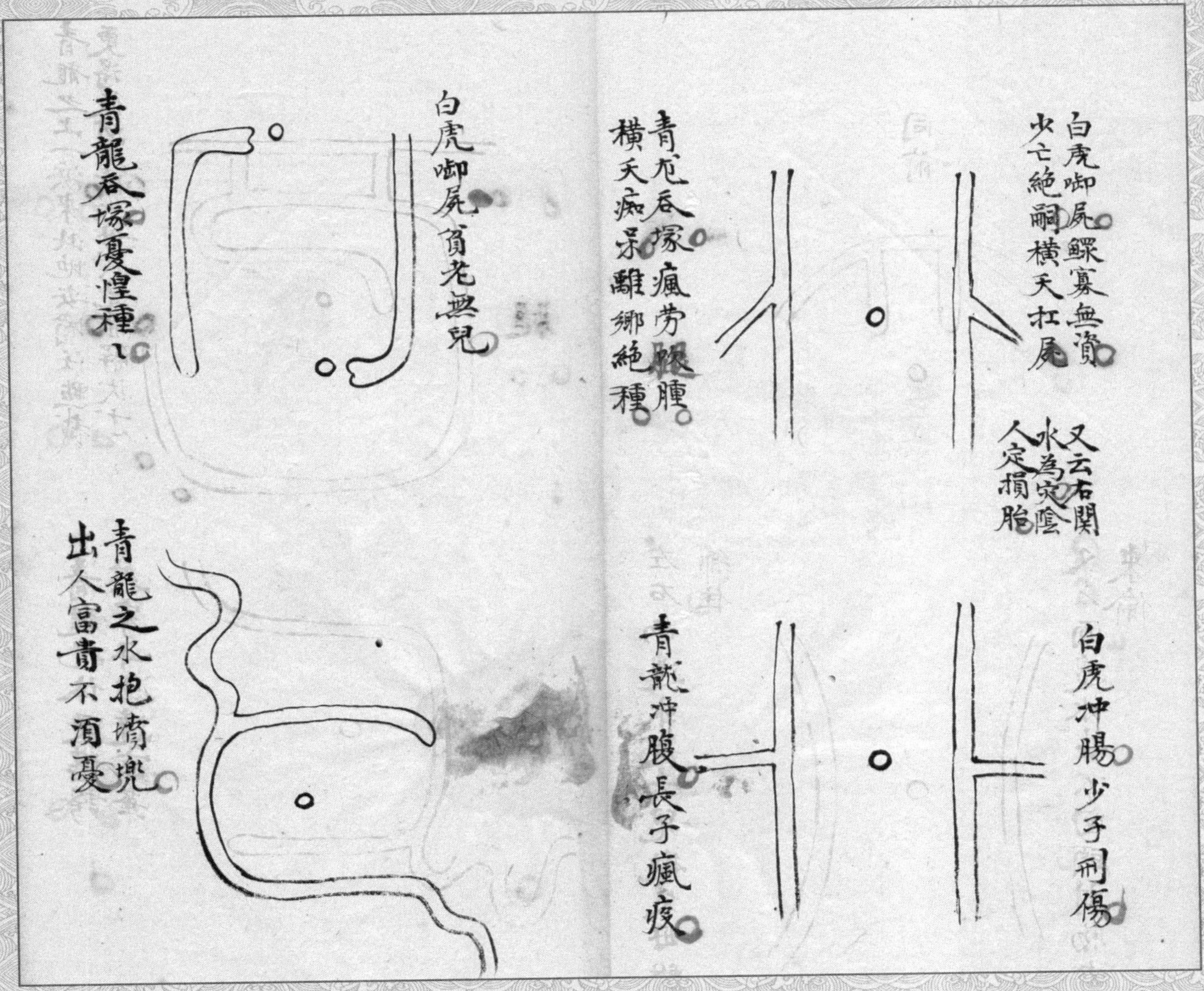
白虎啣屍鰥寡無資
少亡絶嗣横夭枉屍
又云右關
水為完陰
人定損胎
青龍呑塚瘋劳痨腫
横夭痴呆離鄉絶種
白虎冲腸少子刑傷
青龍冲腹長子瘋疫
白虎啣屍貧老無兒
青龍呑塚憂惶種〻
青龍之水抱墳塊
出人富貴不須憂

青龍之上一浜來此地安墳任點栽
更得後河多積水世代兒孫解狀〻才

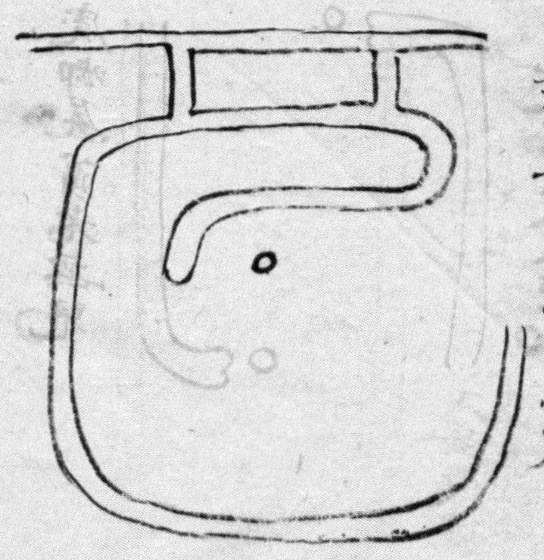

青龍抱体足堪誇
其家年少達京華

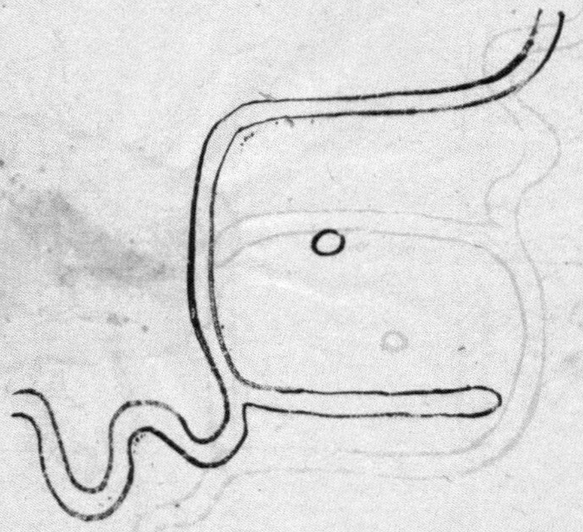

青龍左轉抱其身
富貴有聲名

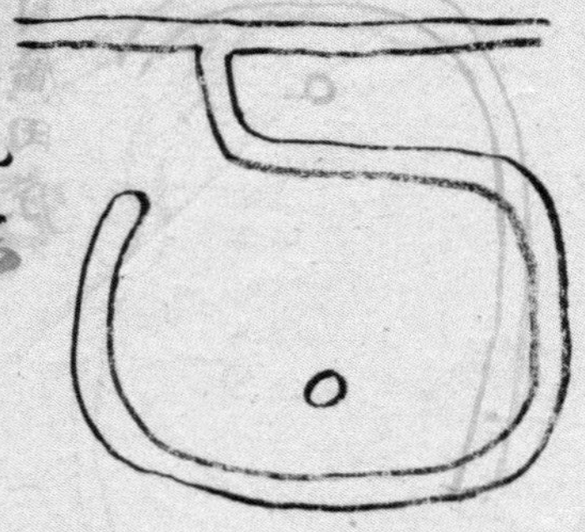

青龍灣轉如牛角
子孫代〻登紫閣

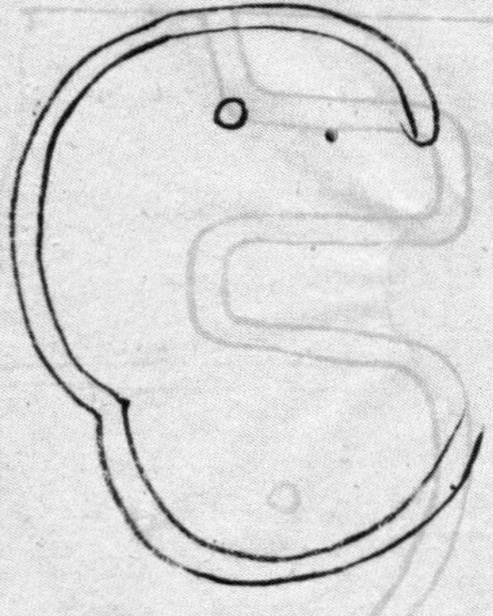

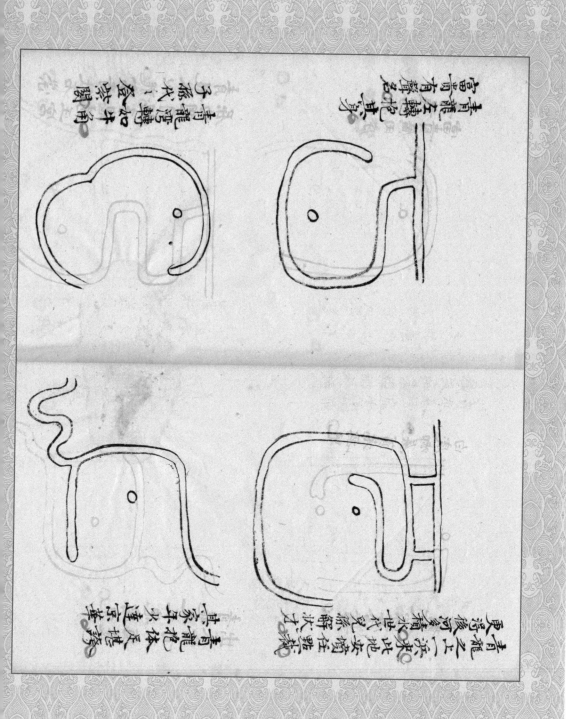

青龍灣抱穴
富貴廣田庄

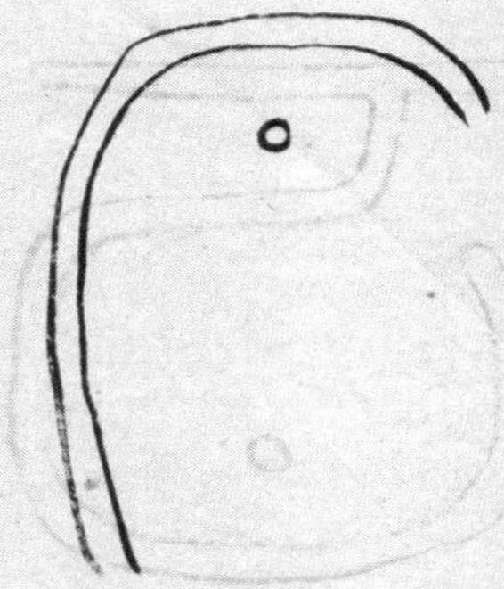

青龍水似龍富貴比石崇
屈曲門前焐子息侍王宮

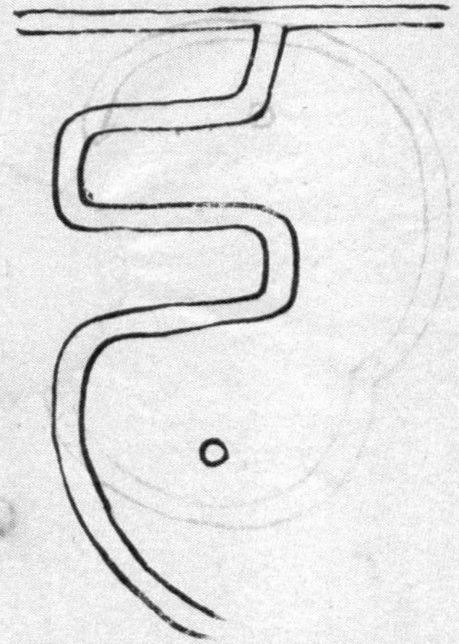

青龍屈曲抱身來
世〻兒孫入帝臺

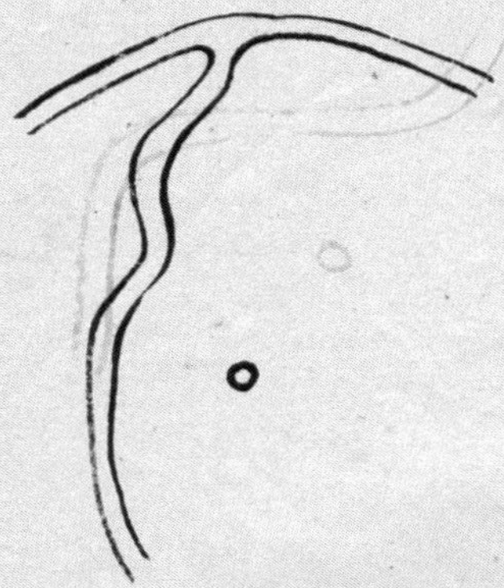

青龍水反逆子孫無官職
君若扦此地誤殺人千百

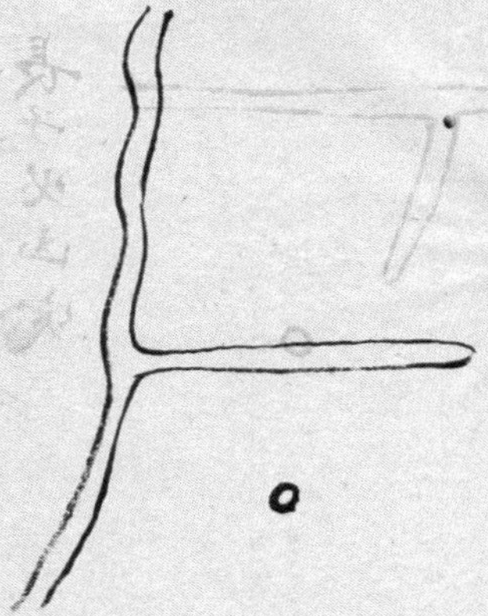

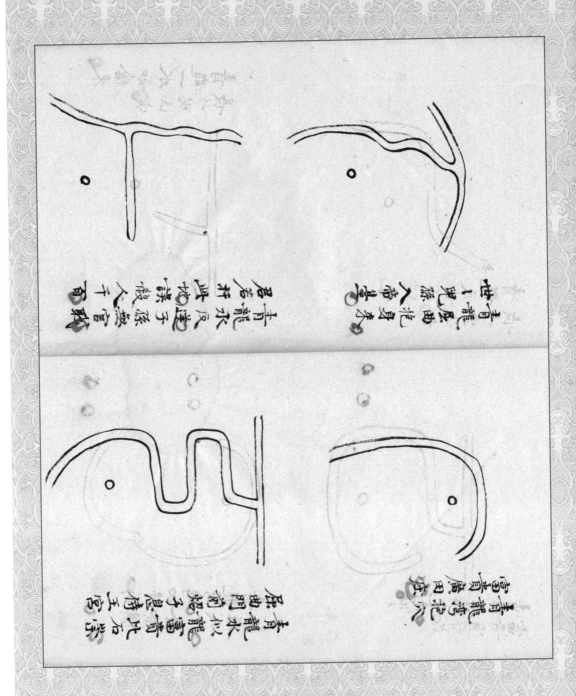

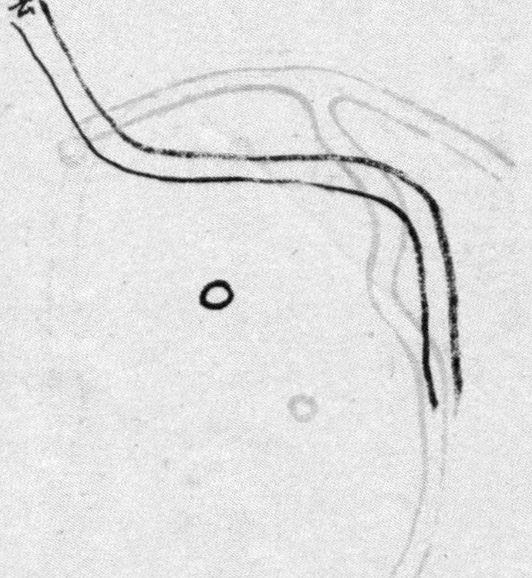

青龍反去不朝身
長子受老貧

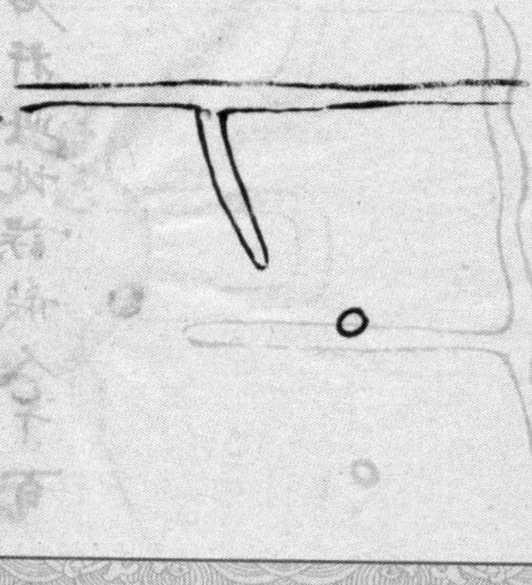

青龍一水如鎗来
長子必凶穴

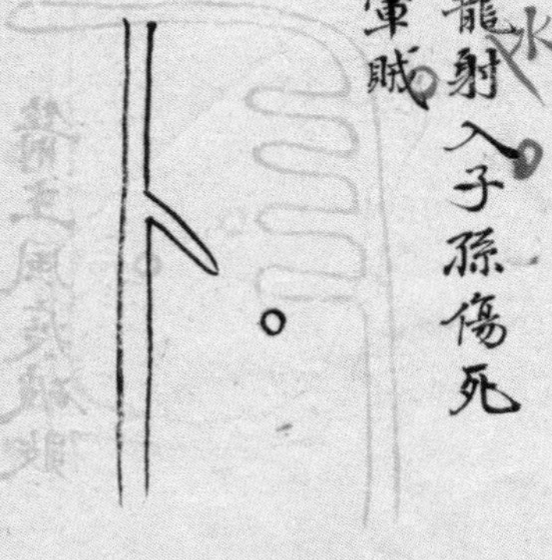

青龍射入子孫傷死
并軍賊

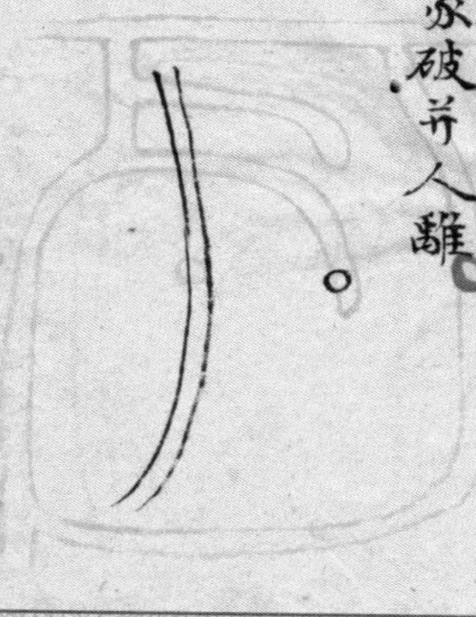

青龍頭上水反飛
家破并人離

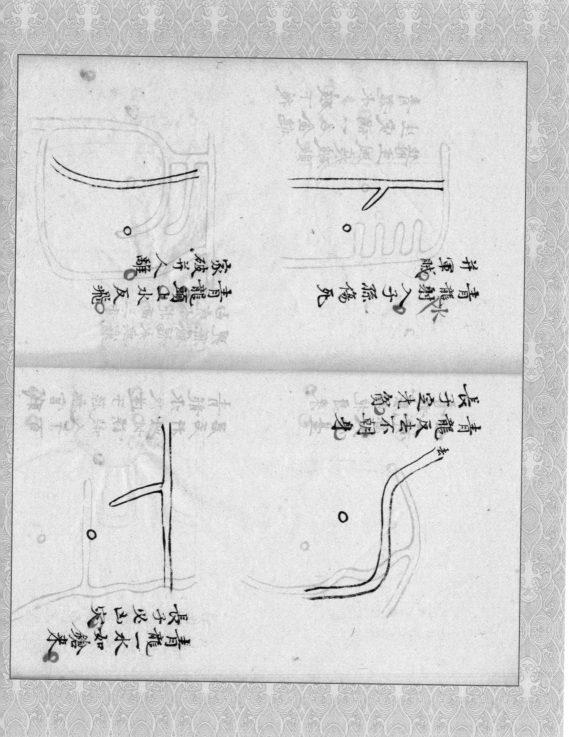

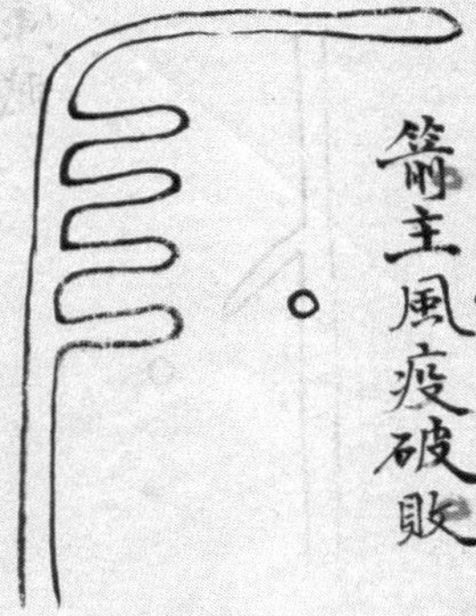

青龍水多破下後
生災禍一名金鴉
箭主風瘦破敗

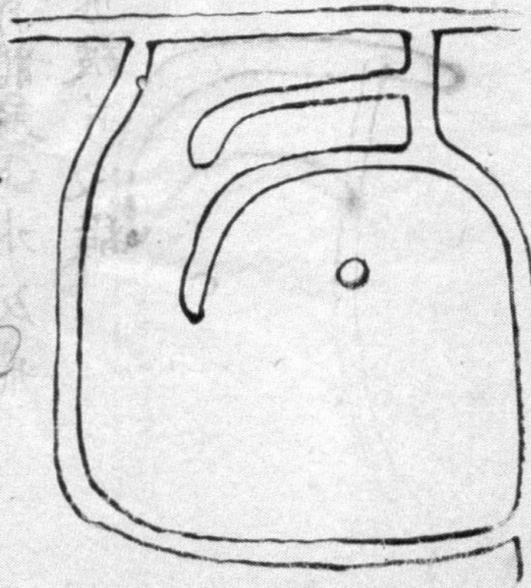

白虎水抱兩三重
兒孫發福永無窮

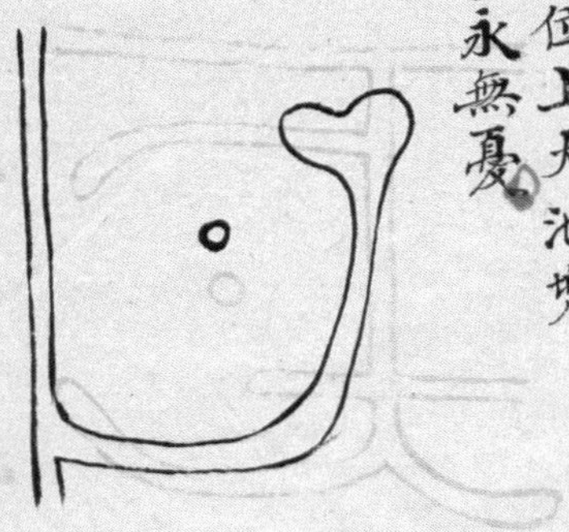

白虎位上大池塘
衣食永無憂

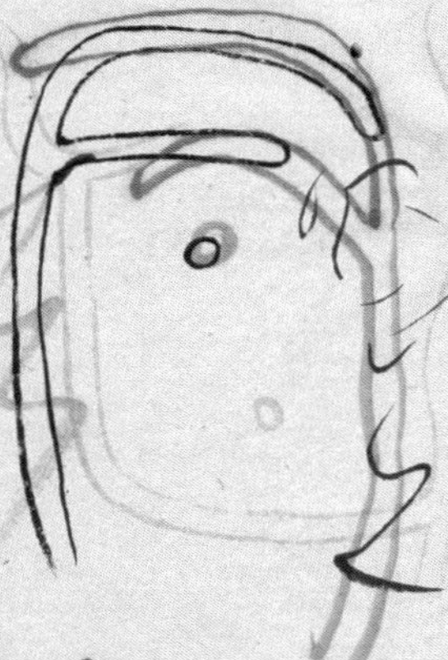

虎水象牙刀
兒孫掛錦袍

此圖仍從墨本

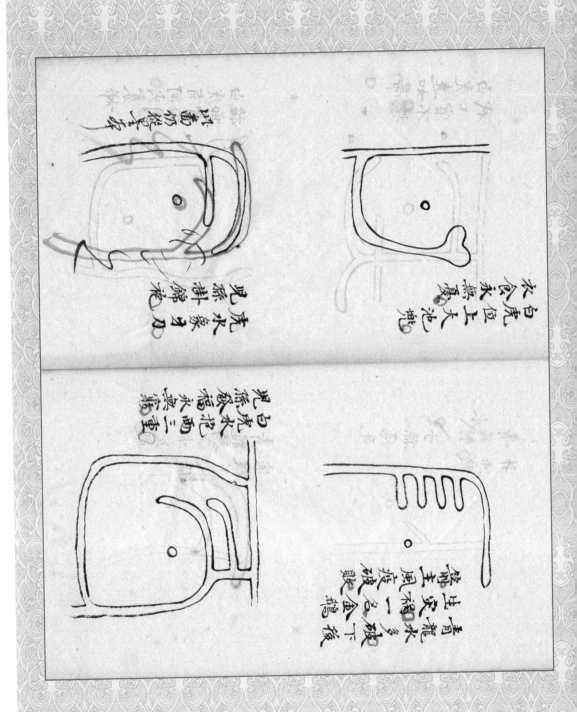

白虎遶如帶
代〻官不壞

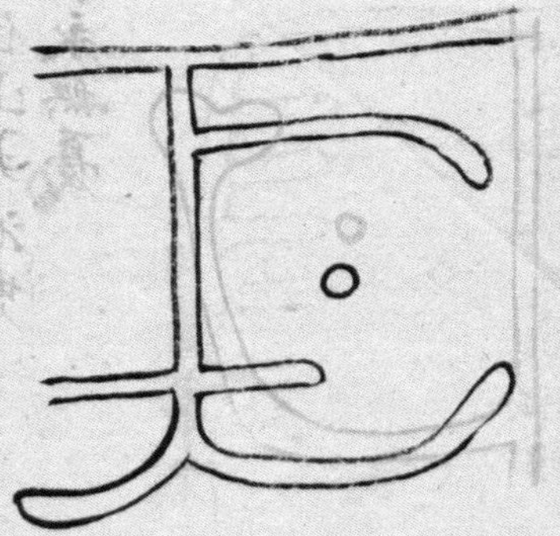

白虎有河尖寡婦
拾卽賣田園

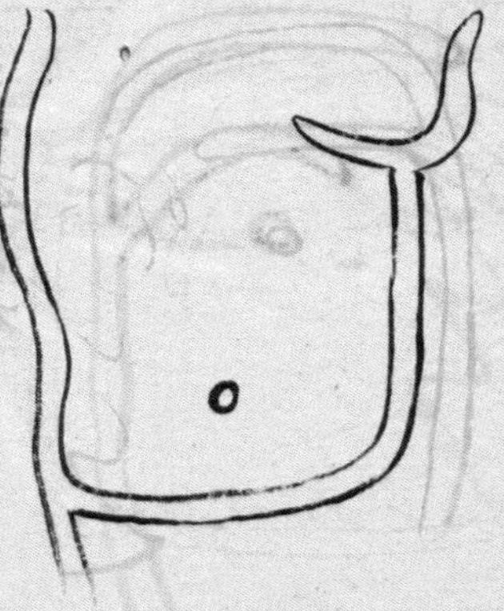

白虎一水去如飛子孫
代〻主逃移　又出盜

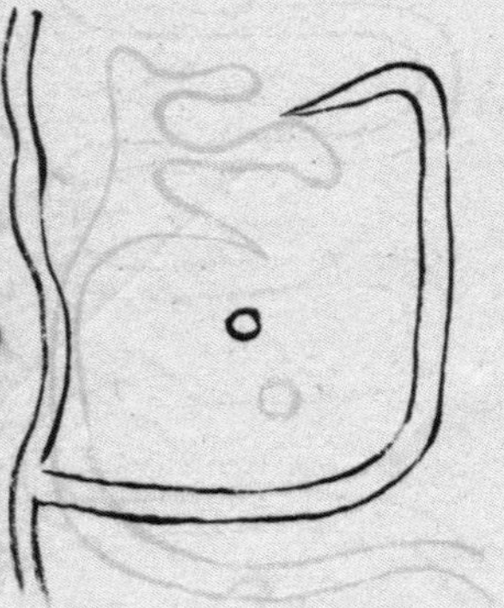

白虎勾來對着岐子孫
爲盜又兼貧

仝上
敗關之水白虎來
瘟火及官災

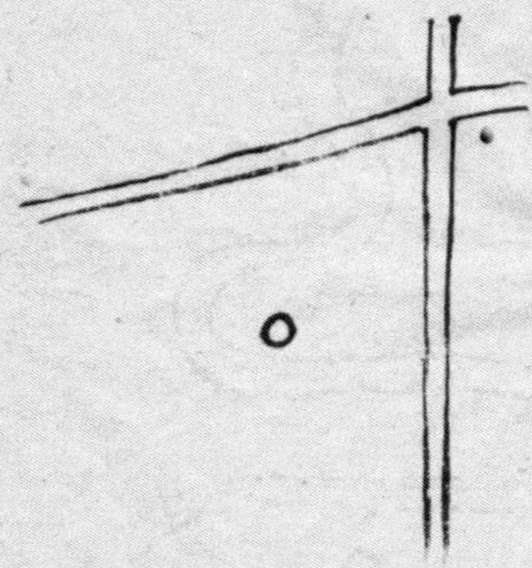

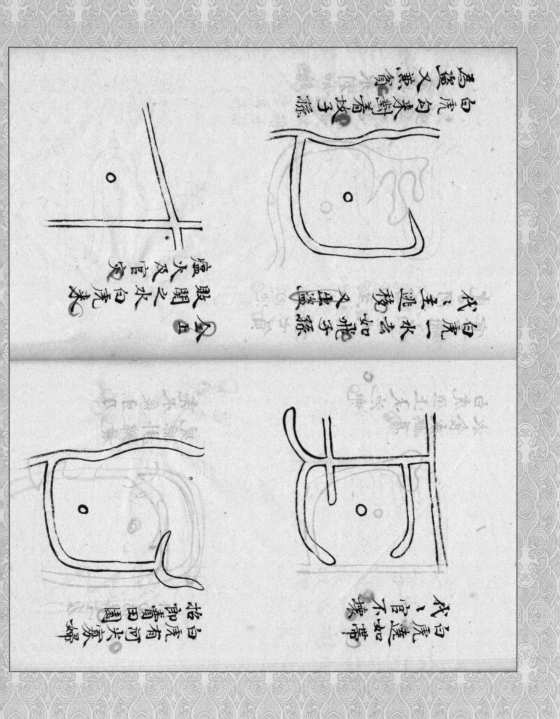

右邊砂水利如鎗
必定子孫主殺傷

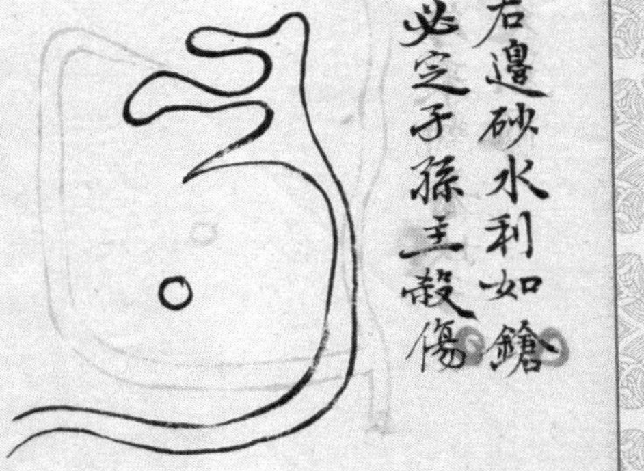

虎口河尖當面至小子賣田地
官事頻、禍患凶長子橫亡貧

論形局
水見三灣富貴安閒
水來當朝豪自然豪

大吉

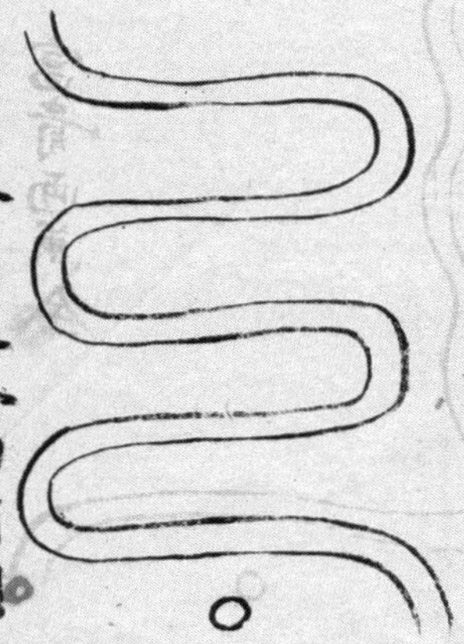

又云貪狼之水面前朝子孫
代、產英豪不問去来併前
後官居臺閣五雲高

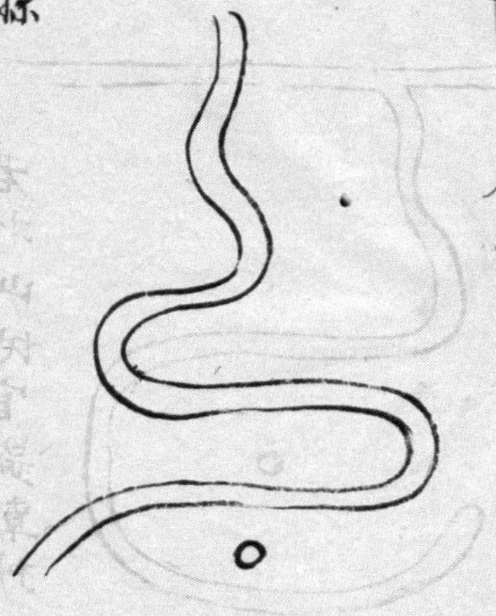

仝上

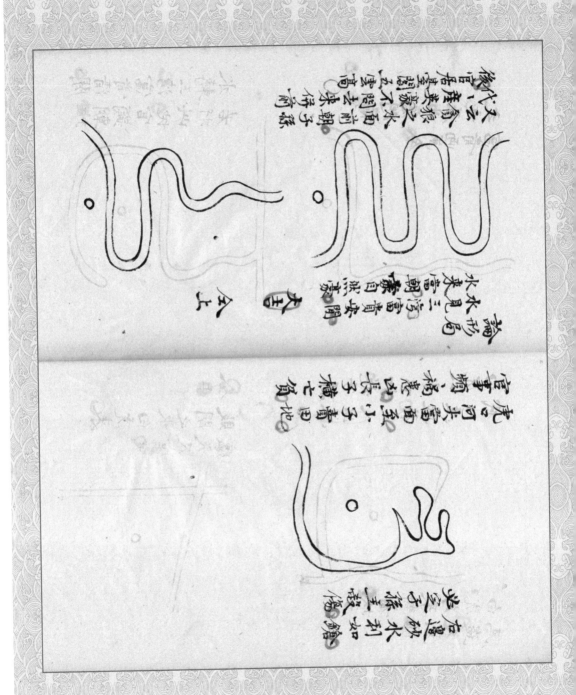

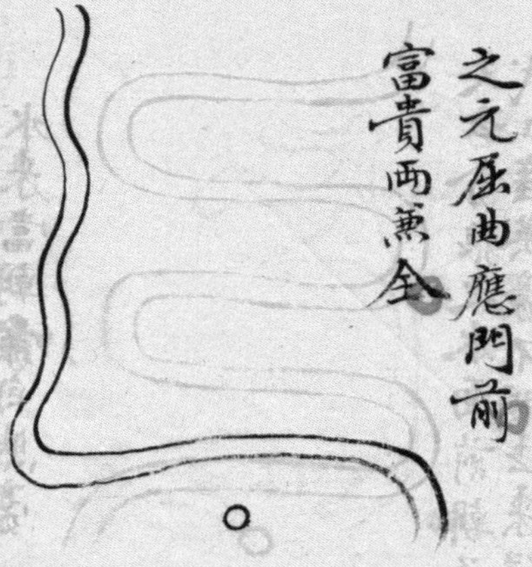

之元屈曲應門前
富貴而兼全

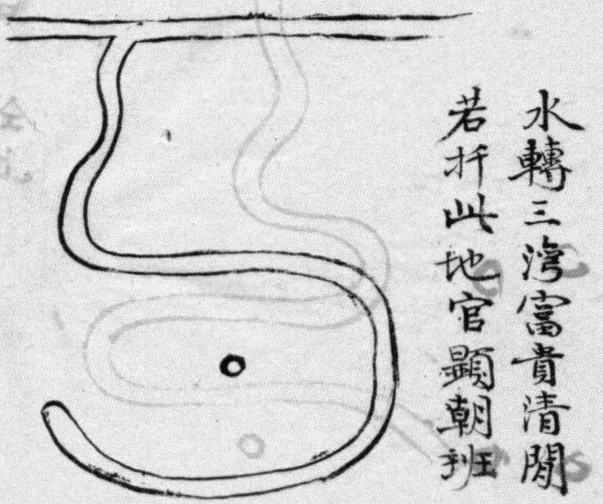

水轉三灣富貴清閑
若扦此地官顯朝班

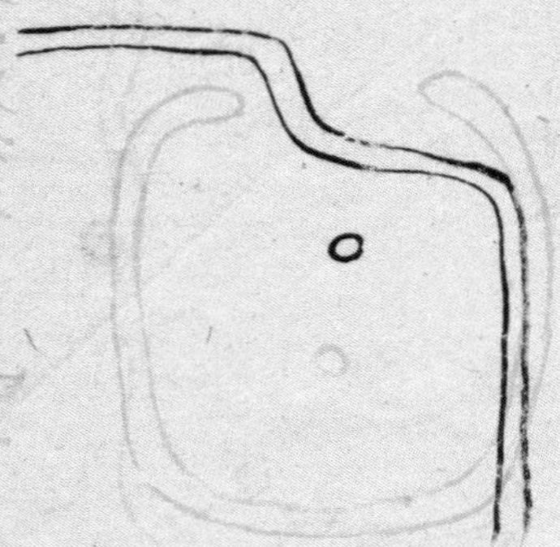

水從左來穴居右
富貴而壽

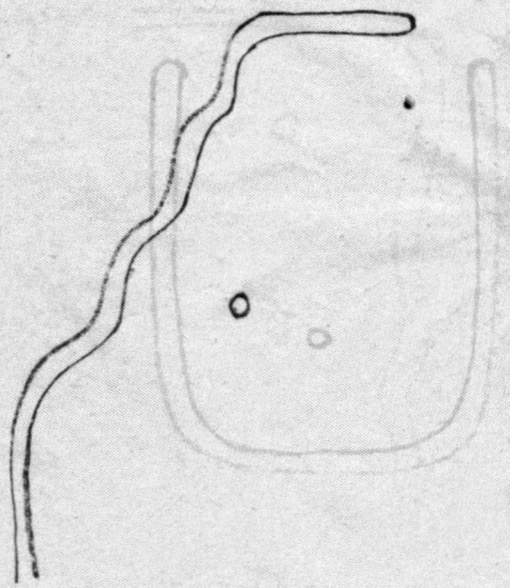

水從右來穴居左
官高而富

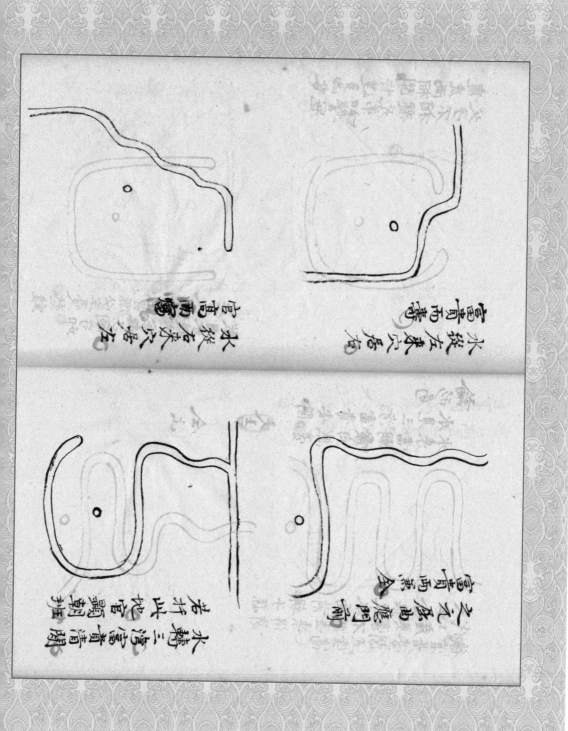

龍虎兩相鬬忤逆多凶咎
父子不相親兄弟如讐寇

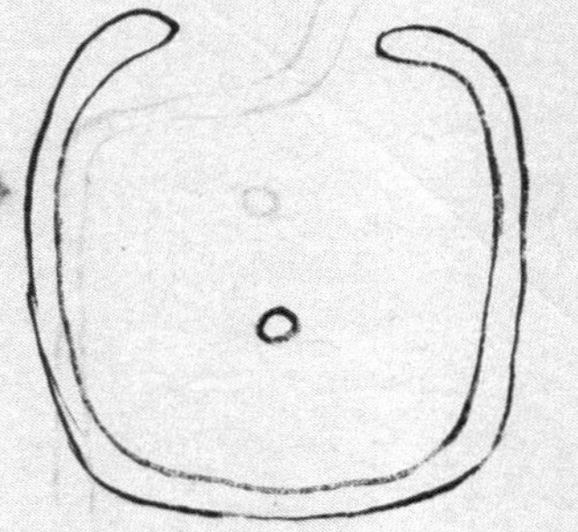

左右水直無收兒孫必主憂愁雖
然有水後塊定無子嗣守卯

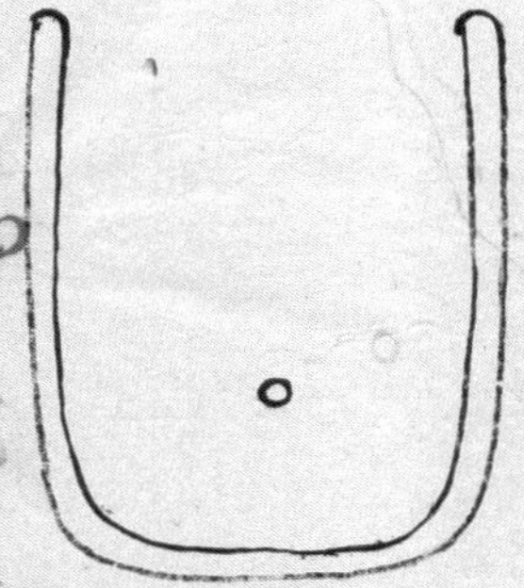

大吉水來朝
家業自然豪

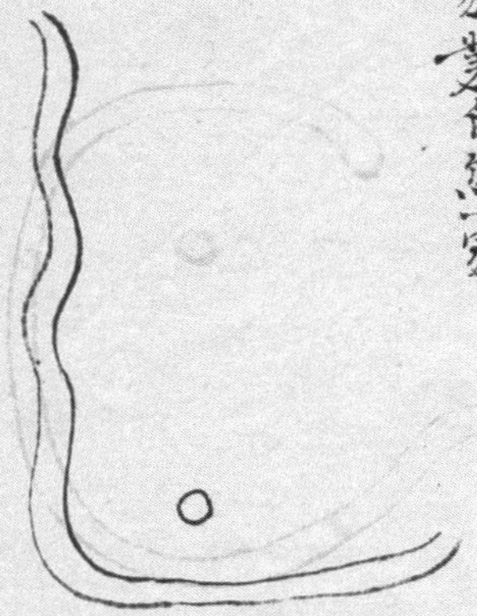

水似生蛇此穴最富
若逢二穴富貴儒家

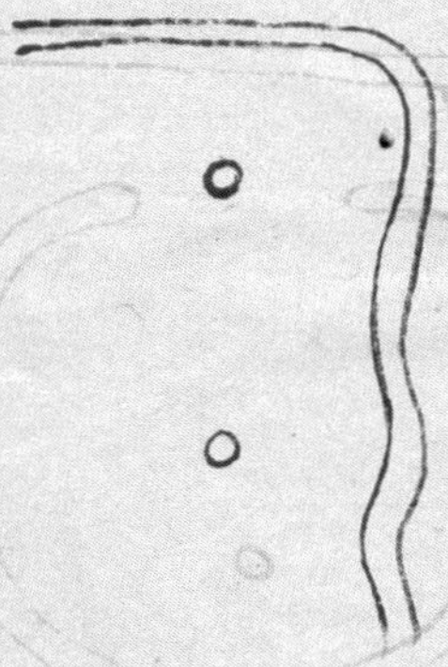

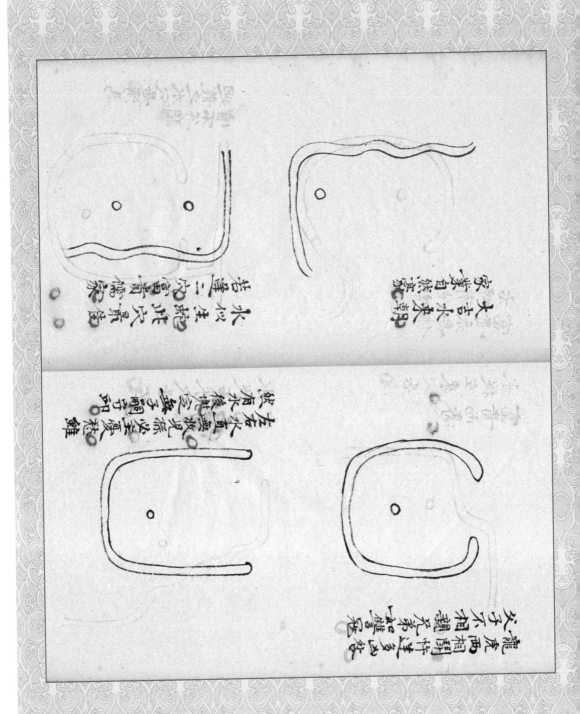

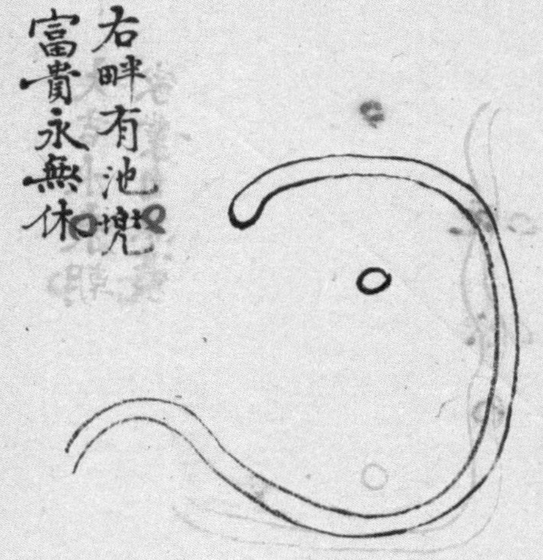
右畔有池兜
富貴永無休

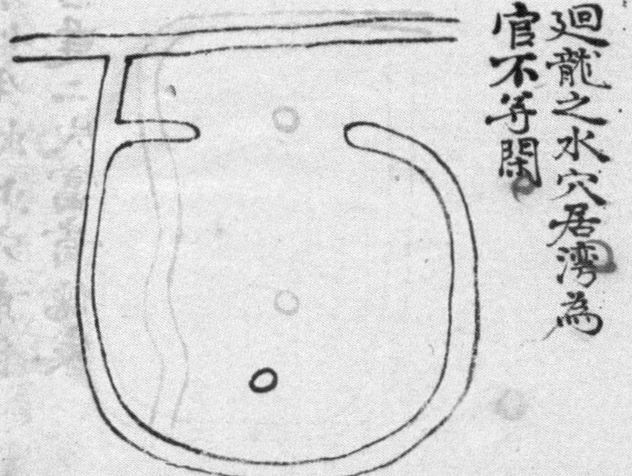
迴龍之水穴居灣爲
官不等閑

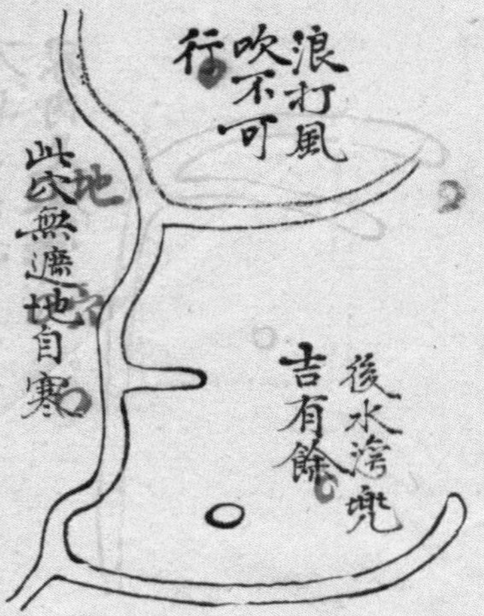
浪打風
吹不可
行
此地無遮地自寒
後水灣兜
吉有餘

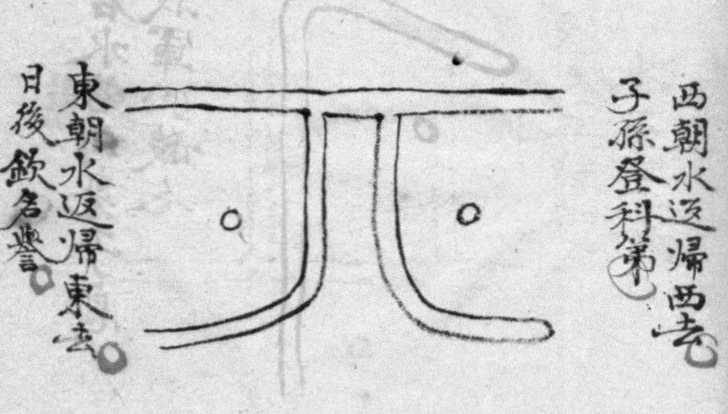
西朝水返歸西去
子孫登科第
東朝水返歸東去
日後欽名譽

右邊二水抱
家内足金寶

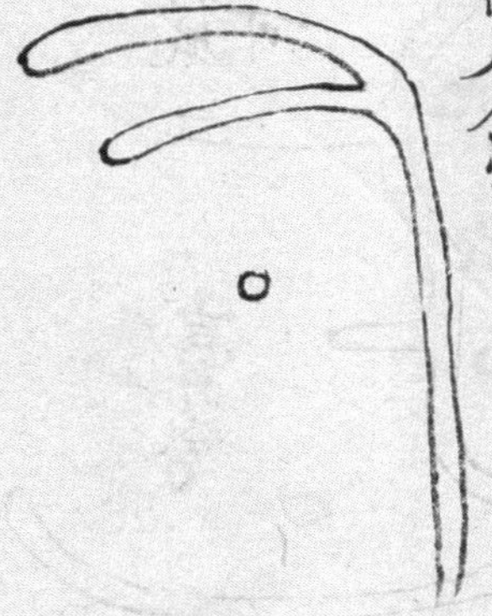

右水若勾身子息
投軍必殺人

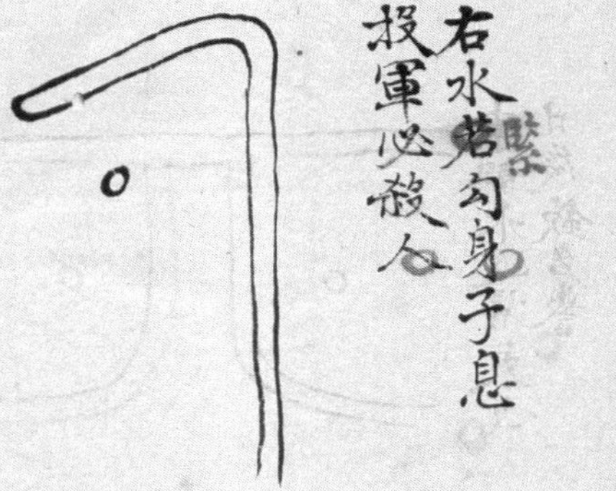

冲射
有子出家口，爲水冲城脚
面前如華柱子孫離鄉去

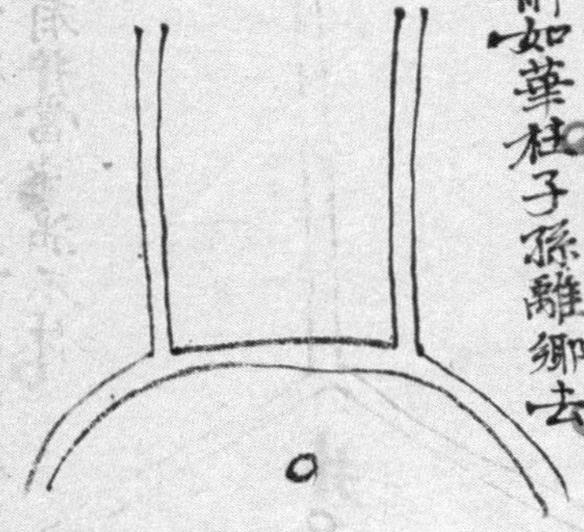

二水不宜長
剋主主離鄉

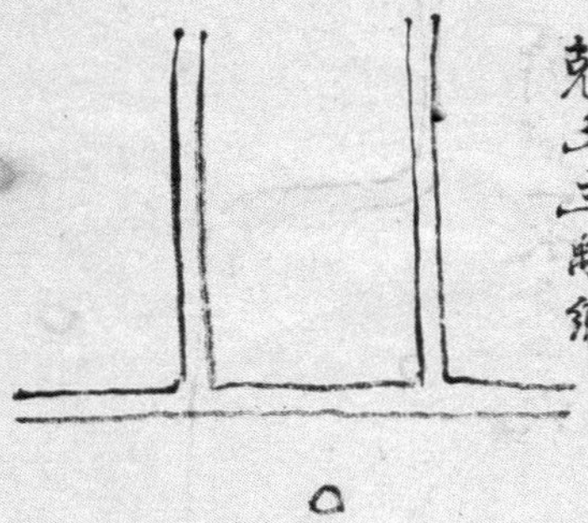

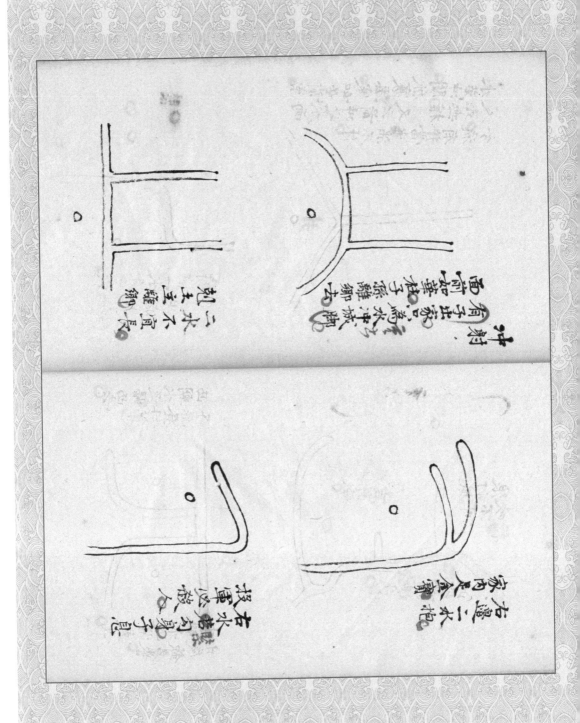

水若冲關孤寡淒寒如居前案
人死無棺　又云前冲之水両
分流有井當中淼不休

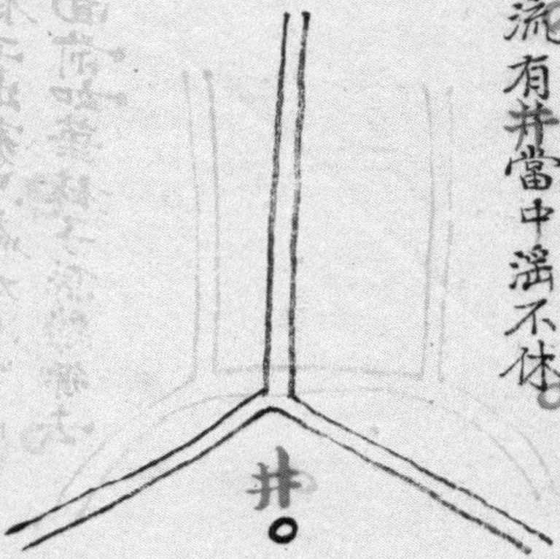

墳前一水直冲穴
下後兒孫必定絕

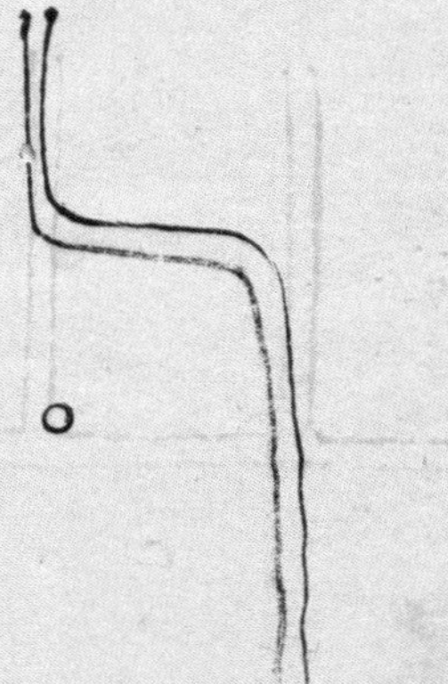

前面水冲穴
下後子孫絕

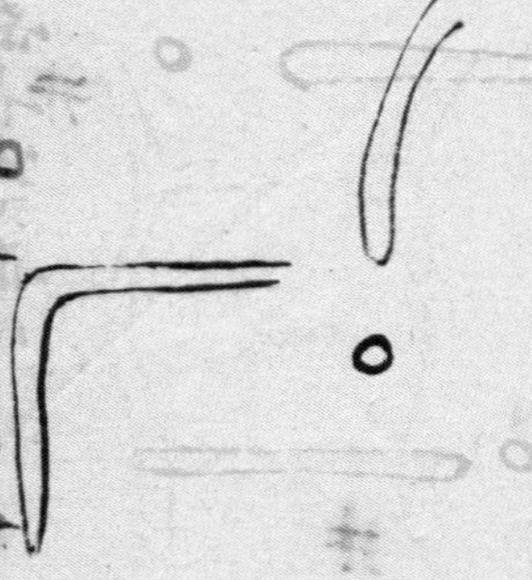

後水若冲來暴富出刑穴
若居一代後遇房絕嗣衰

水中龍臂須看來勢
平處還可若高不利

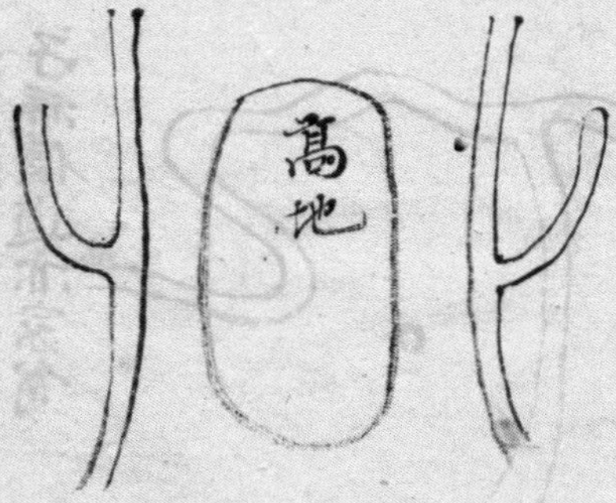

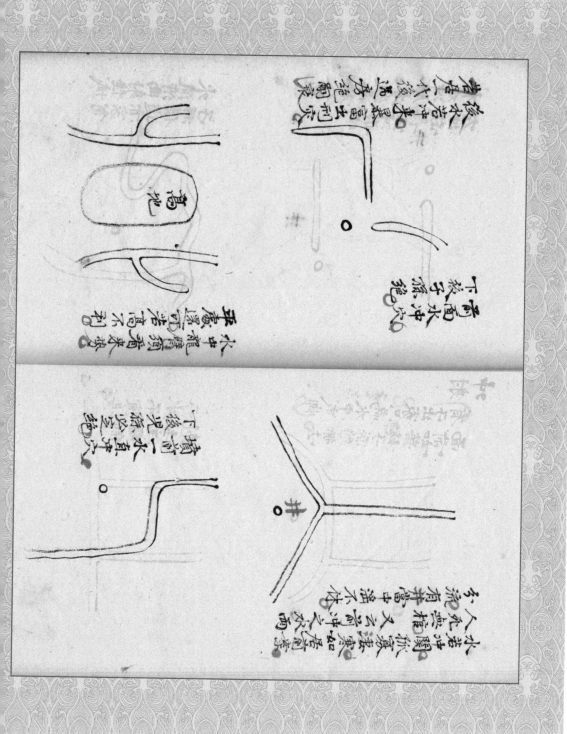

有水冲脇來瘋患橫人財
左冲殺長右冲殺小

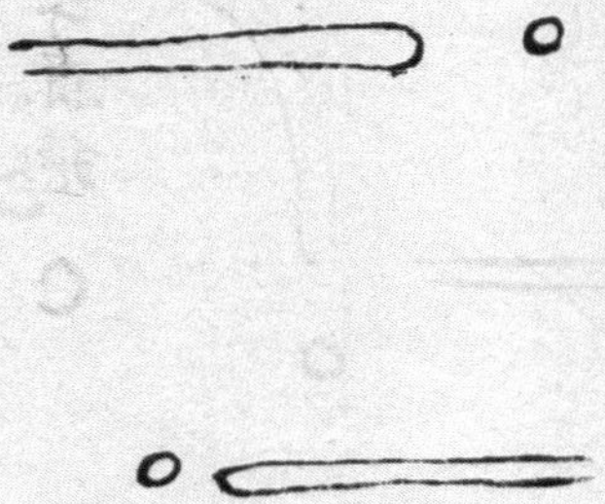

水流灣曲射佳城
子孫僧道亦家貧

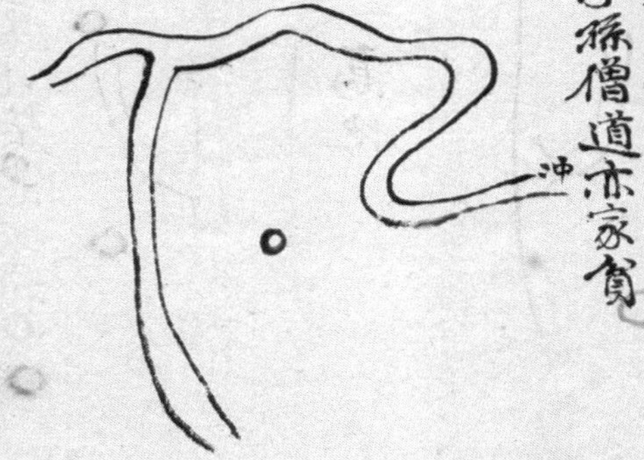

龍虎分飛父子東西　又云
乾風打艮風吹不久流移定
不回

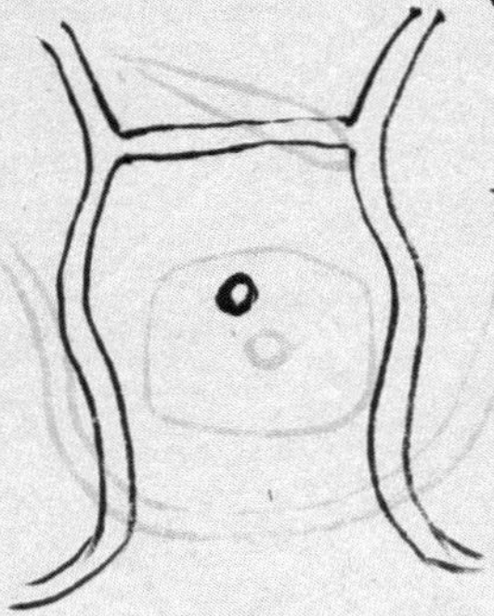

水穿虎眼東西兩畔更破城
門人財星散

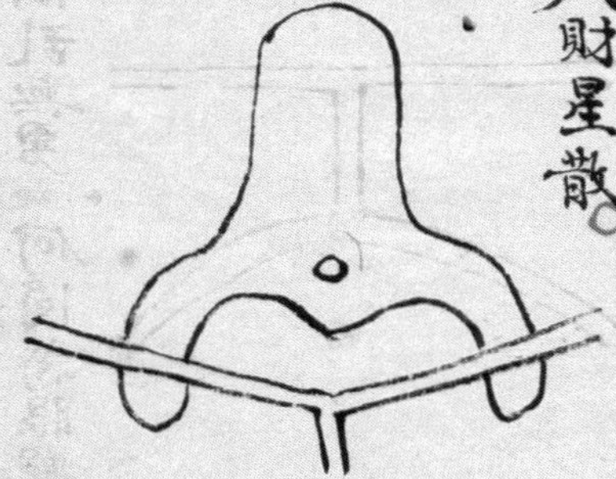

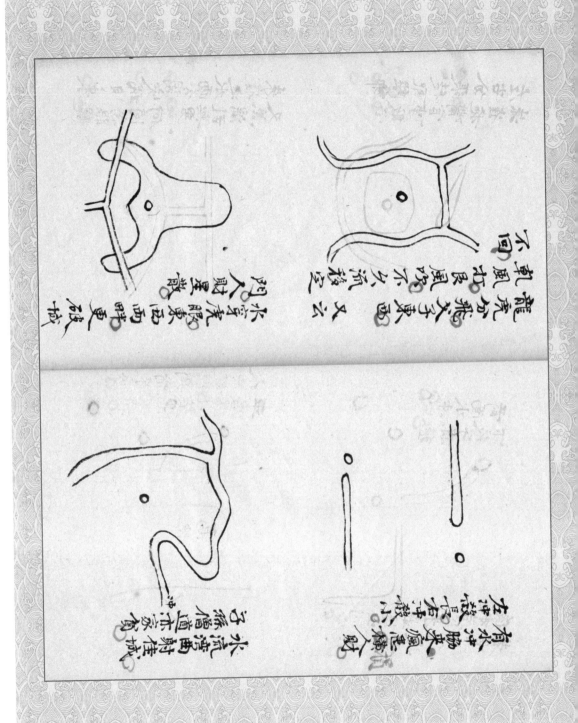

左右分張徒配離鄉
朱雀拖嘴官事敗亡

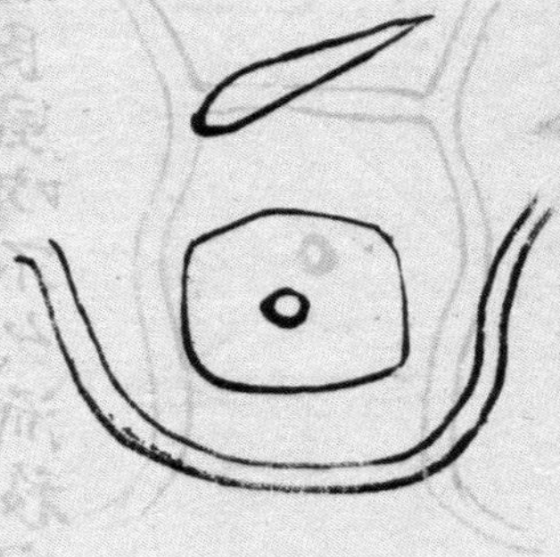

朱雀之水兩分開穴禍日日來
又兼淫亂無男女何須將眼觀

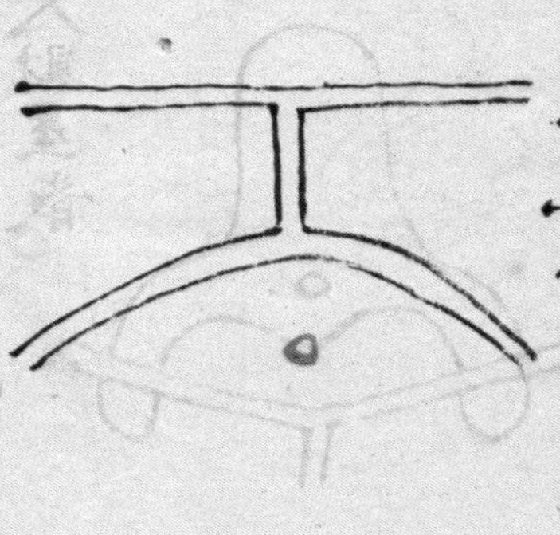

墨頭城裡莫安墳封脚東西動
火爐疑是真龍求發福到頭終
久敗兒孫

墨頭城風字脚中男
吉長小绝

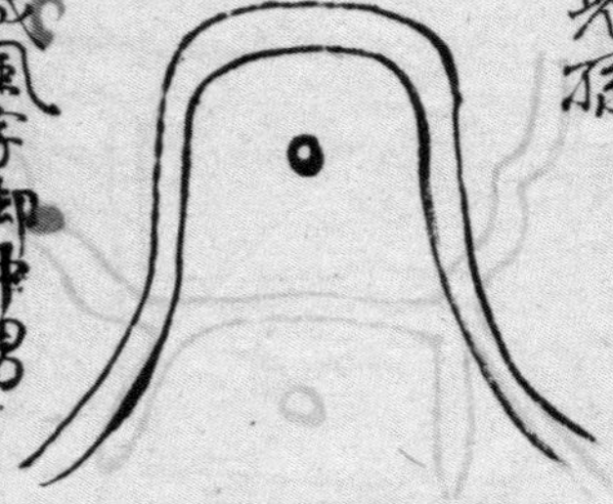

水脚兩分流
其家一旦休

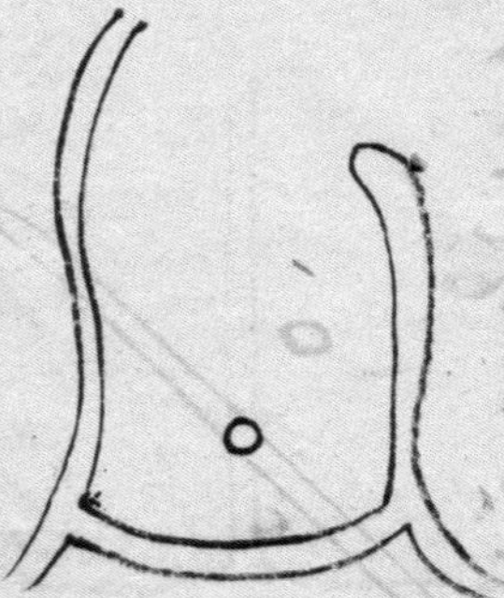

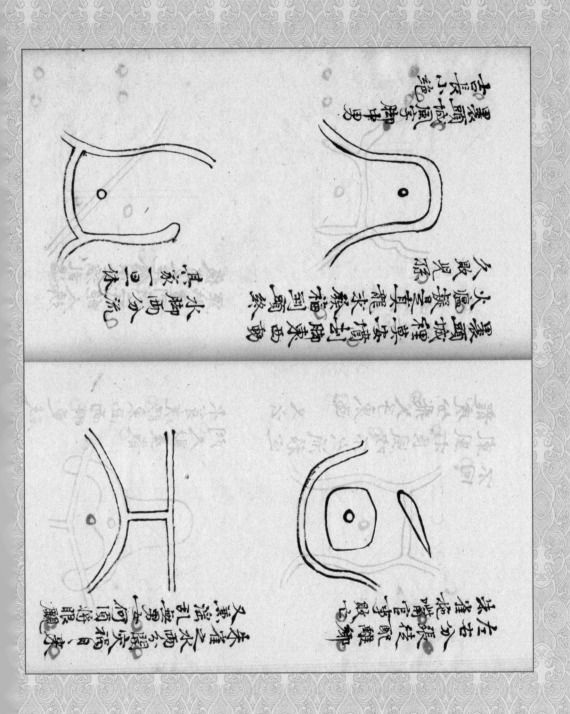

墳前之水分八字其家
定出忤逆子

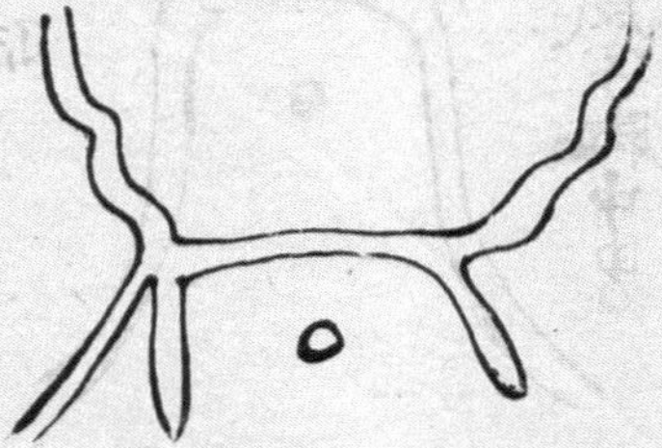

後有水拖鎗少亡淫亂娼
軍賊遭刑戮二代絶人殃

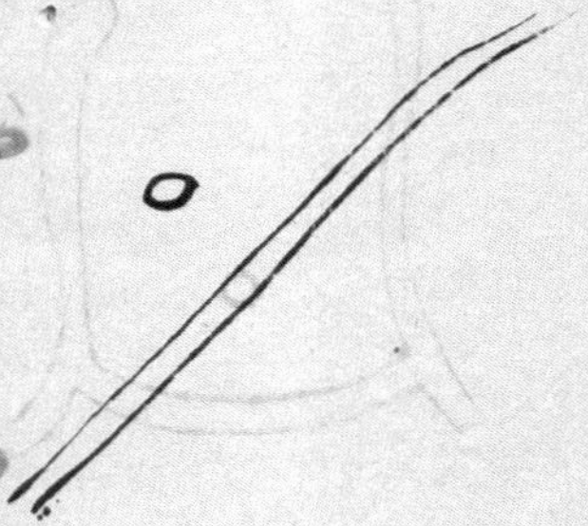

坟前有水不相顧當格
女婿當門户

坟後艮水十字河子孫
風疾受灾磨

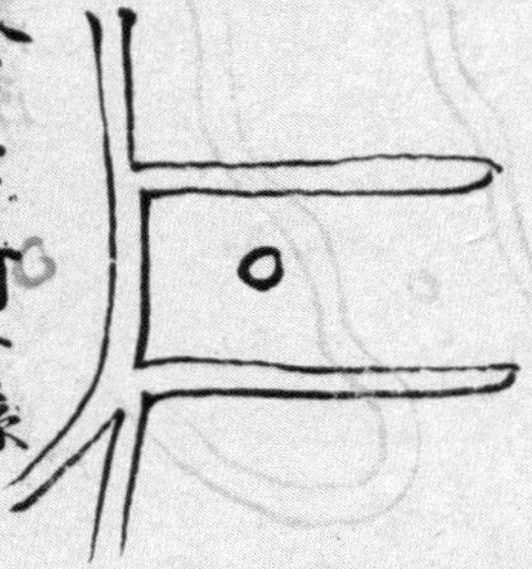

長河一水通舟直兩邊不許安墳
宅若有人家安坟宅子孫遊蕩為
軍賊

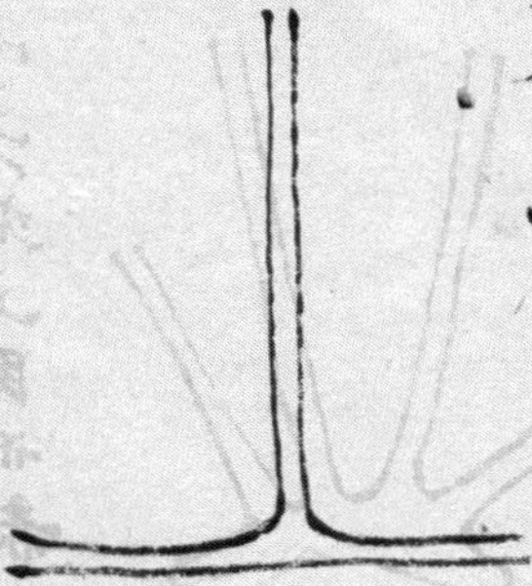

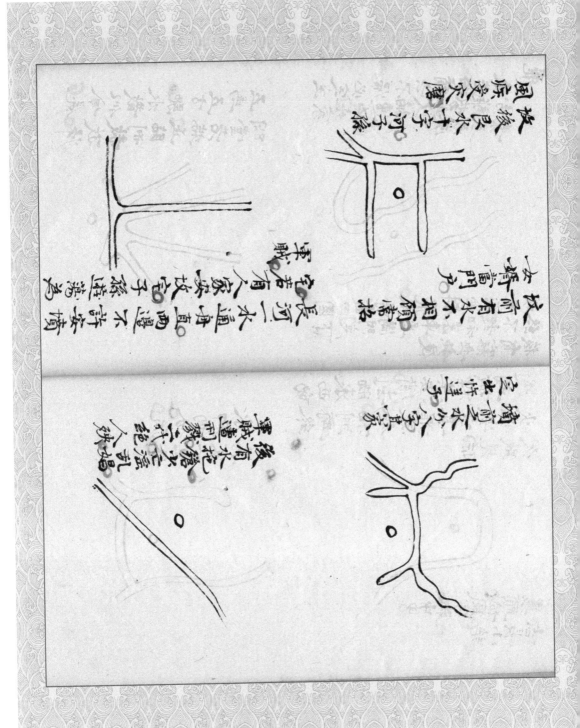

飛

水若迴頭去不帰必定主
分離勢如火焔遭凶死家
業尽成灰

明堂屈曲斜飛水青盡田園
終不起初來車馬滿門庭下
後貧窮無銕使

五馬五方馳水散似分屍
明堂若端正臨刑赦放帰

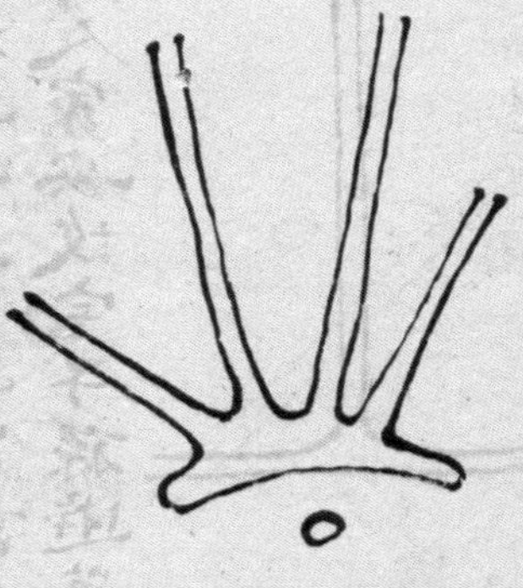

水來生浪如蛇走人倫
敗亂家財有

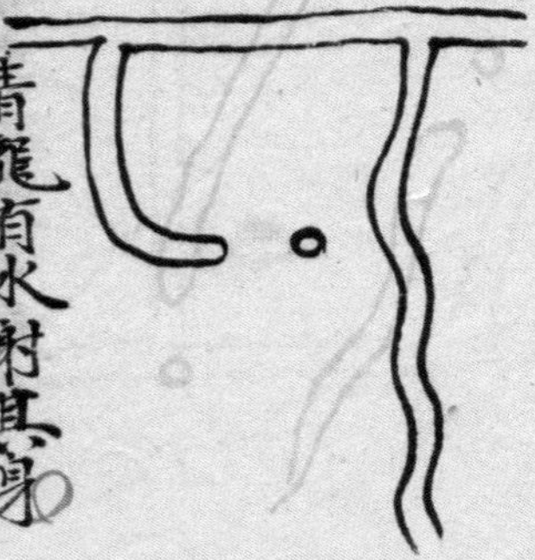

青龍有水射其身
子孫刑獄主充軍

乾水支流子孫
後休

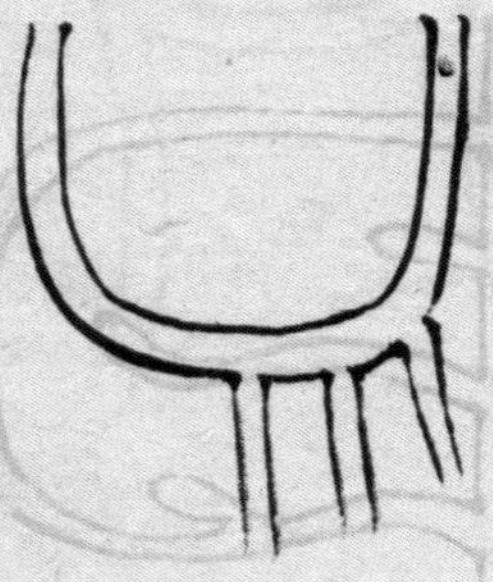

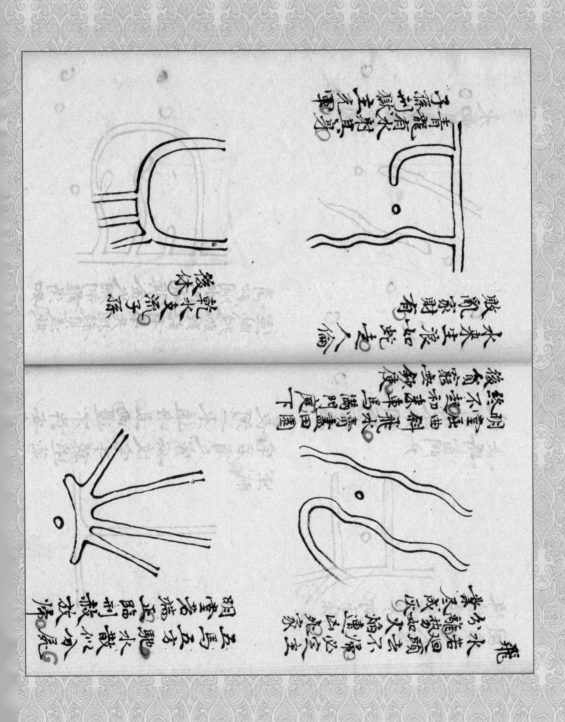

水面乾流必出賊頭

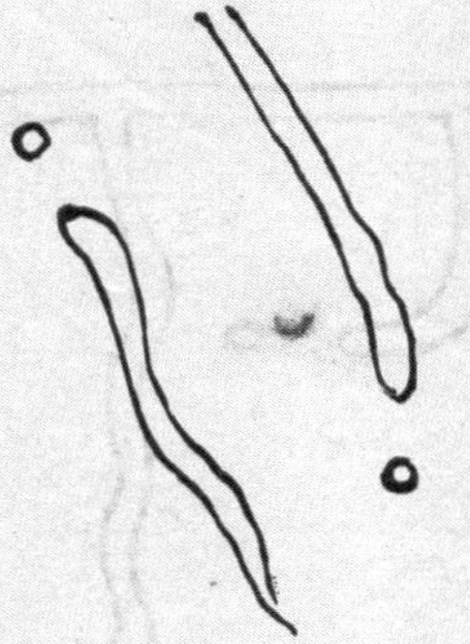

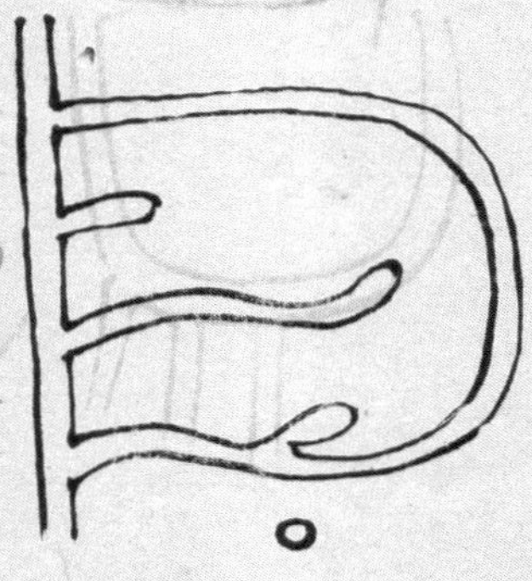

前砂順水似飛旗金火相刑離湯知
軍賊跛跏跎瞎有弟兄相殺見凌欺

反

右邊反無情逃離又
充軍

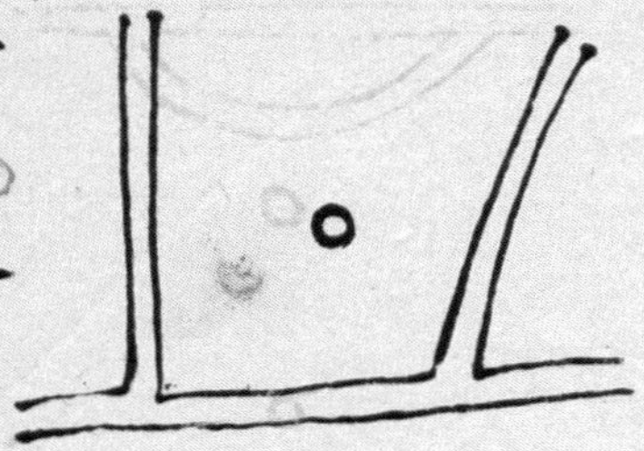

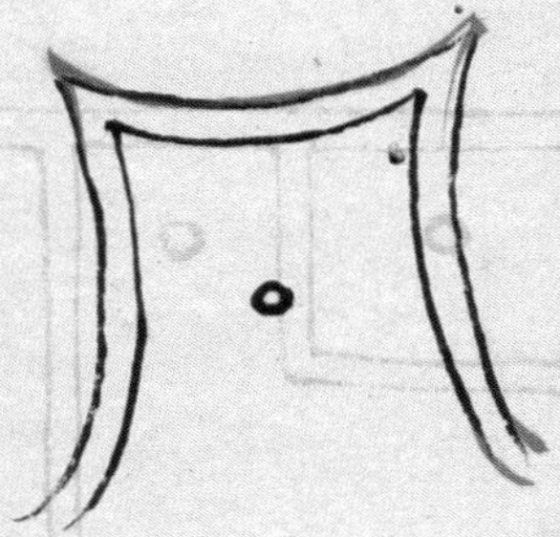

朱雀反弓龍虎張兒孫忤逆打爹娘
自縊瘋癲官事起損兒損女賣田庄

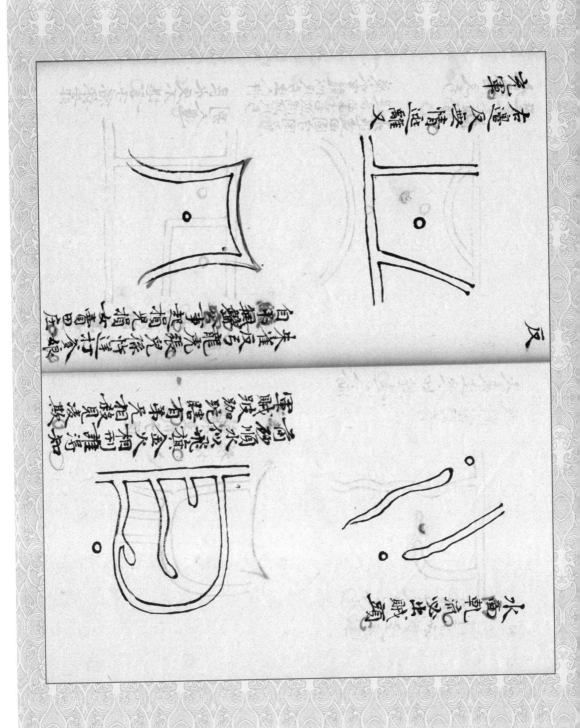

水城怕反弓
迯走主貧窮

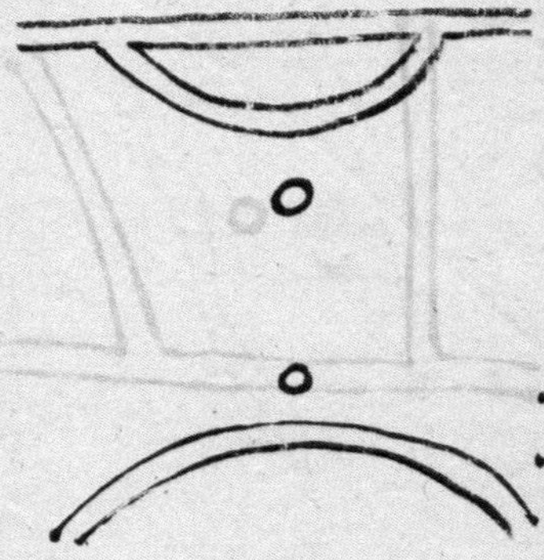

後水穿龍似反弓出人忤
逆各西東若然遇此反弓
水退盡田園守困窮

艮水反不堪言子孫依靠
別人邊

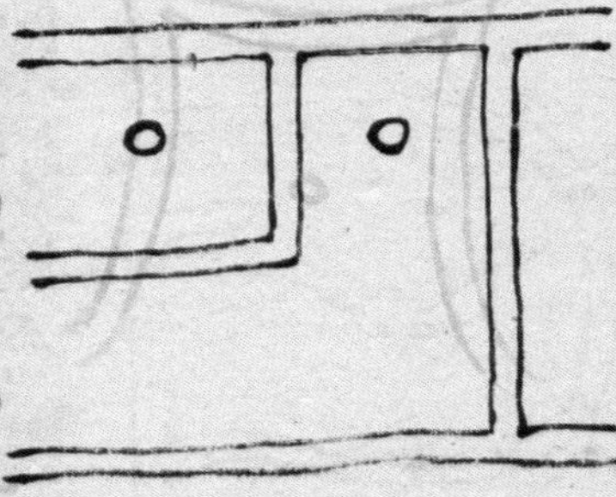

丁字水殘疾郎又兼女子
廣招郎

論異形

團團流水遶墳基
子孫絕後主分離

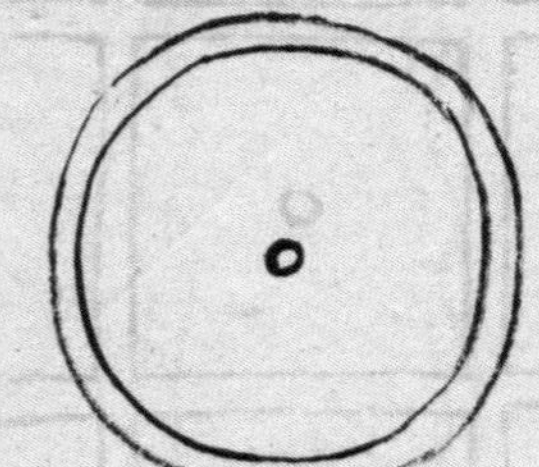

乾鎗向巽配在雲南交趾坤鎗向
艮配在遼東巽鎗向乾配在陝西
艮鎗向坤配在廣西

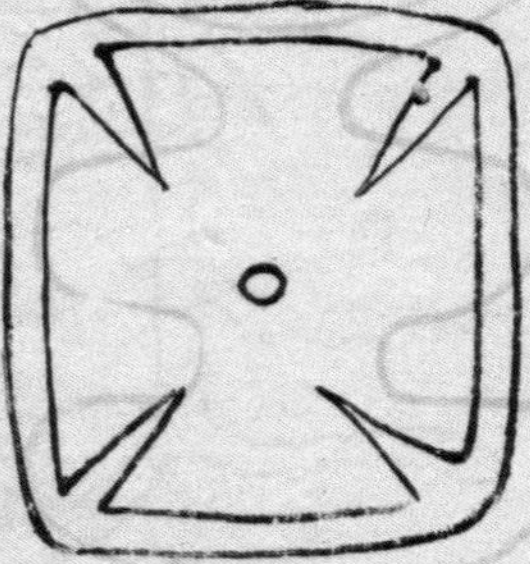

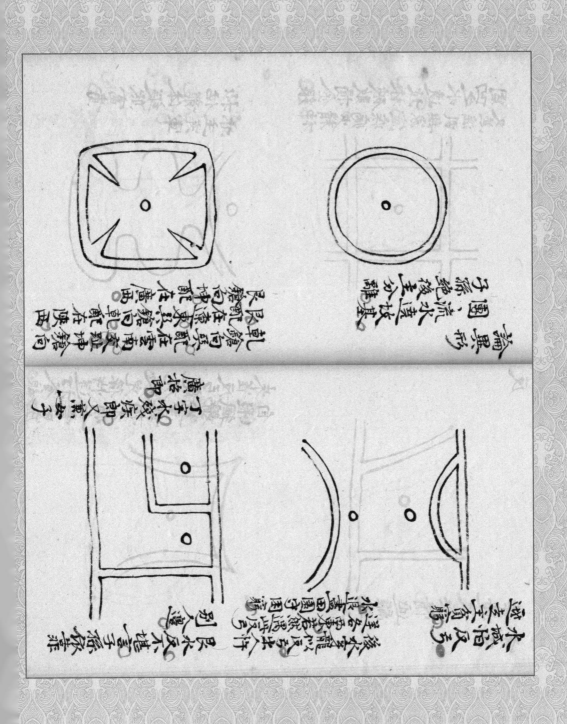

周四之水遶坟林破敗損金銀
又兼淫乱無家室疾病少精神

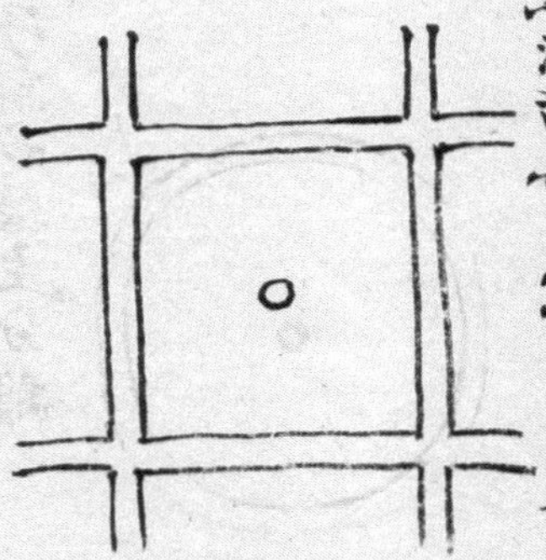

抄估龍体縱然富貴
亦主充軍

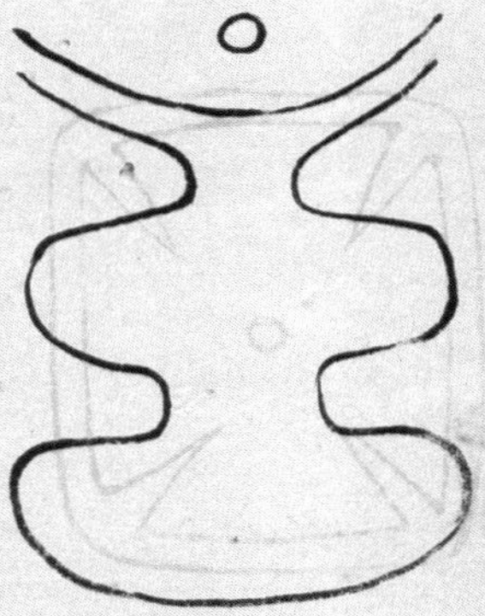

抄估

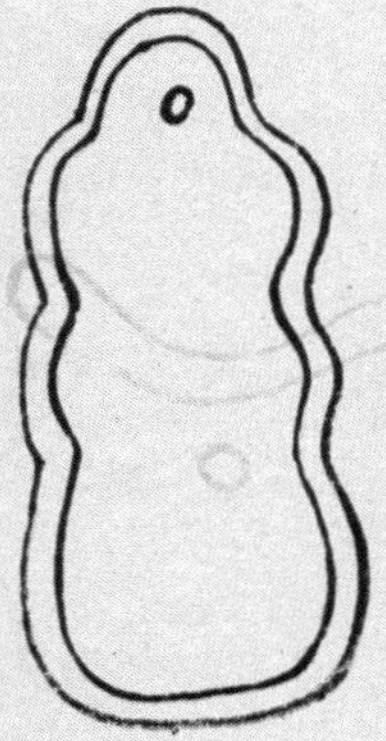

青龍腰上水嵌砂家内
常常有灾禍

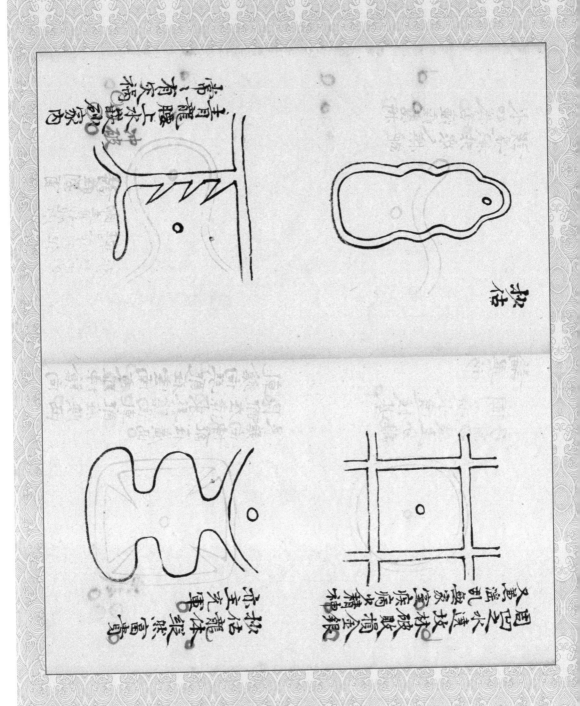

水如捲舌瘫疾磨枒
說是撇非衆人槟絕

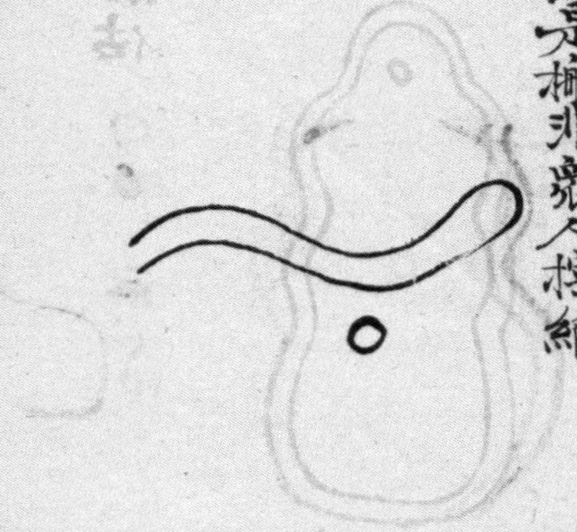

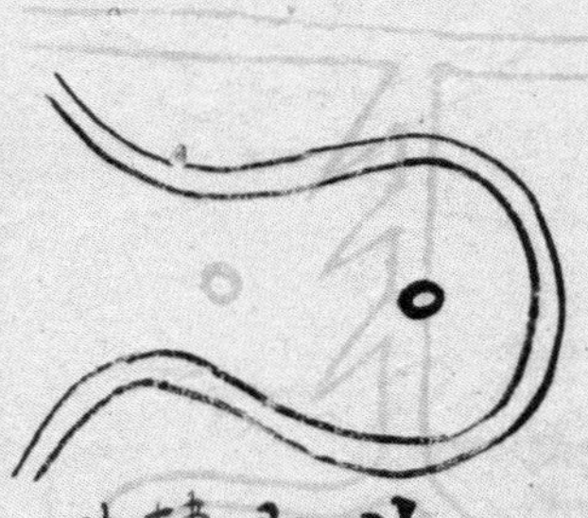

詩在別頁
即青龍水
轉穴形但
被吉與凶

金城吉相遶如龍富
貴不分家和好。

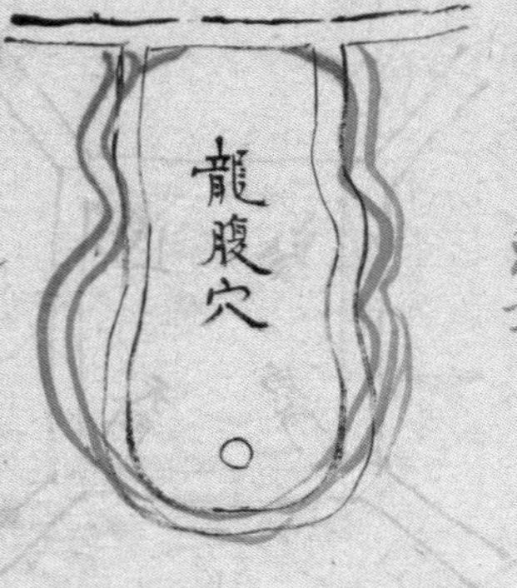

金城凶相如蛇橫道交
子結寬家分爭。

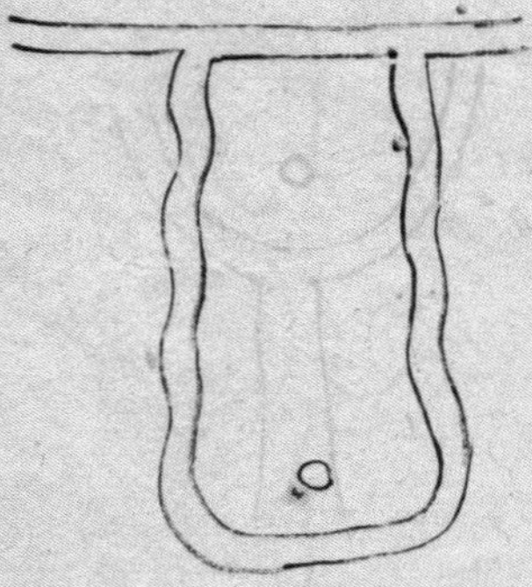

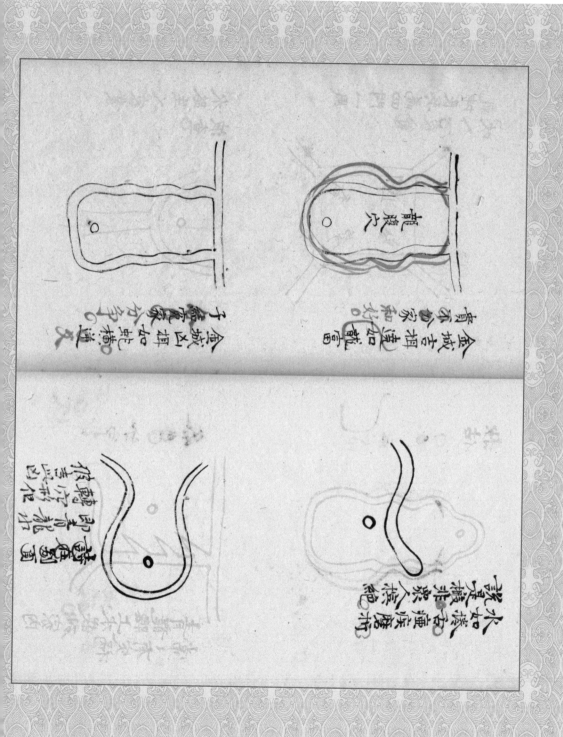

乾坤艮巽為四門一風
吹入一家貧

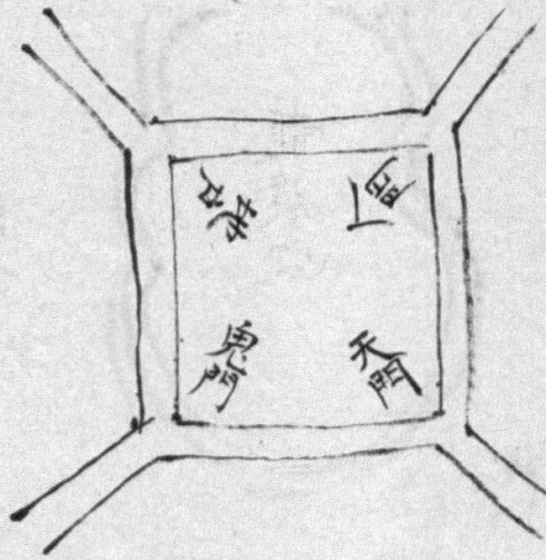

水路生文家業
波查

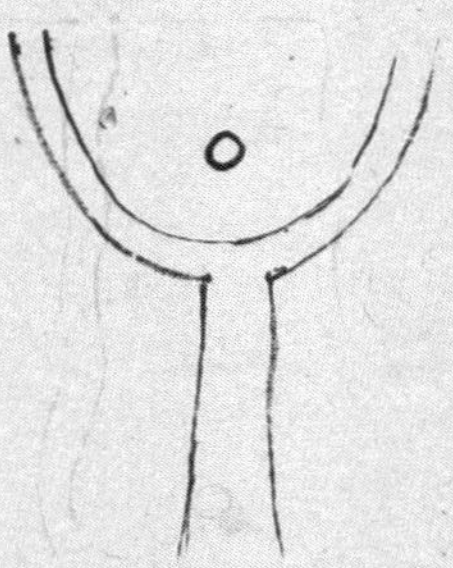

水中有地葫蘆形
毒藥主傷人

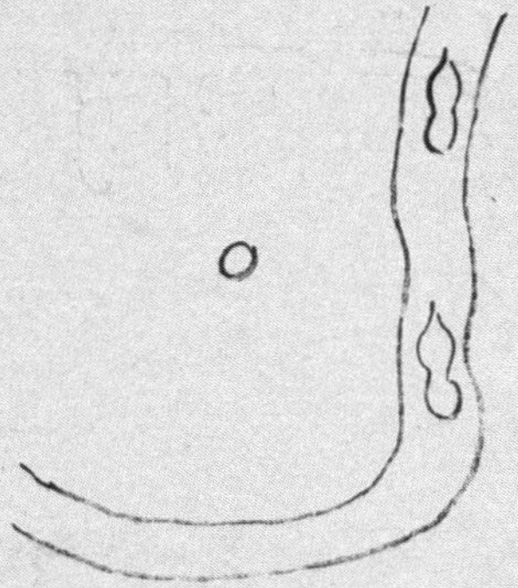

武官旗水交劍
長流

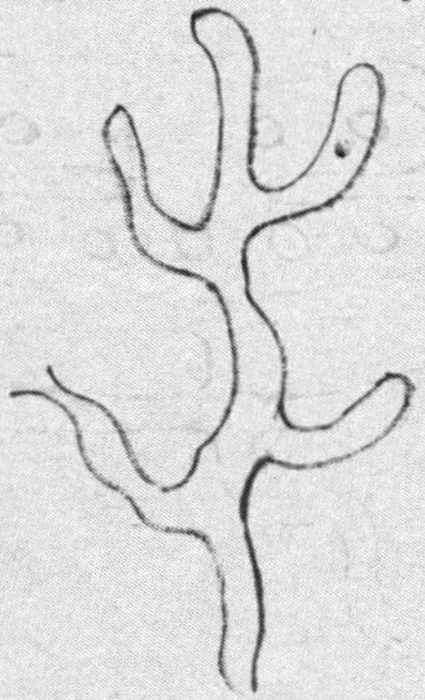

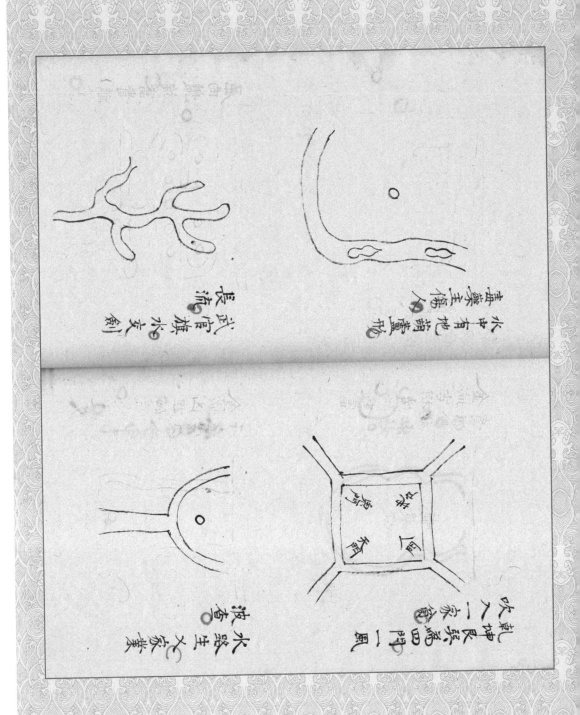

屈曲盤旋富貴綿綿

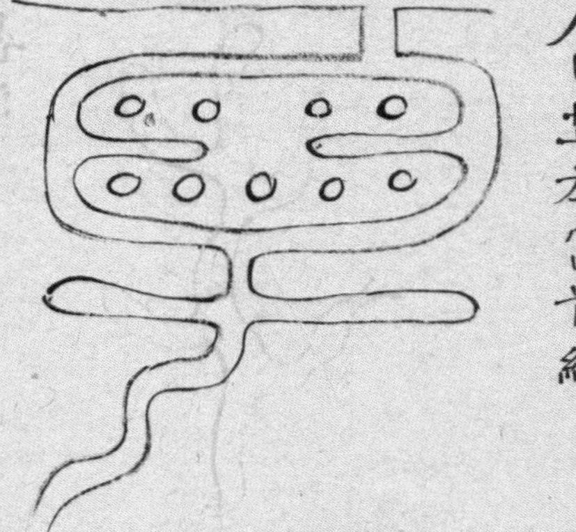

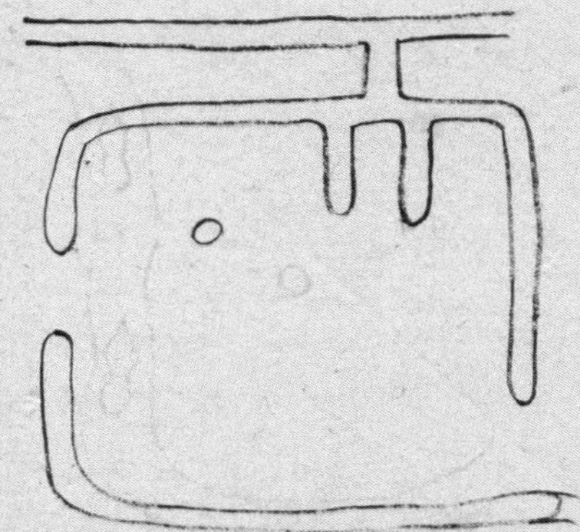

前兜後抱穴居中兒孫
黃甲位三公

屈曲如弓義門和順
富貴聲名奕世隆盛

破

朱雀破頭
事事憂愁

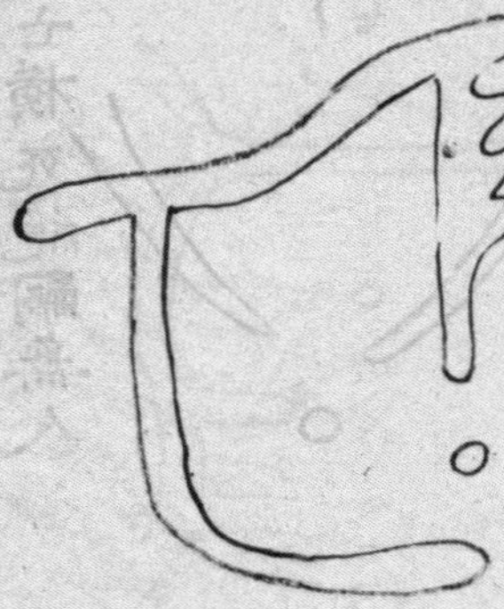

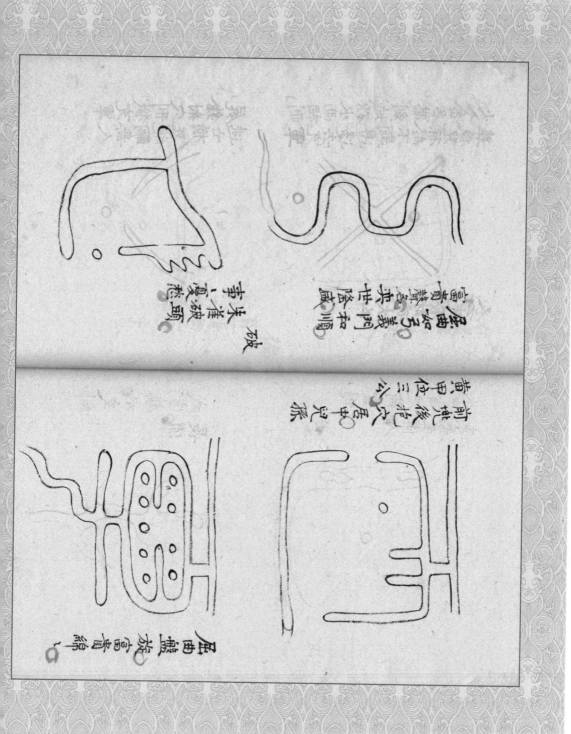

火入金名帶劍城砂水兩相刑
葬後兒孫終不顯邊遠去充軍

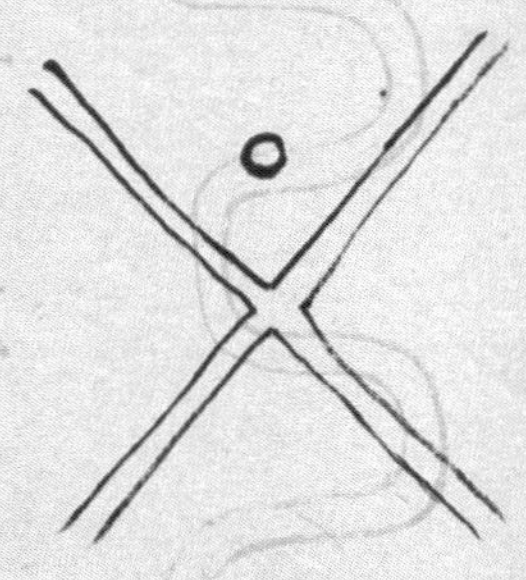

又云先發財後大凶

屍鎗射穴刑獄充軍
逃亡橫死絕嗣無人

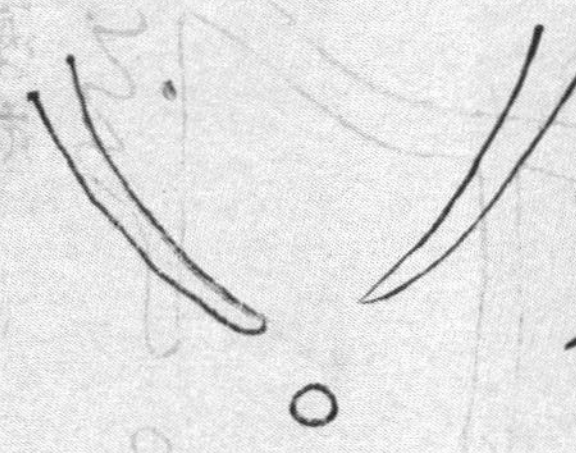

叉

右邊若見了叉水
此地窮無比

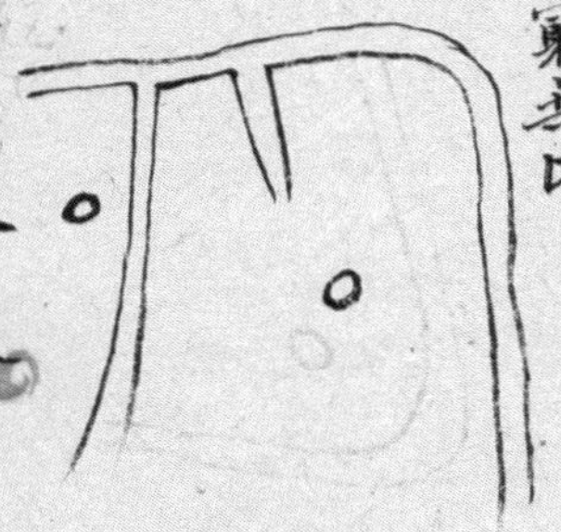

左邊若見水了叉
孫男寡婦出其家

偏

有一邊無一邊衣食
安然不久退

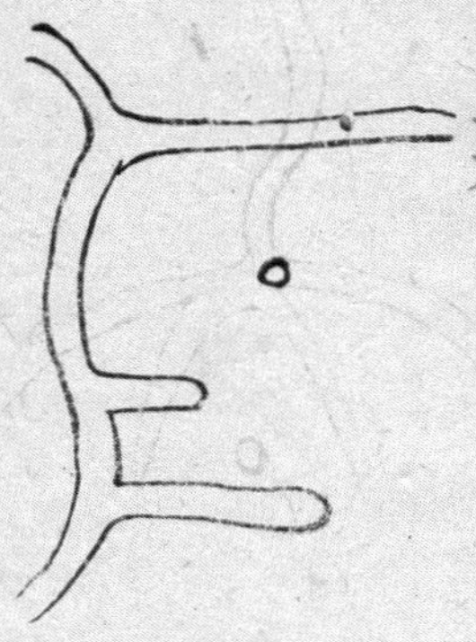

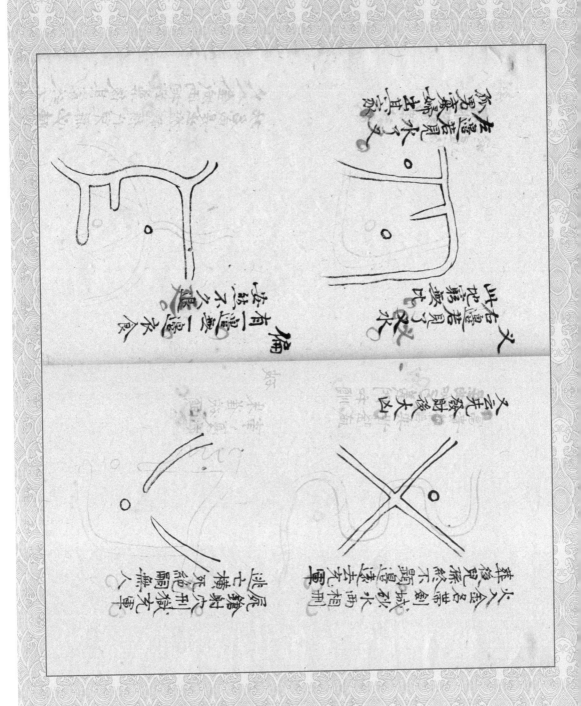

斜

有水如鷺聰其家
終逼仄

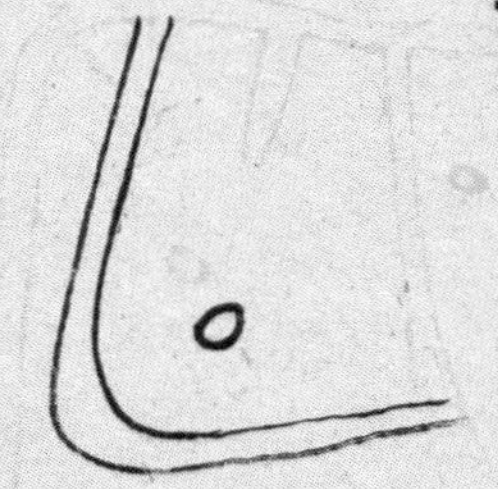

火入金城兩相戰葬後其家終不顯
功名或是出旗鎗後代兒孫必陣亡

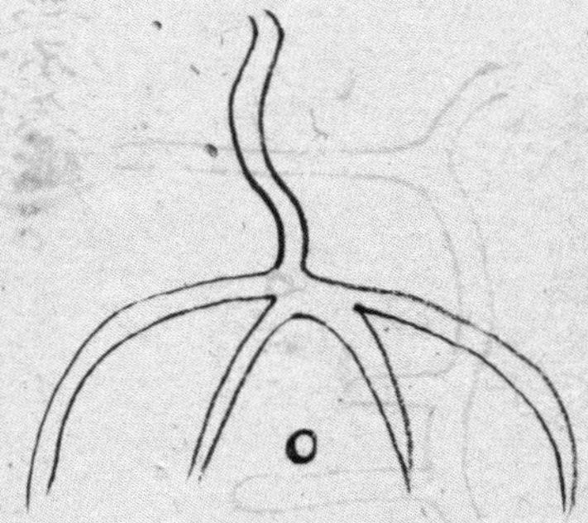

褁

褁頭之水氣無餘向前安塜实非
宜誰使暫時飫一發爲人量窄又
無兒

此圖宜去

割

水城怕遇割下後鎗刀刎
絕嗣又逃亡時師莫去覓

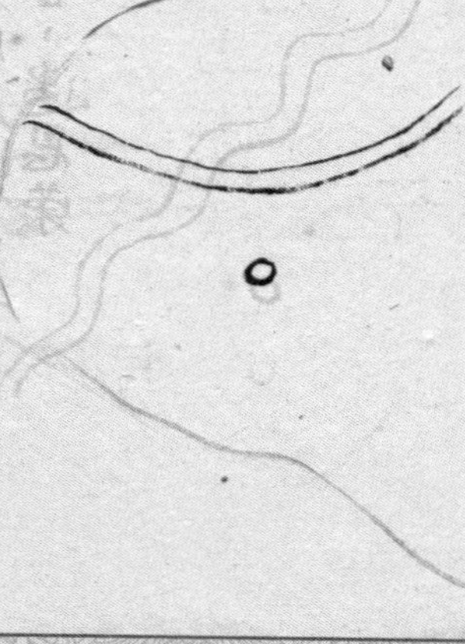

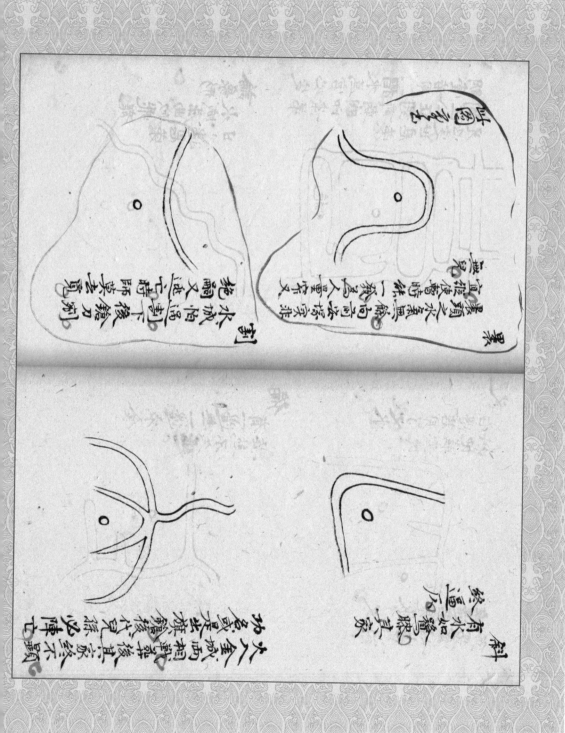

明堂若見三摺水為官必定
到三公正對前朝明印案第
兄必定世恩榮

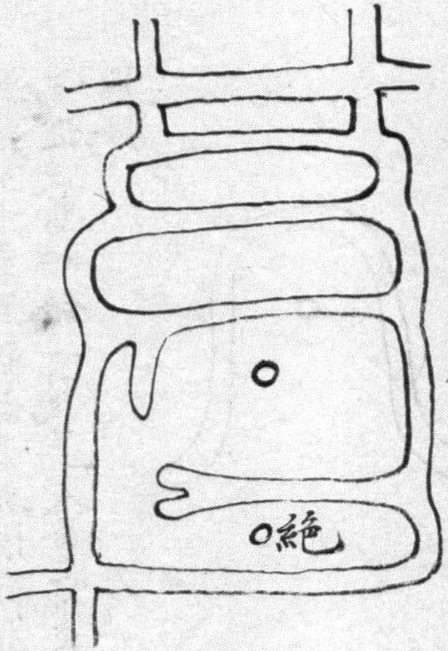

論象形
水城屈曲似飛龍
日、遇恩榮

来勢曲如龍
富貴永無窮

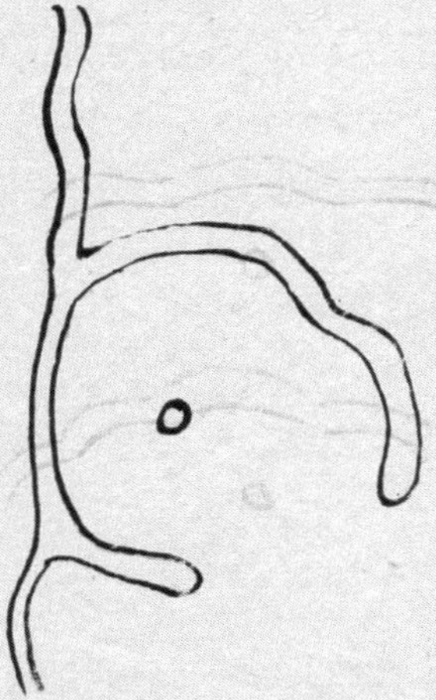

曲水如龍至金鉤元又元有人扦
此地及第必争先

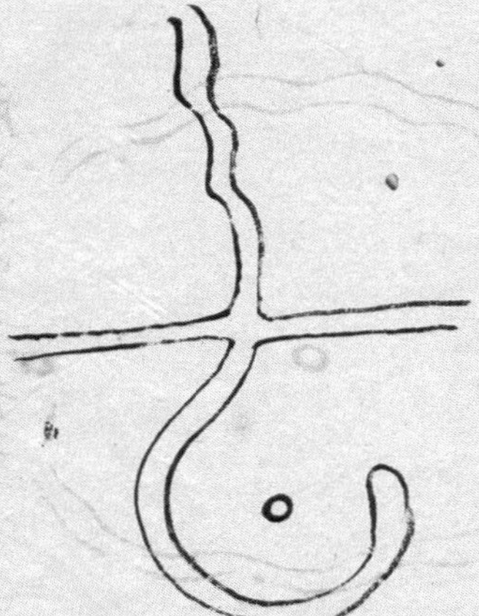

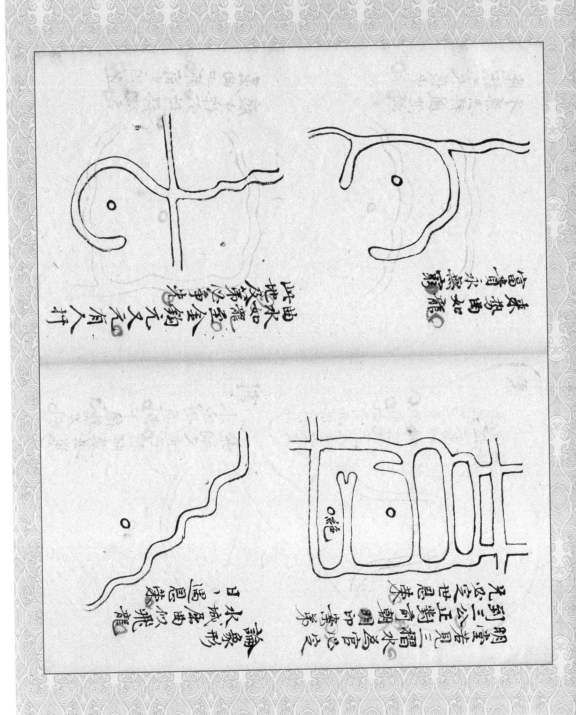

飛龍之水腹中求
子孫去拜鳳池頭

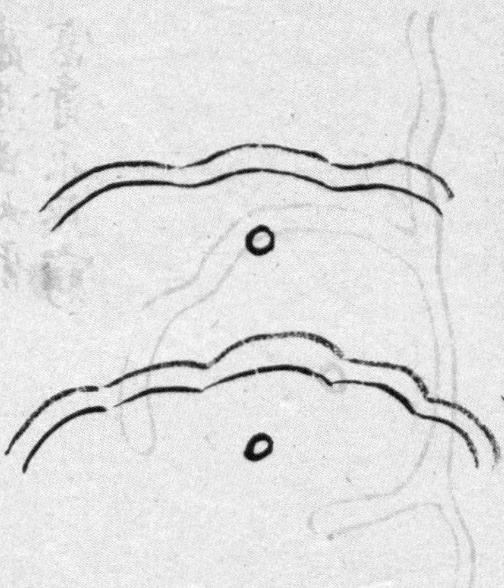

屈曲如龍首尾朝迎
腹中作穴封拜功名

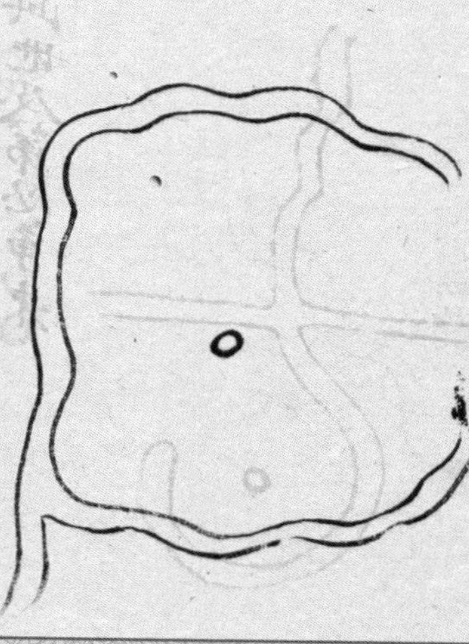

仝上

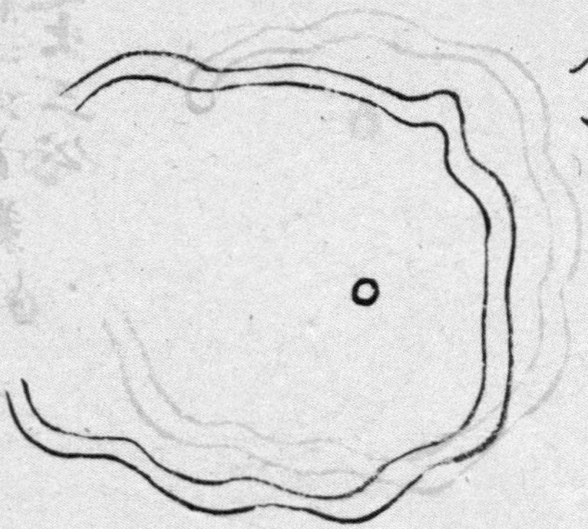

金蛇勢難識下後大官出
又名笑天龍

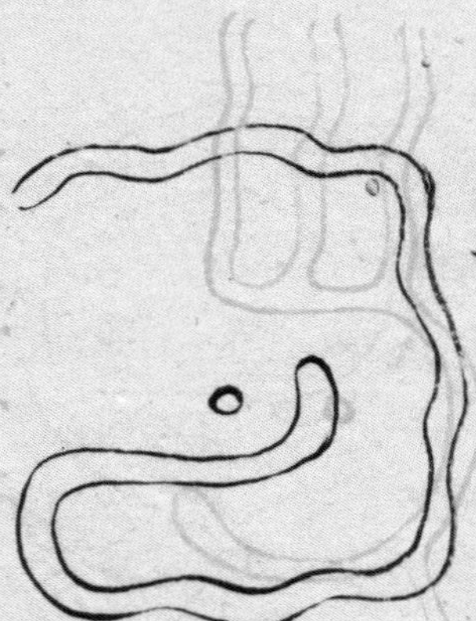

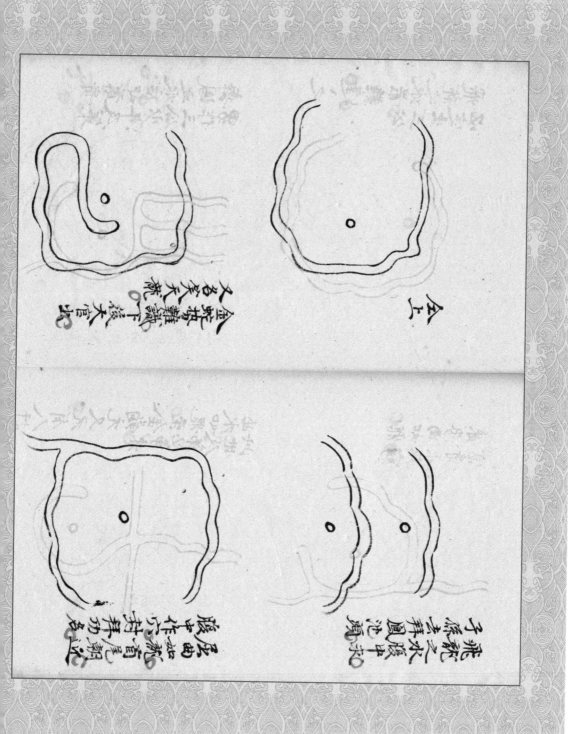

飛龍之水最難逢，逢之必定出三公

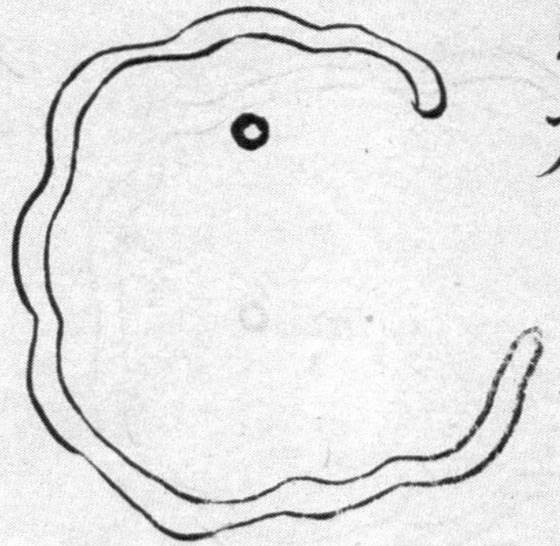

舞鳳之水后妃尊貴，男作三公少年及第

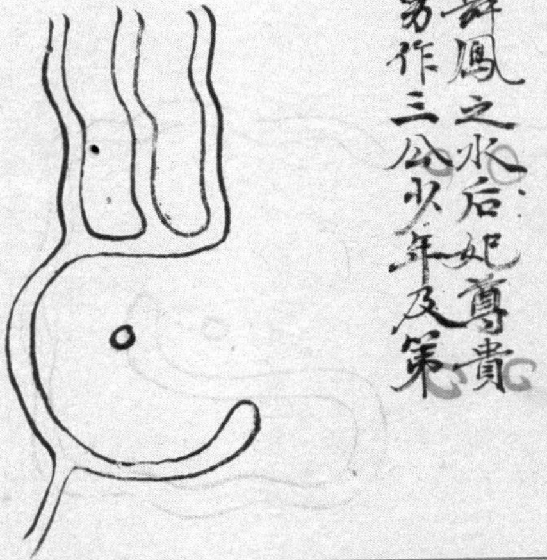

二龍相會號雌雄，富貴出三公

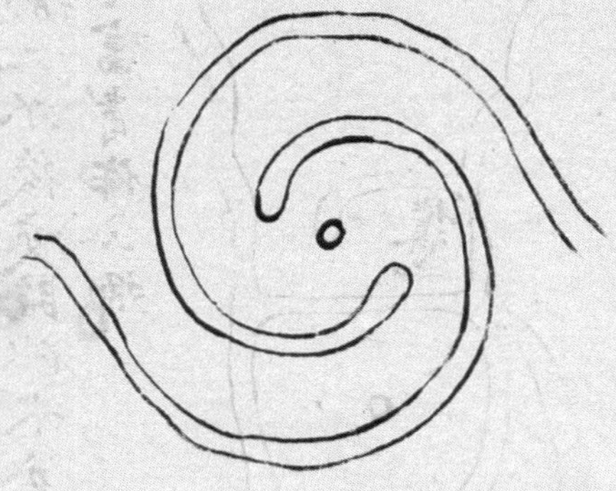

水朝曲去又纏身，家內出豪英，更有路朝生旺地，官顯在朝廷

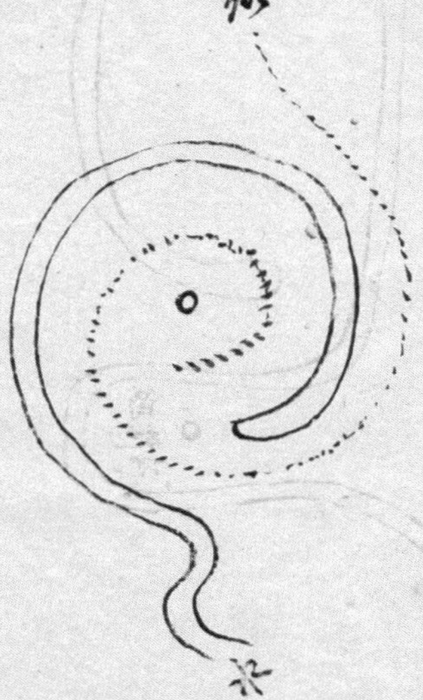

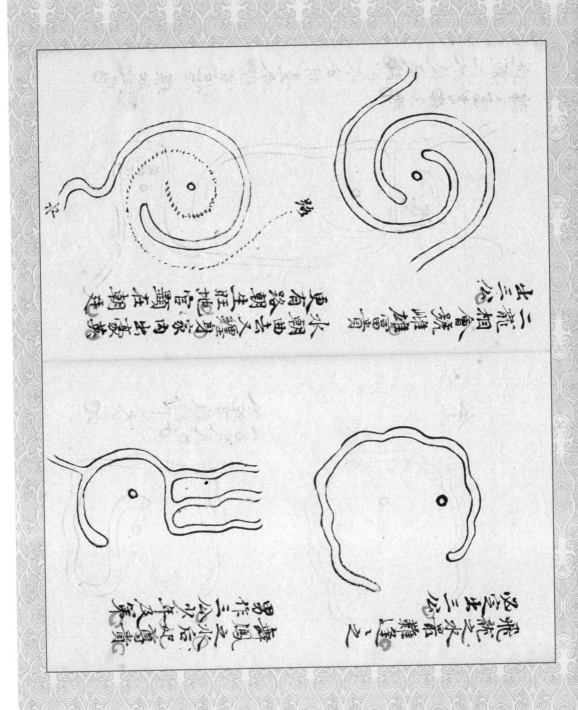

逆龍二水後交臨砂水分明是合襟寬抱灣環如玉帶
綿綿富貴作公卿

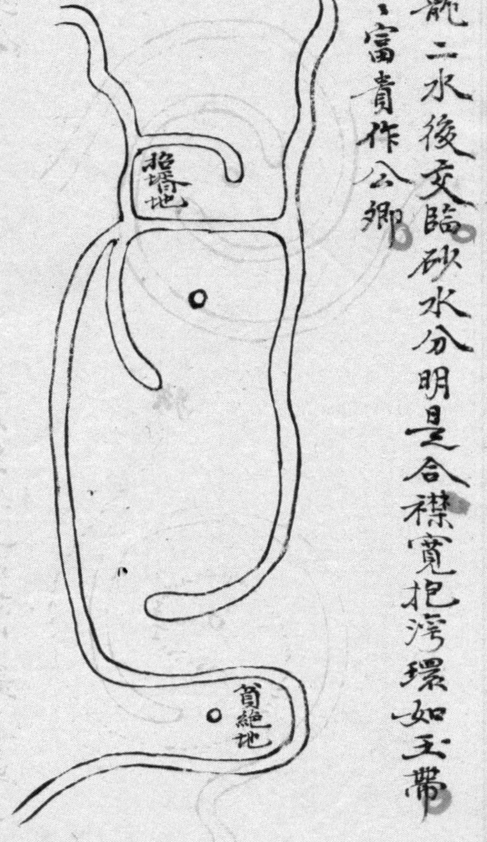

一重路抱一重城金水重重案
面前若得穴中再包裹代代英
華達帝京

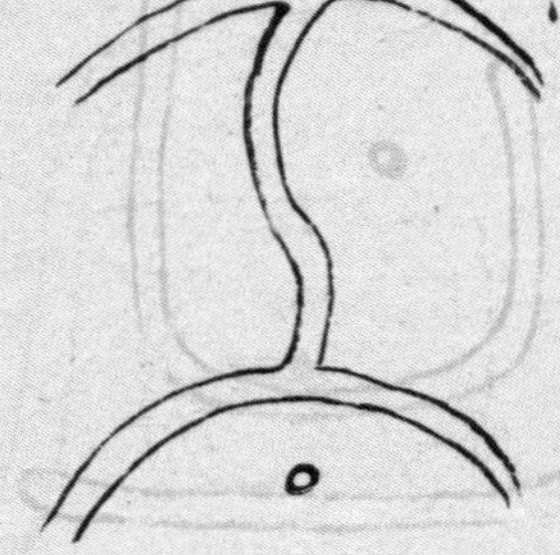

蟠龍之水前後纏庄田千萬富無
休面前若得三龍水兒孫代代爵
公侯

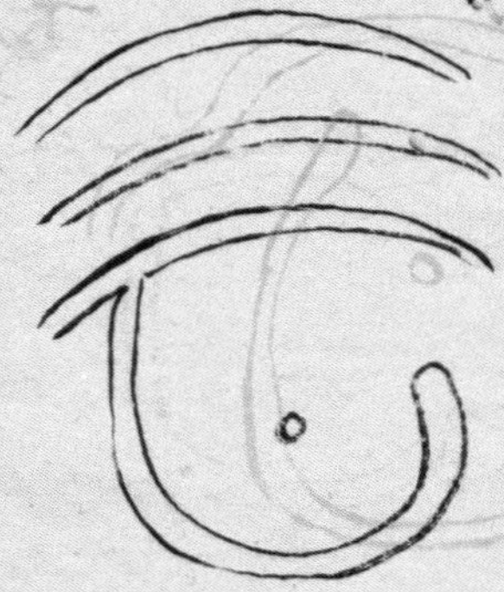

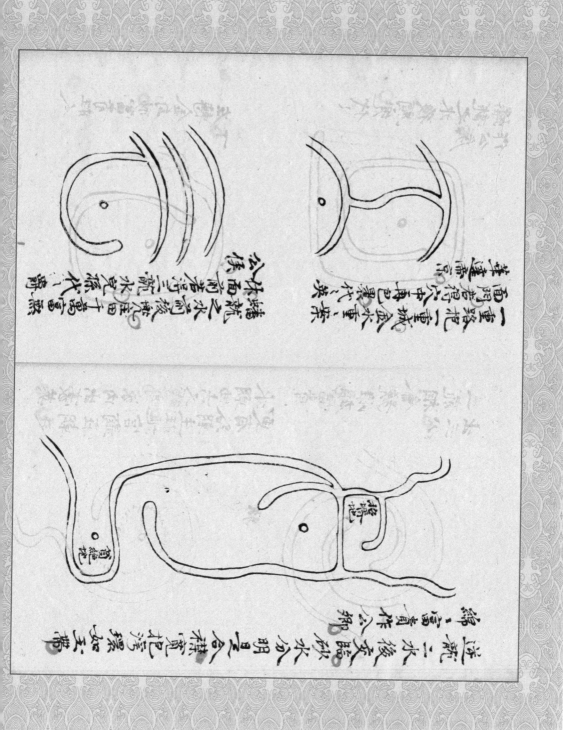

蟠龍之水後頭兜代〻作公房

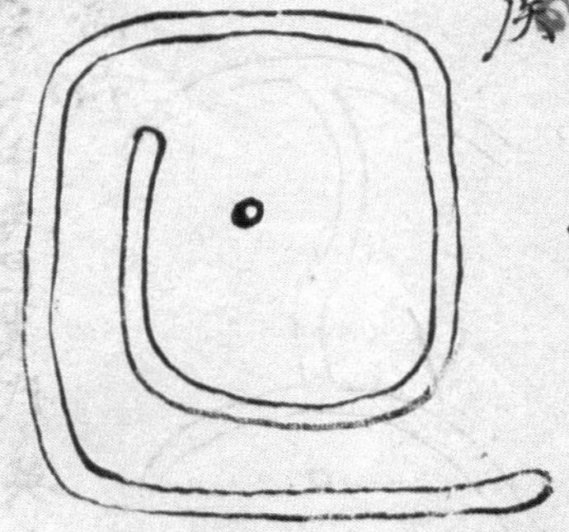

左轉金勾形富貴旺人丁

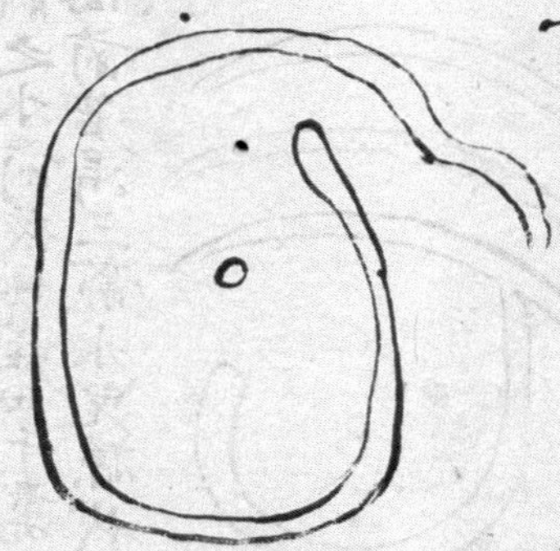

右轉金勾形富貴有聲名

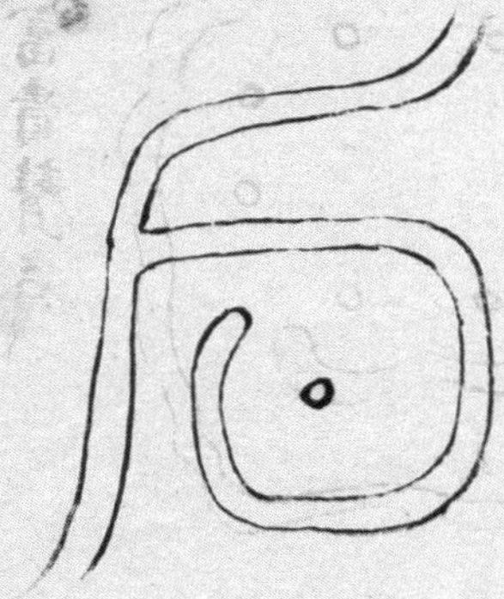

水似玉勾官爲知州

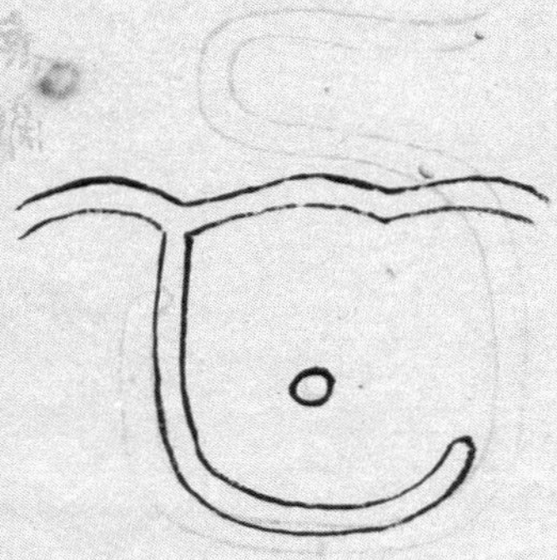

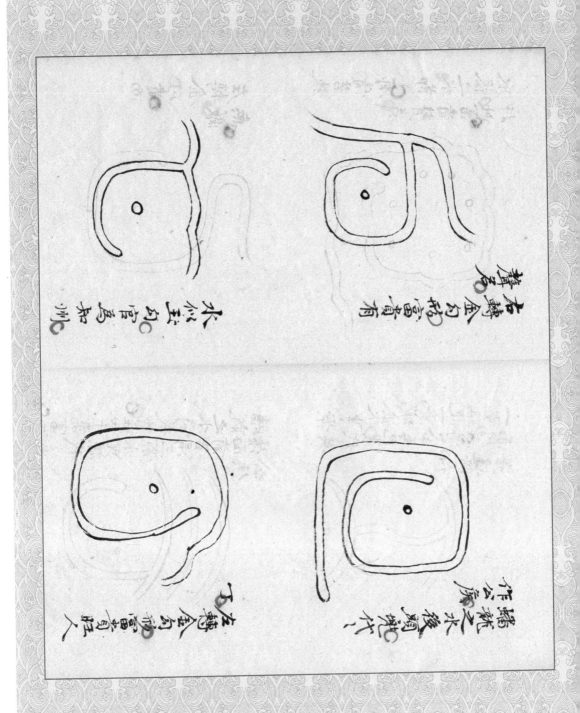

爪藤之水節節有情若族
扦此富貴聲名

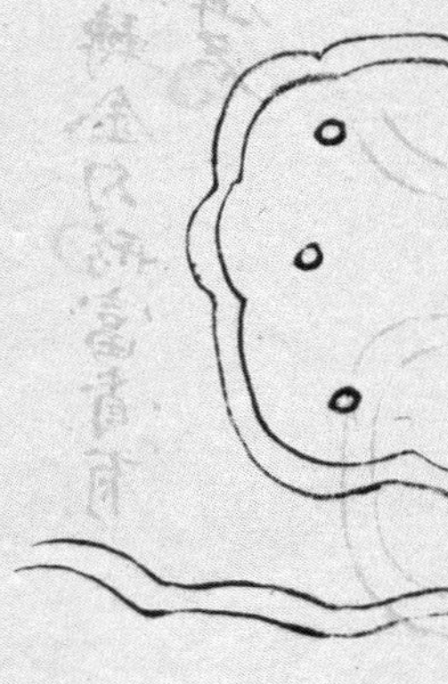

左轉金勾貴而
無敵

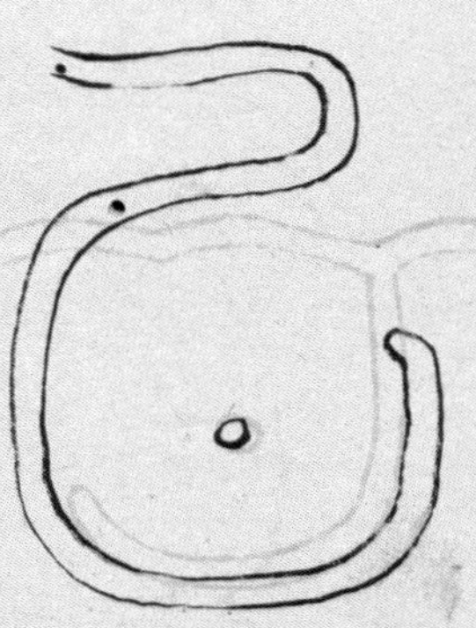

金勾左轉足之金銀
棠應三台出貴人

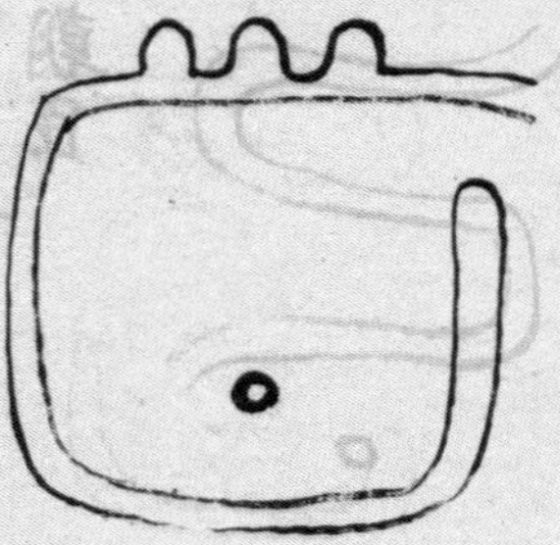

活龍来勢作三台秀水前朝對
面来若見有人扦此地為官代
代作烏臺

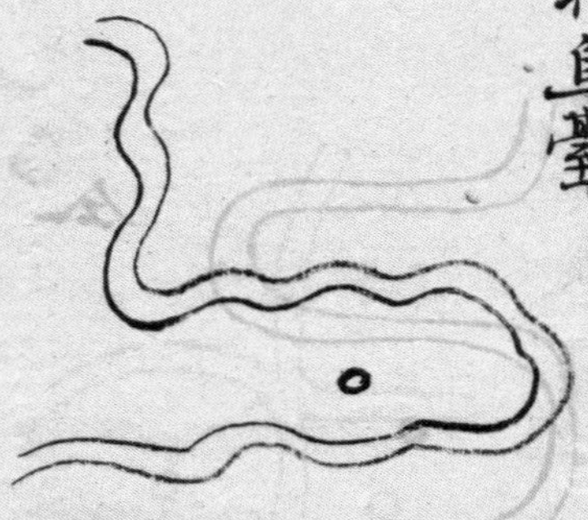

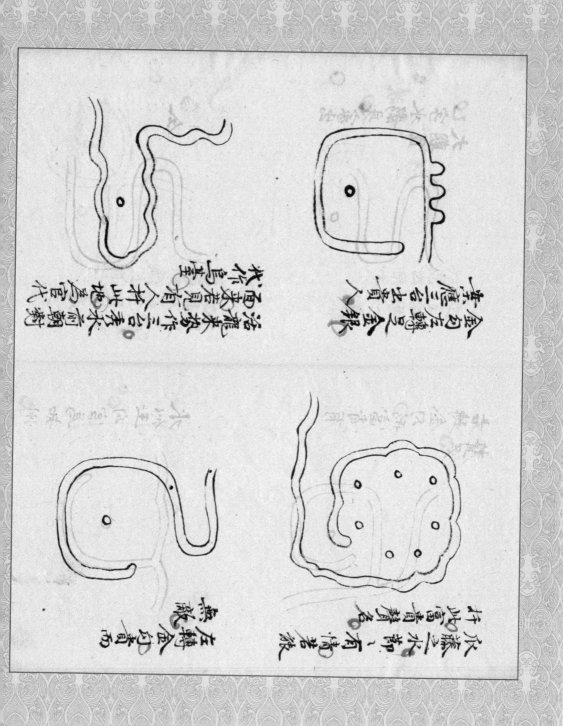

乙字水影身家出
大朝臣

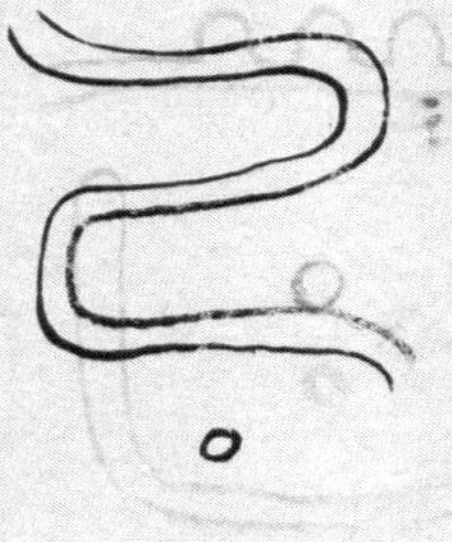

仝

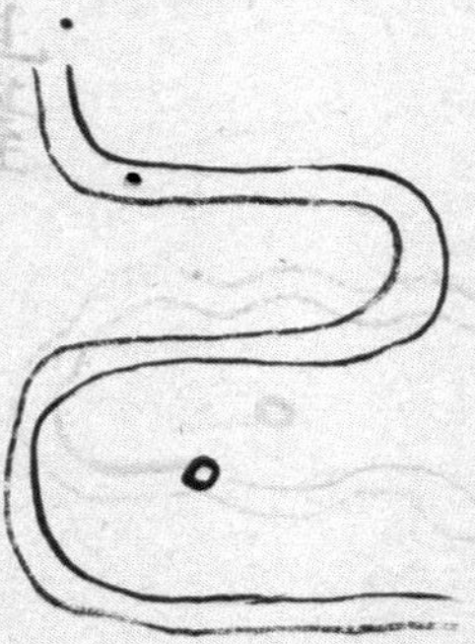

之字合襟之字流知州
知府出無休

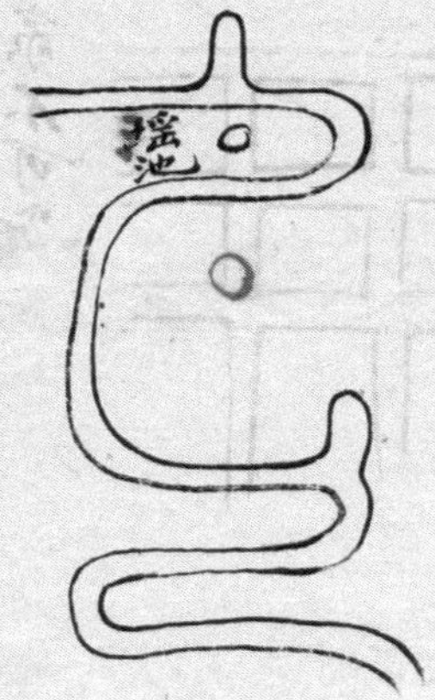

十字水來墳兒孫手藝
人雖然溫飽有成敗定之
出娼優賤且淫

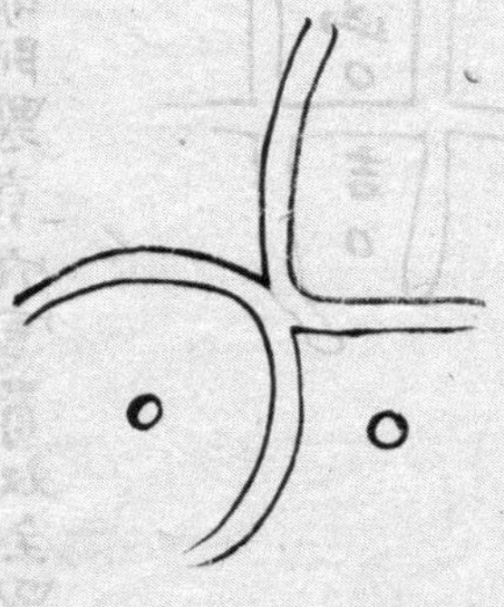

十字水流後與前廿字井字
絡一般此爲市井人多住若
是一家不可安

此穴分明结作真只恐時人不識制
若遇明師點真穴富貴双全四海名

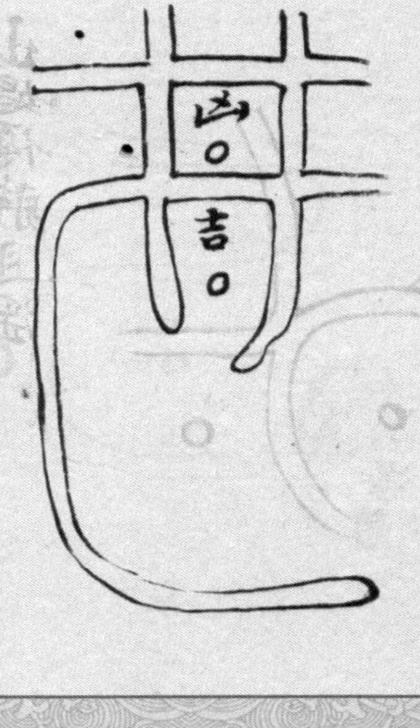

三十年前走道途不曾下滑
仰天湖若也有人扦此地兒
孫衣紫達皇都

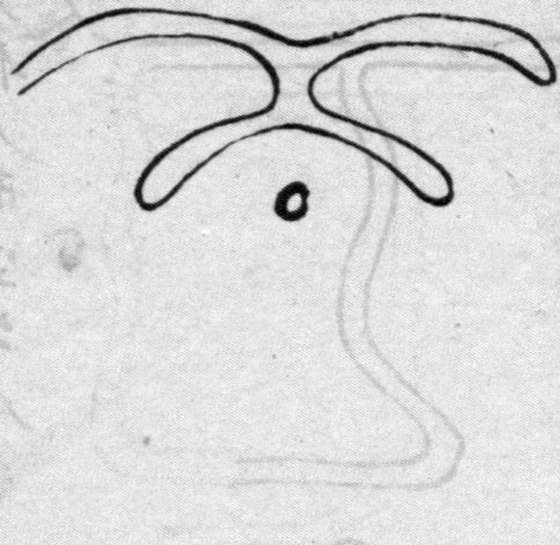

同上

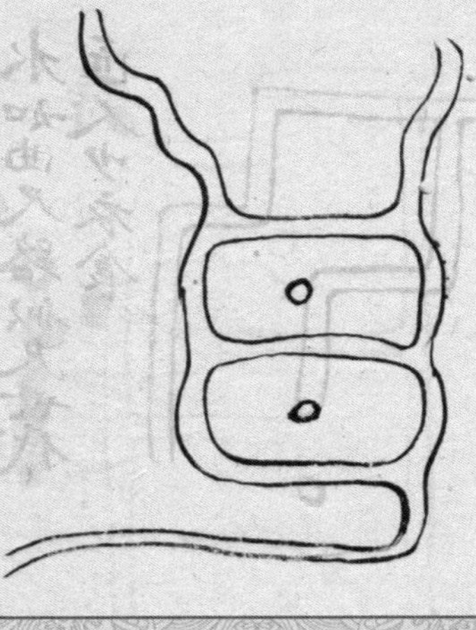

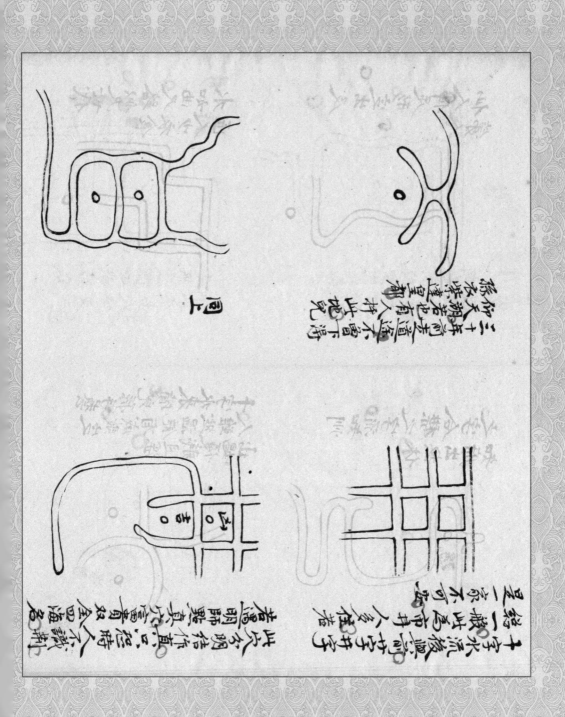

仙人伸足形定出及第人

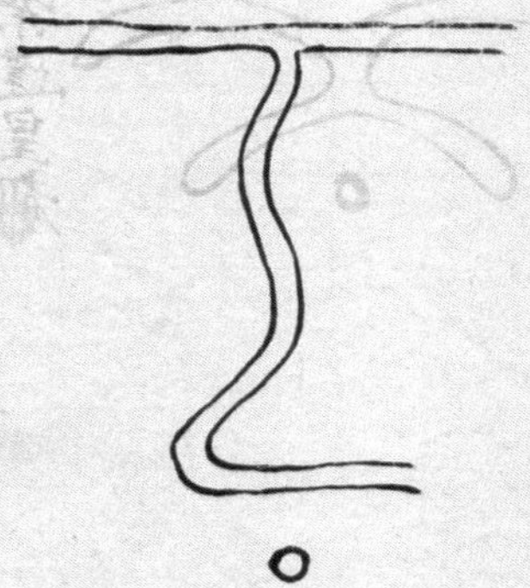

水如曲尺路似尺世代近人少衣食

此二面應入後龍格在後頁

雌雄相喜天地交通陰陽得位定出三公

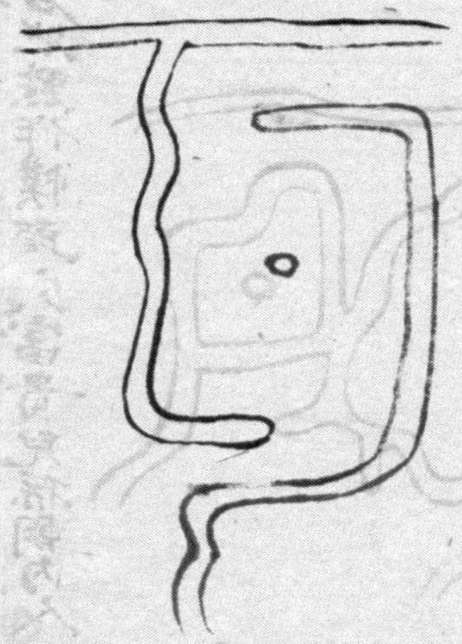

雌雄交度穴聚天心安邦定國四海知名

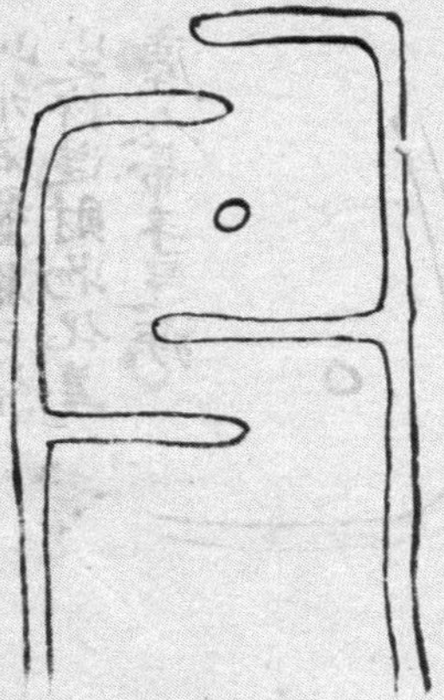

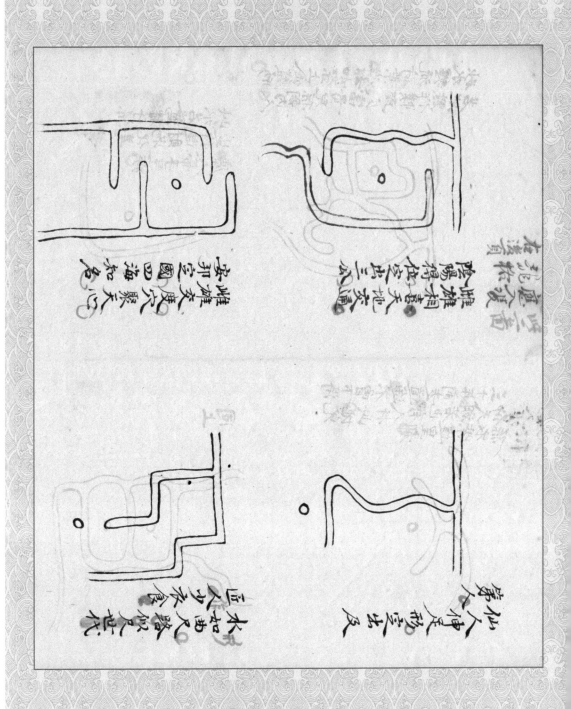

砂水纏流荷葉地　卻如架上金盤形
若然點作幞頭穴　富貴兒孫朝內人

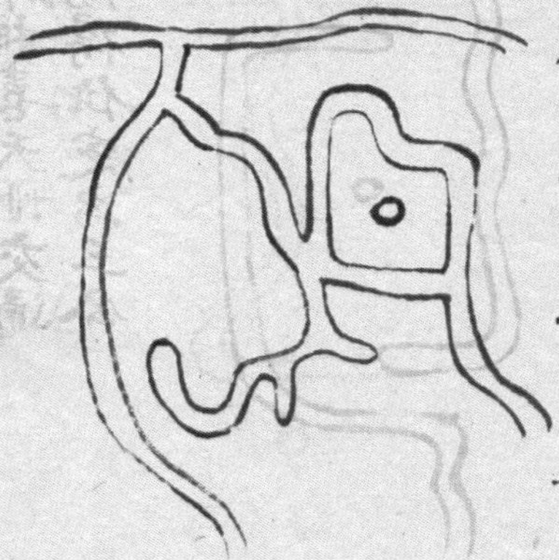

此水名鷺鷥滕子孫
定怦逢財物化為
塵人帶手足之疾

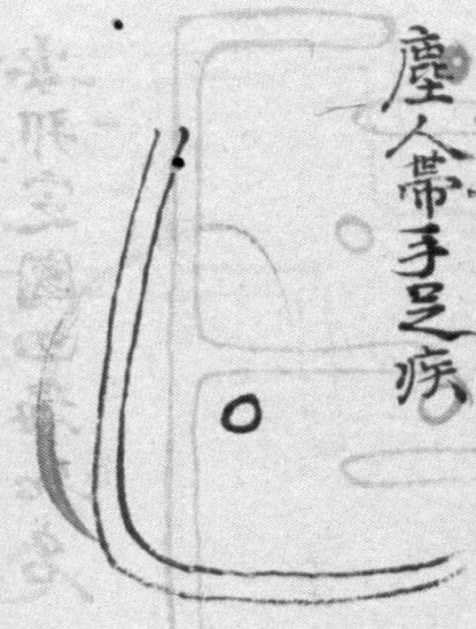

雙龍格

左右雙龍入穴來
兄弟高名達帝臺

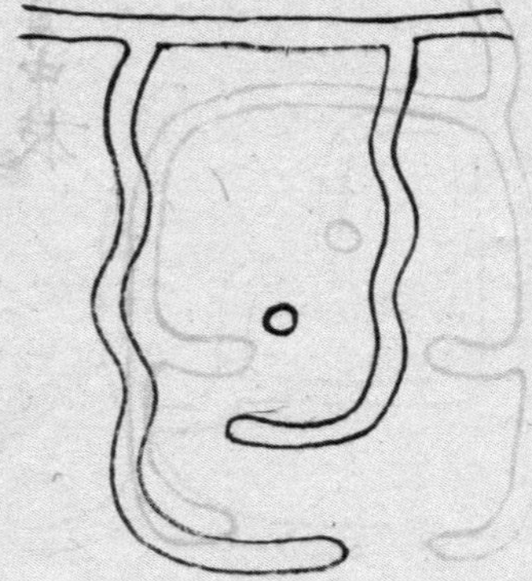

雌雄並出水同流去了又回頭
兄弟一門皆及第代代位公侯

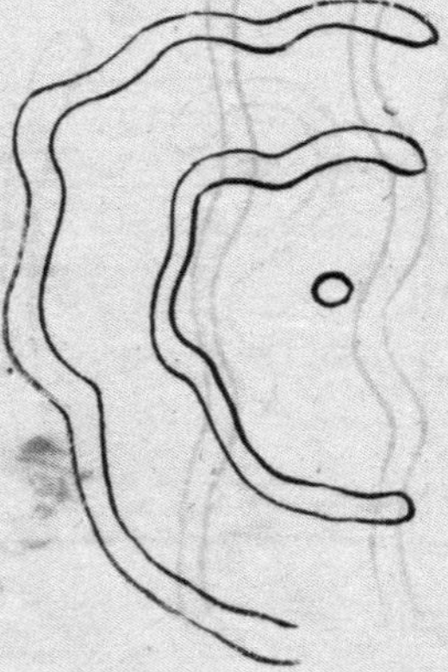

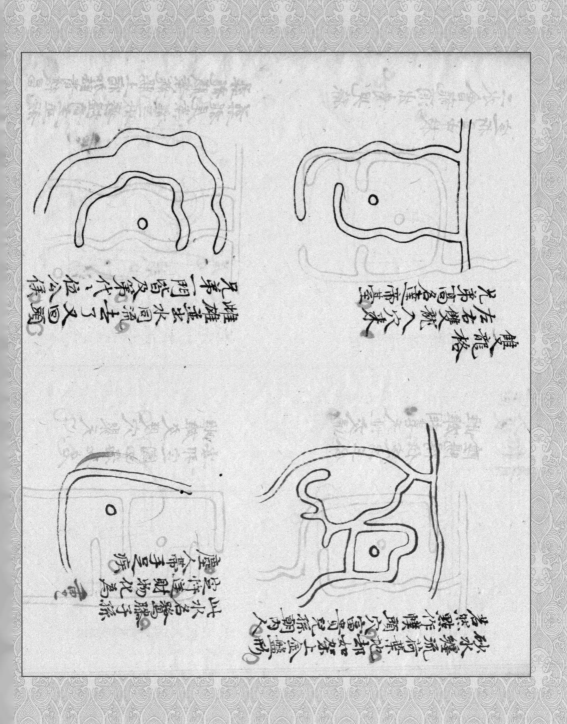

二水會龍須出貴兒孫
定折月中枝

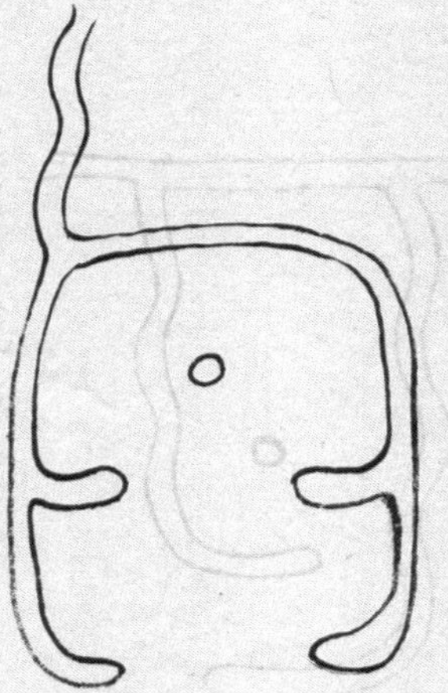

幞頭地執笏水子孫
及第作翰史

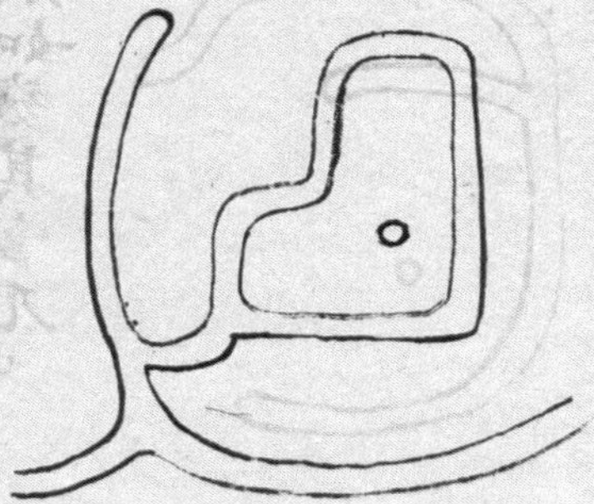

葬龍腹案龍腸土宿加臨貴後昌
葬龍尾案龍足歌舞燈前主巫祝

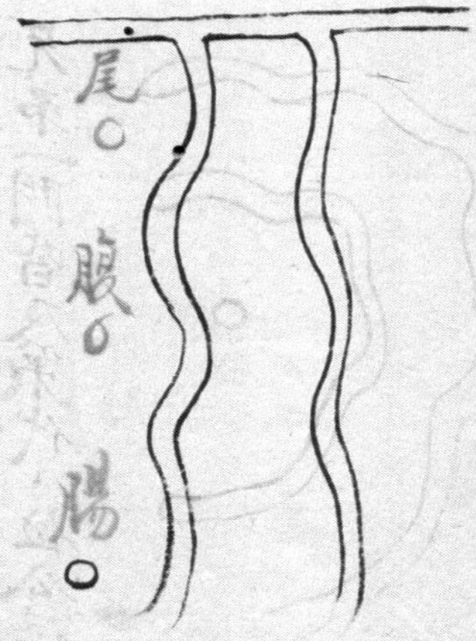

右水似筆頭小子貴無休
左水似笏圭長房中元魁

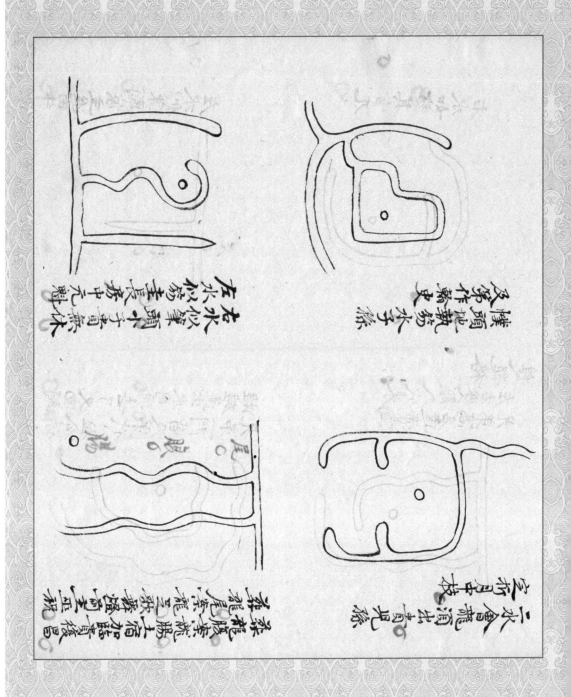

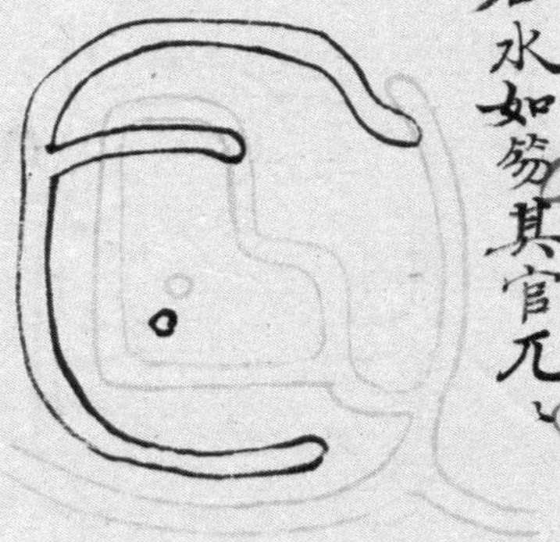

右水如笏其官几

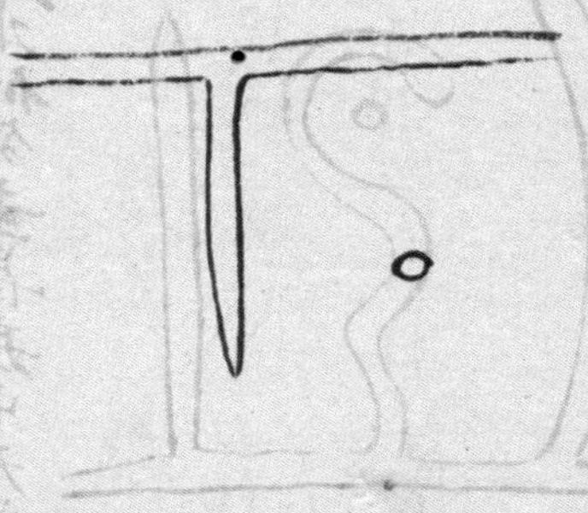

左水似筆頭家主進田牛

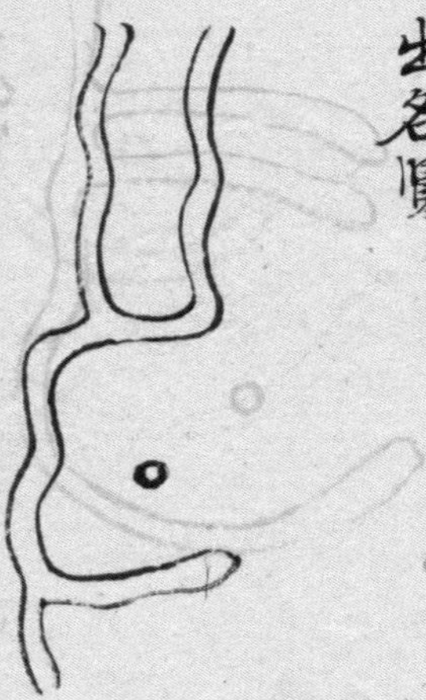

二水合門前家富
出名賢

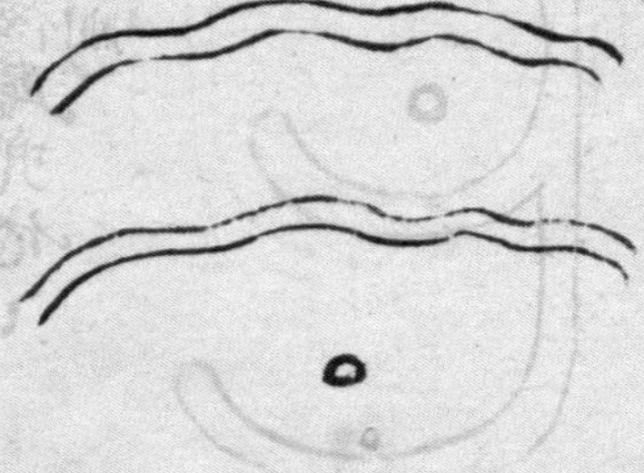

二龍相會應門前
子嗣去朝天

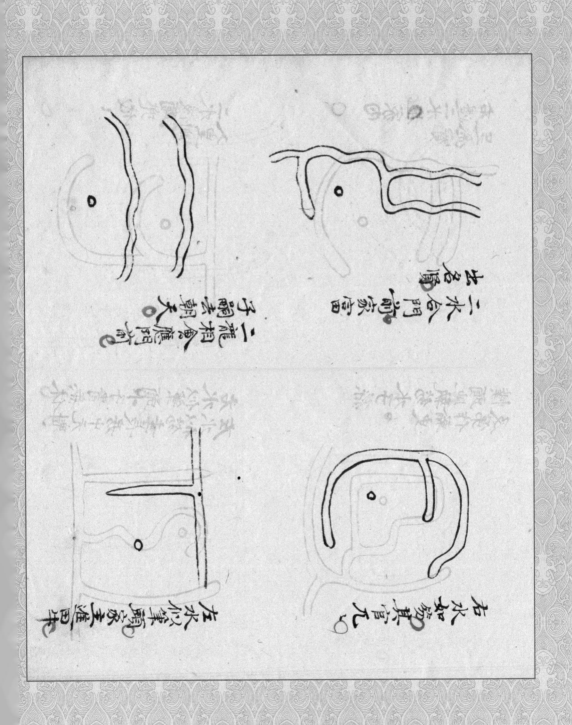

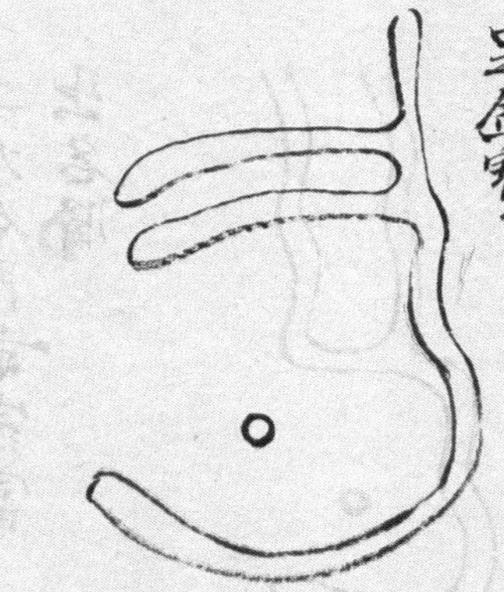

右邊二水抱家內
足金寶

二水後頭兜代代
入皇州

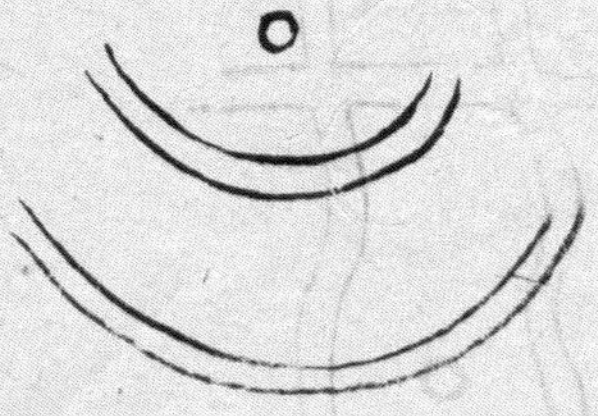

二龍水後兜富貴
永無休

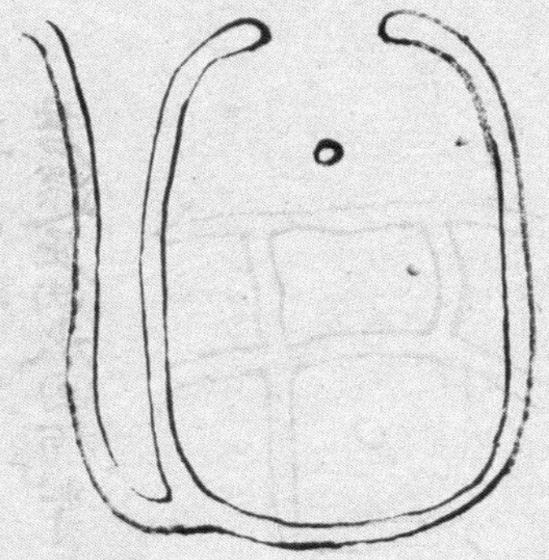

二龍相會後頭兜墳宅扞之永不憂
男女不耕金鼓富兒孫早到鳳池頭

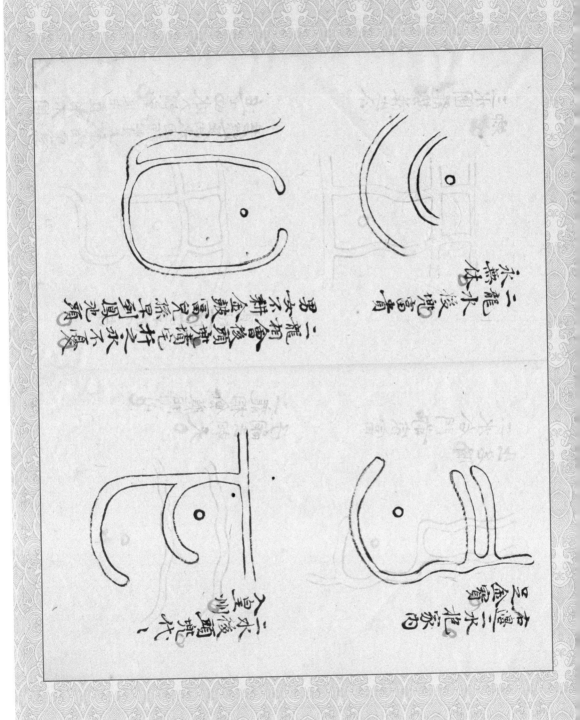

三水團龍勢榮出公卿亡

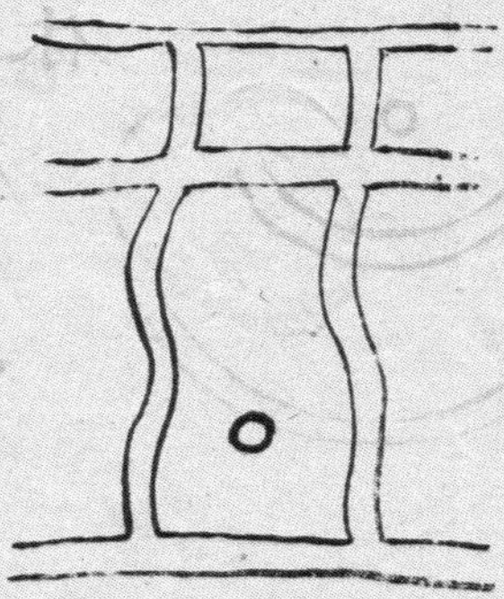

二水右邊出忤逆人多疾

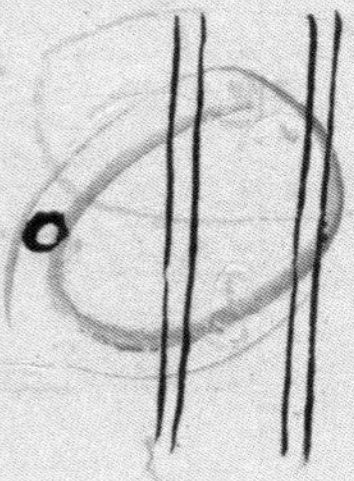

追追四水入朝堂直冲直射不相當若還屈曲水回頭貴上金堦粟萬倉

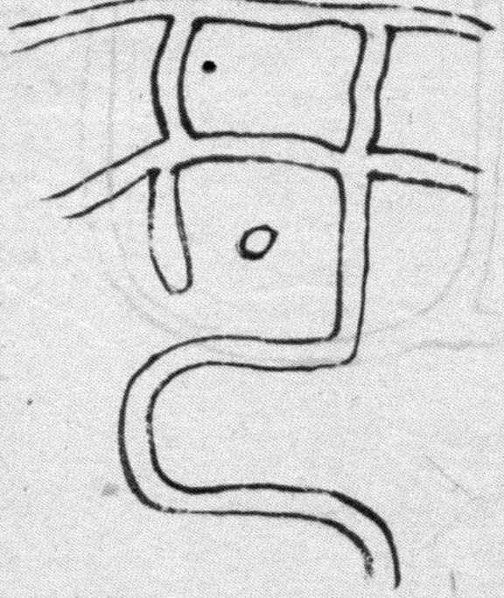

其地一圩二三十畝乃吉

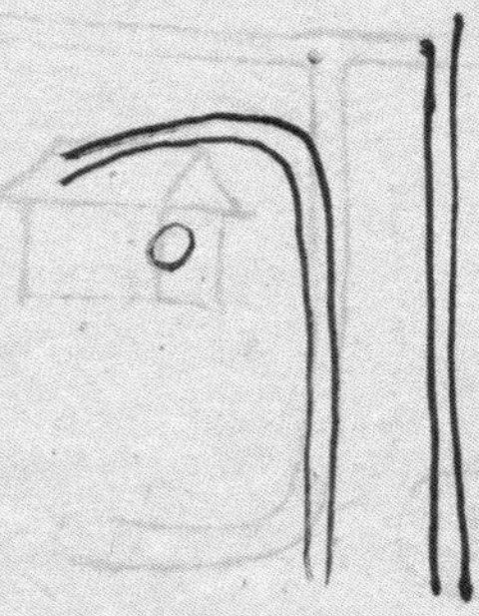

仝上

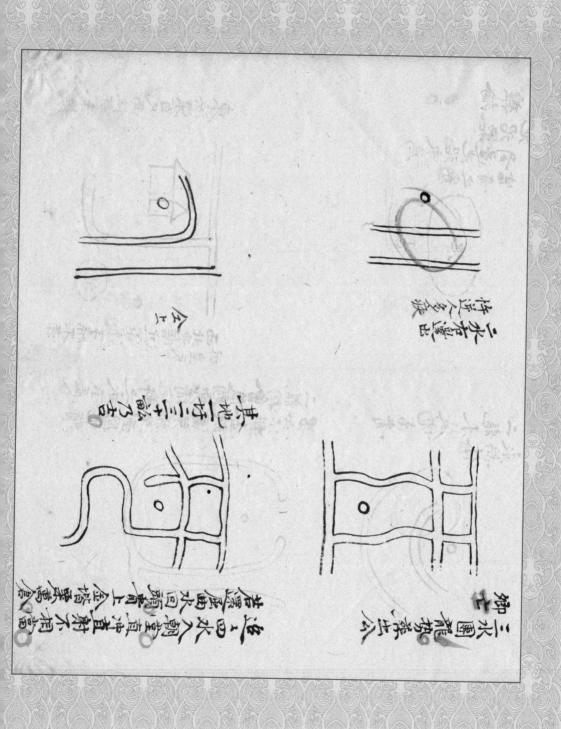

雜論

池沼格

前邊池沼永爲富貴之家

東浜深百尺西庄有千根

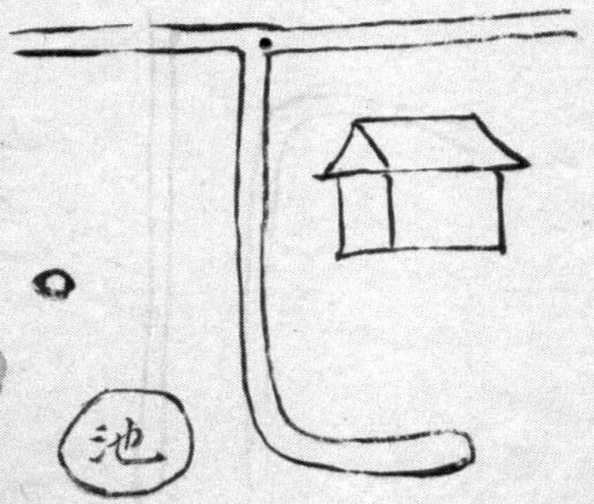

西北池塘近冢邊子孫不孝吽皇天

宅後有塘亦是人財之地

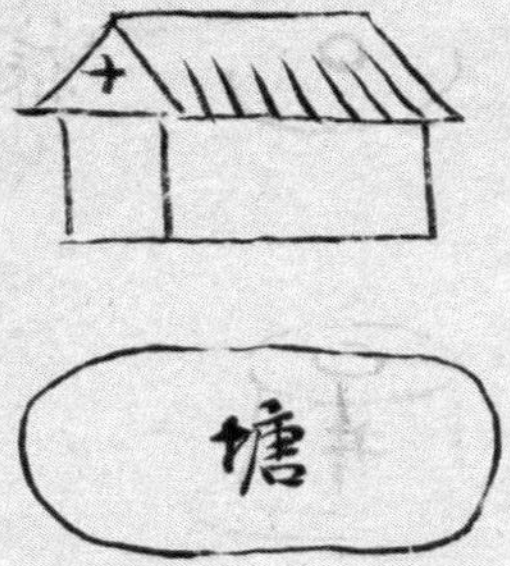

右邊池水應門前抱穴富庄田

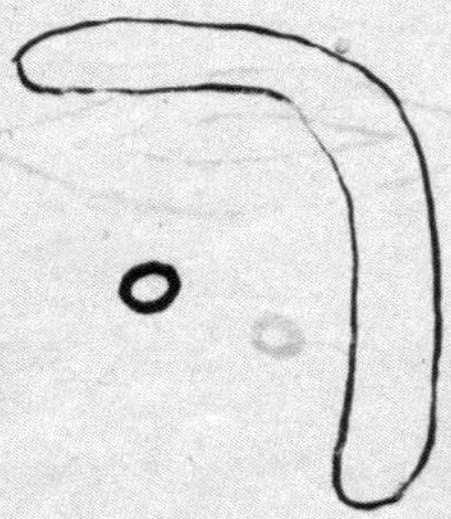

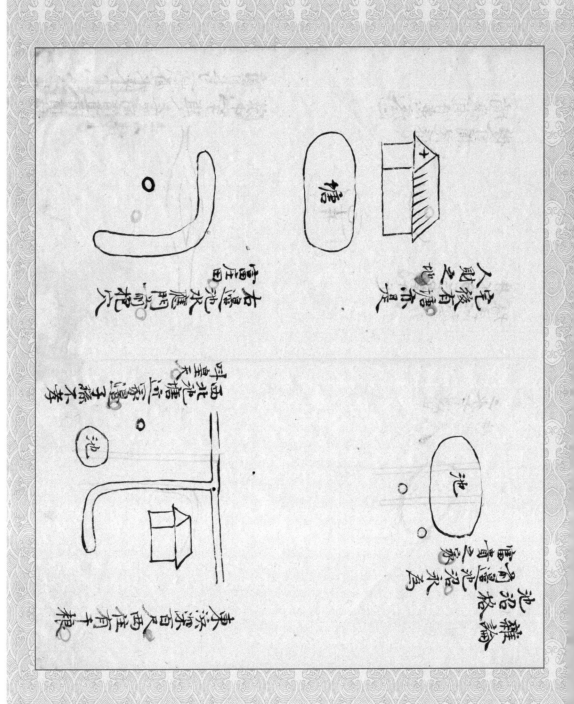

墳後有井患疼心
雙目損兒孫

井不分左右南北近
塚主心腹目疾

門前橋沖必死橫亡
疾病鰥寡人口過房

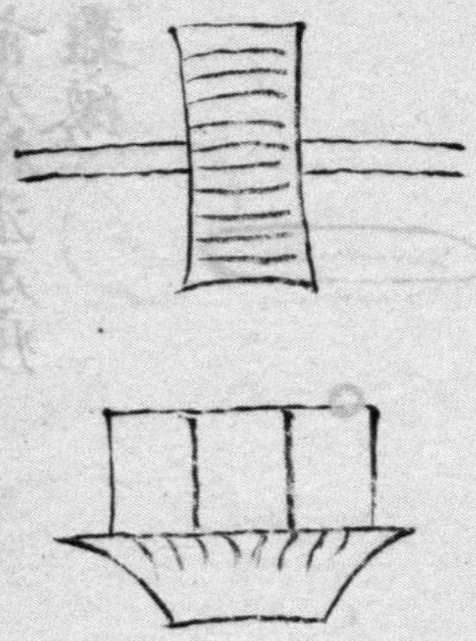

此俱值衰敗之氣耳若當
旺運反能發福

墳前水內一蛾眉水來不去遠蛾眉
家中子隨人走更同僧道有情私

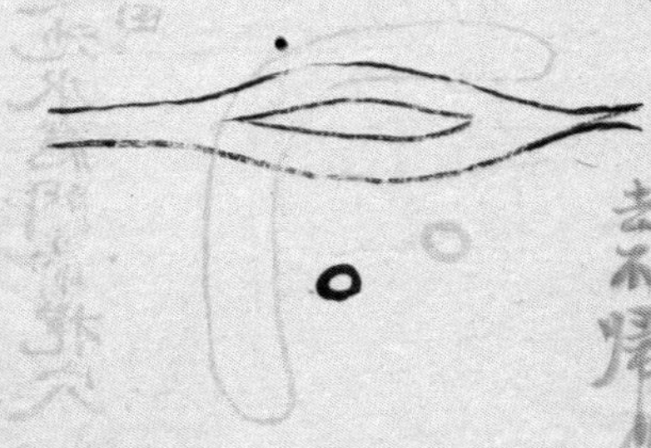

右有橋沖淫敗
絕宗

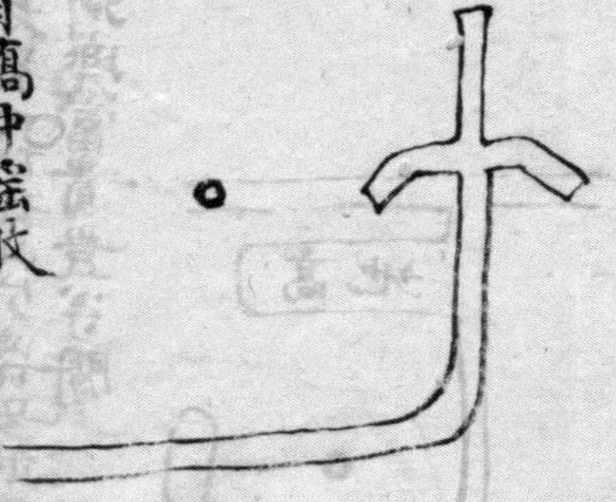

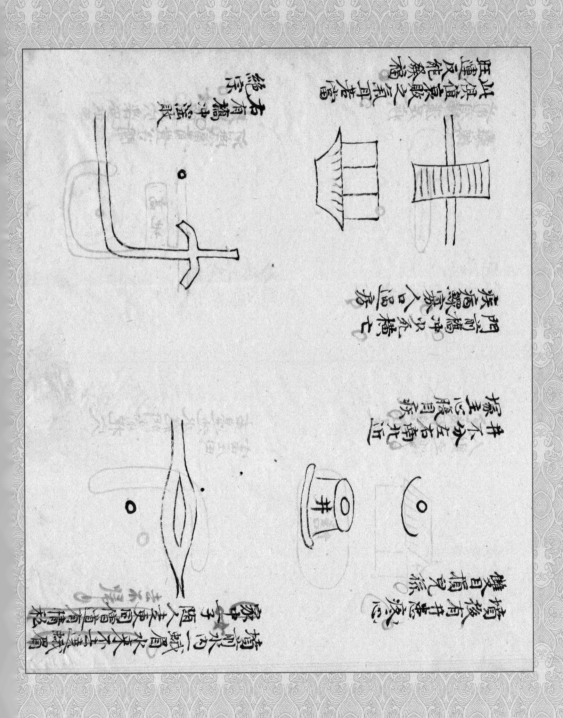

前有横溝足疾
難瘳

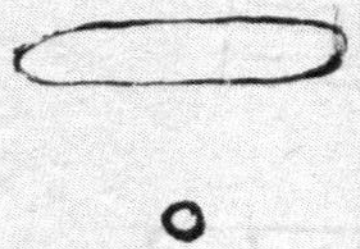

朱雀一坵地此穴樂安然更有後
河兜富貴豈守閒

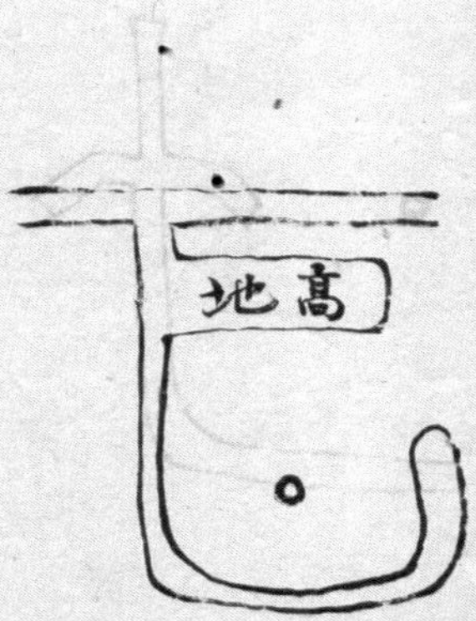

山
地
形同

前山如木杓媳婦
挖公足

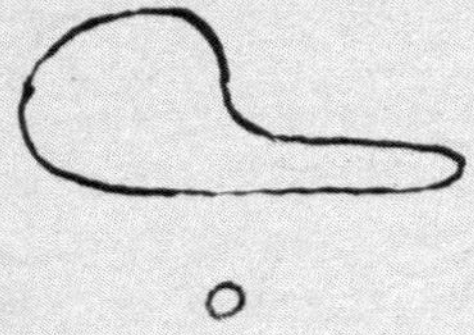

鵝公頭鴨公頭女兒
媳婦上秦樓

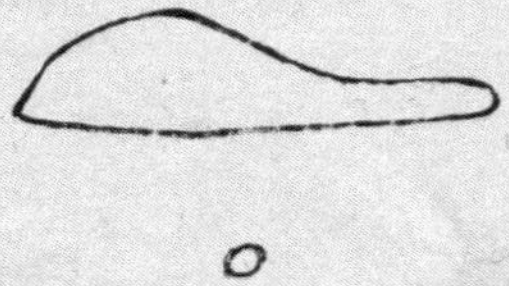

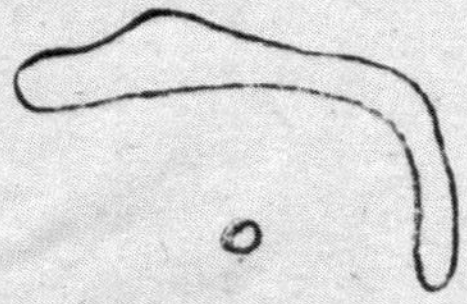

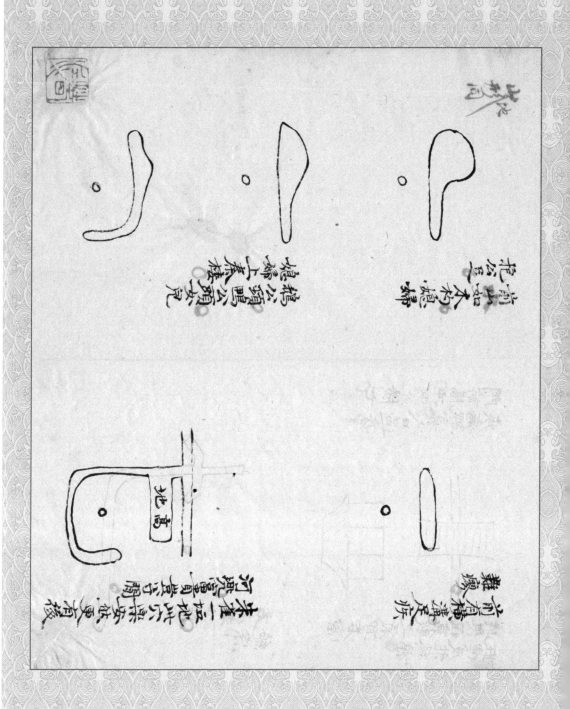

水龍經第三卷

水龍經第三卷總論

此卷水龍天星垣局、乃杖龍山人董遇元述景純氏之言而作者也、董君不知何代人、其圖三十六穴、上應天星、而每局括以四言十六字、中有駙馬儀賓京堂等語、乃本朝物色、其爲近代人所撰有明徵矣、而品列星占、隱奧不猥、苟非博綜象緯、窮探甘石之學者、豈能望其涯涘、言雖不出於景純氏、柳亦景純之流亞歟、至其撰句選詞曲、博適麗卓乎大雅之篇、予考楊公以還地理之家、鮮能文之士、惟元賴布衣、蓋以奇才而生蒙古之運、佯狂詩酒、晦跡其中、每有詠歌、天才爛發、見於會稽諸鈴者可徵也、予向以為賴公之才、此中無与比者、不意又得之此卷、形家者流何其多才而至其所論天星、但取水形相似連類以求、蓋非無本、古語不云乎、在天成象、在地成形、地有斯形、實與天象遥相應合、豈傅會哉、以此明天星垣局、与世人所傳二十四方道、各分星躔者、異當天壤、蓋地有定位、而天無定位、雖有十二次舍、不可謂即地之二十四干支也、故天星之說、古今所尚、而予独以為無徵、考之已往、幾見翰林學士定出巽辛、萬里封侯、必生庚震、即歷代帝王發跡之陵寢、亦未嘗盡屬三垣來龍也、故知方位之合天星、不若象形之有據矣、予之存此書、蓋將尊其名、屬其類、以顯水龍行用之大、使學者知所崇重、以匹乎山龍、不分軒輊、而三垣九野、列宿甚多、而名川三百、支水三千、水之為數、亦不可紀極、即如山龍、亦安能一一擧天星而比擬之哉、必執天星以論水局、必取合天星之水局、而後知其尊且貴、則又拘墟之見、而非得天机妙用者也、此卷雖存、學者毋以文害志可也、

陳君寄禱所刊水龍經秘本、獨缺此卷、以為失傳意光

賢寶貴不輕洩以示人而陳君未及見之也 先君所抄
圖誌鑿鑿上既欲公諸同好何敢以天機難測不為付
梓以廣流傳且此種形局或千百年一顯或千百里
一遇非大陰德者不能享此豈江湖術士按圖索驥
所能知而致有惑世誣民之懼哉校讐既竣附記於此

郭景純水鉗賦

天壤浩渺三辰躔臨一氣循環五行榮悴江河以流山岳以峙暄
陽為生寒陰為死是以哲人象天則物因地察義氣以載理磅礴
無疆理萃氣聚陰谷生陽地出川岳天出斗星本乎一炁同情異
名珠穴龍形列宿耀明天施順播地德上承葭管灰飛孕燥百靈
鑄以形氣剖以吉凶陰陽相禪五運森聯舉一遠二乃術之偏欲
識其地先觀其天欲識其形先觀其玄禹迹茫茫哲人天觀不察
其流孰知其源滔滔漫衍亹亹淵淵乘氣而行子母相援夫婦交

度、剎換坑蜒、柔利為吉、激射為嫌、指水為水、孰辨五星、土水厚重、
金水圓清、木水挺直、火水飛騰、臨涯跳激、不失其形、金木植攻、交
水則比、水火相戰、木旺尤忌、土神生金、最畏逢木、木星帶火、那家
傾覆、趨蓄之位、各有關軸、胞胎死絕、生旺官祿、沖剋刑傷、災祥迅
速、拙師謬誤、誇多誕聞、按圖習偽、百無一真、彼以為是、我獨知其
杳冥、嗚呼吉凶、本乎消長、五行運乎死生、信耳不如信目、信目不
如信心、景純雖死、精神尚存、若乃長江鴨綠、大海無涯、波瀾洶湧、
蛟龍夜嘯、界之罔極、索之愈疑、雖有曲折、不忌遠迤、運啟天鑰、君

子勿退、下追淮泗、江峽漢水、巨脉縱橫、沿洪瀰漾、州邑鄉村、龍神
所據、旋垣轉屏、脉隨氣聚、楊眉遠眺、精神來會、瀰（洲）瀾洋洋、穿江入
湖、三十六穴、景純所圖、末晉之間、仙音既殂、唐宋以來、水法虛無、
青烏石匱、發自何年、不載他物、惟説水鉗、龍額藏珠、賢輔所生、上
應華蓋、垂隨曲衡、河漢交度、東西二藩、真穴冀下、近侍官班、天府
壎篪、躍通天苑、穴點龍睛、名揚翰苑、虹飛飲海、將軍氣揚、帷幔內
穴、咸振邊疆、蟠龍飲乳、軫宿所處、內穴京堂、傍為驃騎、錦屏掛鏡、
上輝天錢、穴藏中宿、主嫡貴醫、金鉤掛月、天鉤入垣、餌穴居內、可

鈞顯官、天衢獻印、漸臺埀應、穴偎中𢧐、貴雄百乘、天廚玉膳、天皇
内廚、最金取穴、珍羞脂肥、龜浮蓮影、天竜暗炤、穴應蓮心、沓福之
兆、瓊屏玉榮、上應五車、牙籤夾穴、翰史榮華、玉堦五級、翌宿所居
穴乘羽翰、飛步天衢、瓊筵結緑、入魁聚靈、隐褥取穴、錦綉聯英、金璅
瓊閨、斗宿所藏、穴轉曲窩、金貲萬箱、玉堂文幕、器府璘璘、福穴居内
筆歌滿庭、虬龍拱首、女床星列、穴卧隱簷、肥遁賢哲、芳城秀衍、上配天
田、埀居中央、阡陌連綿、玉練纏天、上應文曲、穴居蔚栽、補袞之職、金
闕牙班、庫樓森張、玉案作穴、列爵鵷行、豸横九畹、天厩明曜、穴

點豸眉、員辰揚名、陽河豬禄、上應斗斛、穴鍾日精、冢宰之福、陽隰纏輝、
郎位疊疊、參差點穴、纓纓錢里、神龜拾蛤、六甲奮光、穴居豐頸、變
理陰陽、驤嘶掉尾、左映旗星、埀繫其頸、陣上揚名、日月分精、天廟
顯星、葬陽御陰、男女雙英、雙虬聚英、左右執法、穴齊端門、智編顯
達、春蛟賽月、蜿蜒臨湖、神宮取穴、名顯皇都、金盤出匣、牛宿所臨
埀看點餜、綺席華裀、金倉玉粒、天囷顯赫、萃其中廩、禄錫萬石、玉女
鋪床、天床森照、駙馬儀賓、穴居閶輿、綉幄銀鈎、天囿外屏、裀褥取
穴、御苑芳英、雁落平沙、穴粘羽林、疊璧桓桓、武柄文衡、珠胎鴻月、

天淵映輝，法垄丙池，食禄璣闌，金蓮側露，穴在花心，上臨積卒，統
馭千軍，玉衡掛斗，天倉顒文，柱史儲卿，蓬倚雲屏，天樞地軸，咸名
千里，穴居中宮，奎宿所履，以上龍法，作於景純，紛錯糾纏，形難具
陳，得魚忘荃，捫晤以心，生旺起祖，清純入穴，水纏砂轉，蔓若瓜瓞，
認根識幹，認枝識葉，山乱勢奔，水乱勢結，蛛絲浪萍，隐冥冥入
土不滅，入水不湮，上哲辨氣，下哲辨形，形氣俱得，殃福自真，視淵
若要覩參，若喧元而又元，難以言言，古人之沒，莫拾糟粕，東南華
睒，西北凜冽，雪水未消，湖水易涸，撰高衡平，視生處穴，寶鼎烱銷，

虛詹雨歇，鱉弩發机，遊及一節，蝦鬚蟹眼，立論紛紜，蓋粘倚撞，化
生腦唇，神不傳目，化不傳心，庸師懵懵，五行不分，既泥羅經，又多
謬星，指生爲死，鑿凶裂純，上瀆天垣，下毀地文，靈肆不照，白晝杳
昏，幽堂慘慄，巳福盡傾，嗟夫斯理，言之渾渾，聽之悶悶，苟非智者
交臂不覩，遇元掩倘，草野悲吟，敢貽珍秘，谿吾後人，雖曰先賢之
淑教，亦杞人之衷心，杖龍山人董遇元編

天星垣局圖

龍頷藏珠賢輔所生

上應華盖𡌛隨曲衛

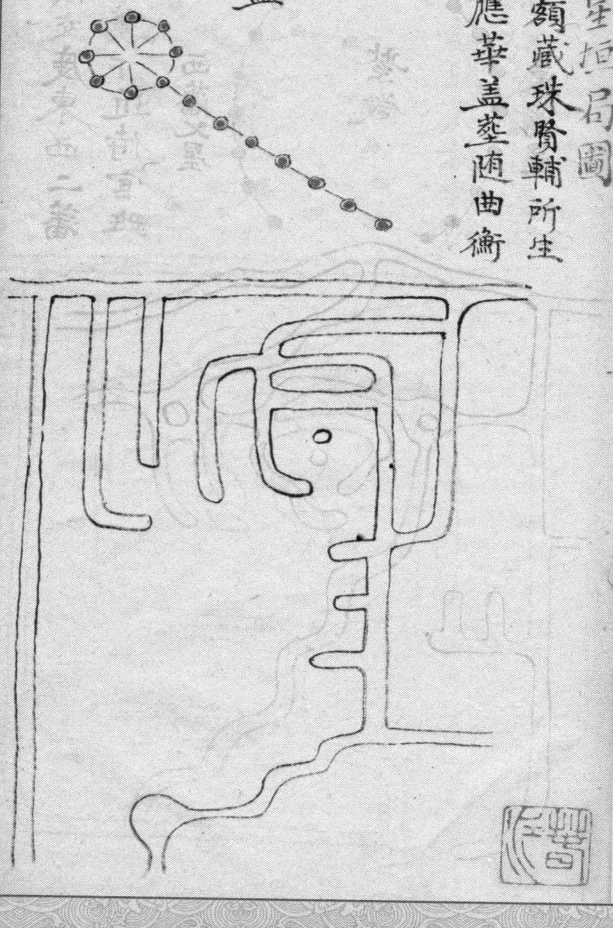

河漢交度東西二藩
真穴奠下近侍官班

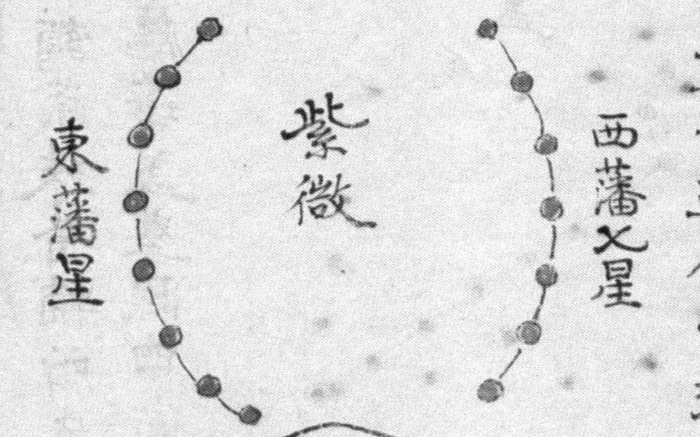

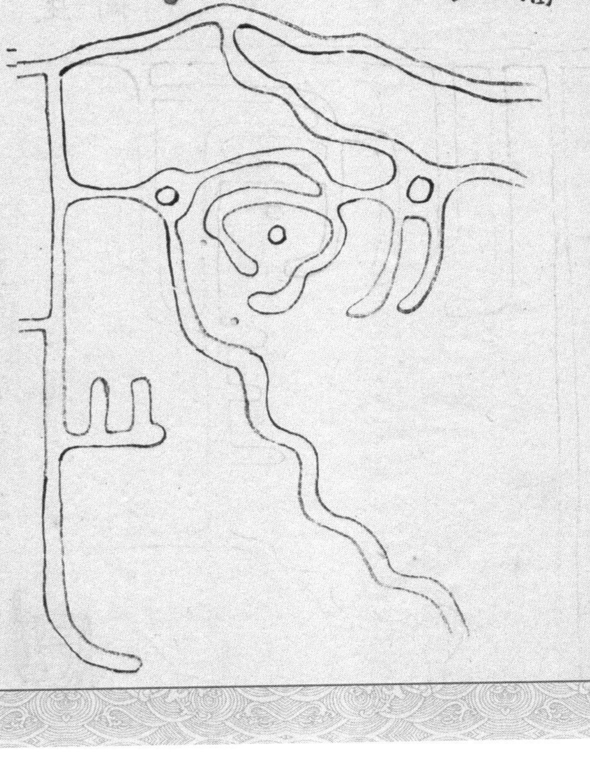

天府壎篪曜通天苑
穴點龍睛名揚翰院

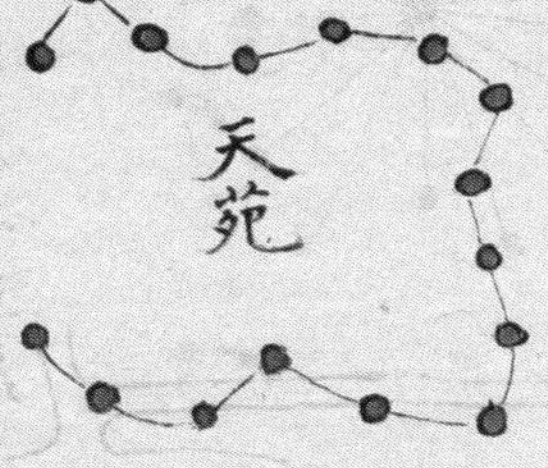

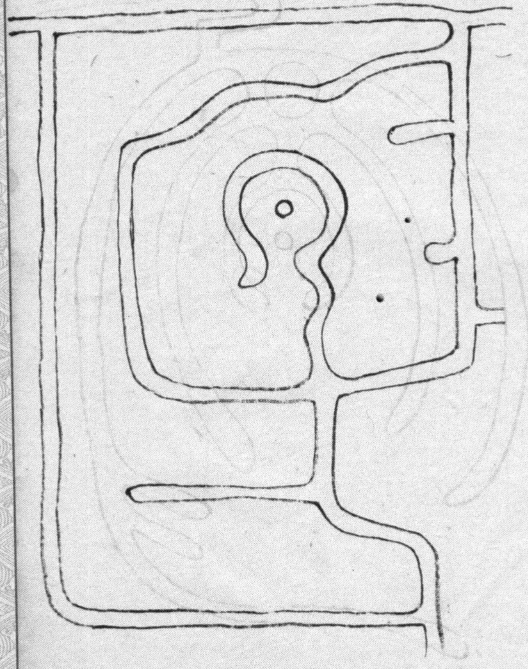

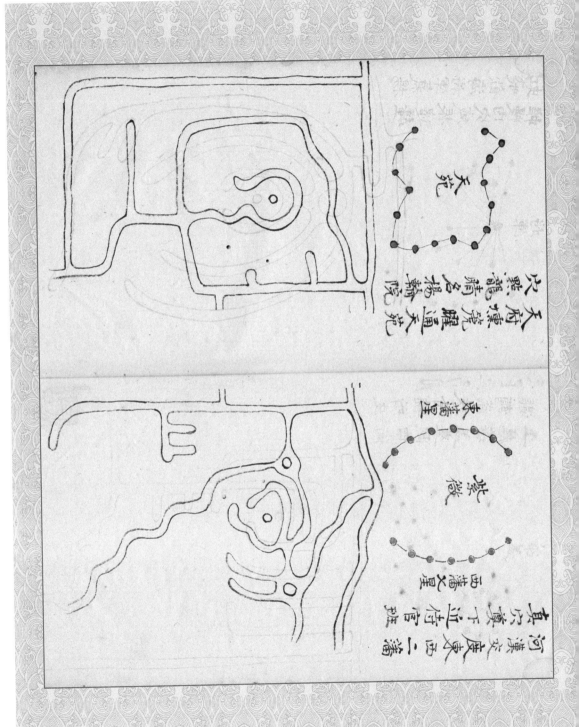

虹飛飲海將軍氣揚
帷幔內穴威振邊疆

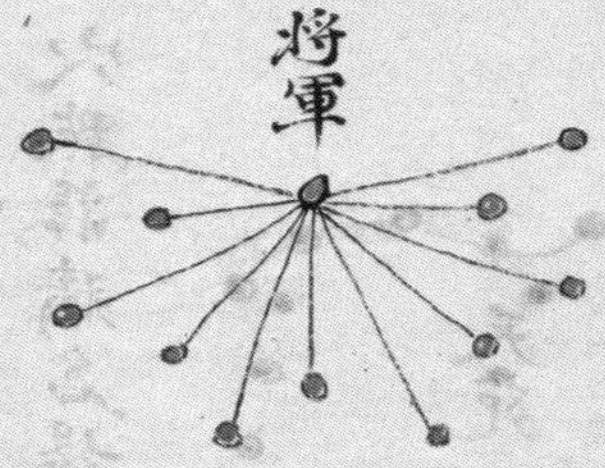

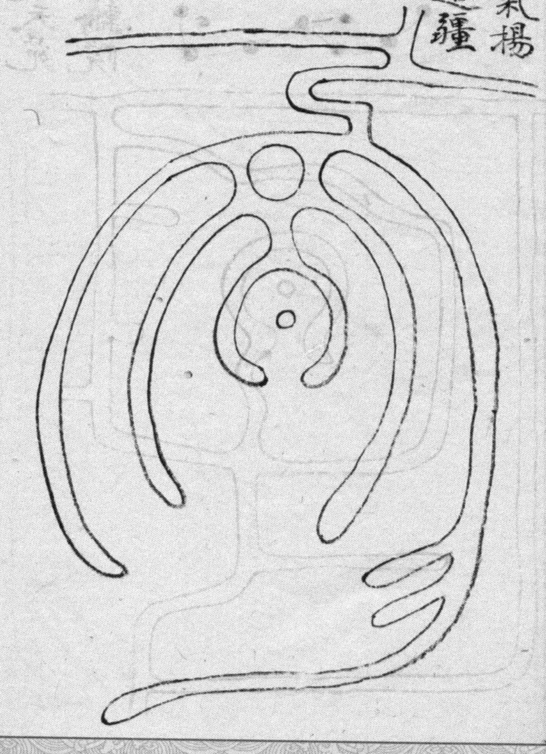

蟠龍飲乳軫宿
所處內穴京堂
傍為驃騎

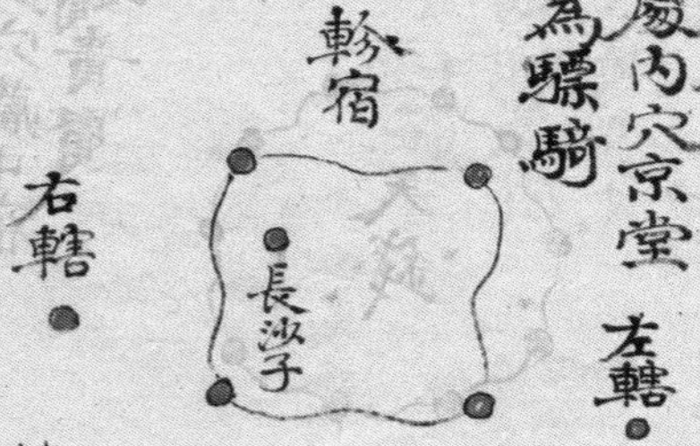

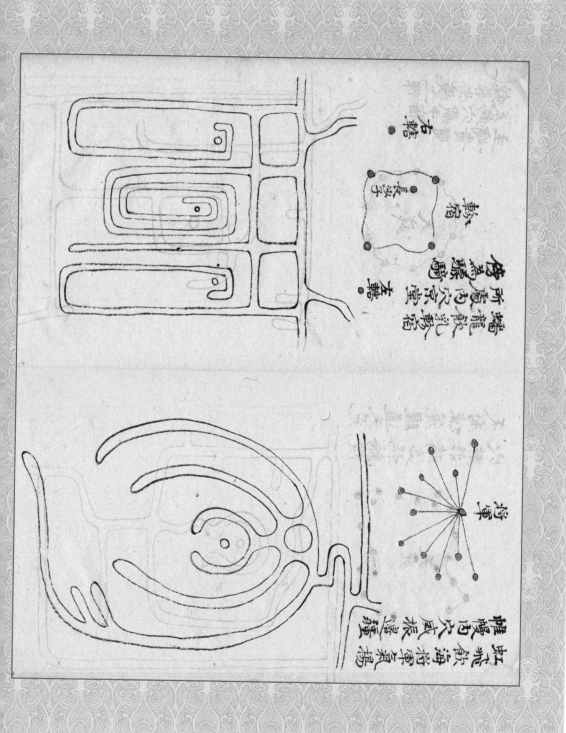

錦屏掛鏡上輝
天錢穴藏中宿
主嫡貴賢

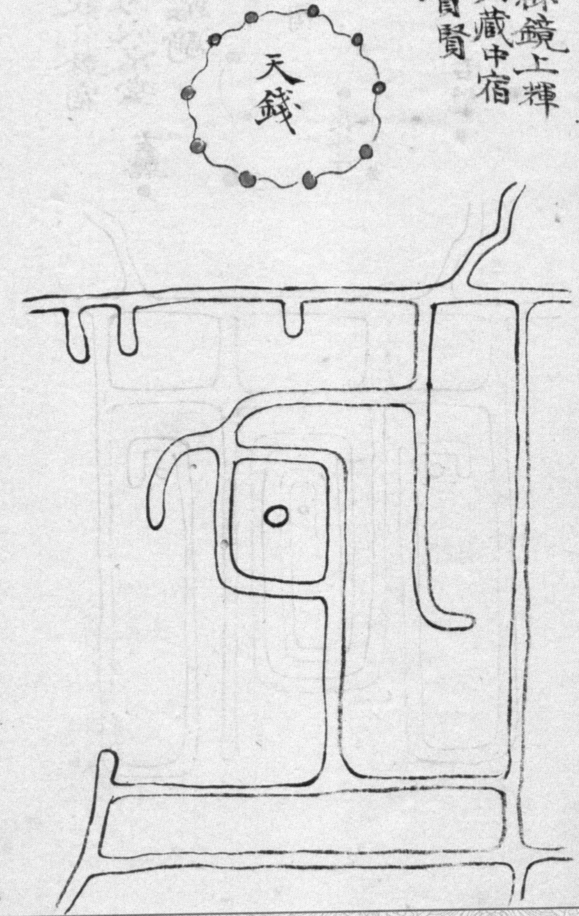

金鉤掛月
天鉤入垣
餌穴居内
可釣顯官

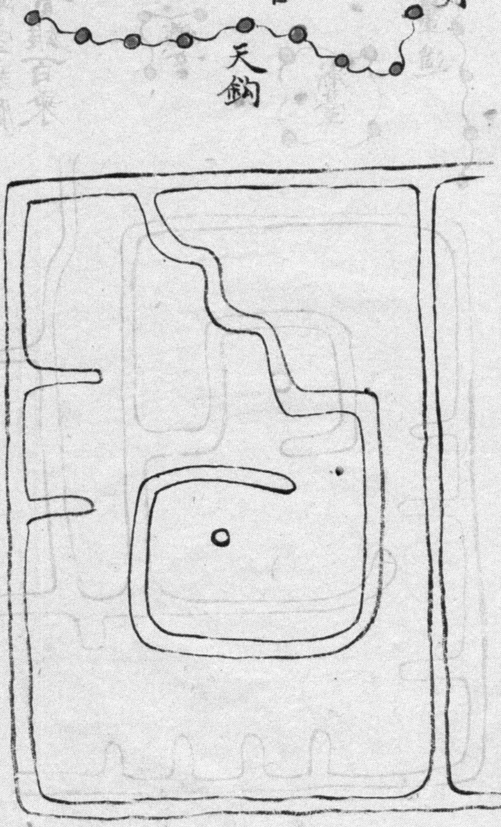

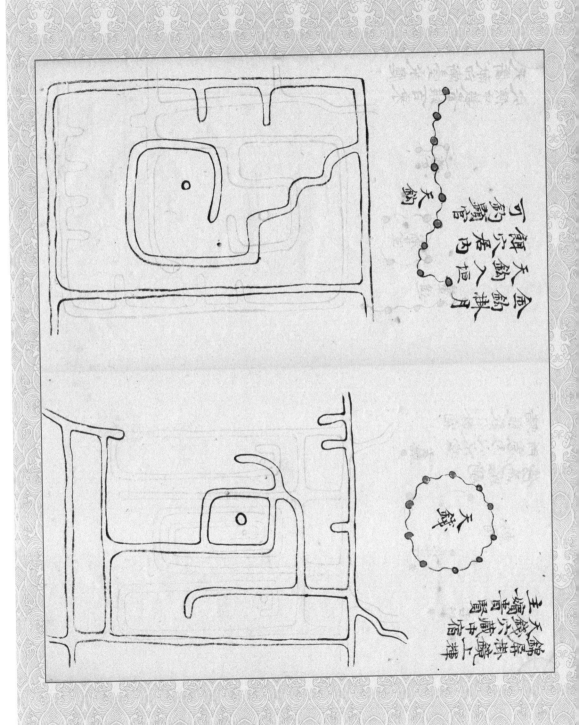

天衢獻印漸臺乘應
穴佚中載貴雄百乘

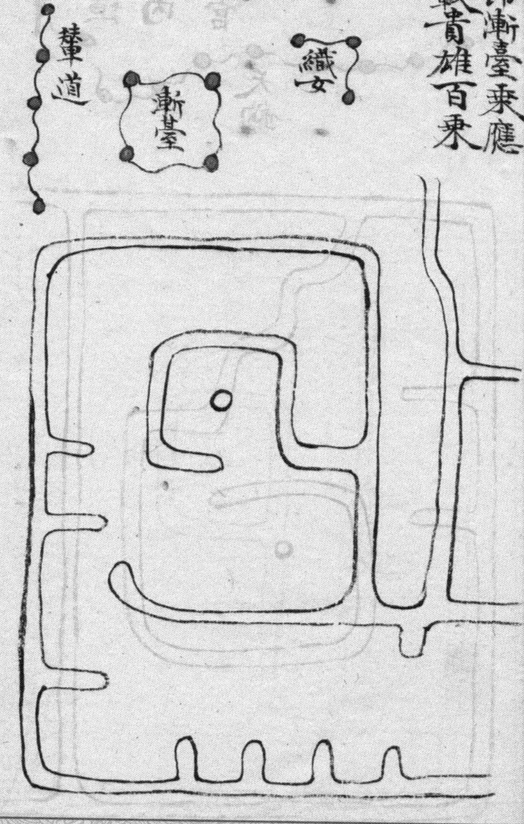

天厨玉膳天皇
内厨鳥金取穴
珍羞肥腯

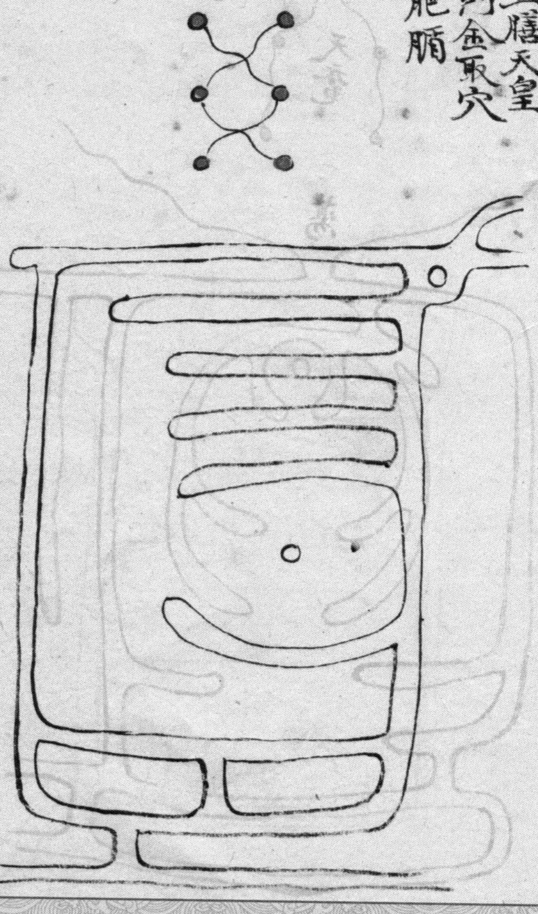

龜浮蓮影天黿暗照穴應蓮心者福之也

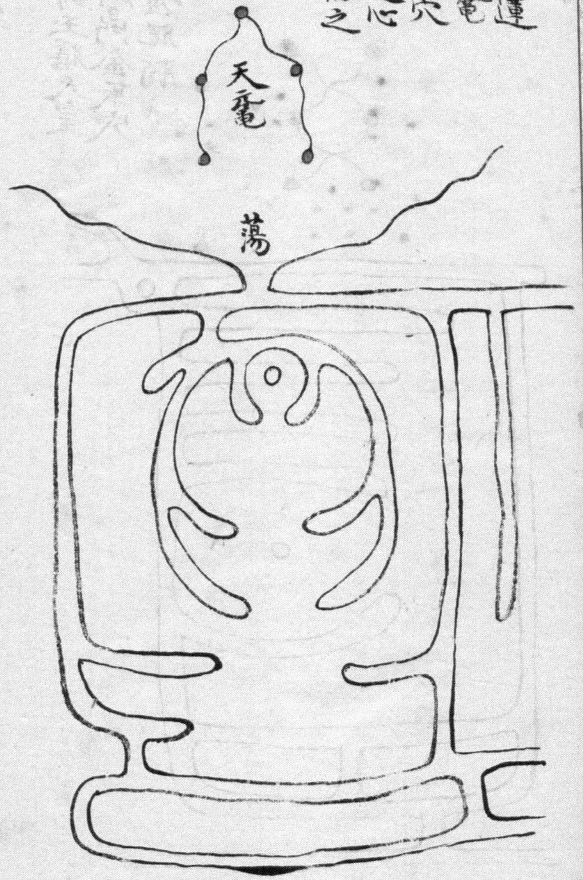

瓊屏玉架上應五車牙籤夾穴翰史榮華

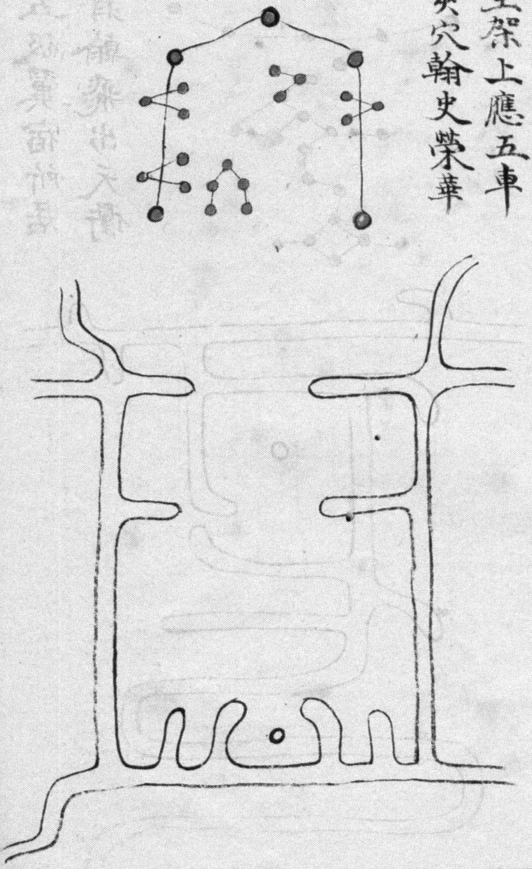

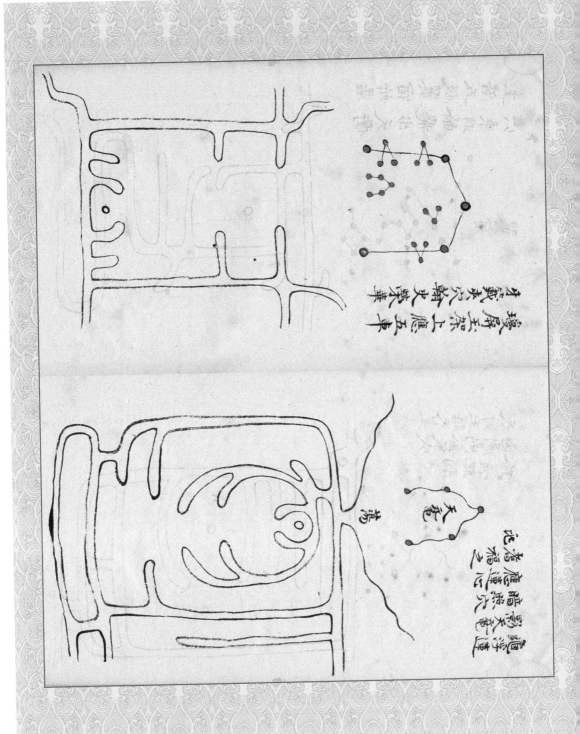

玉階五級翼宿所居
穴乘羽翰飛出天衢

翼宿

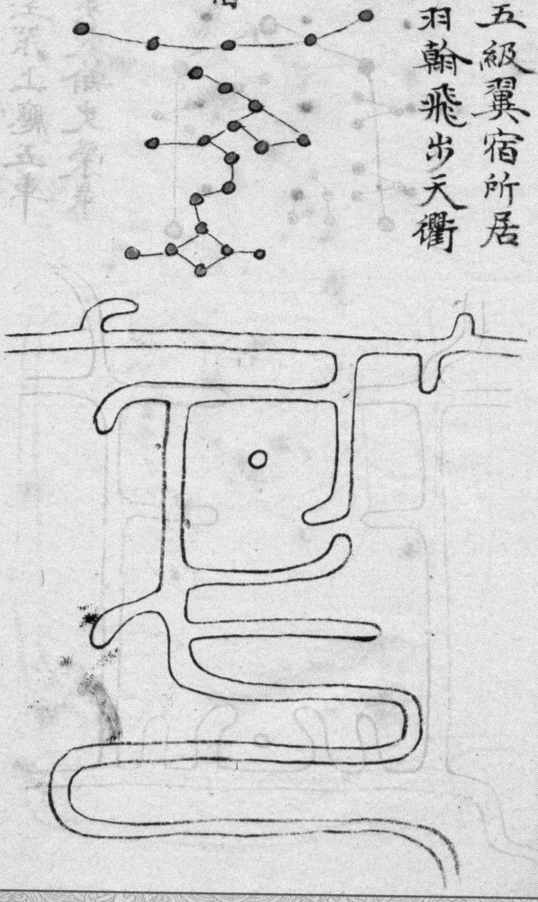

瓊筵結綵八魁聚靈
隱禱取穴錦綉聯英

八魁

金鎖璎關斗宿所
藏穴轉曲富金資
萬箱

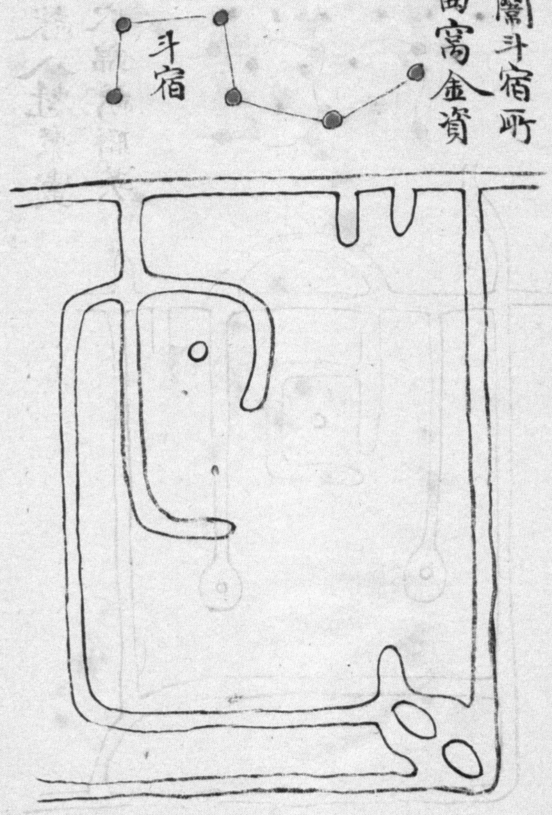

器府

玉堂文幕器府璘璘
福穴居內堂歌滿庭

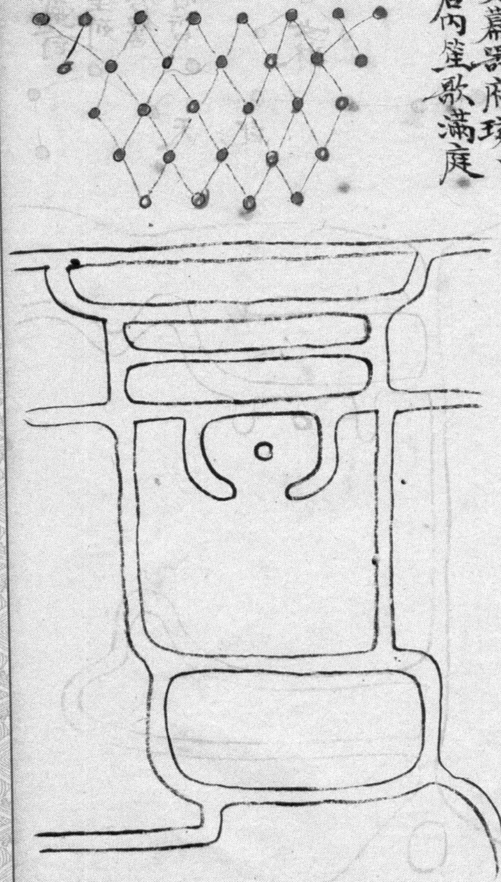

虬龍崒首
女床星列
穴卧唇朧
肥遯賢哲

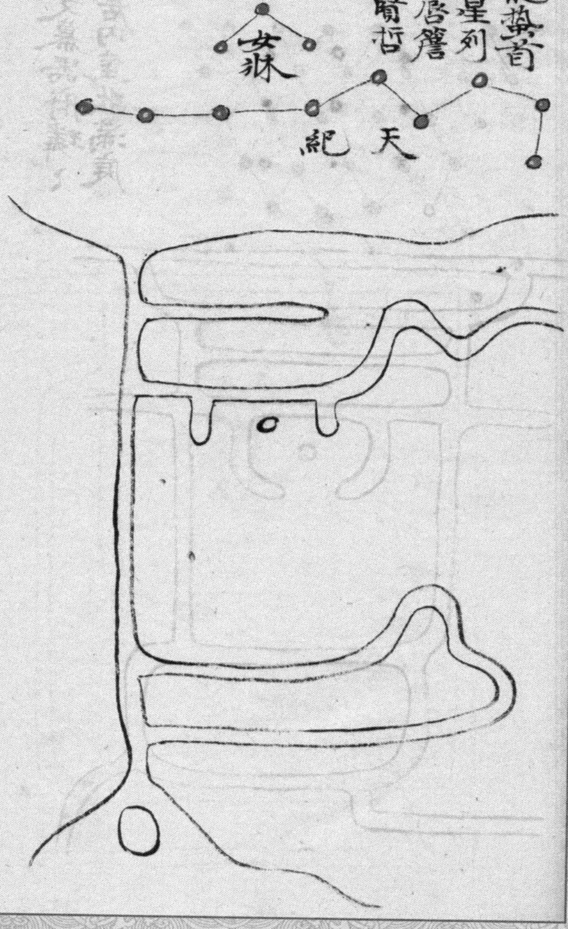

芳城秀衍上配天田
葬居中央阡陌連綿

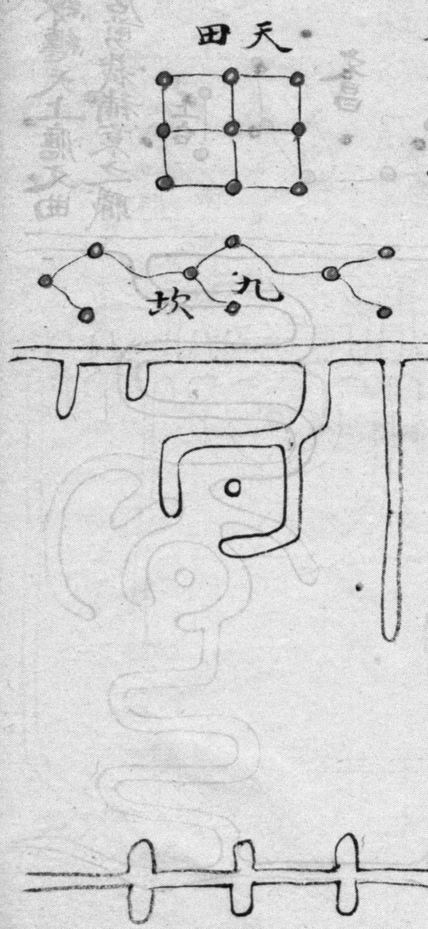

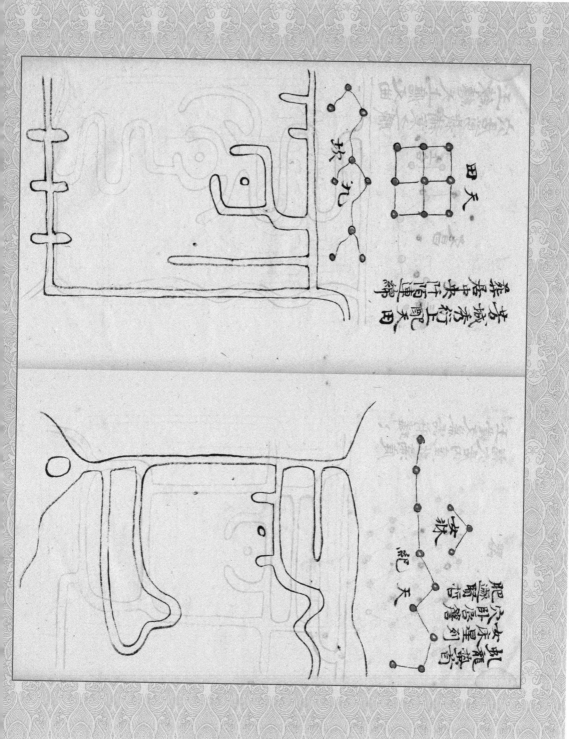

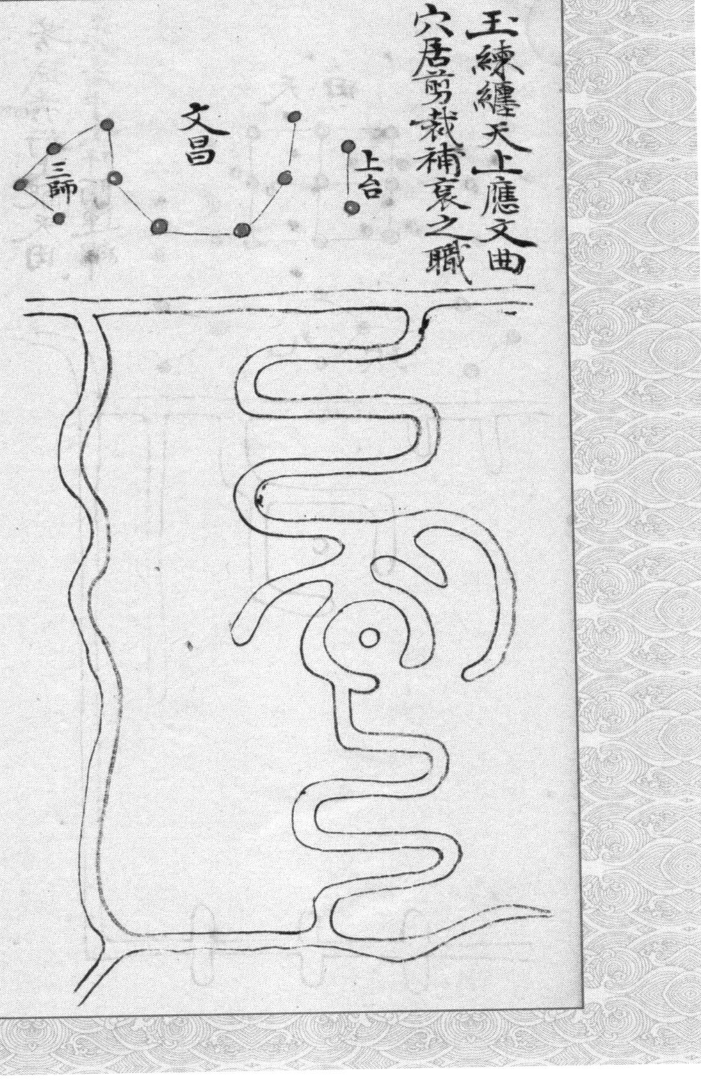
玉練纏天上應文曲
穴居剪裁補衰之職
文昌
上台
三師

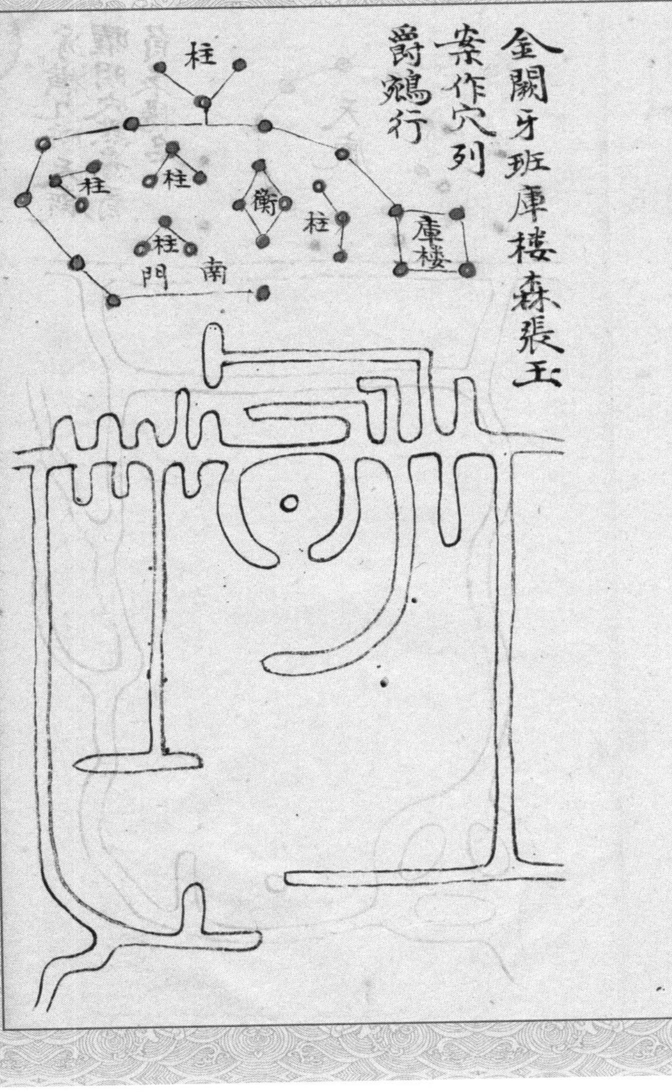
金闕牙班庫樓森張玉
案作穴列
爵鵷行
柱
柱
柱
衡
柱
柱
庫樓
門
南

爲橫九畹天廐
曜明穴點爲眉
負扆揚名

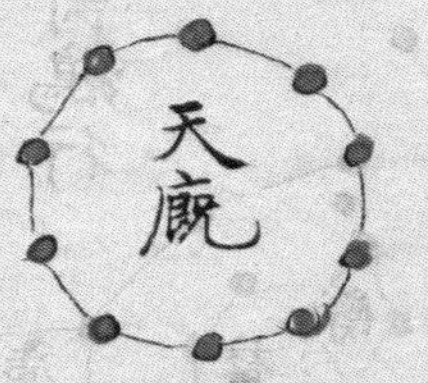

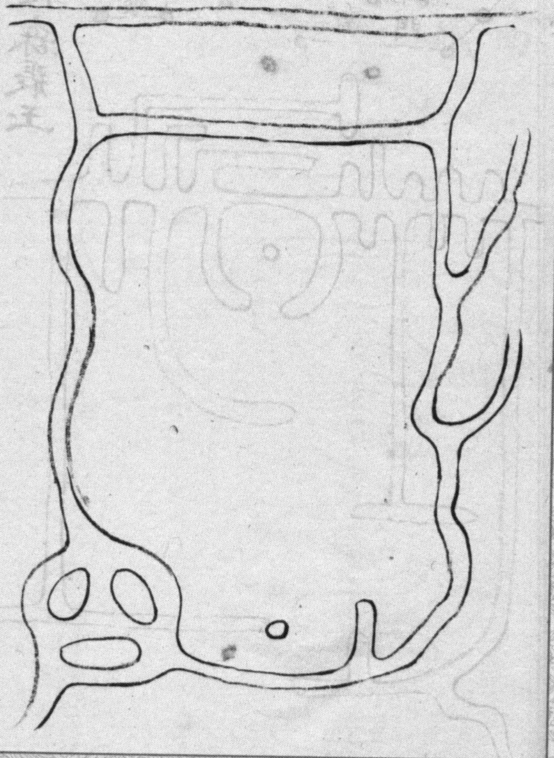

陽河瀦祿上應斗斛
穴鍾日精冢宰之福

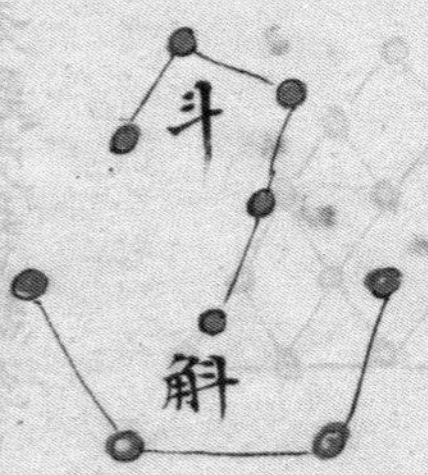

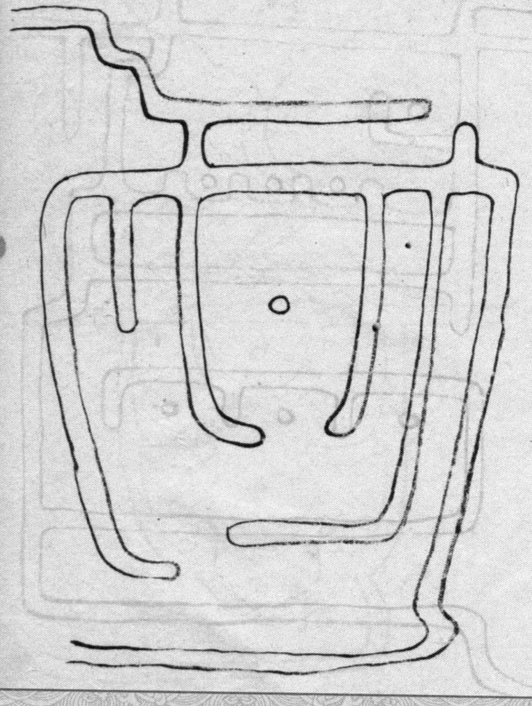

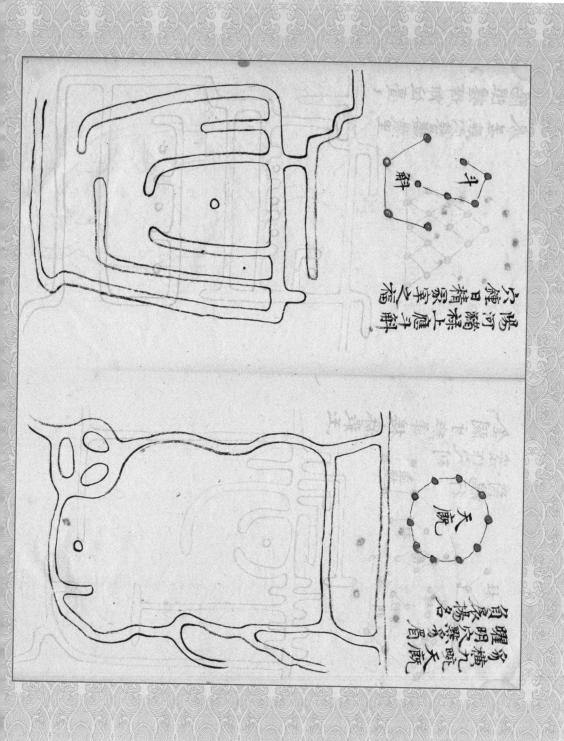

陽隈纏輝郎位亹、
参差點穴簪纓幾里

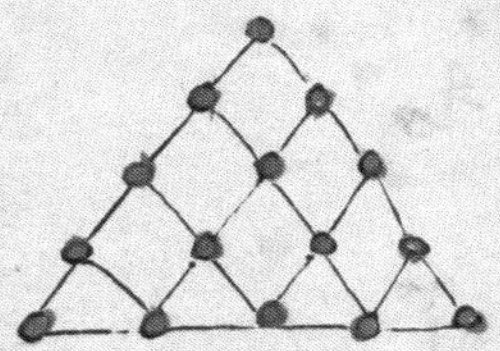

神龜拾蛤六甲
奮光穴居豐頭
變理陰陽

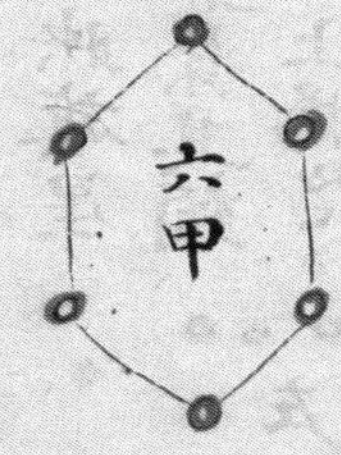

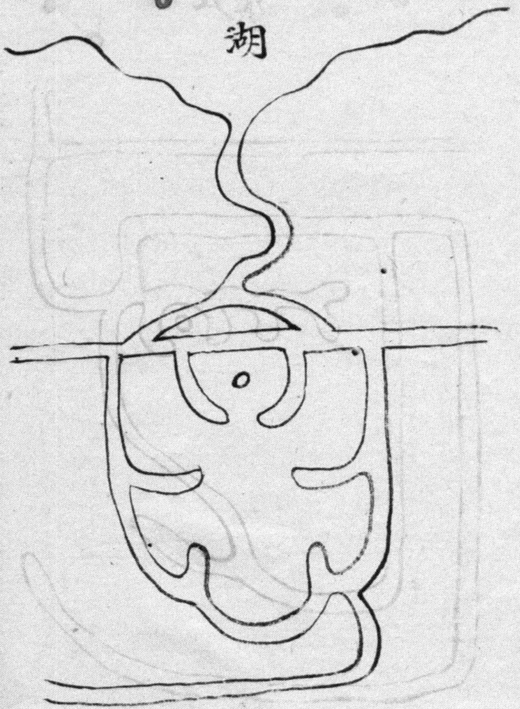

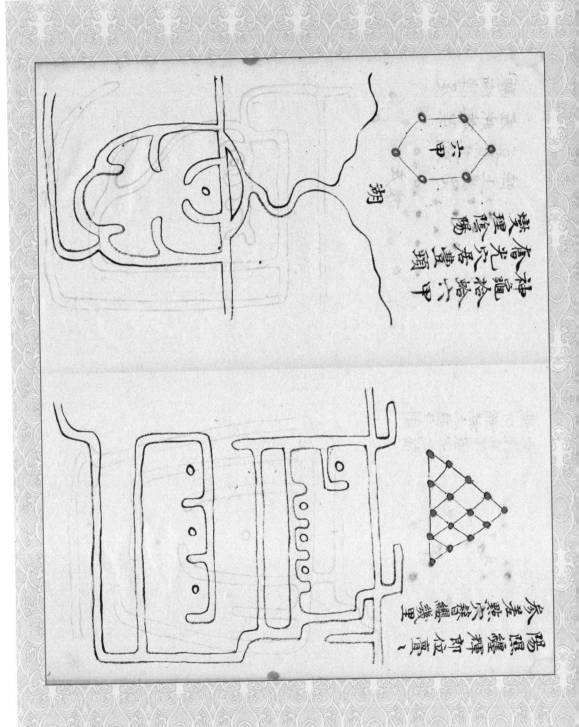

驪嘶掉尾
左映旗星
蓊虆其頸
陣上揚名

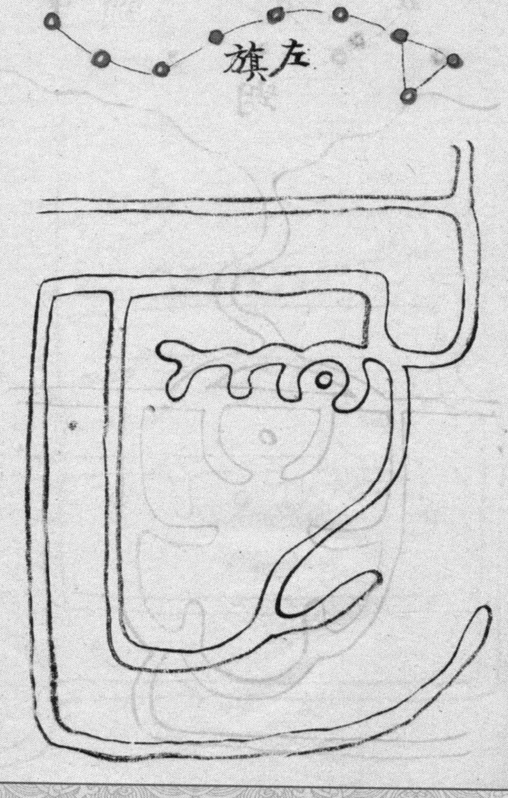

日月分精天廟顯星葬陽
御陰男女雙英

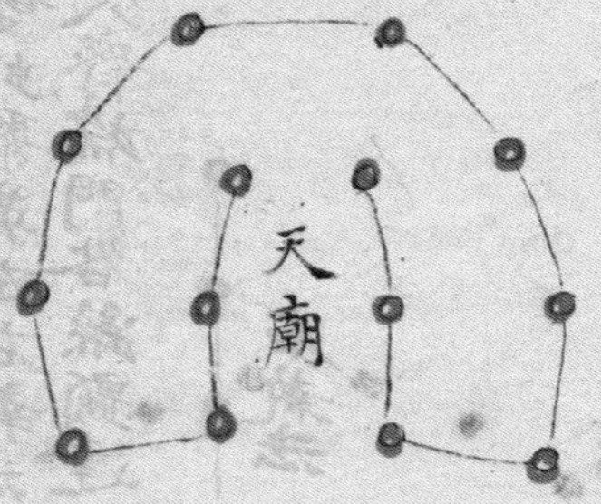

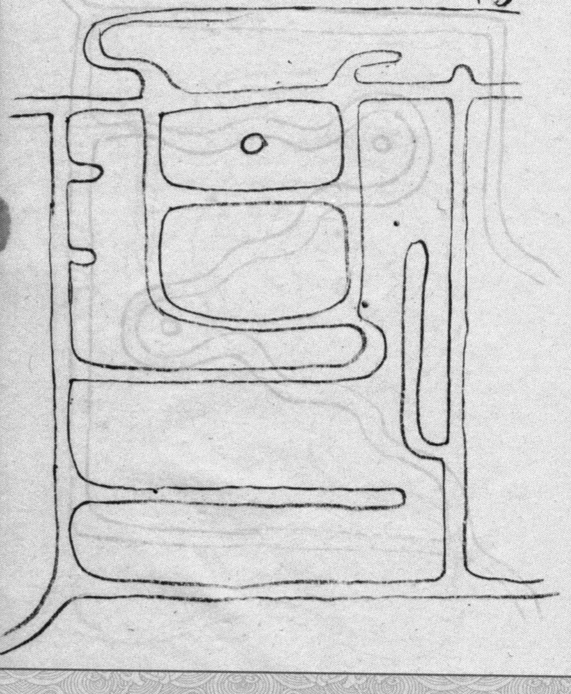

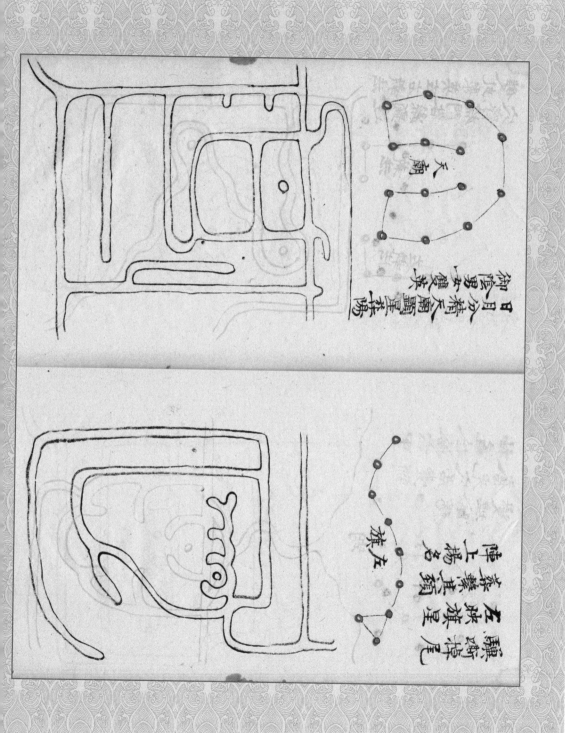

雙虬聚英左右執法
穴齊端門答蘇顯達

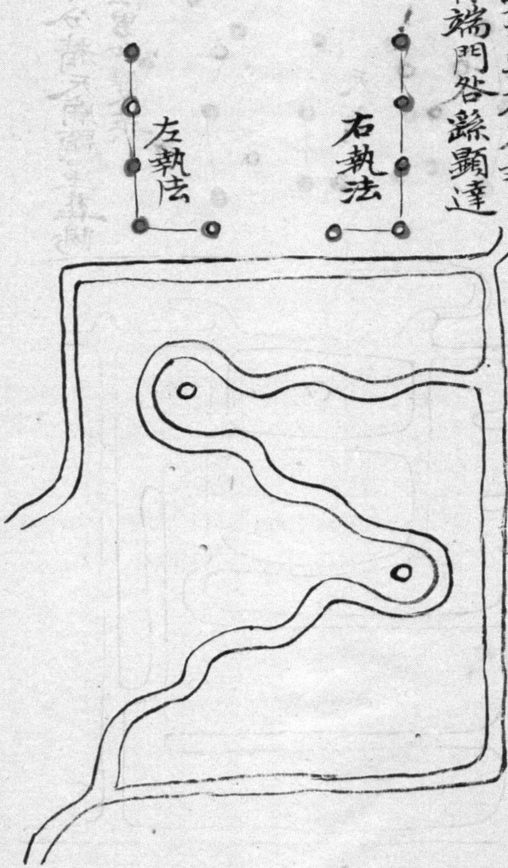

春蛟賽月蜿蜒臨湖神宮取穴
名顯皇都

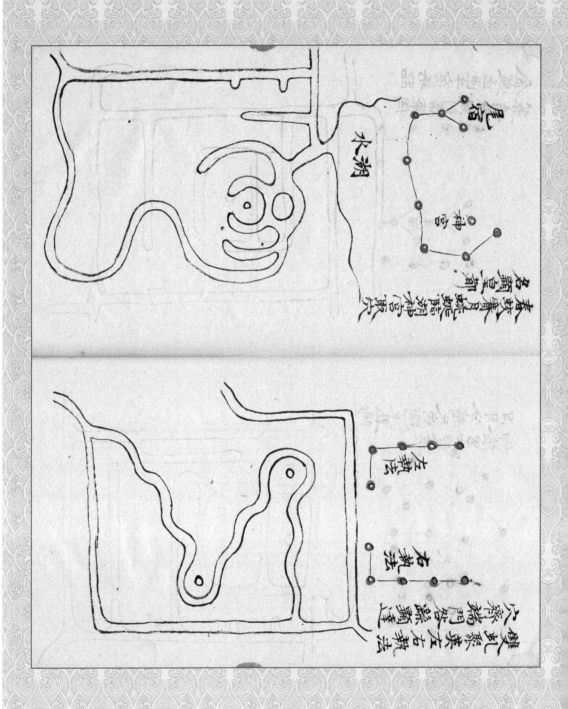

金盤出匣牛宿所臨
葬看點饌列席華裀

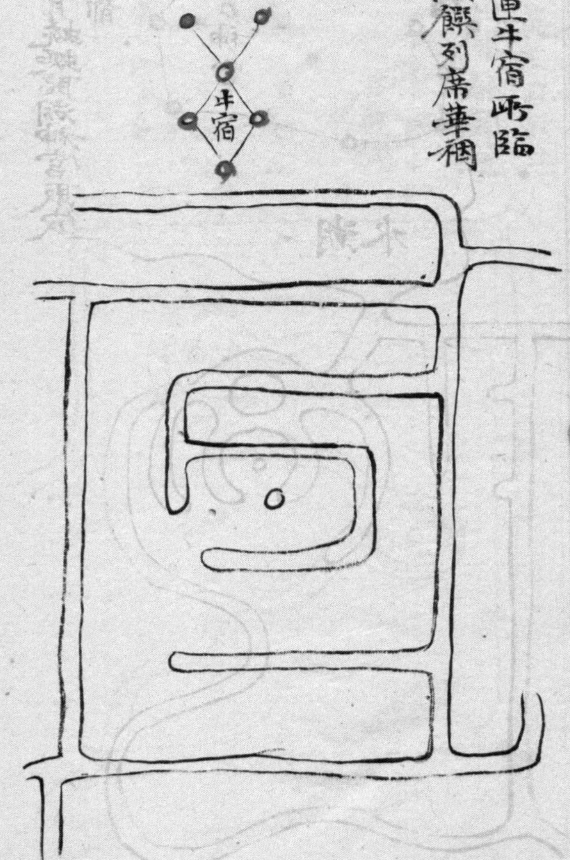

金倉玉粒天囷顯赫
葬其中廩祿錫萬石

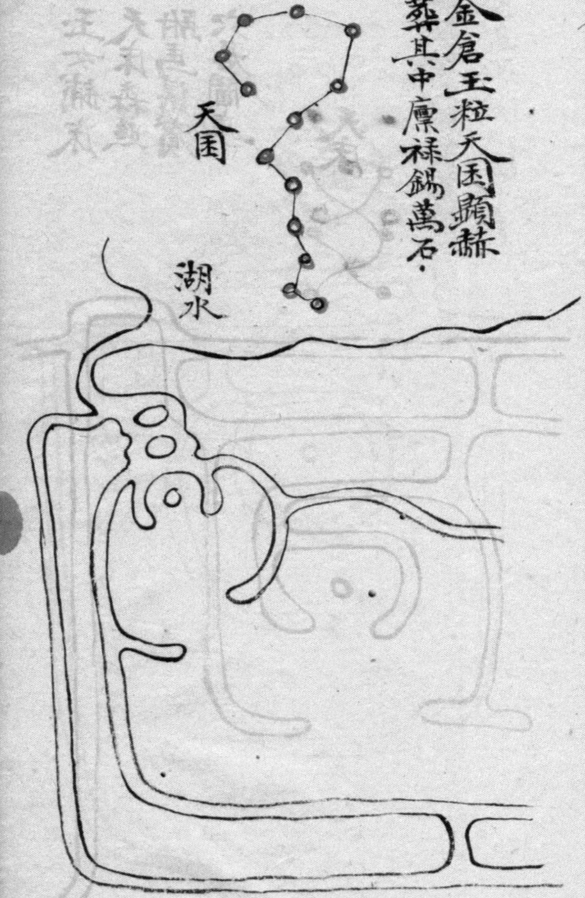

玉女鋪床
天床森照
駙馬儀賓
穴居閫奧

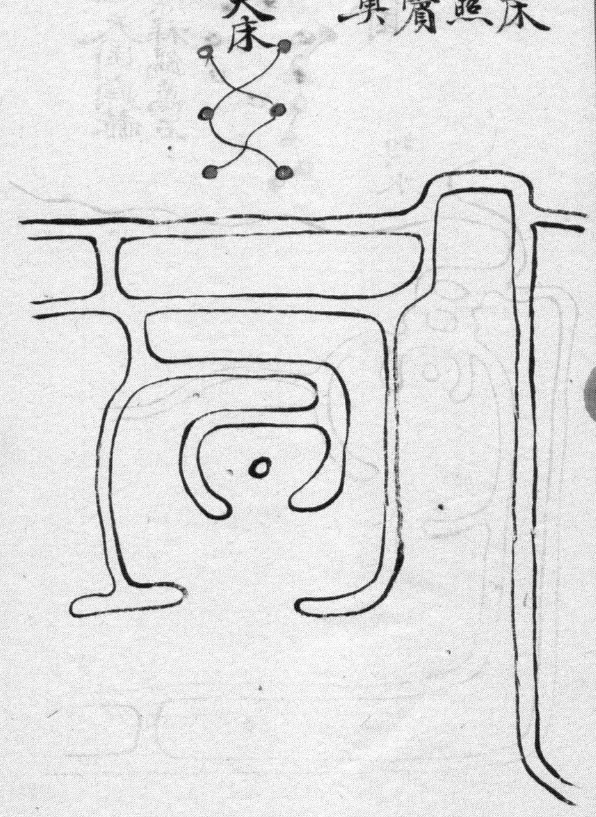

繡幄銀鈎
天溷外屏
祠禖取穴
御苑芳英

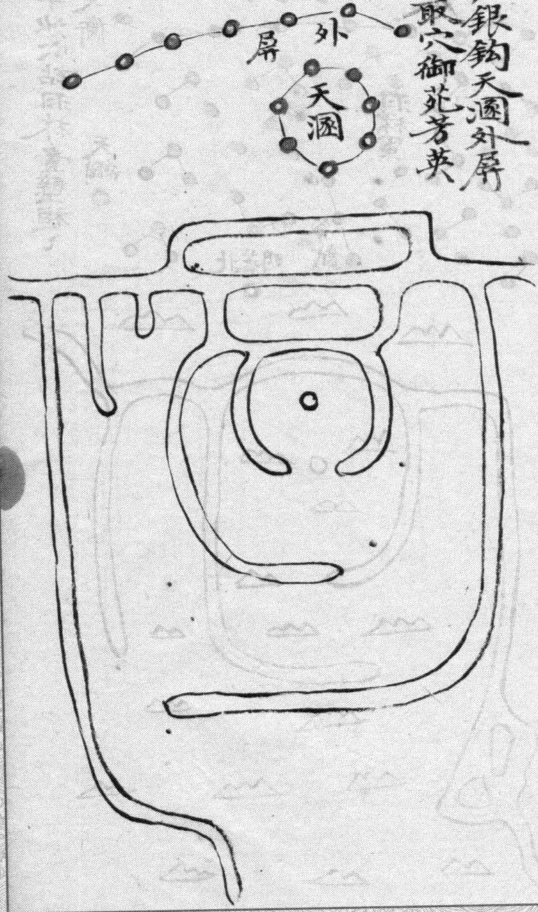

雁落平沙穴粘羽林壘壁桓桓
武柄文衡

壁壘陣

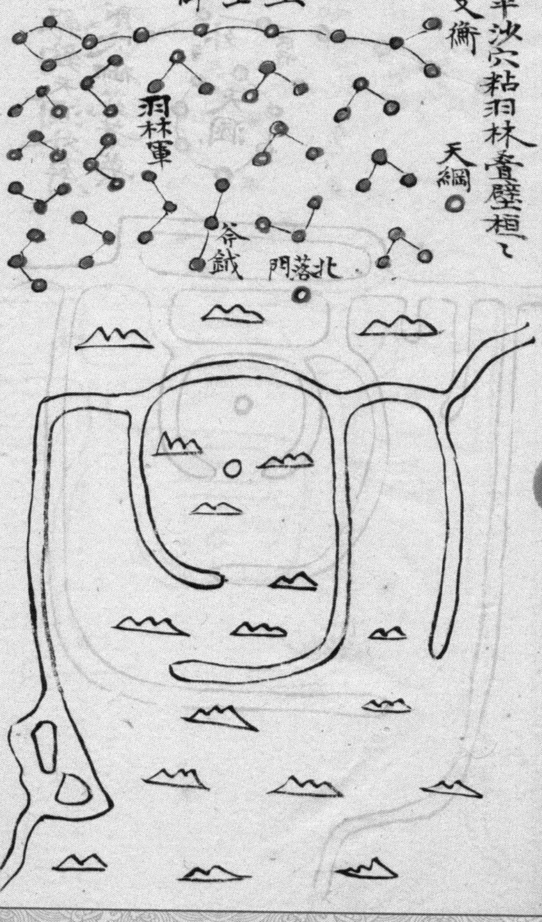

珠胎㵎月天淵
映暉法乘丙池
食祿變關

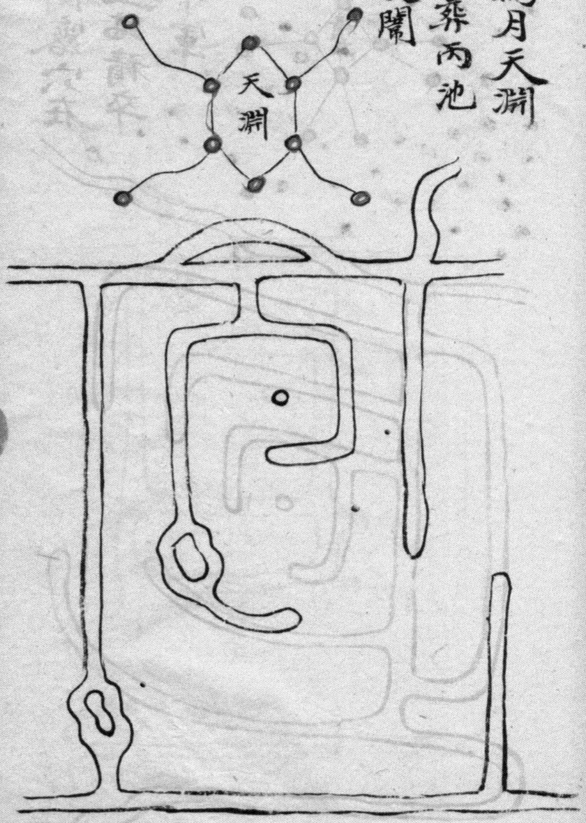

金蓮側露穴在
花心上臨積卒
統馭千軍

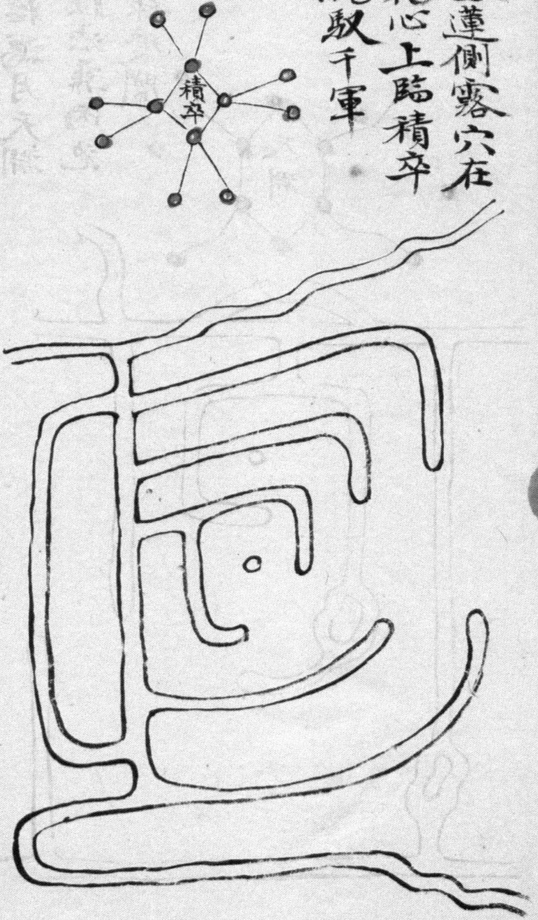

玉衡掛斗天倉顯文
柱史儲卿葬倚雲屛

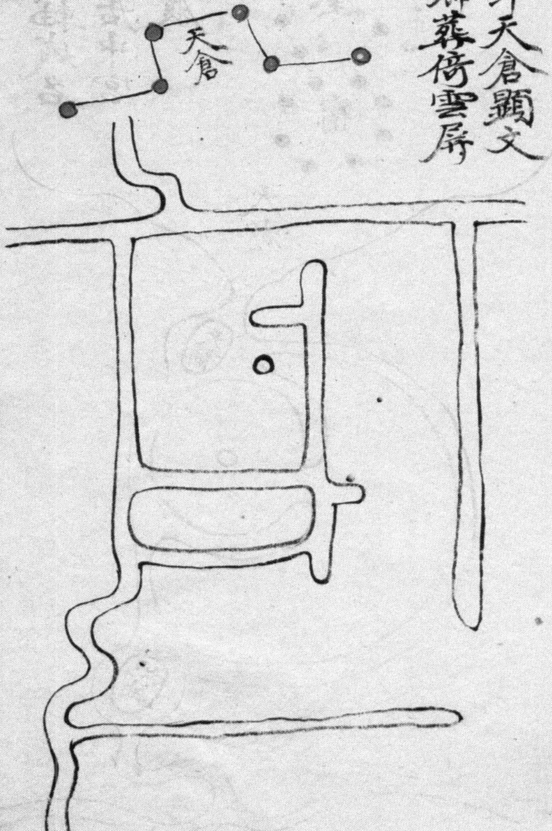

天樞地軸威名
千里穴居中宮
奎宿所履

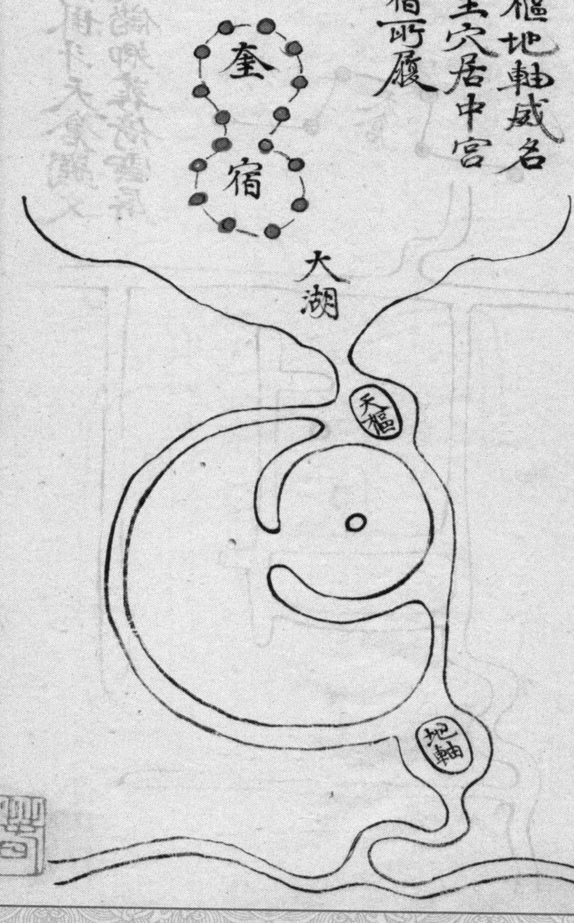

水龍經第四卷總論

此卷專言水龍象形肖物之義與天星垣局厥旨相同蓋天有是星即地有是物水能成此形即能象此物此與玉髓真經指物論龍歸於一例原本亦云景純氏作其文不古比之星鈐有雅鄭之異為後人之傳會無疑予取其篇首山辟以山為龍水辟以水為龍二語為地理家千古開闢之論必非淺學之流所能庶幾其餘文多相率義多穿鑿略之可也又云水口交鎖織結雖順亦吉局內穿割箭射綴逆何庸究哉通達之識若採其圖局則艸尾露珠雙龍

戲感入懷諸格可謂深得水龍微妙作法而亂中取聚則又裁穴真机確乎不易之至論也夫唱形點穴子于山龍極論其非豈於水龍反取其說耶亦因文節取讀者貴有变通亦緣世人論平陽者指亦形局專取地之形為形而不知水之形為形故博搜其義以破世迷純一家之論云爾

水龍經第四卷

晉　郭景純　著

宋　韓國公趙普　訂

明　誠意伯劉基　閱

原序

山郡以山為龍水郡以水為龍之吳諸郡江楚之邦皆枝水交流一圩之地不過里許前賢謂以水為龍正此處也相水認勢葬得真穴富貴悠久經云江淮大地無龍虎湫歸何處東西只把水為龍葬了發三公萬里無山英雄迭出其貴在水縱是浙閩多山之地一離山脈亦作水龍至於蘇松之地近海通潮六時潮來六時

潮去來口便是去口去口便是來口兩頭交媾為交精潮退兩分
為乳蔭妙處在乎潭漩生活喜其之元潭漩聚精神百倍之元現
变化無窮屈曲來朝不論大河小澗遠流曲抱無分江海池塘經
云地道剛柔神变化衆流聚處司元機小水聚多而愈妙直流捲
大不為奇内直外勾多巧結内勾外直柱勞心横過抱身為抱局
對面曲朝是迎神進局入懷要兩邊之抱應流來入腹須四畔以
包藏前後特秀即為華蓋附身交合便是金魚兩來合局是朝星
二派交流為合腳六建四邊皆護衛三陽當面似超迎金魚腰帶

抱戒灣環号局天虹當面大抱上下水朝號作雌雄兩感遠身方正
即為華蓋幞頭裹局枝湙奇特隨手帶華穿珠垂乳源頭即時富
貴獻諾水英雄三世藏秀局富貴千秋父股無纏而驟發迎神淂
秀以縣長四龍戲珠大富大貴四圍環抱悠久無疆交劍合流生
武職催官盤遶出文臣左右仙宮俱富貴蓮花垂仰定陰陽拗若
踢毬須淂趨形如飛鳳翼宜長仙掌撫琴登甲第蒼簾殿試擢巍
科一水曲小盤蛇局兩湙正抱是關号矣女獻羞生秀氣排衙形
局出官僚太極二源真秀貴蜈蚣百足產英雄蝦局富而雄豪金

城貴而悠久高朝局○則出姓幡花形一發便休艸露葶垂取尾露
薄則出姓絕嗣順風船在居中船大則榮華富貴順水捲簾而入
贊舞旗脚轉始城裁風吹羅帶發福遲而緜長伏蔭金魚先富饒
而後貴棹花垂帶衣食從容進局入懷享福悠久金鉤宜轉脚朝
元要水多裹局濶大而不巧交牙緊夾而有情曰字局有吉凶難
城格分真偽盤龍局勢盤中取虹食彩霞聚處尋撐傘水扦垂尾
廻紋局取中尋双龍戲感合陰陽一水垂絲鈎裏取四水歸朝防
散亂聚堂旺局忌乘風砂水相關真妙局回龍顧祖巧形模勢有

排衙裏局蜈蚣朝聚多情蛛絲聚布聚處安扦重抱盤旋水多愈
妙中軍垂乳有外抱而財祿榮昌回土聚堂潟秀朝則貴科貴顯
四勢不流元氣聚處弓一抱福天然橫官龍形生顯貴借合穿龍
發財源出水蓮巧而生秀流帶局活動為榮蓮花局取緊小垂節
勢欲多枝生蕊靈芝蕊乳多為妙即原轉結衆聚最奇來長去
短福蔭無疆射脇穿心凶禍立至大抵來宜屈曲去宜之元急流
者易於興敗凝靜者福壽綿長水口交鎖織結雖順亦吉局內穿
劃箭射總逞為何此猜水法理致最微不特知之者鮮而講之者

亦少矣

水龍經第四卷 水形肖物圖

六建格 出神童狀元宰相

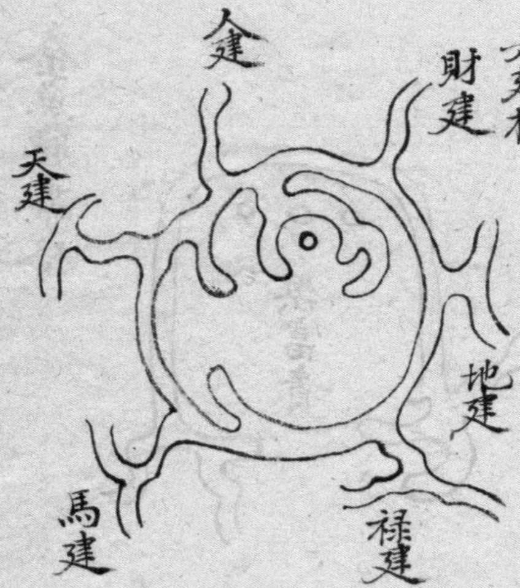

迎神水局 出神童狀元

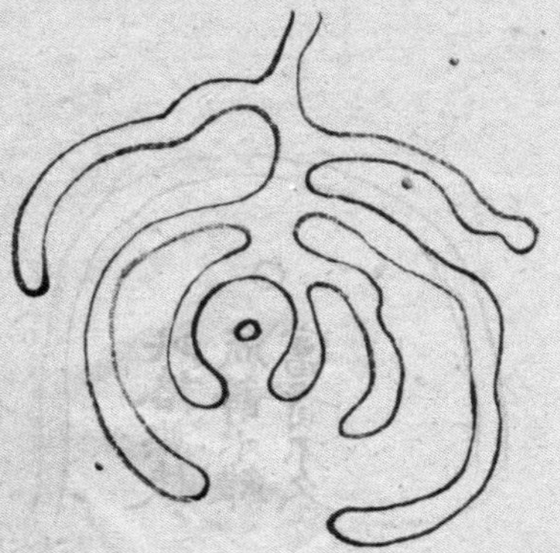

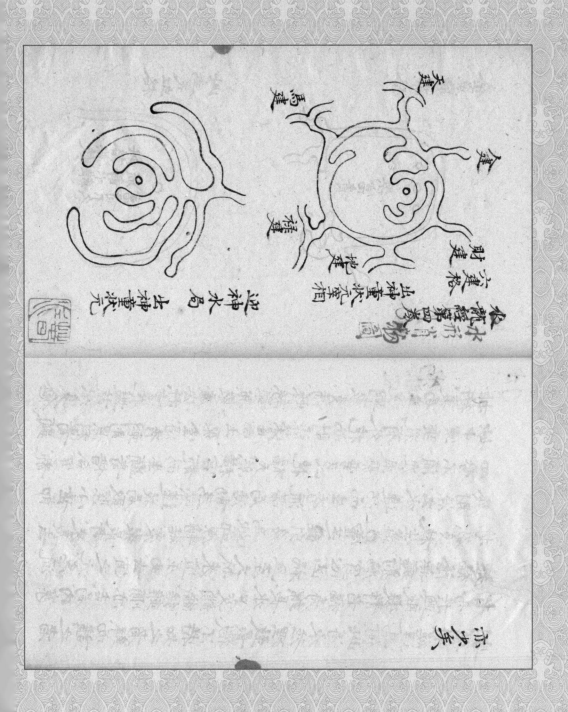

金魚腰帶格

此為天虹格

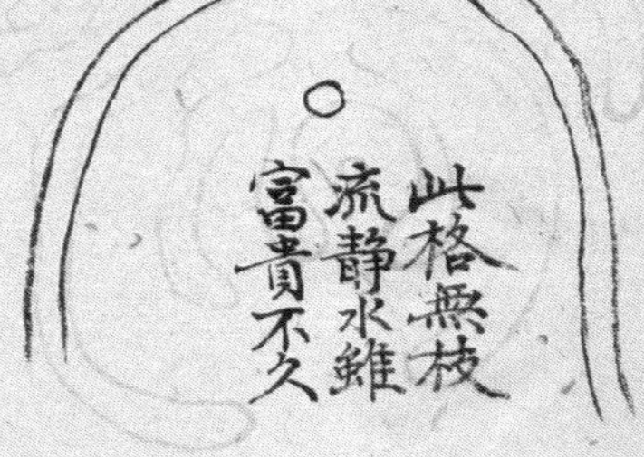

弓局格

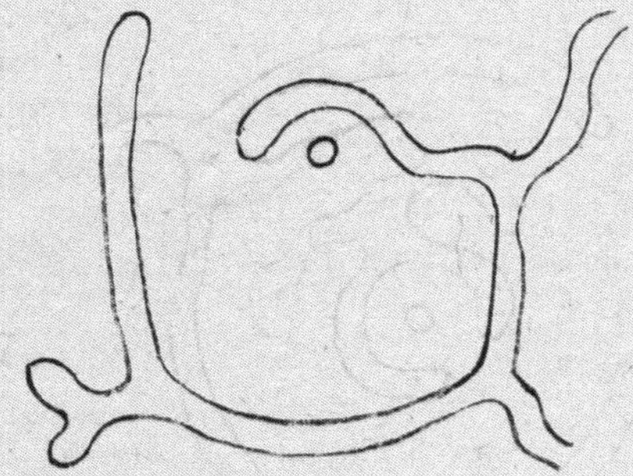

入懷格

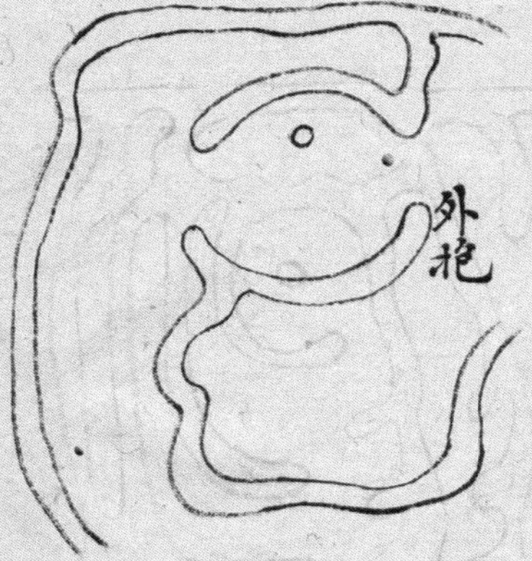

北壮華盖出文武全才

亂中取聚格

雌雄感秀格

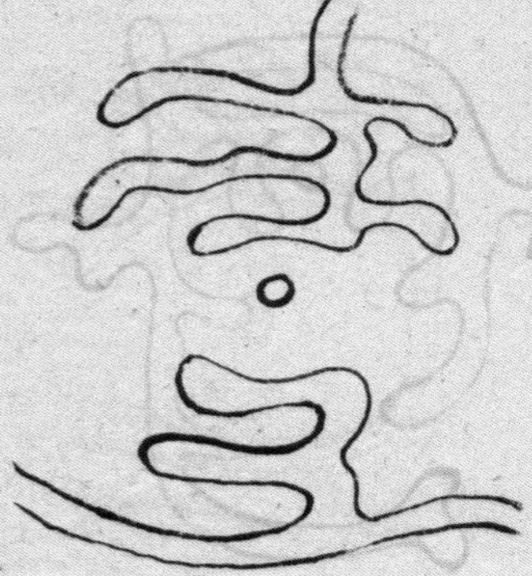

褁局格

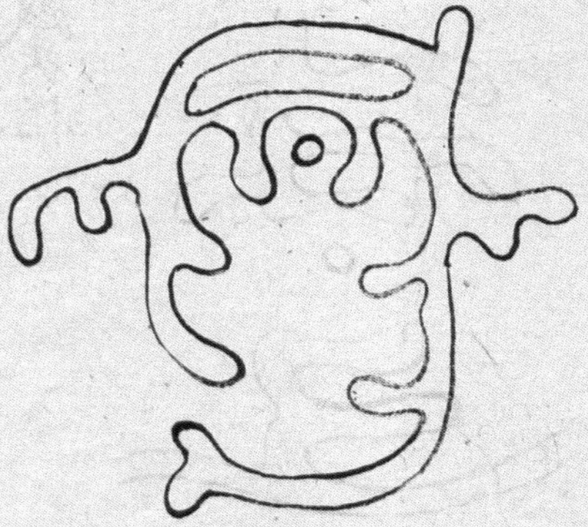
幞頭華蓋格

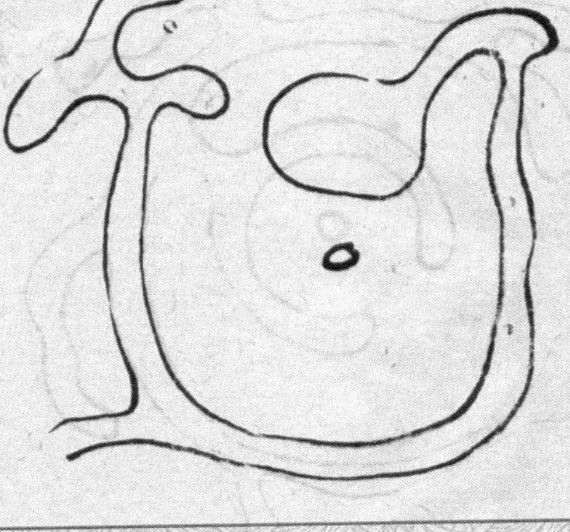
藏秀格

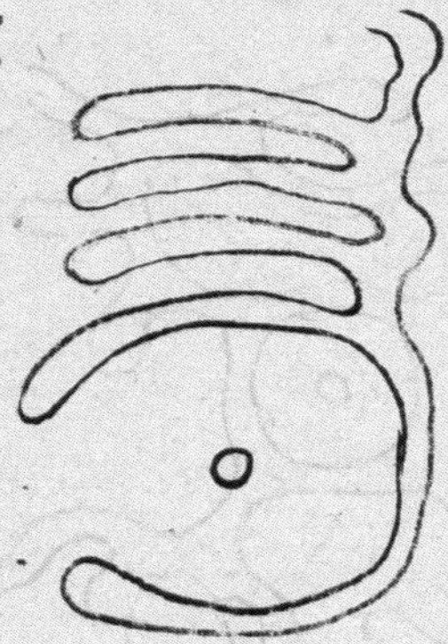
獻誥格

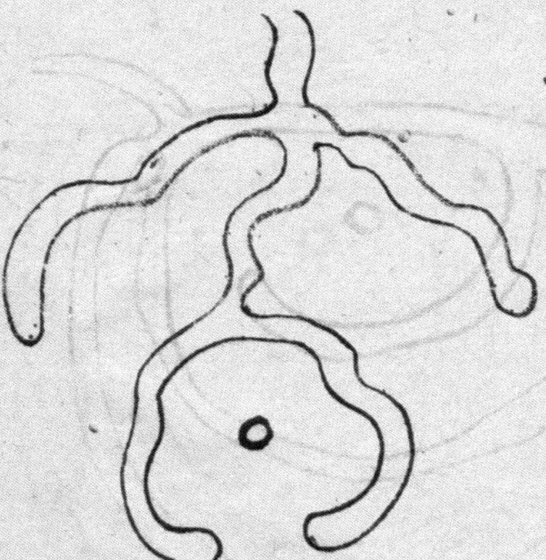
穿珠垂乳格

四龍戲珠

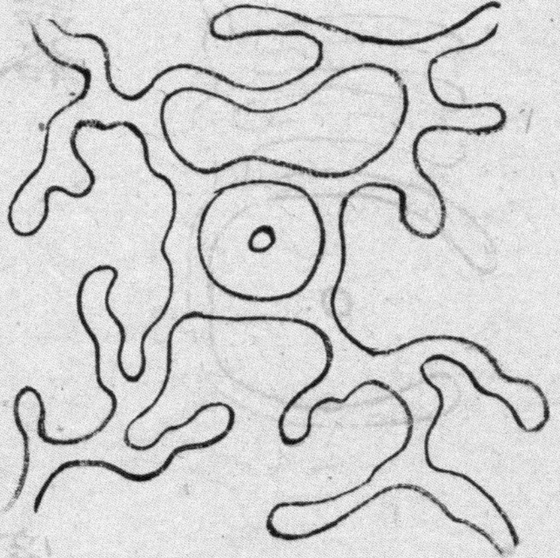

交劍格 出元戎

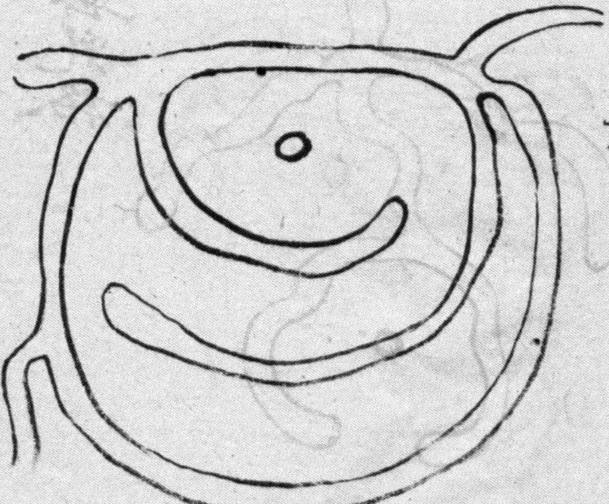

催官水

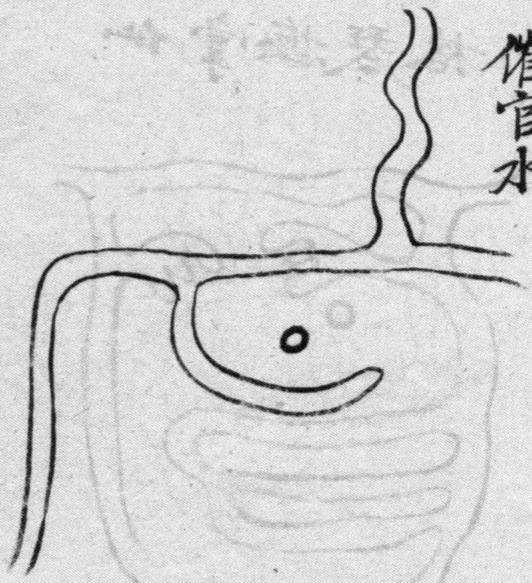

踢毬格

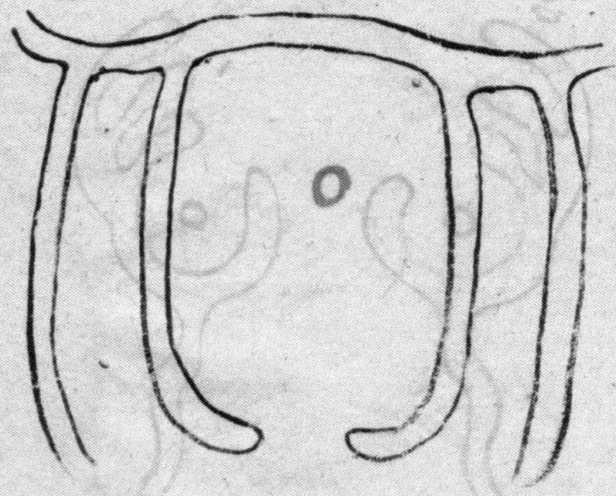

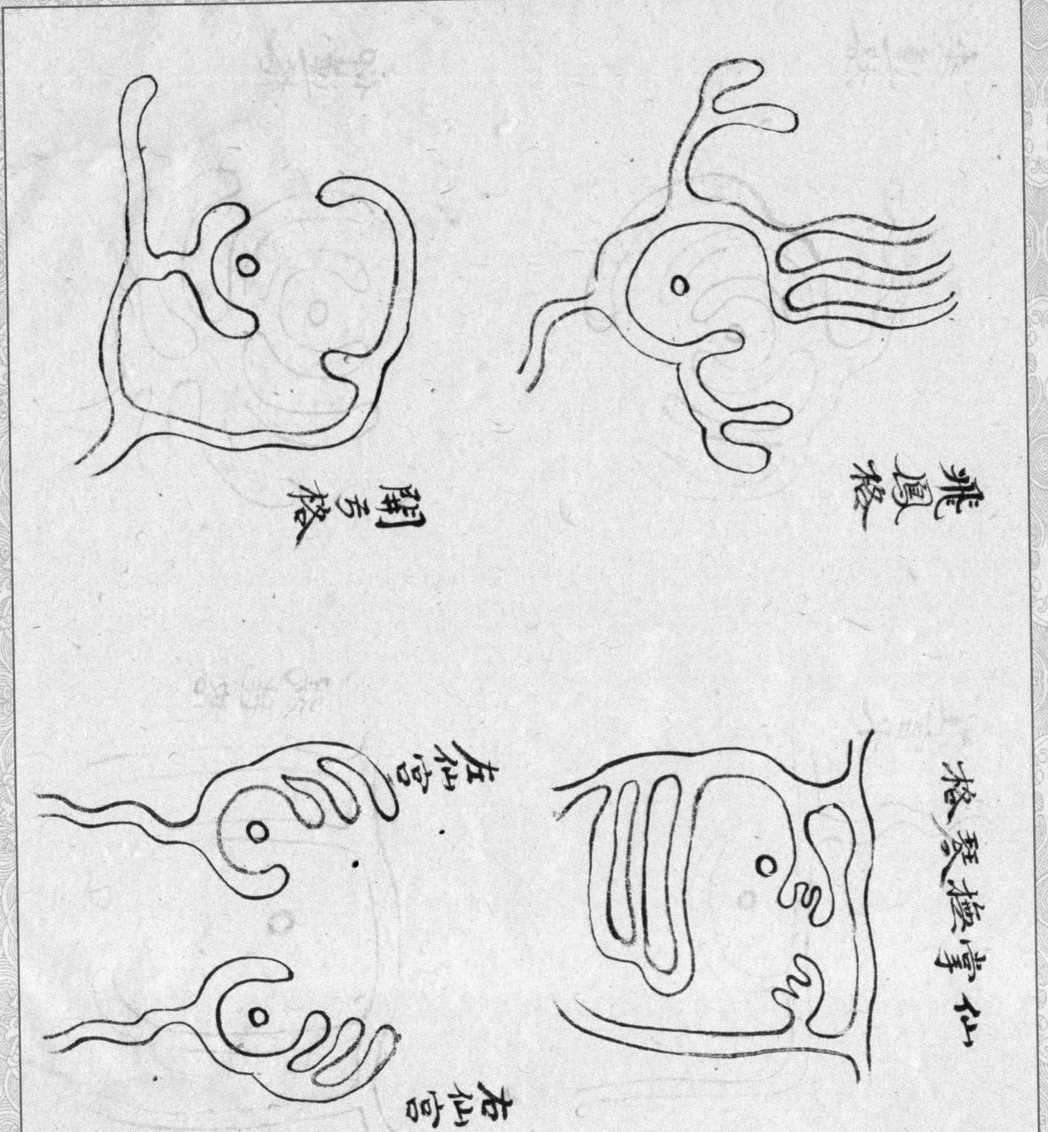
飛鳳格
關弓格
仙掌棲琴格
左仙宮
右仙宮

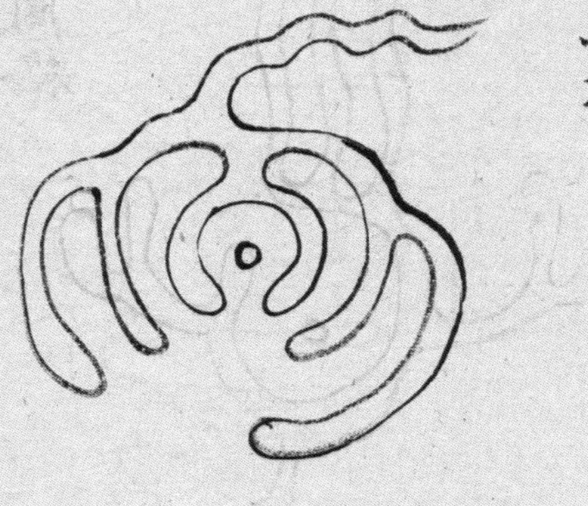

垂蓮格

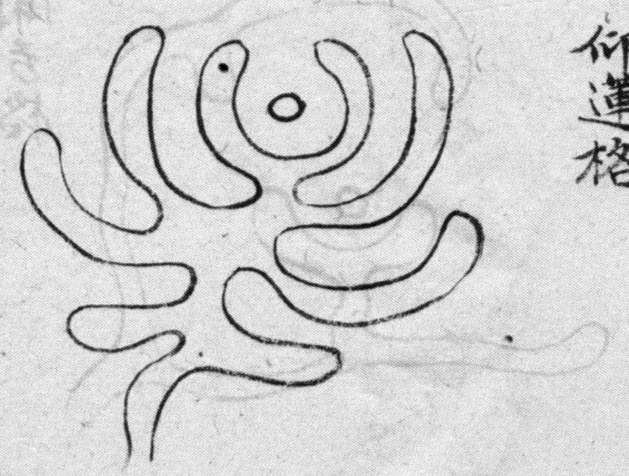

仰蓮格

盤蛇格

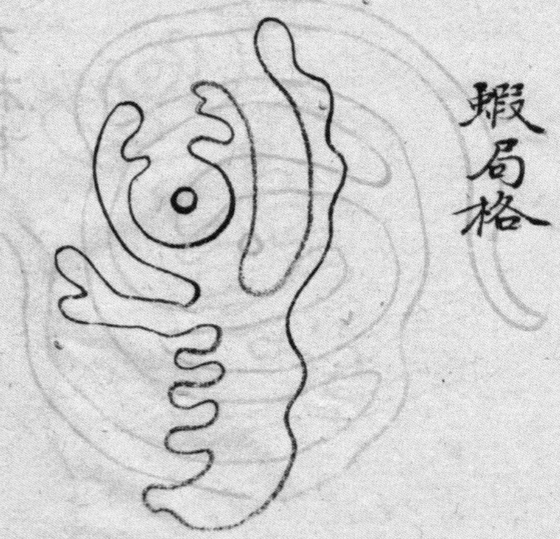

蝦局格

排衙格

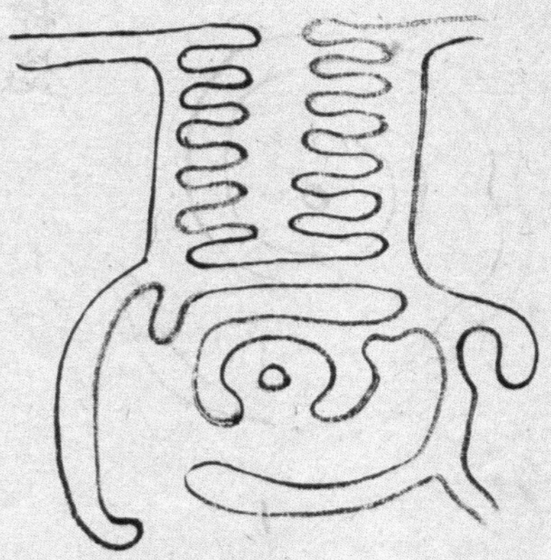

太極格

美女献羞格

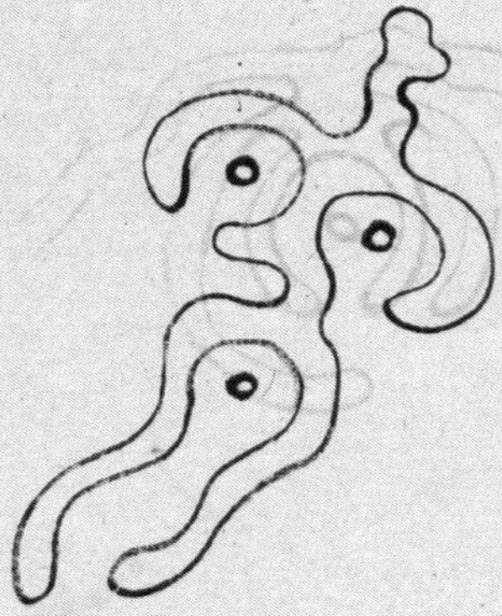

蜈蚣鉗格

伏陰金魚格

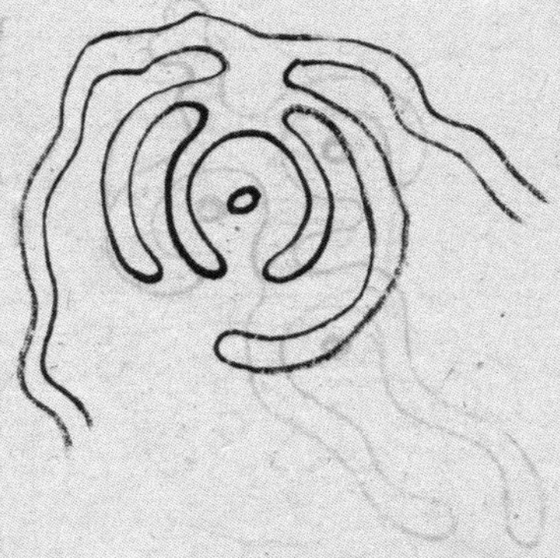

叉股格

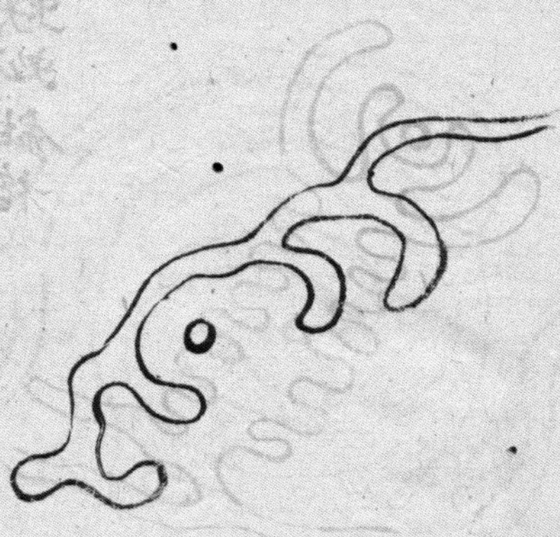

金鉤格

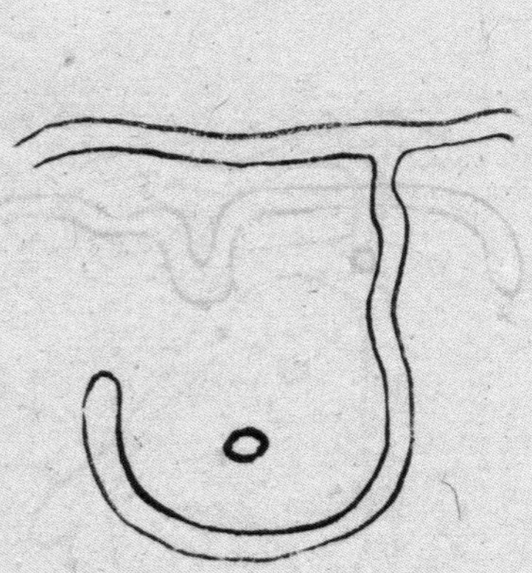

雙鉤格

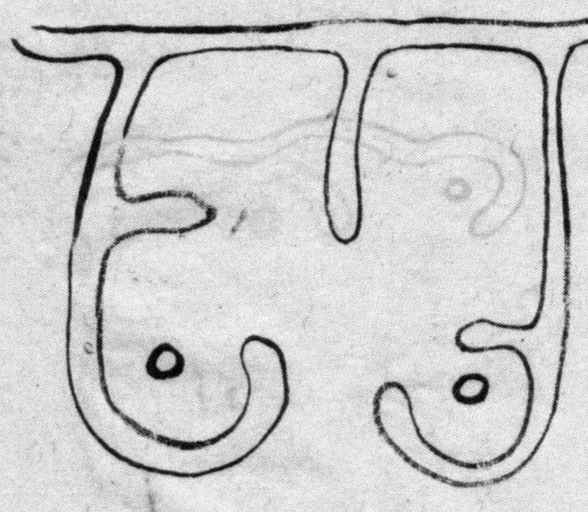

進局抱懷格

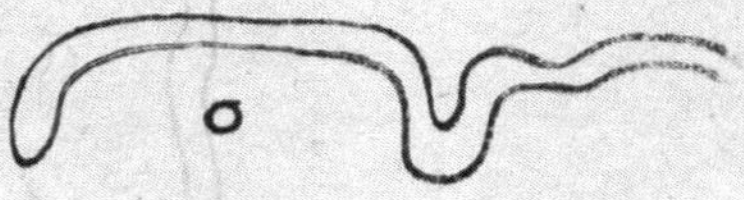

艸尾垂露格

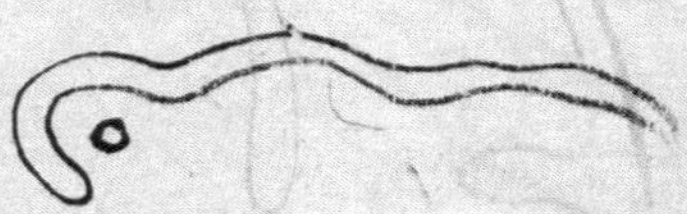

飛旛舞旗格

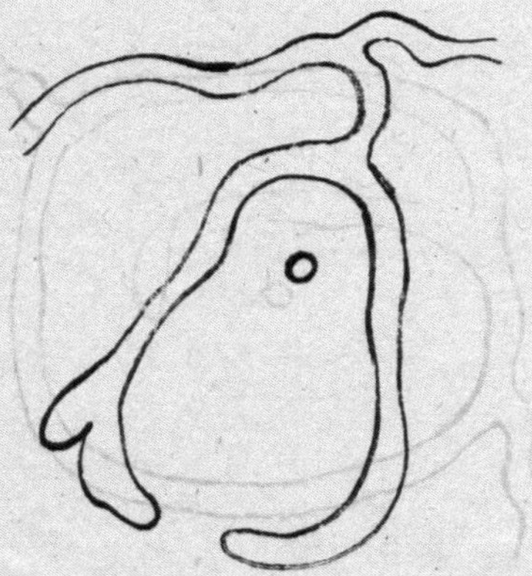

鞋城格

曰字城格

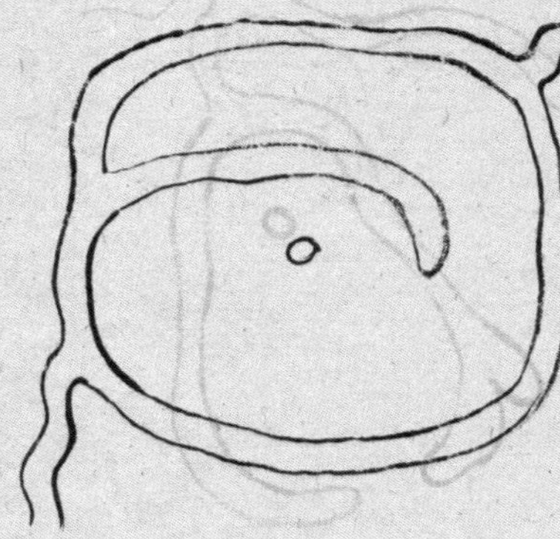

捲簾殿試格

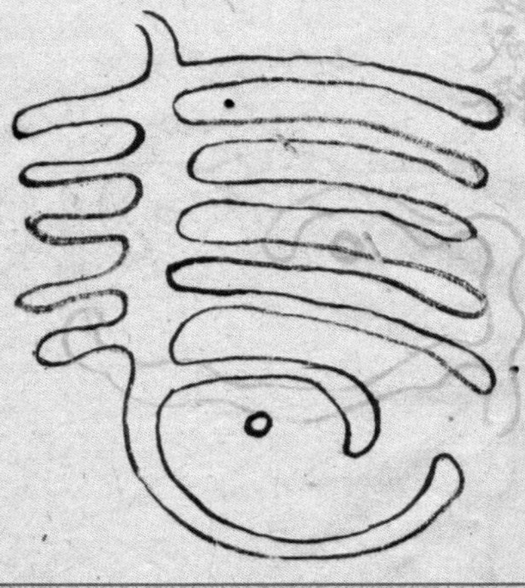

順風船

灣弓一抱格

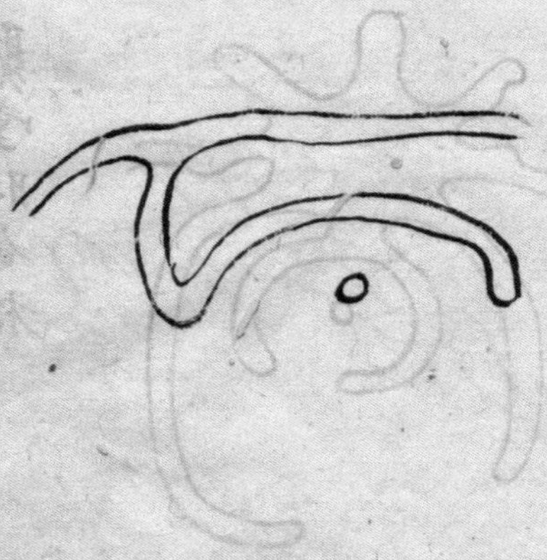

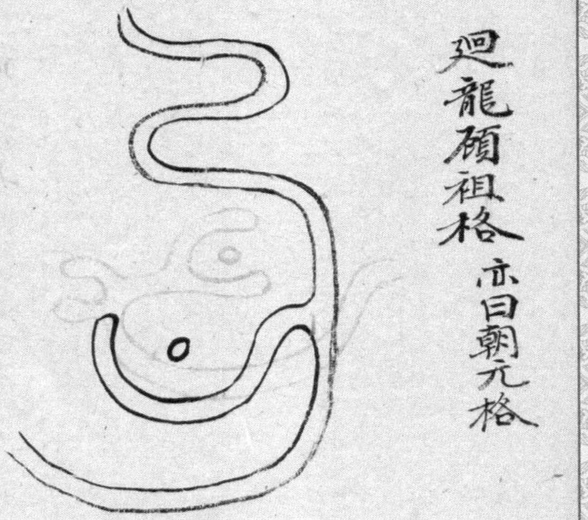

廻龍顧祖格 亦曰朝元格

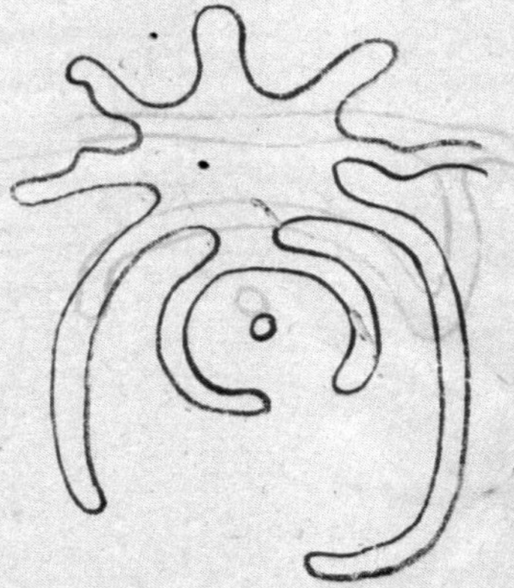

聚堂旺局格

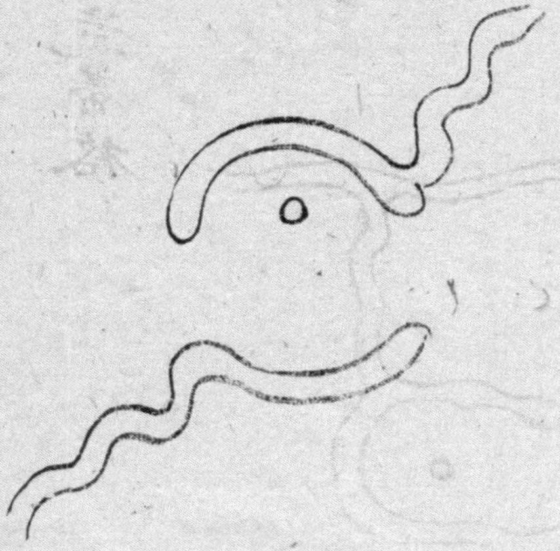

双龍戲感格

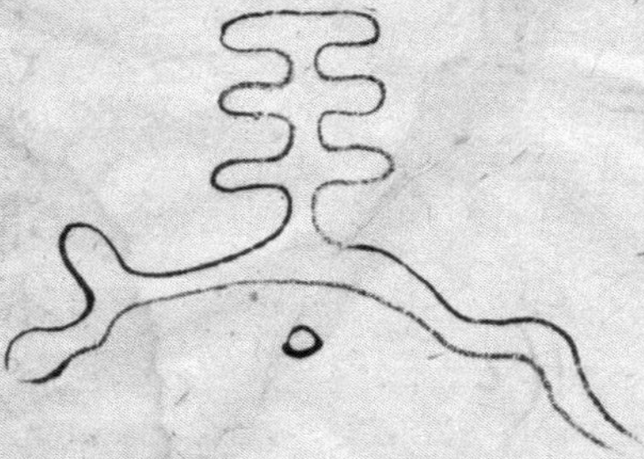

棟衣格

流帶格

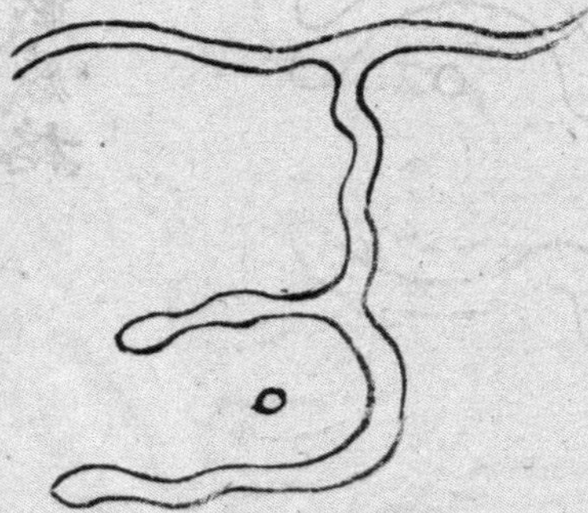

風吹羅帶格

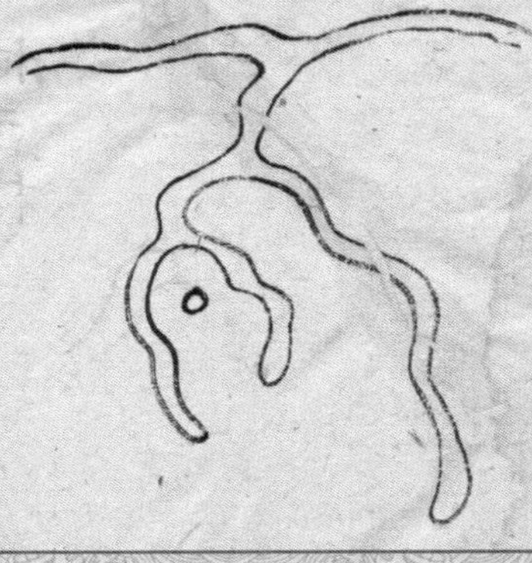

橫官龍格

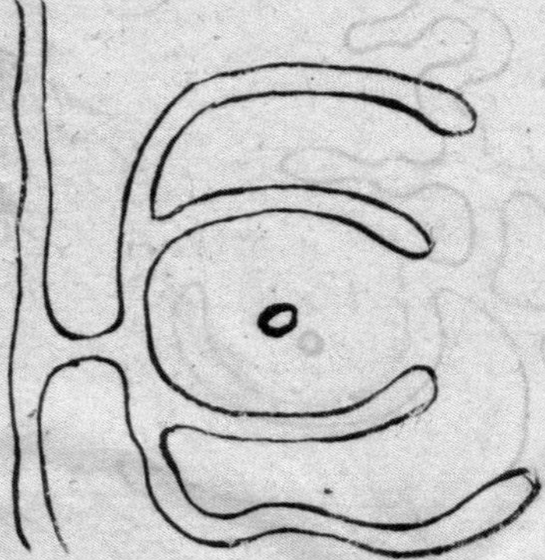

盤龍格

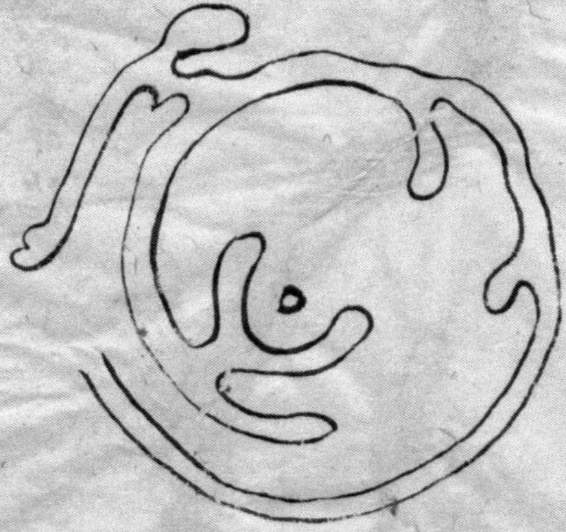

虹食彩霞格

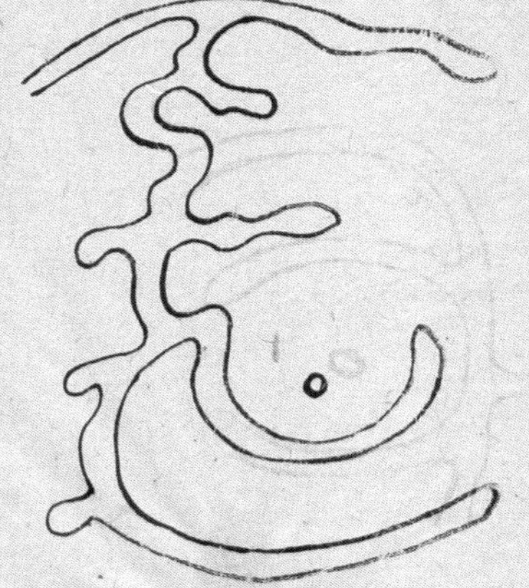

擎傘格

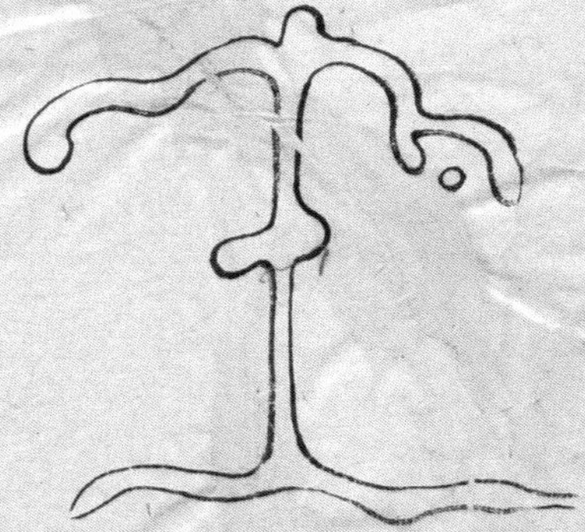

旛花格

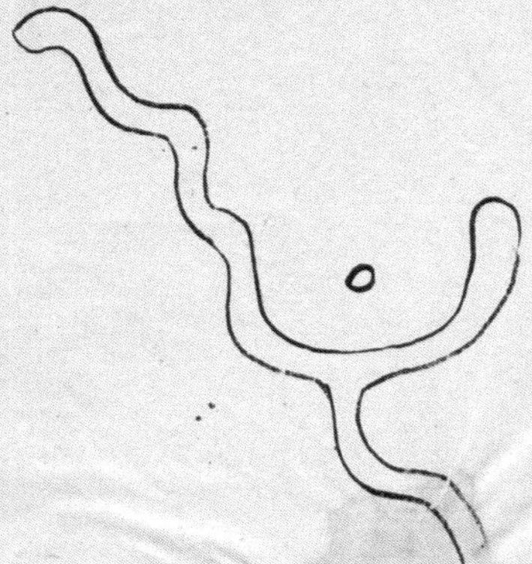

朝元格

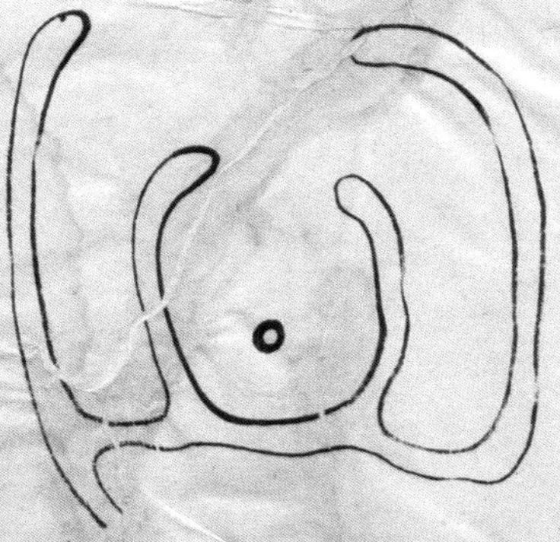

水龍經第五卷

水龍經第五卷小序

地理之書真偽雜糅山龍猶有善本平洋隻字不傳世本紛紛類皆不知妄作俗士罔察謬以高山龍法與平地同論遂使安墳立宅盡失其宜中格合符百無一遇固天机之秘惜亦俗術之悞人觀此范范可勝悲悼余自得無極真傳洞悉高山平夷陰陽二宅秘旨曾有水龍一書藏之名山未敢輕泄人世庚午春偕我余余曉宗過同郡鄒子客有以水龍一卷見示與余所藏大同小異披覽之餘深嘆纂講文成三百年絕學亦有從推測中得其梗概者

其書不知何人所著考其年歲應在神廟中年大約江湖術士歷
覽已成之蹟不拘牽于俗論而自舒其所見有如此雖未究精微
之諦亦可謂英絕敏妙之才矣其亦有所傳授以及此乎緣未識
三元九宮秘奥又所見成敗廢興皆中元甲子格局其論列方隅
辭势尚多偏曲龐雜之識予為删正訛失存其合道者若干篇綴
諸予所藏之本之末與第二卷圖例互相參考雖間有重複而層
見叠陳益証大同之旨雖作者之初懷不沒而學者亦有以廣義
類云爾

杜陵中陽子蔣平階大鴻氏手訂并題

水龍經第五卷

原書
總論　安定三峯手錄

安定三峯手錄

人稟天地而生乃受陰陽二氣萬物同為生必有宅死必有墳若
墳宅居於吉地則人與鬼安人安家道榮盛鬼安子孫吉昌凡人
不可不擇吉地而居不可不擇吉地而葬近觀久富之家必有祖
墳注蔭祖宗者根荄也子孫者枝苗也根荄肥厚之地必枝葉茂
盛根生輕瘦之土必枝苗焦枯論擇地之術最為難矣四方風土

不同形勢各有差别作穴或在平山深谷之中或居平洋之地或有石間安穴或有水底安坟葬書曰水底必須巨眼石間必得明師以此論之寔爲微妙夫相地要察於來龍點穴必迎於真脉地脉者陰氣也水脉者陽氣也崗阜水道皆龍脉也要追々而來博龍換骨如搏花接木之意所謂枝幹也葬書曰得水爲上藏風次之此結穴之地陶公曰雌雄相喜天地交通故水不離山々不離水推形結穴形勢隨類而定更得九星臨照穴須逢三吉仍避六凶須要環抱宛轉兩肠寬容方正立向收水須合星卦水口關鎖

而入格朝從砂法以有情方爲吉矣葬經曰地貴平夷土貴有支故平洋之地亦支脉相牽不離山水也觀乎平洋之地池河田土全無山壠又無支脉牽連立宅安坟無龍脉之来無星峯之應倘無龍虎護衛前無應案朝迎坐向不辨五星水路何分八卦若説此等之地亦出大富貴之家反勝山崗氣脉之處蓋聞先賢書云有山倚山無山傍城有水就水無水依形平洋之地以水爲龍水積如山脉之止水流如山脉之動水流動則氣脉分飛水環流則氣脉積聚大河類幹龍之形小河乃支龍之體後有河兜此爲荣

華之宅前逢池沼遠為富貴之家左右環抱有情堆金積玉前後縈迴無破宅富田豐地欲水之有情喜其迴環朝穴水乃龍之根柢忌手沖射反弓最嫌激射牽消多憂少樂尤怕斜飛逼拗易富即貧或水路前朝而立宅或前圩後掩以安坟地理之書必須參究陰陽之術要在講明主者若積陰功天之所祐日者須憑目力穴莫輕裁福輕難遇明師福厚須逢吉地理之書難盡述陰陽之理固當明集成水法龍經以示後之學者

水龍尋脉歌

地理真傳世罕逢陰陽之術妙知窮尋龍捉脉觀山水岡阜平洋總一同平洋之地水為龍四畔茫茫豈認蹤若使明師精妙理追尋源派辨雌雄水龍妙法少人知慎勿輕傳與俗師達者悟之明此理愚人不曉豈能為元武之水是龍身定穴君須看的真水積必然龍有穴水流氣散不堪陳大水縈迴是幹龍小河支接幹觀蹤幹龍氣盡難安穴作穴支龍富貴豐元武之宅有湖池立宅能令福氣隨墳墓穴前宜此水兒孫富貴著緋衣河塊池水不通流水

若通身氣不留若見田圩閑水口兒孫富貴永無休大湖之脉氣
歸湾湖內明砂應案攔下後兒孫多富貴能令白屋出高官流来
水勢似刀鎗射脇冲心不可當尖利田圩為絶地殺傷爭訟退田庄
後水来就似反弓出人悖逆各西東若還遇此反弓水退敗田園
守困窮水要湾環莫直流直流之處是為因更兼四畔無遮掩浪
打風吹不可求十字水流後與前井字廿字總一般此為市井多
人住若是一家不可安抱身之水勢環墳穴好龍真氣脉純亦後其
家多富貴兒孫榮顯作王臣

陰陽兩宅水形名命

金星城格

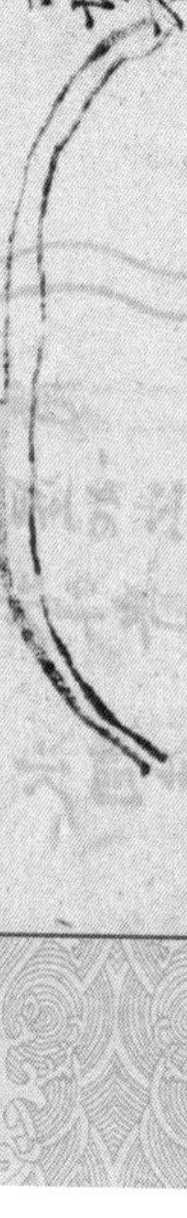

水城化出五星名
尤取金城最吉星
不論枝流并幹水
無分池沼与溝汀
左圍右抱皆堪喜
後倚前朝並可觀
若得此形為穴体
管教福至禍無侵

蔣大鴻補圖并句

金星凶格

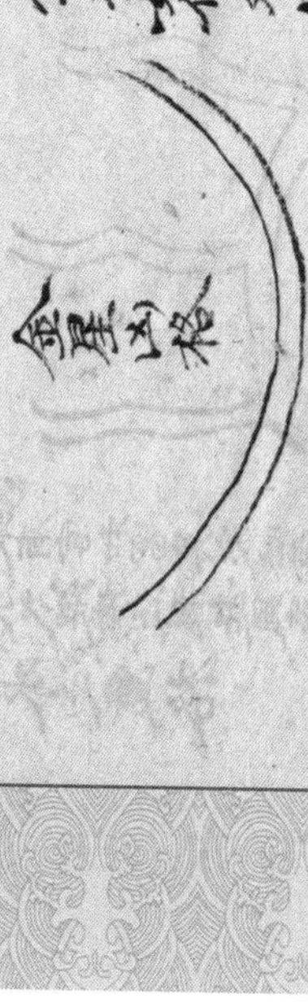

金星如仰外家宅田園敗

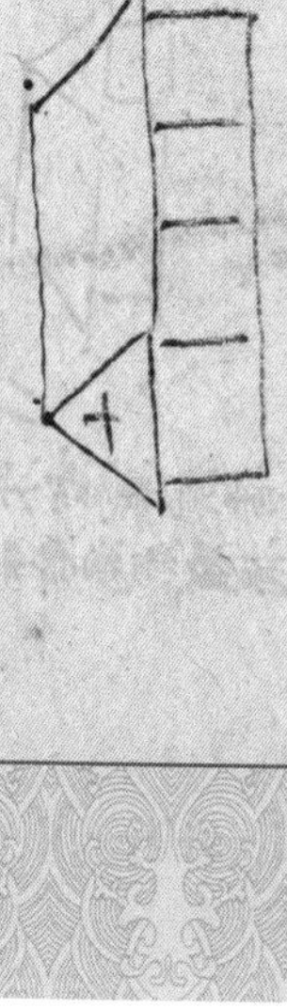

金水相生格

金内水外貴多富以
○金星如出水短水
方為貴

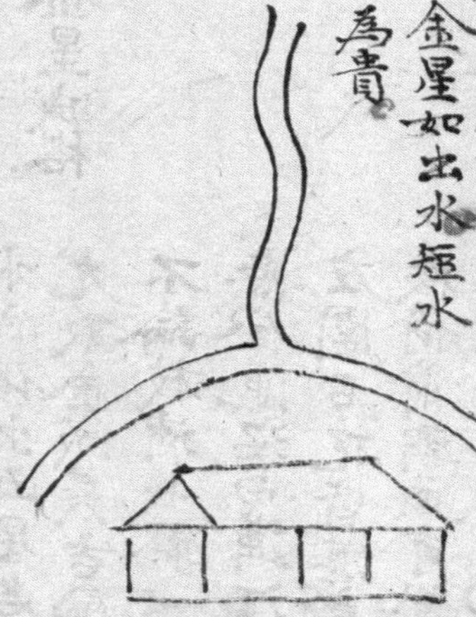

金水泛濫格

金水太縱橫泛濫起風声穴中若漏氣應損少年
人縱有官和富其家必至淫不如為寺觀香火渴
餞々

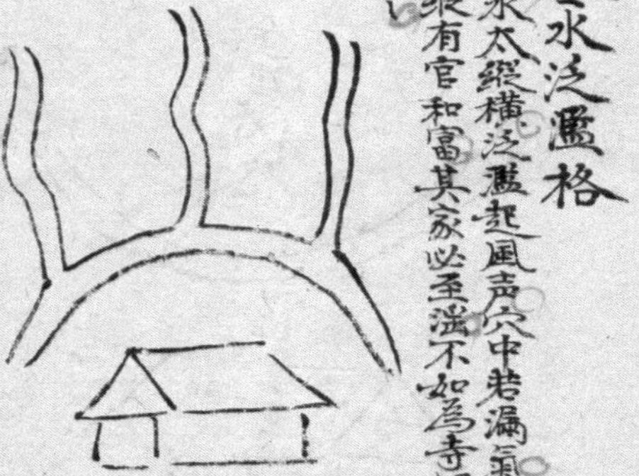

蔣大鴻曰此為漏氣多故亦少吉

木撞金城格

城垣之外水來冲縱然秀麗也為凶左冲絕
長右絕小中心仲子不留踪房々皆遇害
忤逆淫邪刑獄中

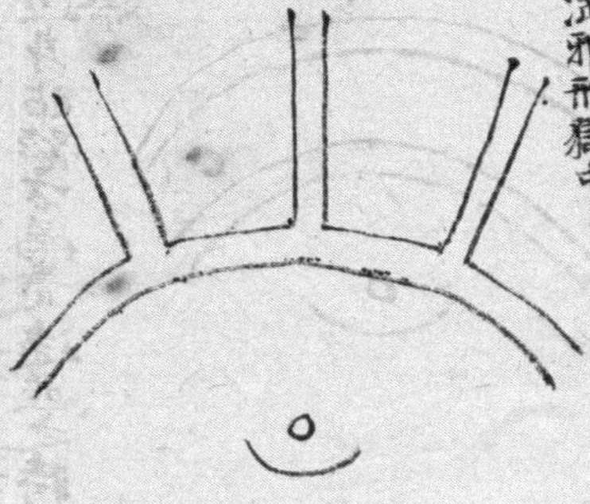

火剋金城格

火直撞金城火盜兩軍刑
○又云金星如火壓家散
人丁減

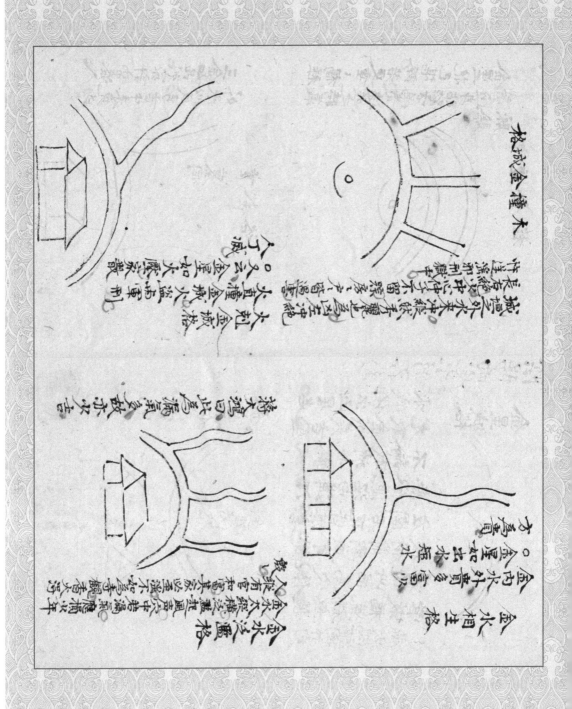

重金格

金星一抱已堪誇若更重〻福祿
簷近身貼辭方為貴遠照之時氣
脉餘

重金格　墓同

三金如品列家計常添入
外水似反弓吉中未免凶

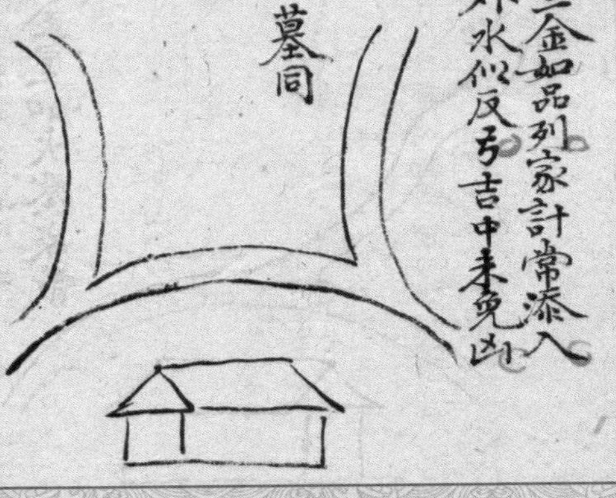

水星城格　宅同

水城原是太陽精木出頭著渴星（相符是吉）
財祿豐盈人秀麗翰林魁解有文名

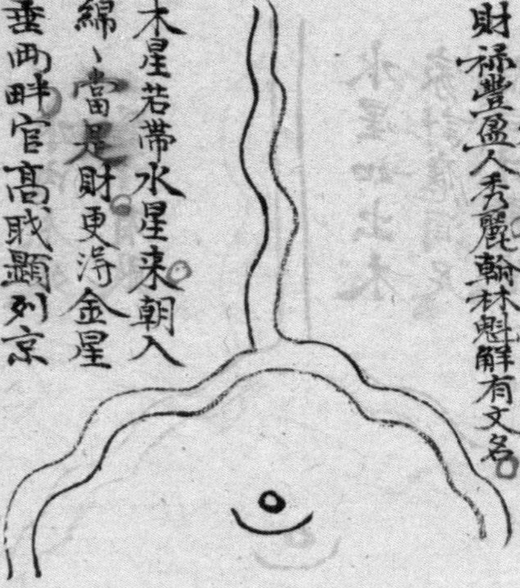

木星若帶水星來朝入
綿〻當是財更得金星
垂兩畔官高戰顯列京
臺

文星格　宅同

水如錦浪號文
星即是蘆鞭㚵
宛形蓋世文章
從此出翰林郎
甲有声名

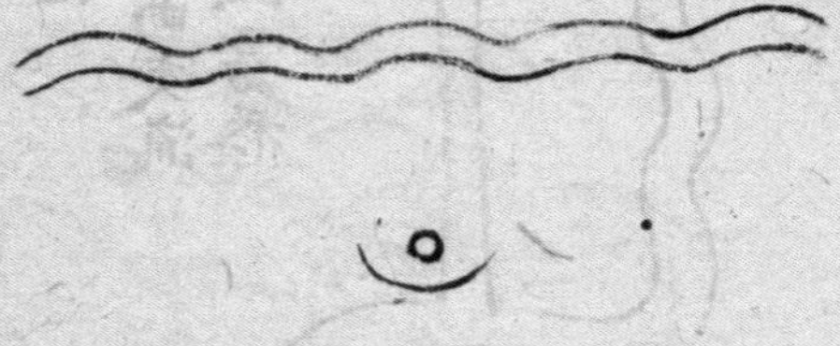

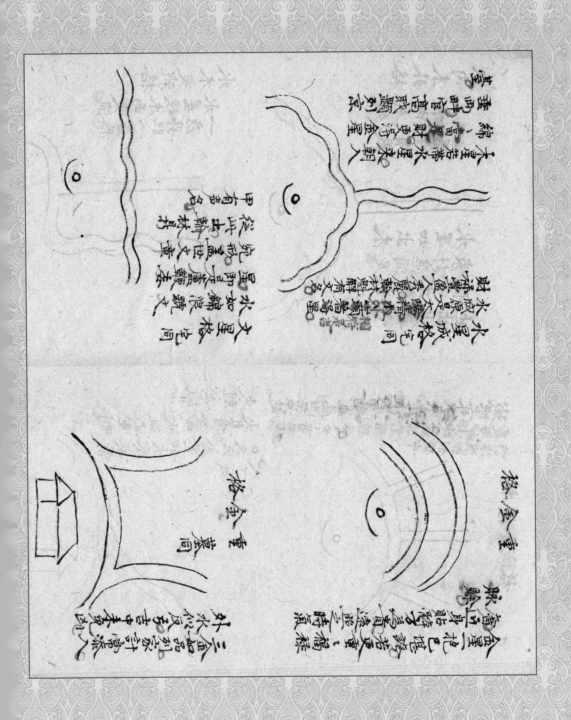

水內木外格

水內木外
發中有敗

水星如出木
家計應須足
倘或木頭長
也出少年亡

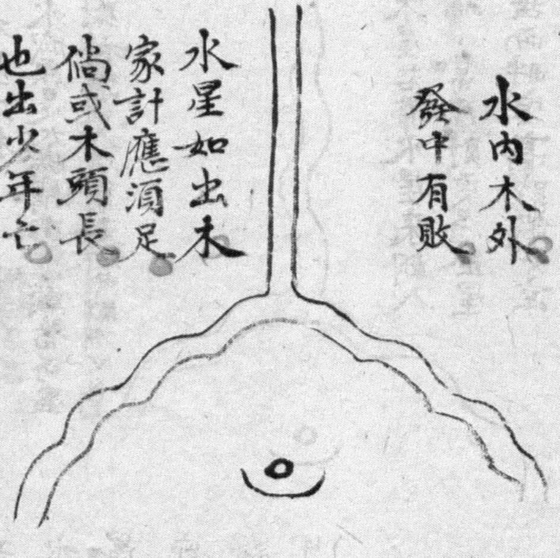

水木交流格

水星硬木兩交流
一房興旺一房愁

水火相射格　墓同

水火若相刑
瘟火訟交爭

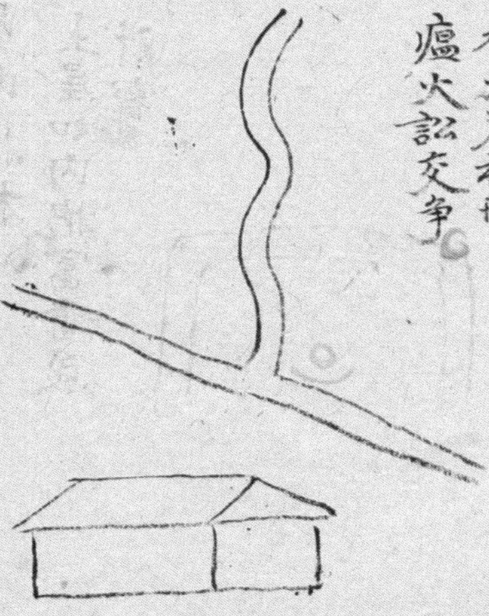

土星城格

土星如曲轉
富貴進田產

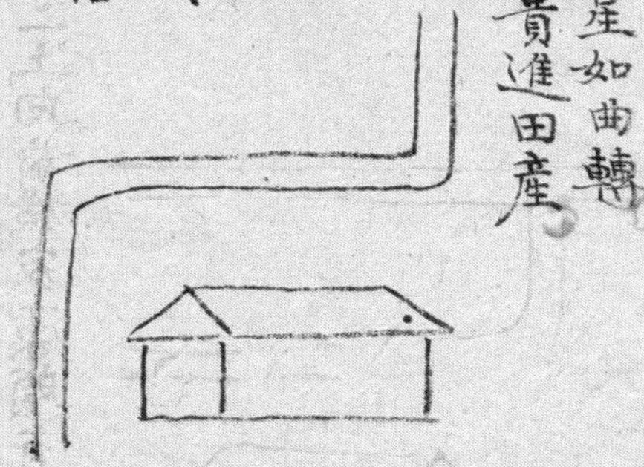

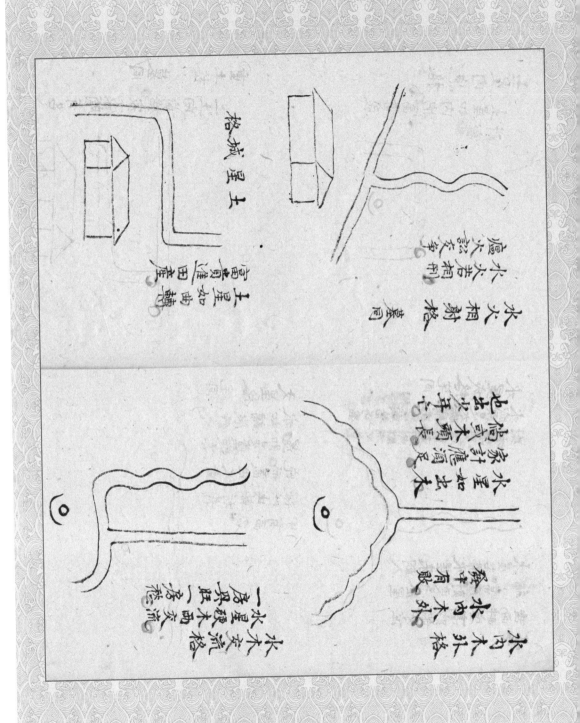

土星内抱格

土星如内抱富貴盈
財寶

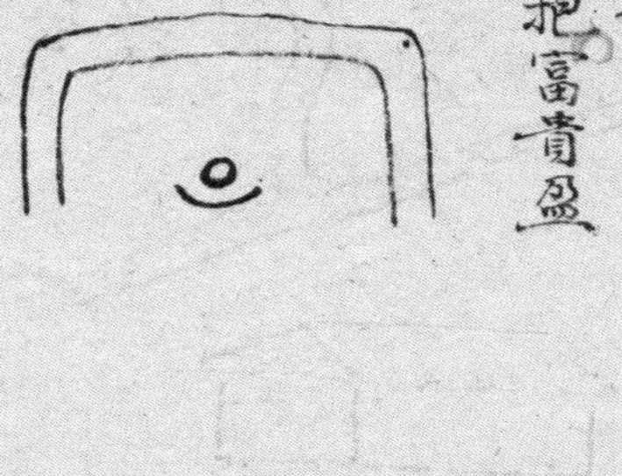

重土格　墓同

二土向前横家豪頗有名

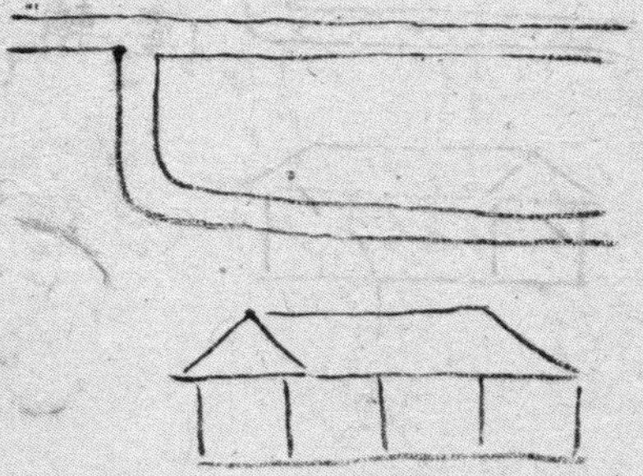

土星仰外格

墓同

土星若仰外無水便離財

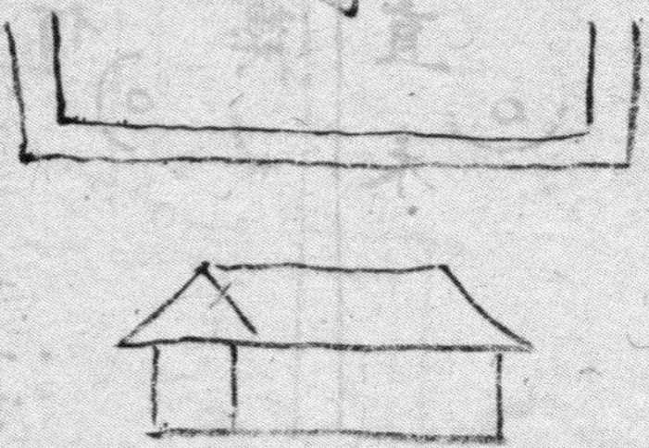

反土格

墓同

土星若外飛無水便財離　仝上

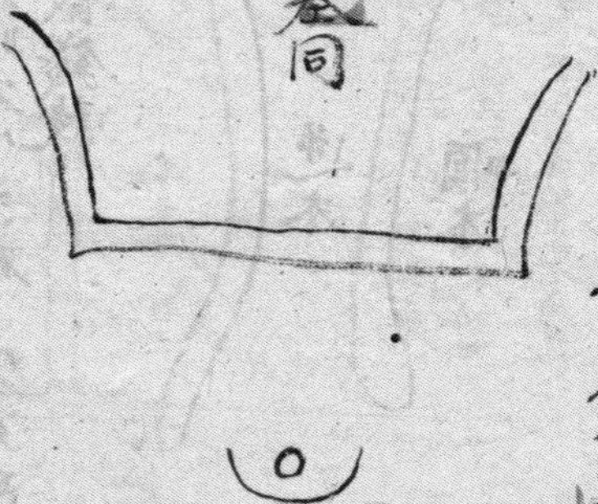

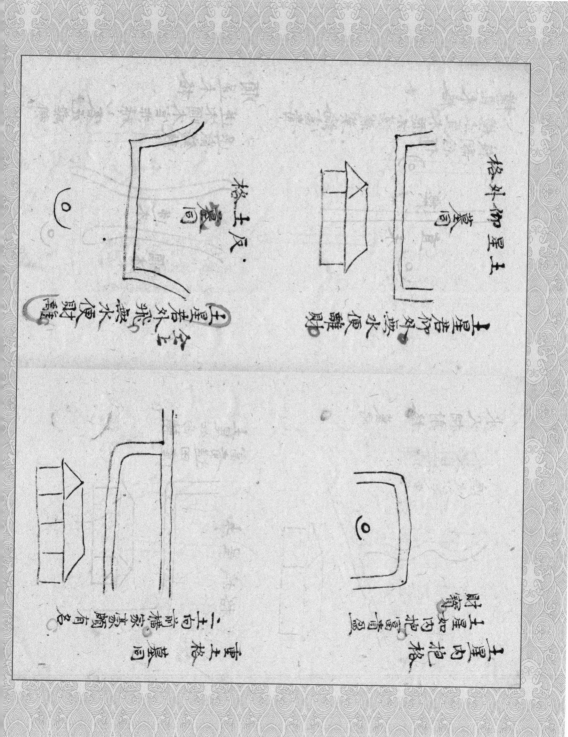

橫直木格

橫木直木棍不堪覩莫論富貴
後嗣伶仃

順逆木格

逆木順木官非祿〻客死離鄉
退散錢穀

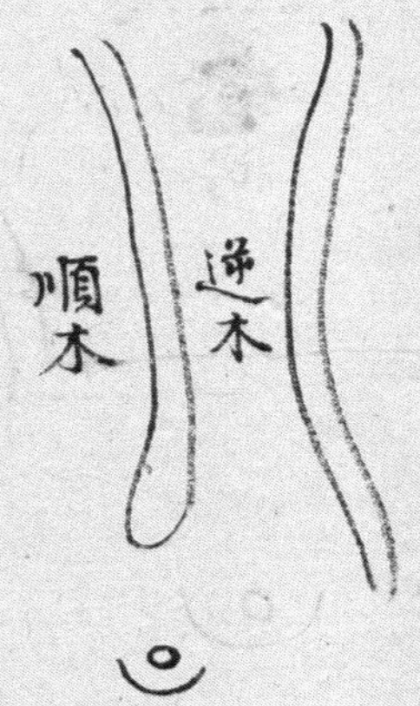

木帶土格

木土曲直來
家富足錢財
左右同論

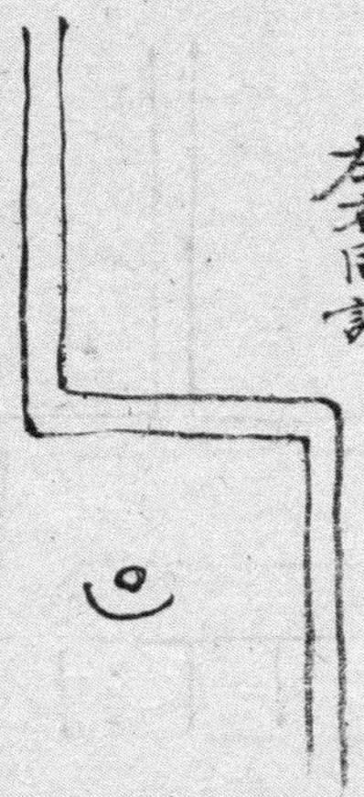

木土城格　宅同

木星尋帶土星來土上
安基方有財若取木星
為貼体剋剝相爭禍患
胎

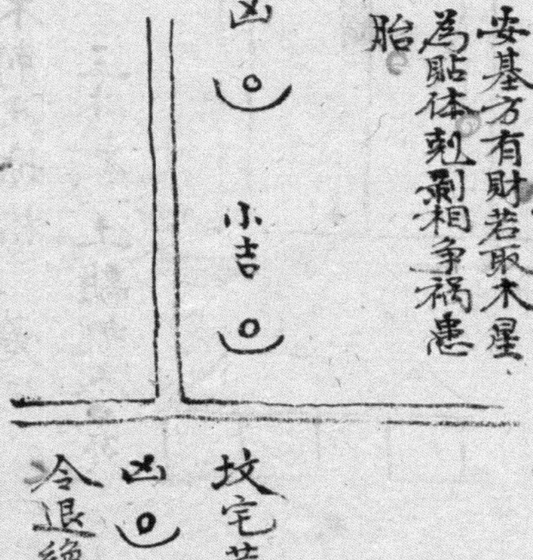

坟宅若居此
令退絶人丁

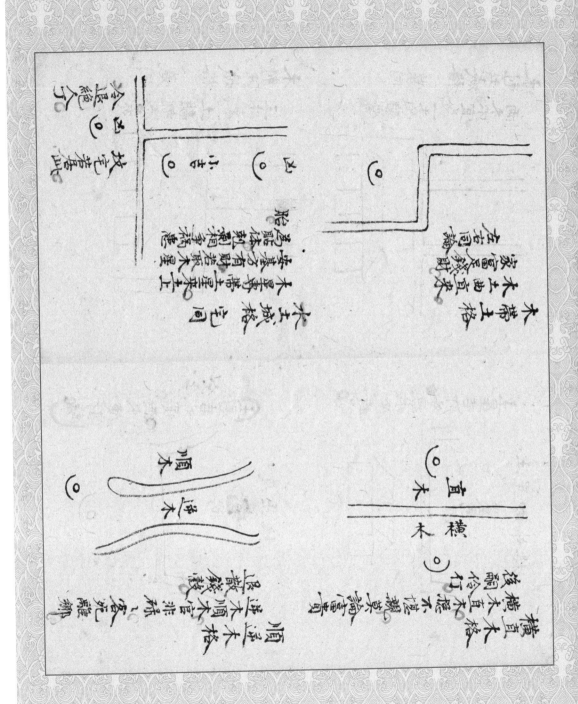

木剋土城格　墓同

兩木不宜長一土怕難當

木剋土城格　墓同

三木剋一土離鄉人口死

斜火格

五星皆好穴前朝立宅逢之怕火燒直走斜飛招訟事田園退散

尚嘵嘵火星斜走更嫌長攻宅之前最不良如有水朝來救助

自然人口免瘟㾮

火星西動更難為官訟綿綿更損妻刮盜瘟㾮常是有人離財散各東西

人家最怕火斜飛

若見金來自然歸

方主進財并進祿

更逢重火此哀微

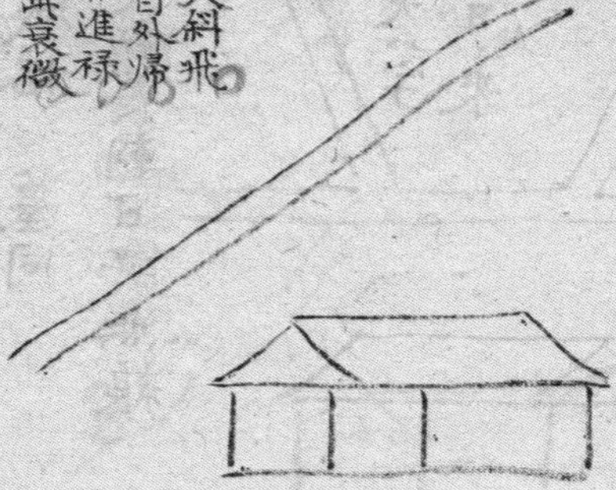

重火格　墓同

二火焚身風

樓厌塵

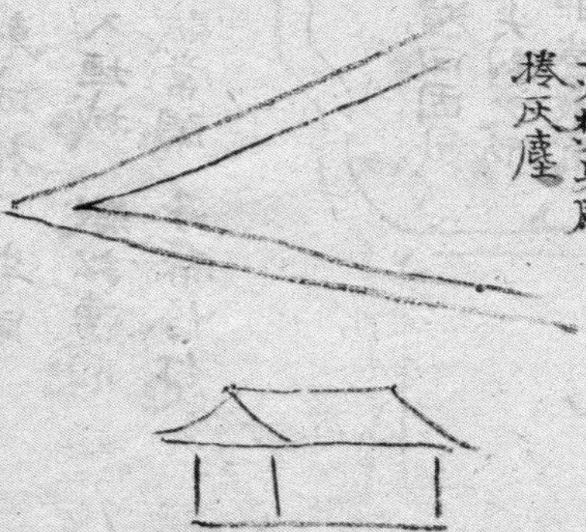

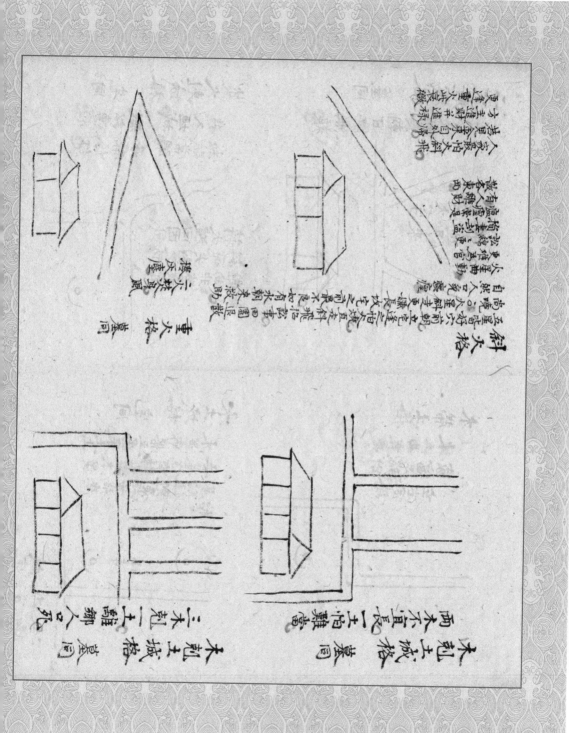

二火尅城格　墓同

二火炎動長朝日哭無粮

又云二火八字閙灾迭日來

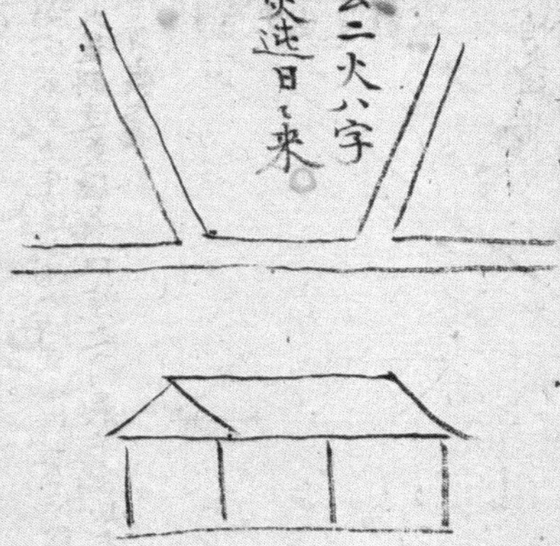

炎火尅城格　宅同

殺入垣城　獄訟遭刑

刼賊常鬧　子孫伶仃

蔣大鴻曰因見斜飛尖利之形雖曲非吉最宜辨之

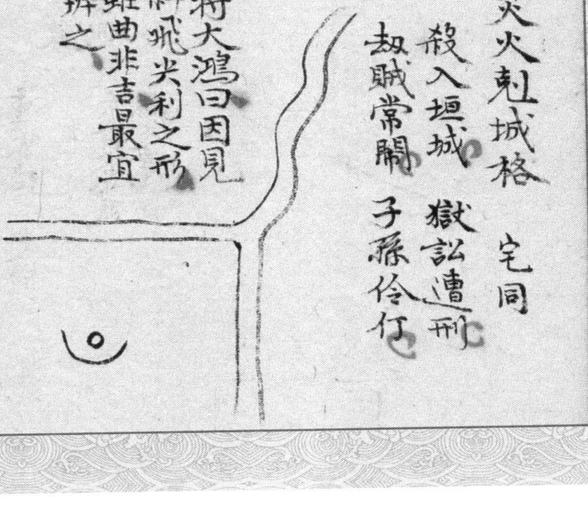

焱動火城格

焱動之城不可輕水流僉小訟還興若然城邑直流水六十年中起甲兵

蔣大鴻曰此本水星曰斜飛即作火論

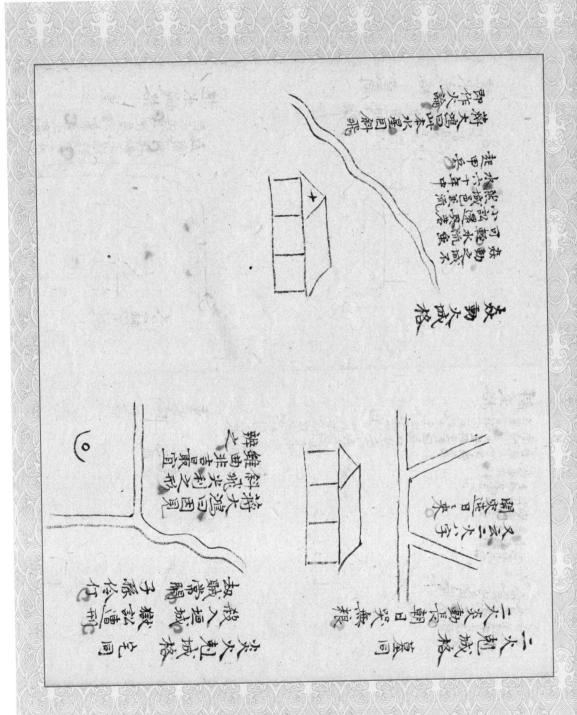

抱水城格　墓同

龍神灣抱過門前
富貴足田園

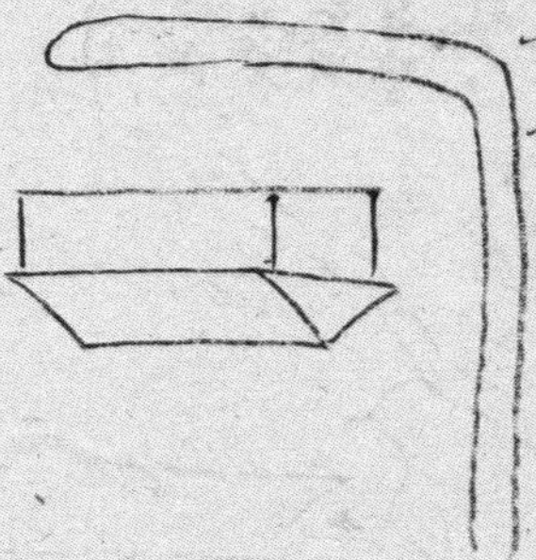

抱水城格　墓仝

白虎灣、抱屋前富貴出高官。又
五龍神抱辭之堪誇富貴達京華

又名轉角水

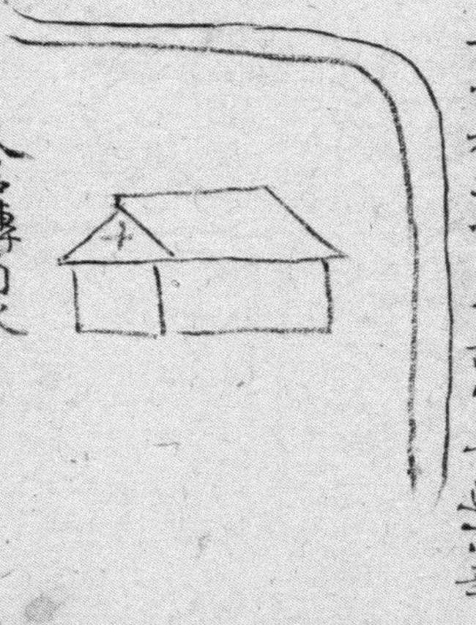

東帶纏身前抱水格　墓同

東帶水纏身家中好積金
若然為塚墓久後可成名

坟前宅前
若此水灣
大吉

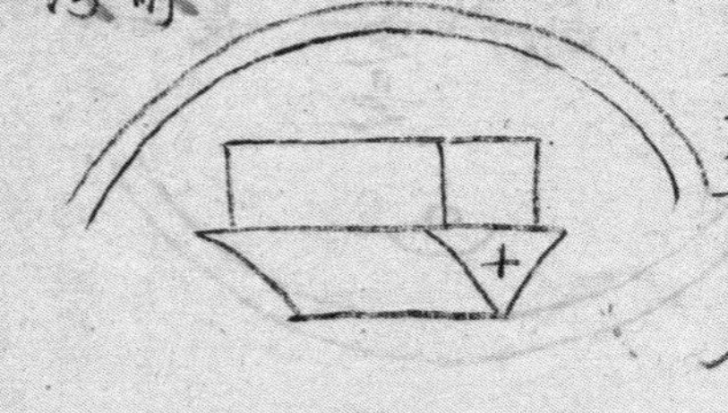

兜抱水格　墓同

屋前屋後有池兜
富貴永無憂

旺財穀

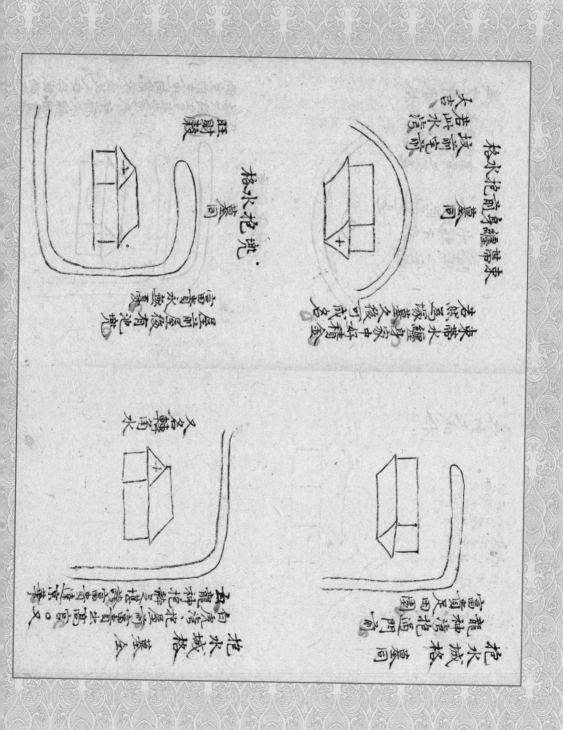

後抱身水格

水法錢千章
無如後抱良
回頭看偃月
富貴定悠長

發福悠長定是
水纏元武
陰陽二宅同

重抱水格
二宅同

兩重龍來抱向前家富及人安若然兩抱
居穴後立見家豐厚代代兒孫衣錦回青瑣
及烏臺

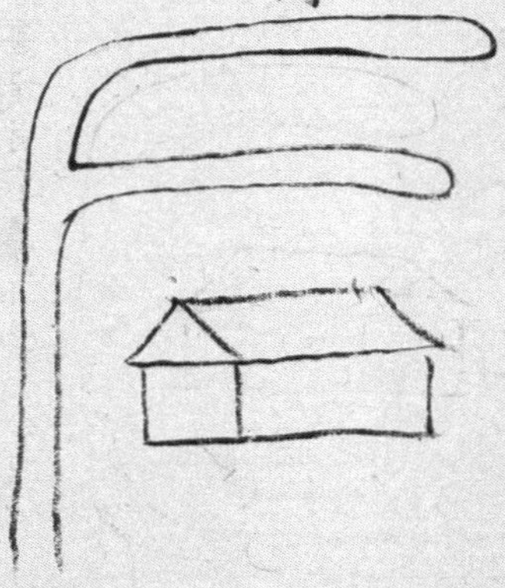

抱氣水格
枝水交抱氣脉鍾墓宅定豐隆

主富貴
左右同

蔣大鴻曰妙在後灣不然無氣
兩邊前後似金鈎後嗣為官掌府州
兩邊前後有池塘定主為官足智謀

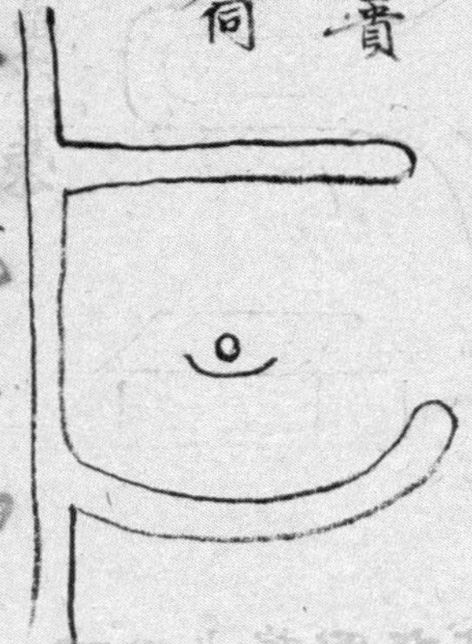

重抱水格
虎水兩重抱宅墳
家富足金銀

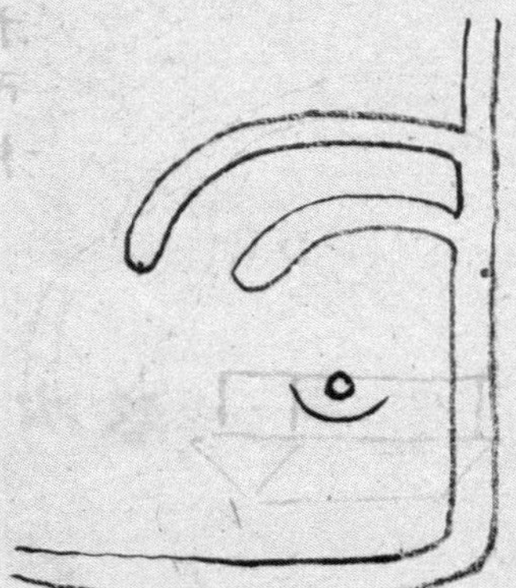

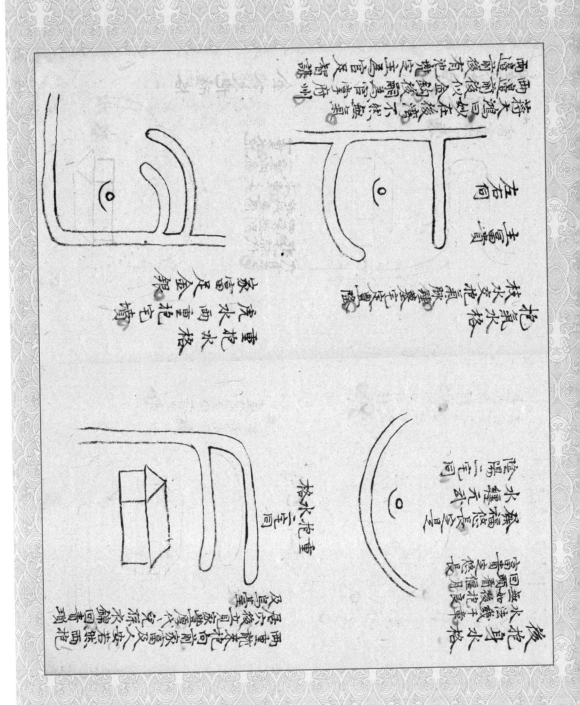

曲抱水城格

青龍頭水方抱身
家富出官榮

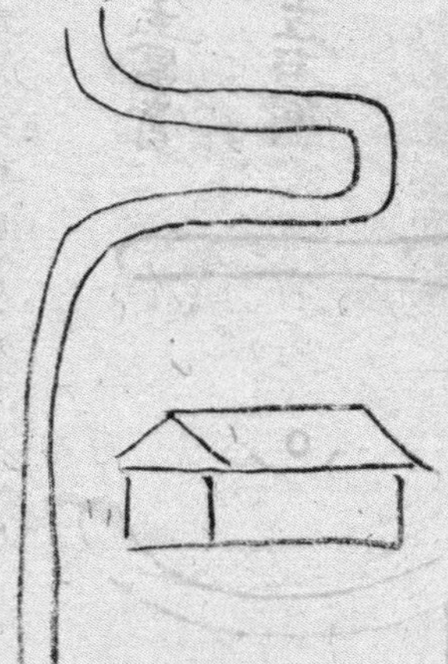

金水大抱形格

一重水抱一重城金水重〻大抱形更得四旁無別抱子孫代代有聲名

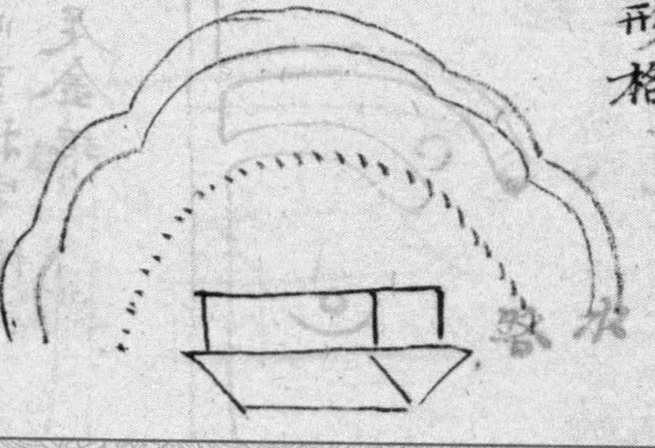

遶抱水格

宅曰

水遶青龍兒長
子足精神
各房皆吉

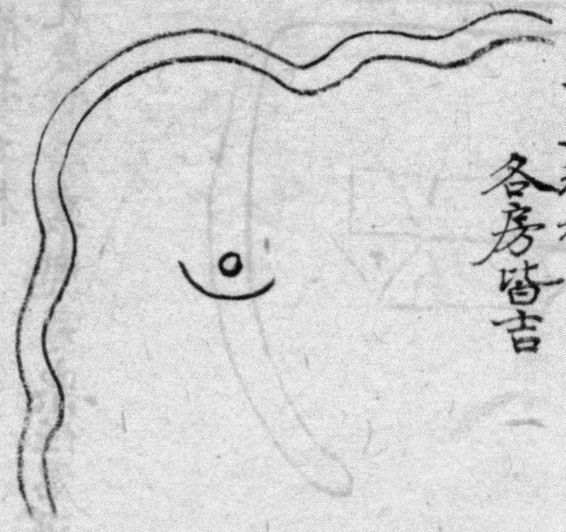

抱身水格

上上

遶身一水最難逢
更喜來朝屈曲中
大福之人安宅墓
發斯千口爵三公

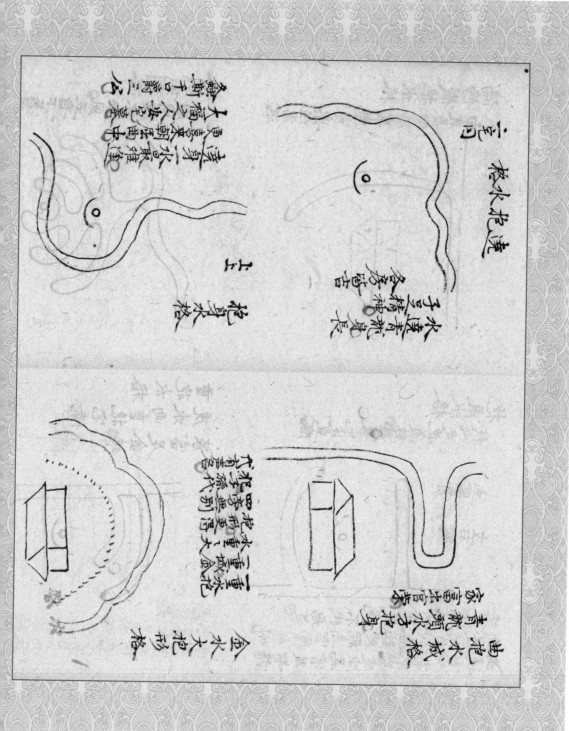

偏傍微抱水格

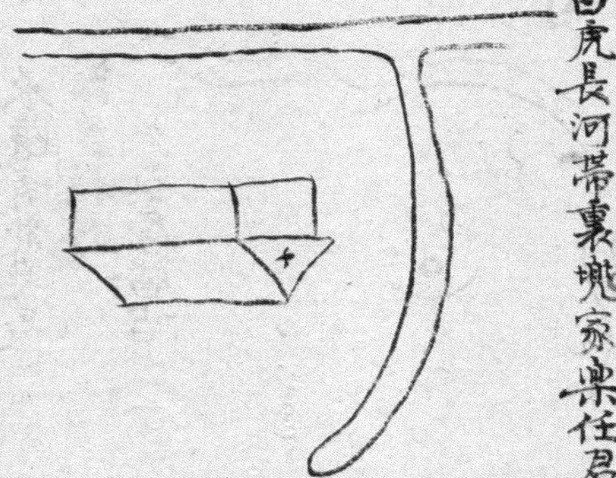

白虎長河帶裹兜
家業任君求

八國城門格

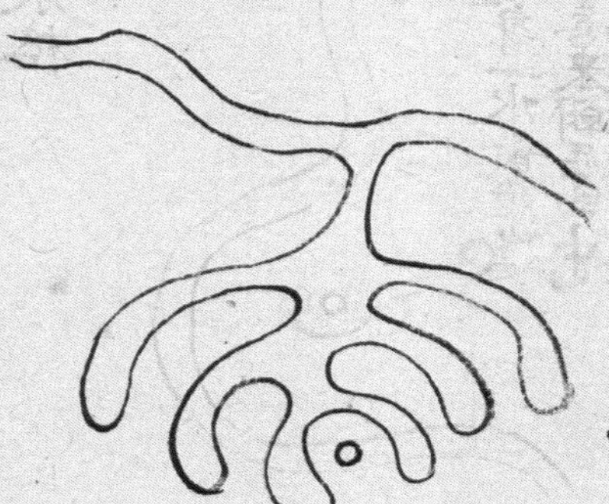

八國周環不動風
五音下著福重重

裹頭城格

裹頭城裡莫安墳刲卻
東西即動瘟很使真龍發
福處刲頭終是絕兒孫

穴太逼仄無
餘氣故也

鉗水格

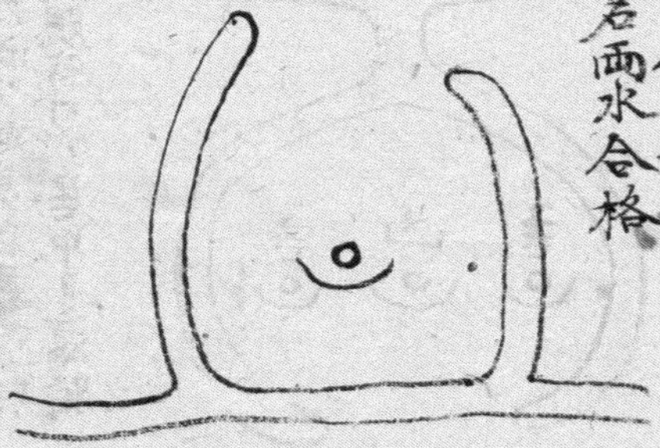

兩水合成鉗無官但有錢
亦名兩水合格

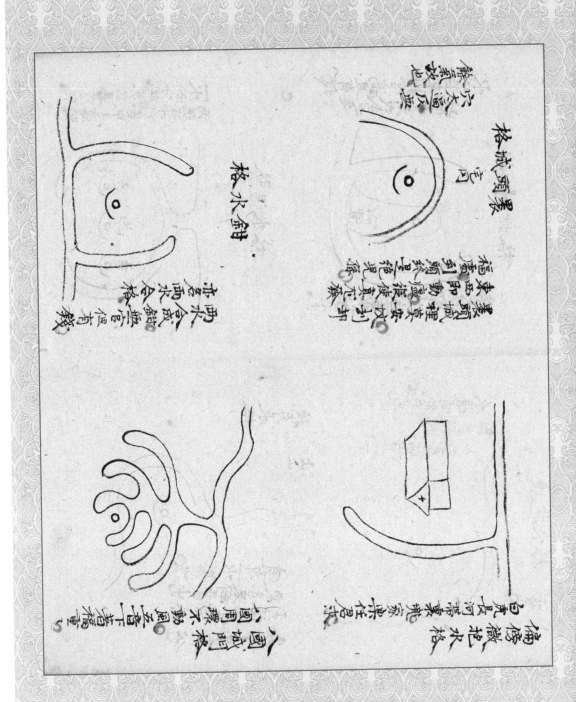

鉗水地格

水口若窩鉗官高且有錢
此形出文武双全之人

蔣大鴻曰此以水抱為吉非以高地也

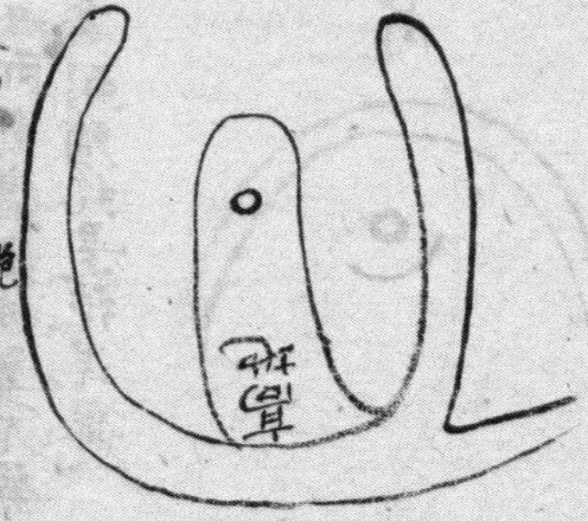

蔭腮水格

一水兩分迴其名為蔭腮
兩腮皆可穴居中是漏胎

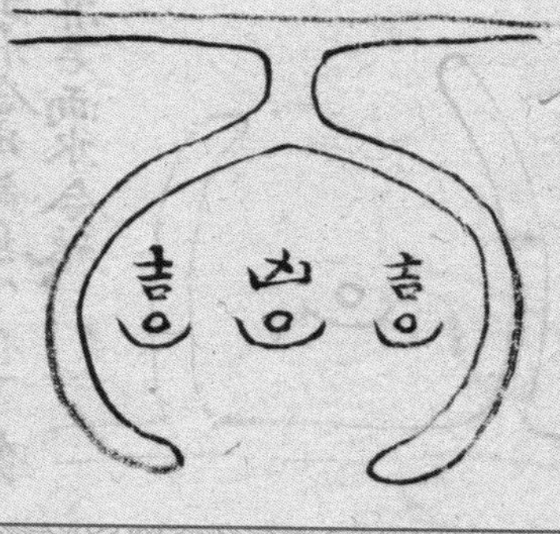

金鉤格

上上

曲水似金鉤
富貴此中求

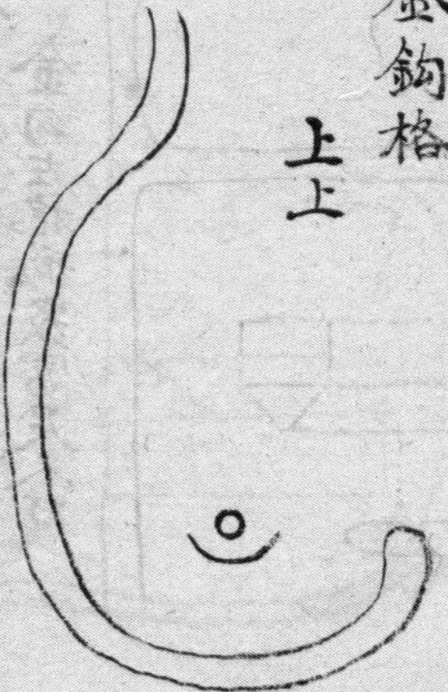

金鉤形格

宅同

金勾左
轉抱身
來家富
足錢財
若是地
形能闊
大福的
位三台

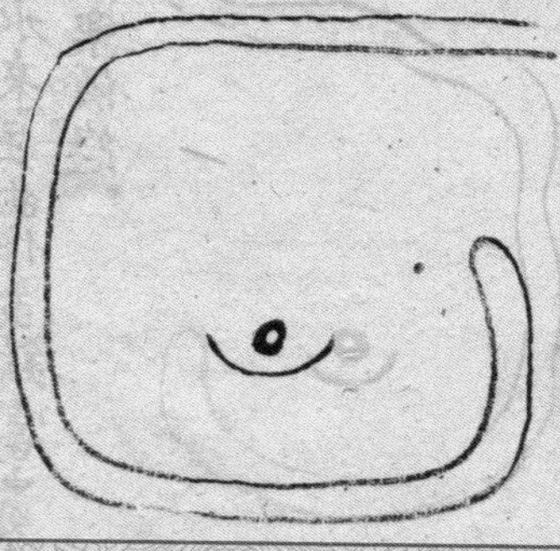

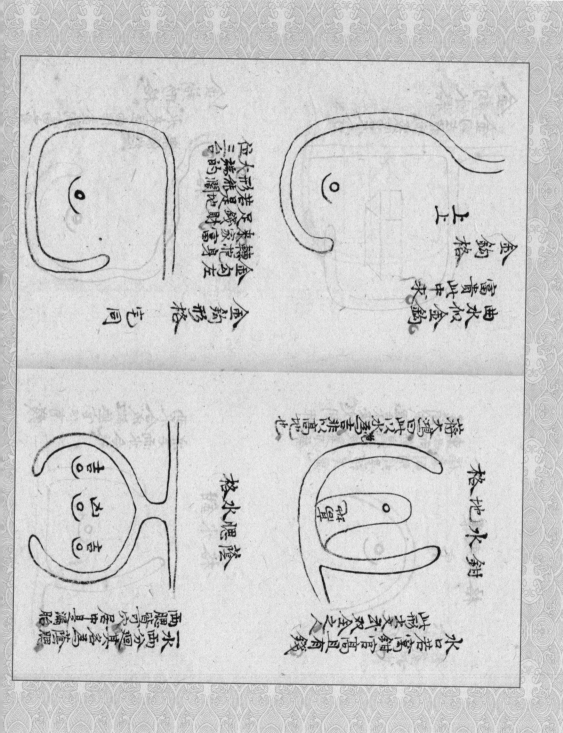

金鉤水格

金勾左抱形家富足人丁

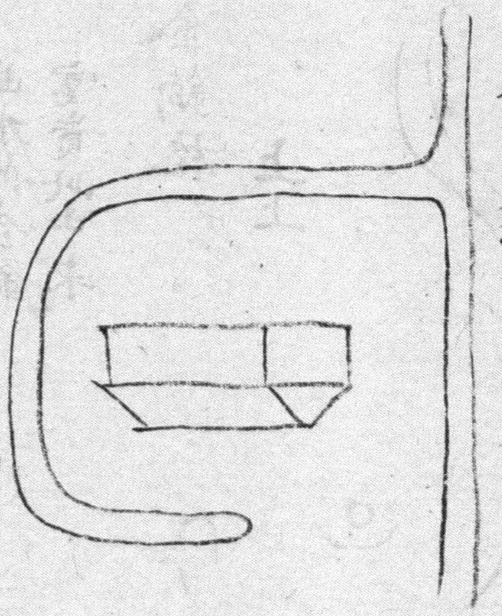

上格

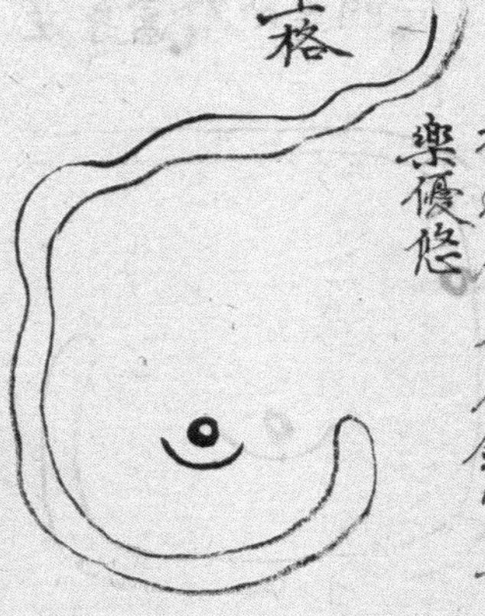

金鉤形格

水來屈曲作金鉤富貴
樂優悠

勾心水格

水尾勾來尖射穴此地作凶說

蔣大鴻曰此勾冲在明堂中心
便爲射破若地遇明堂前在勾
左手反爲大吉

二宅同

反勾格

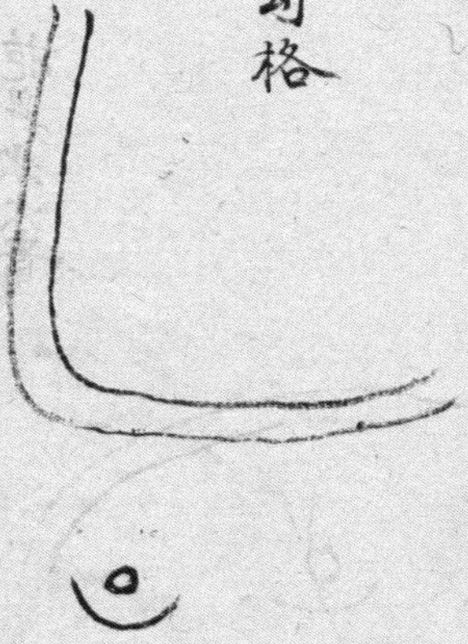

反勾水格名背城出人拗性并狂心
更兼手足招風疾家業飄搖公訟興

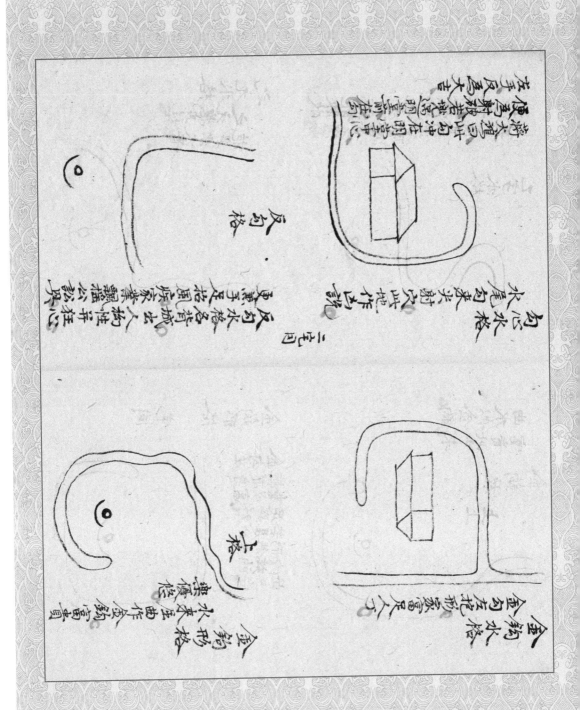

乙字水格

乙字之水入懷流也是回頭龍脉收
穴若有情真得氣其家富貴不須憂

之元水格
之元抱身格
抱身出大貴

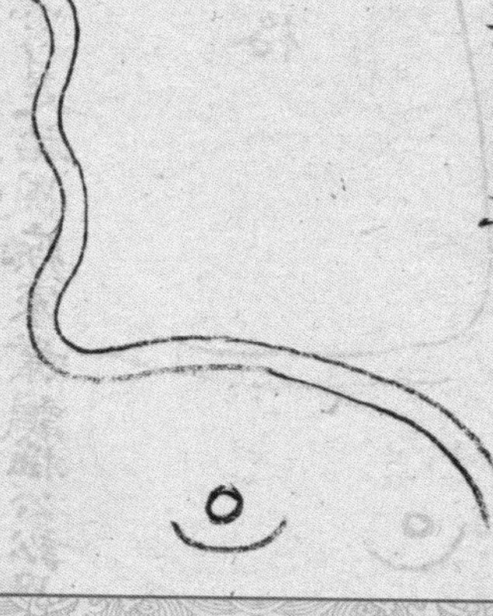

之元抱身水格

上上格

之元之水是真龍來去皆殊産鉅公
水若抱身鍾大貴倘然不抱也興隆

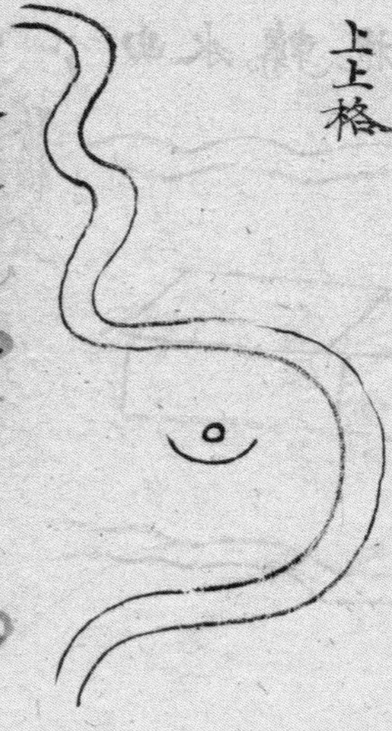

曲水城格　此即飛電城式

龍神灣灣屈曲來日日進錢財
若是曲多深且潤門前車馬喧
金明水秀盛文章翰苑姓名揚

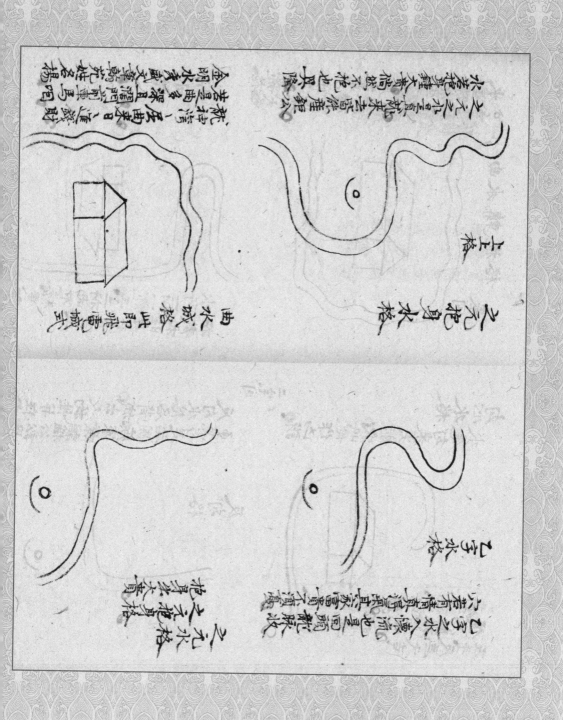

曲水轉抱格

水星環抱宅主秀麗文章。○亦名纏龍格
○金水之格如瓜藤文秀宦誇繞更若回环成大局
世代纓橫玉

墓同

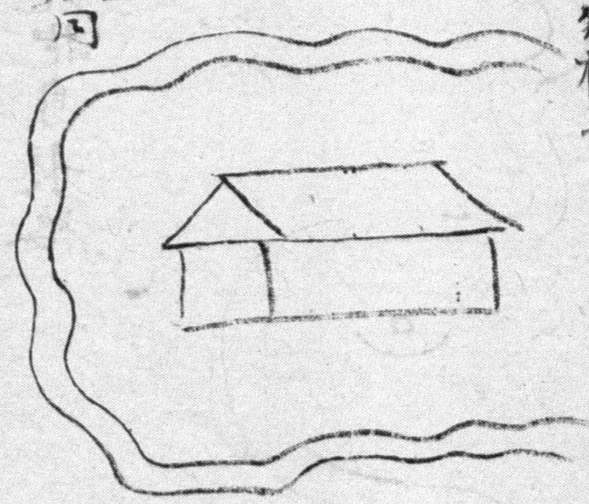

折水格

水行一折一龍居二折兩龍樣更加三
折龍神旺身在青雲上

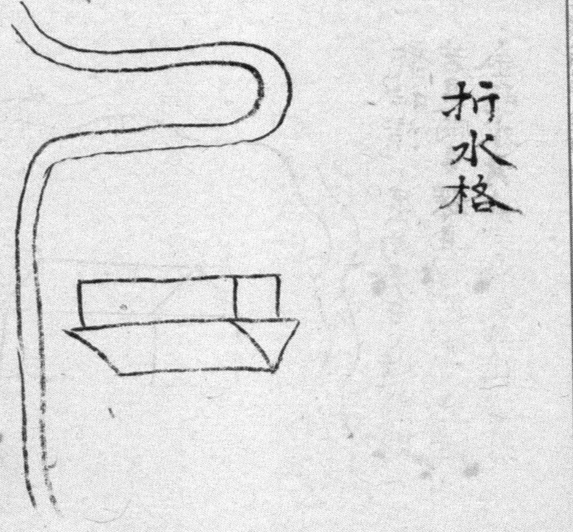

三折水格

鸞翔鳳舞曲來朝九曲
當心氣勢豪縱少案砂
攔水口定然榮顯姓名高

一般當衝來直者反
此曲者為吉

曲水反去格

宅同

曲來轉去抱他家
反上安坟穴便差
縱得秀龍可一發
若逢退運禍交加

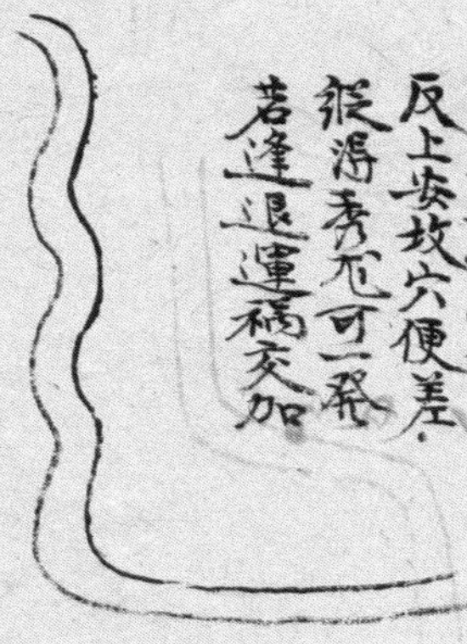

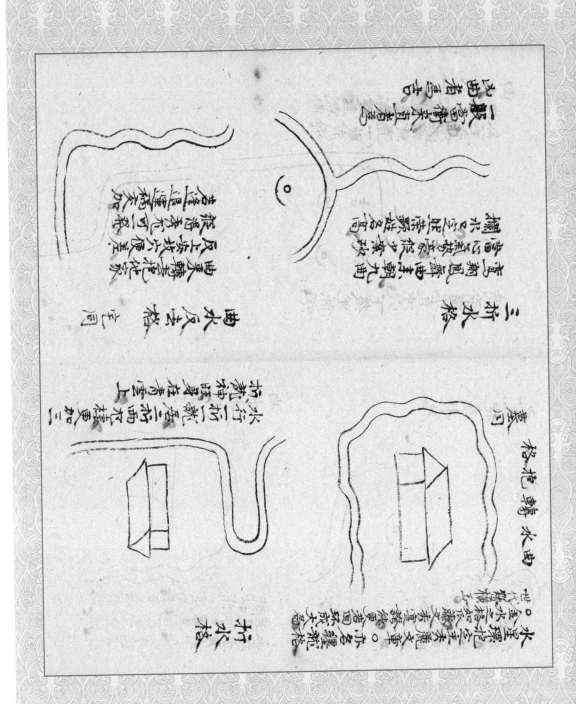

曲直水格

曲從直來此地當裁避直就曲
金玉成堆避曲就直一敗成灰

墳前有水直沖穴下後兒孫絶

龍腹格

家住曲中號龍腹其人富貴食天祿

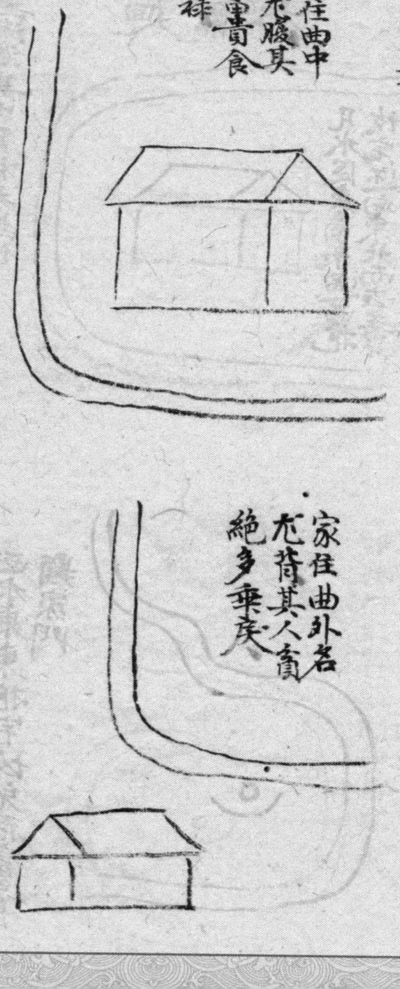

二宅同

龍背格

家住曲外名龍背其人貧絶多乖戾

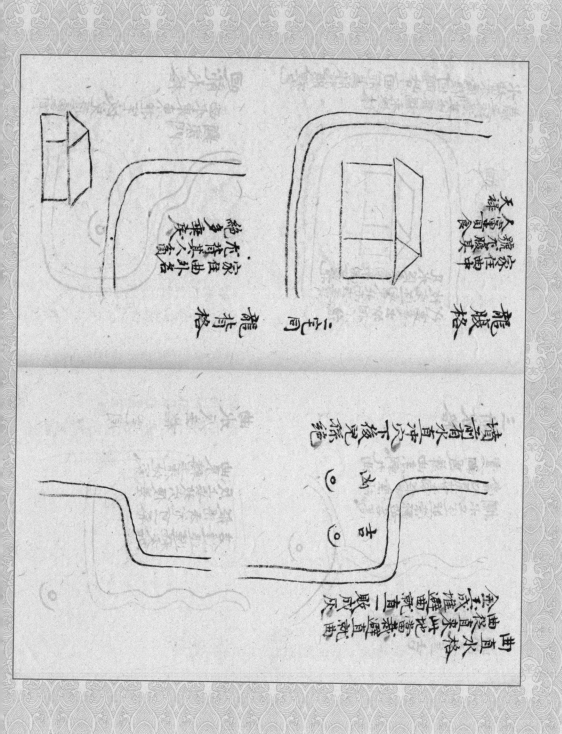

水神来處復回頭　此是回龍氣脈收　腹裡包藏無滲漏　其中發福永無休

迴龍格

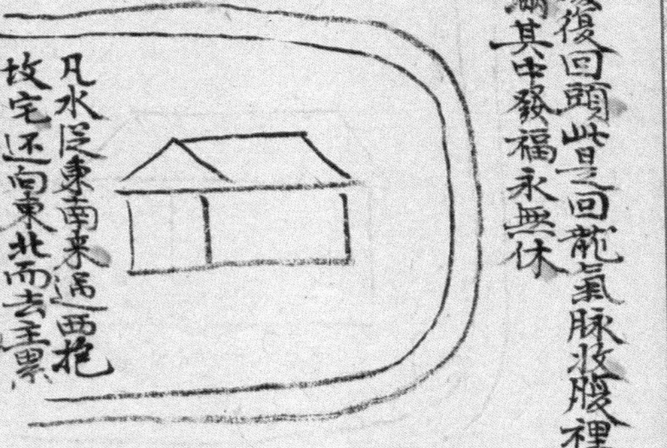

迴龍水格

西水来東抱宅故兒孫富貴顯家門

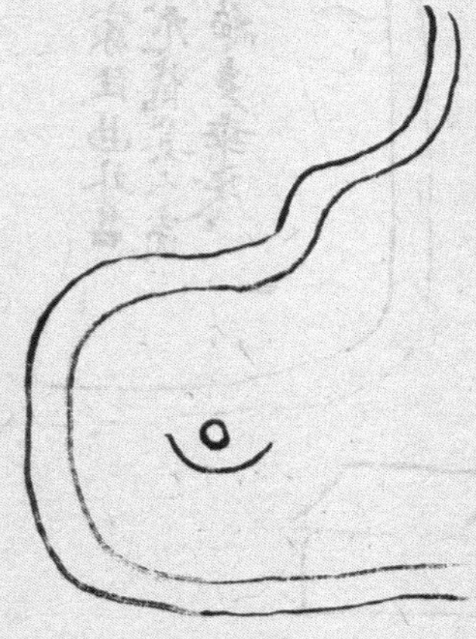

纏龍上格

右邊河水灣曲抱　此地多財寶　若然局大屈曲来　平步上金堦

蟠龍水格

蟠旋之水是盤龍　穴坐天心元氣鍾　世上榮華何不有　名同伊呂亮天工

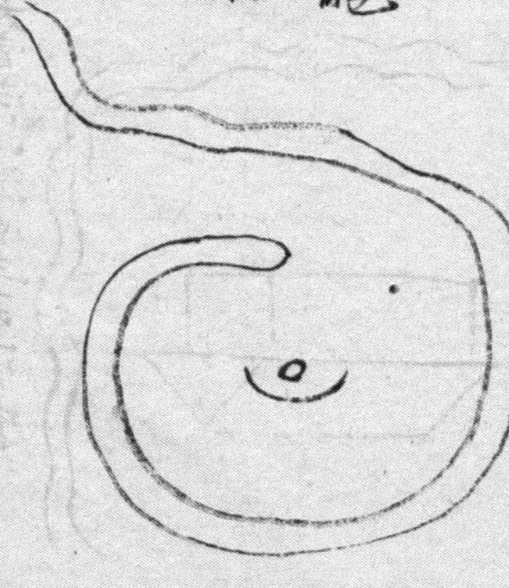

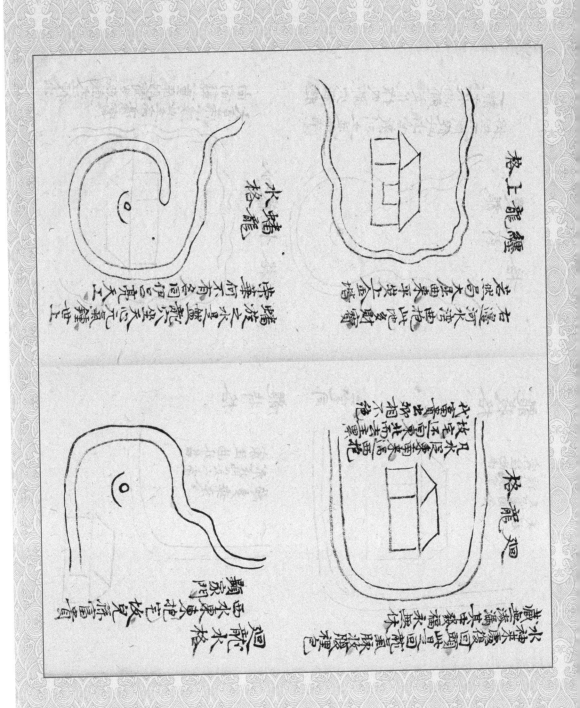

雙龍交首格

一龍之水兩頭交，化作双龍穴在腰，將相王侯從此出，常教列土並分茅。

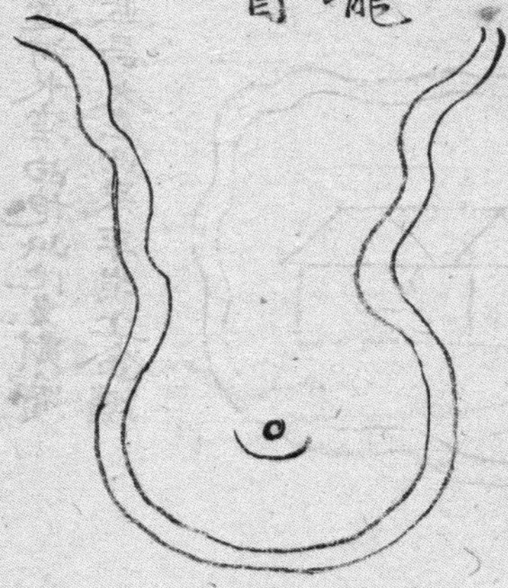

瓜藤水格

向前一轉一重庫，財寶多無數，大江便出大官榮，小溪必主家豪富。

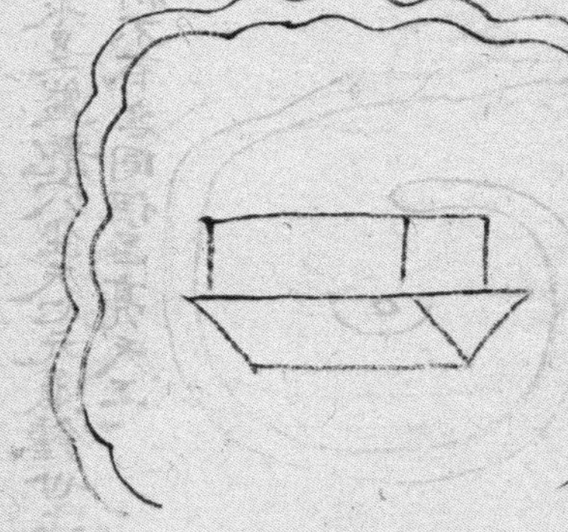

左飛龍城格

右飛龍同斷　宅同

曲來之水是飛龍，穴點居中富貴豐，更看星辰歸吉位，爲官必定列三公。

飛電城格

飛電之城最先發，惟怕崩冲并水射，若是到此局門前，富貴之家還漂桔。

一云斜水面前流，子孫會作偷。

雖然曲水也怕斜，飛更兼穴假萬事全非。

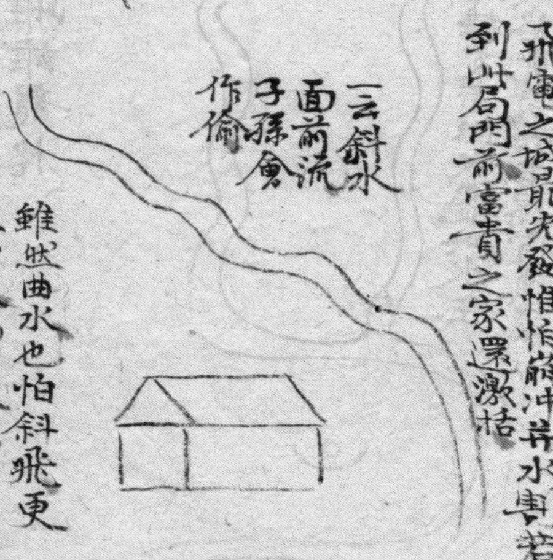

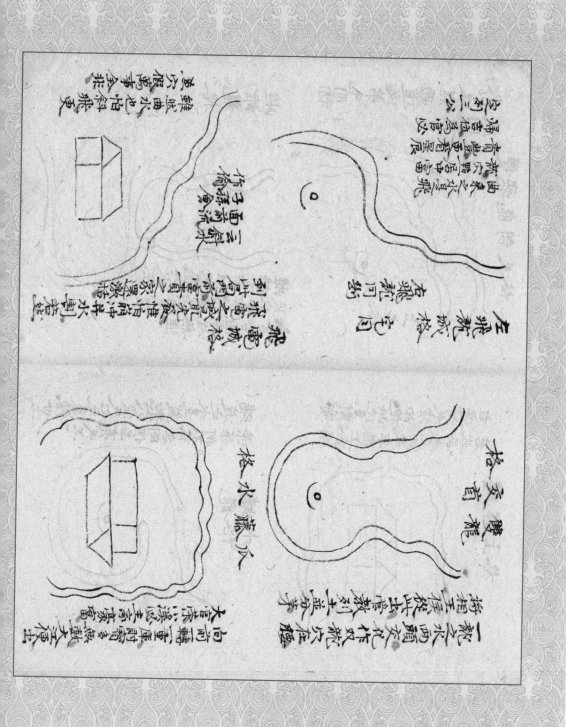

雙飛龍朝天格

雌雄龍格

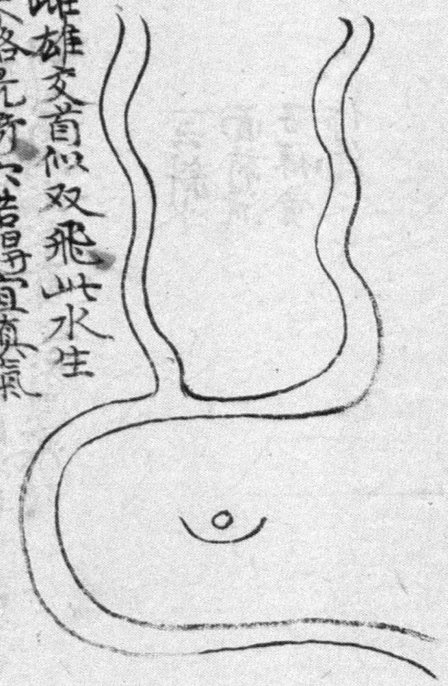

子母龍格

子母龍格

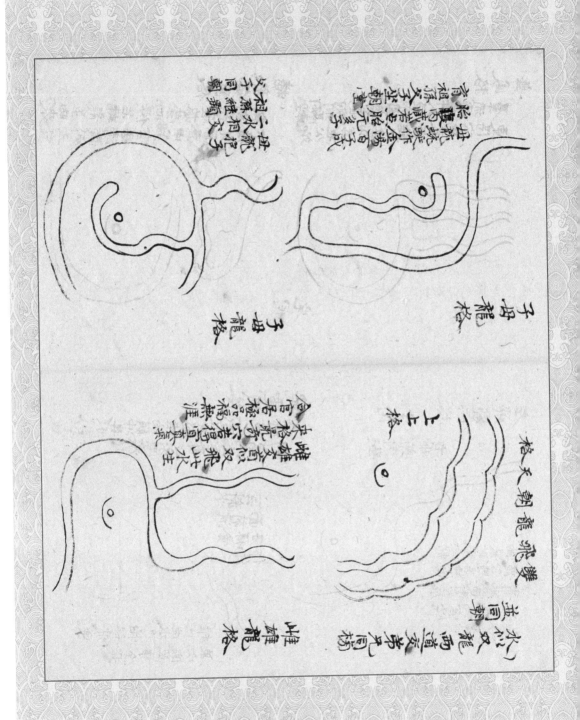

舞鳳格

羣流飛舞入垣城鳳翥鸞翔羽翮輕
更得穴中真氣結不為仙客也公卿

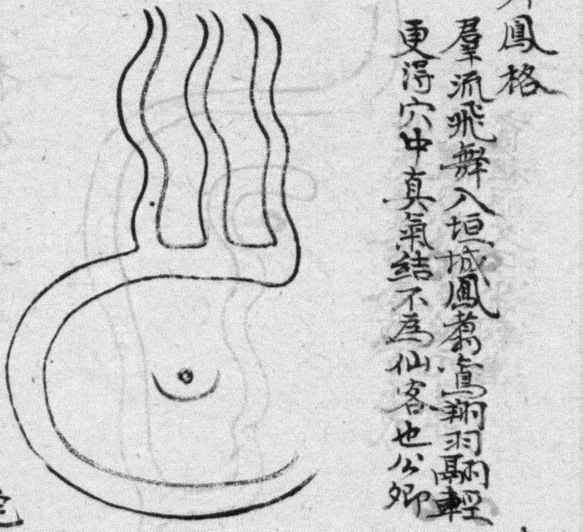

宅同

蟠龍舞鳳格

翺翔朱雀勢縈迴僕若蟠龍屈曲來
下後兒孫登甲第官居清顯列三台

御街水格

御街之城實至貴宰相三公在高位
若然穴後帶奇星定主聖朝天子氣

御街水格

二水二重龍如帶後如弓
為官家富足清職顯門風

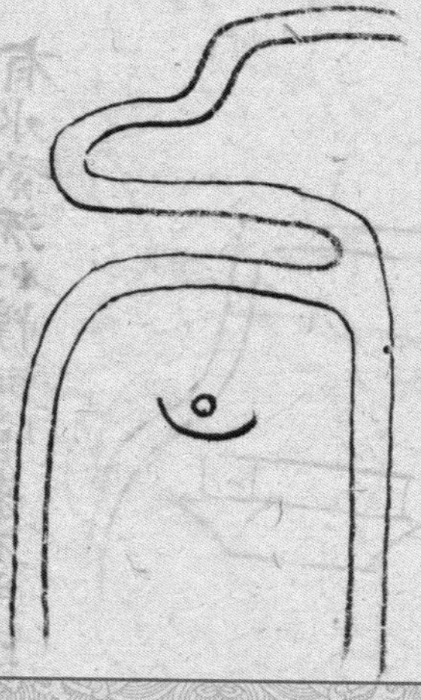

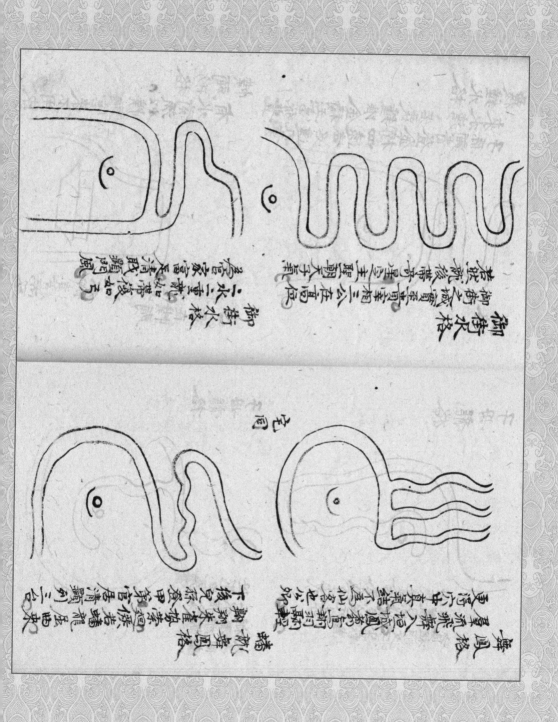

覆鐘水格　上格

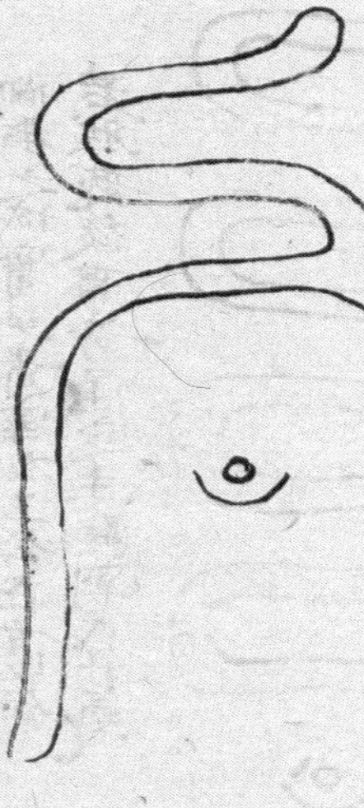

来水湾湾若覆鐘，堆金積玉富弥豐。子孫顯貴登金榜，四遠声名達九重。

幞頭形格

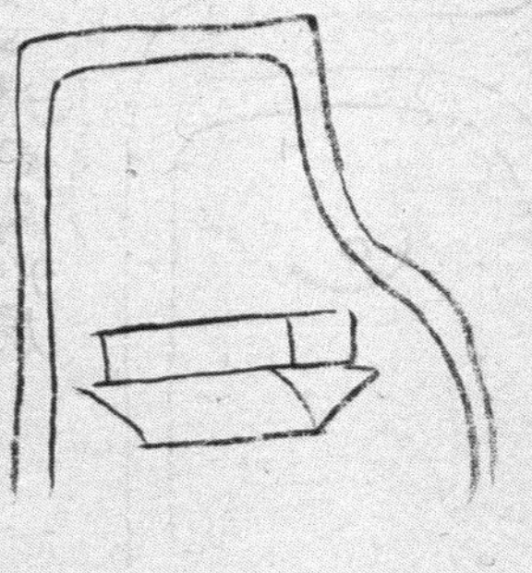

有水前流似幞頭，官来不用求。

蔣大鴻曰：此不過以水城遠抱而發，不重在幞頭。

玉几水格

青龍有水如玉几，官居州縣貴。

聚水龍格

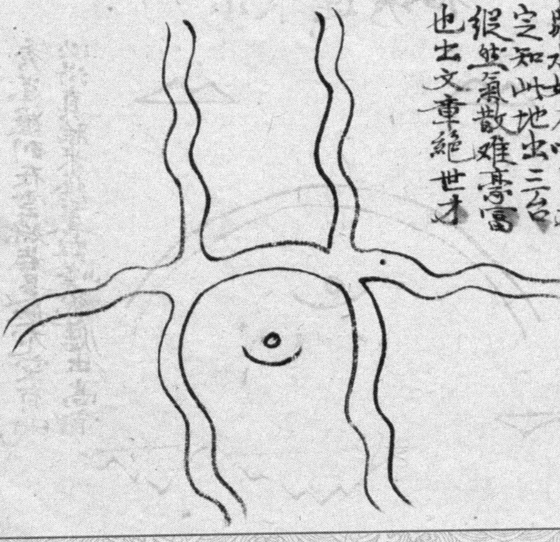

衆水如龙四面来，定知此地出三台。但然氣散难豪富，也出文章絕世才。

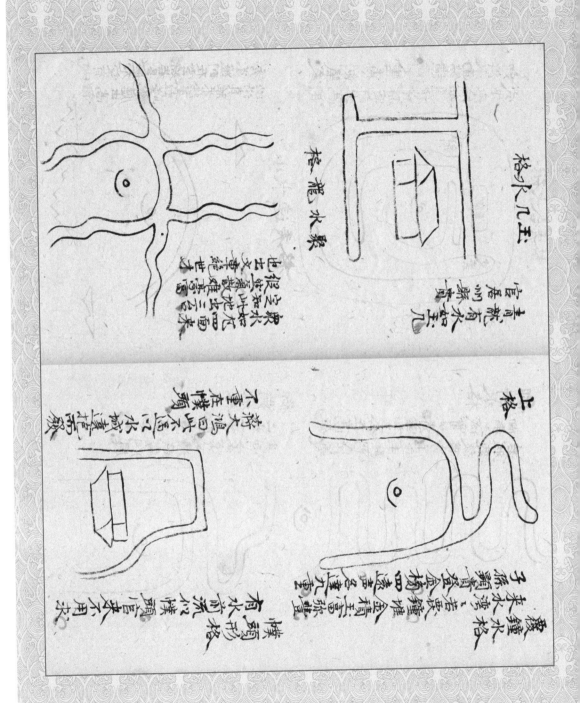

砂水合秀格

印浮水面笏横前，文筆森森劍氣寒。
穴下水城如遶抱，兒孫定許出高官。

方塘田水皆曰印方

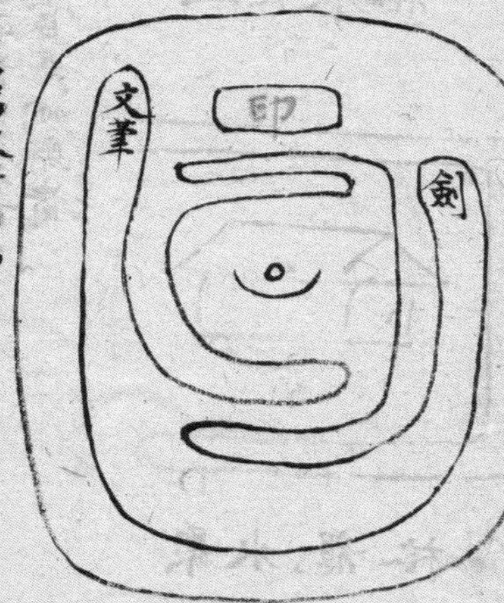

山水連秀格

秀峯羅列在雲端，若是無龙空有山。
必得真胎來蔭處，群峯齊應出高官。

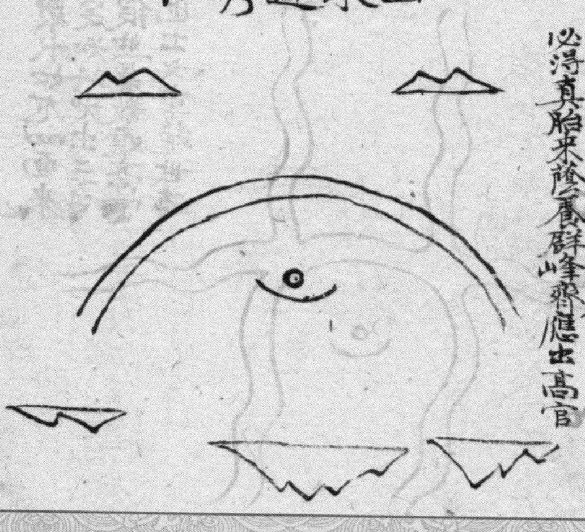

斜水侵山格

山龍之脉亦嫌水斜
縱然發福必主傾邪

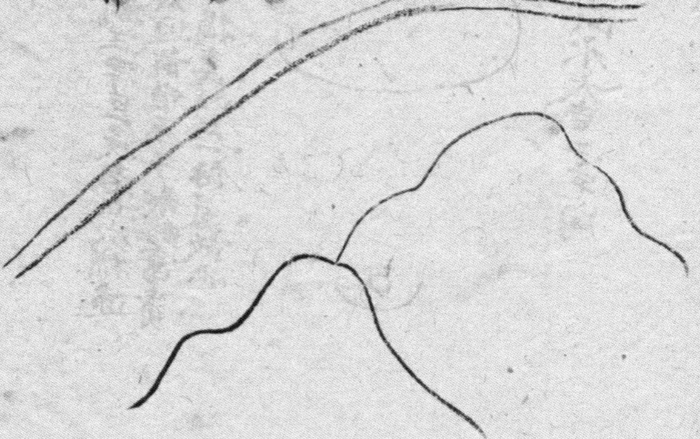

斜水冲山格

劍水冲山
有脉亦難

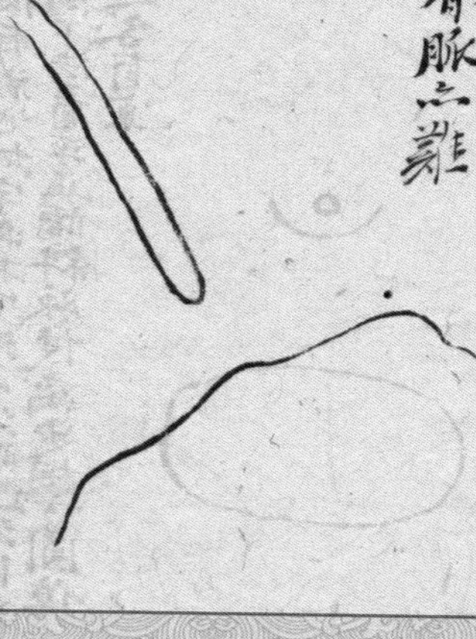

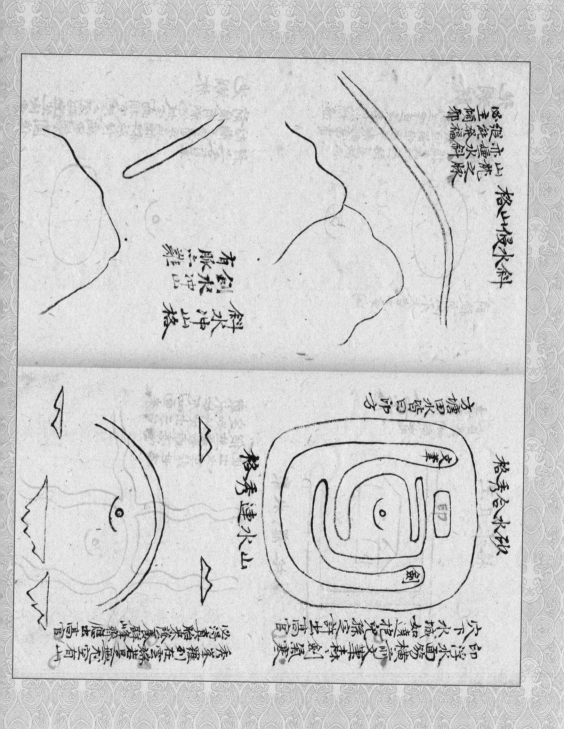

池湖脉

前有池湖汪洋巨浸者立穴稍遠大吉若太近前难為子嗣雖富貴亦須代代損妻以無餘氣故也

前後有此水大吉二宅同

池湖脉

前後有湖池於宅两相宜池滿須貼近池後要防欺下法看平正傾斜脉便高更相方圓位扞之各有宜

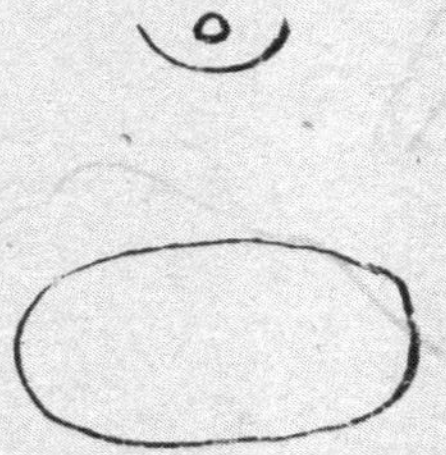

池湖脉

明堂積水深圓鑑足誇論出人多秀麗男女喜双清

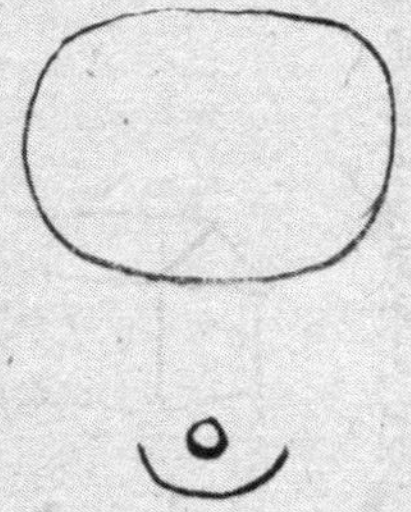

方印積水深此地出官人

印鑑形

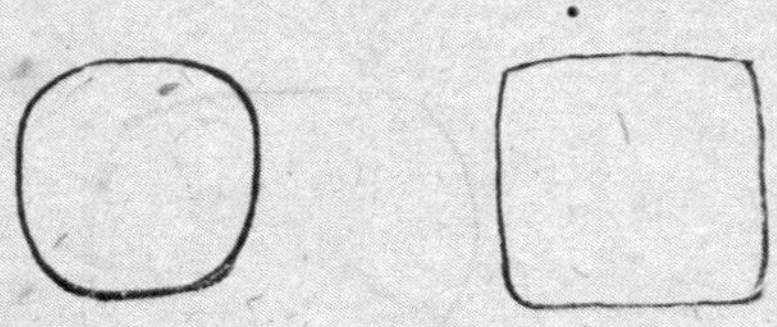

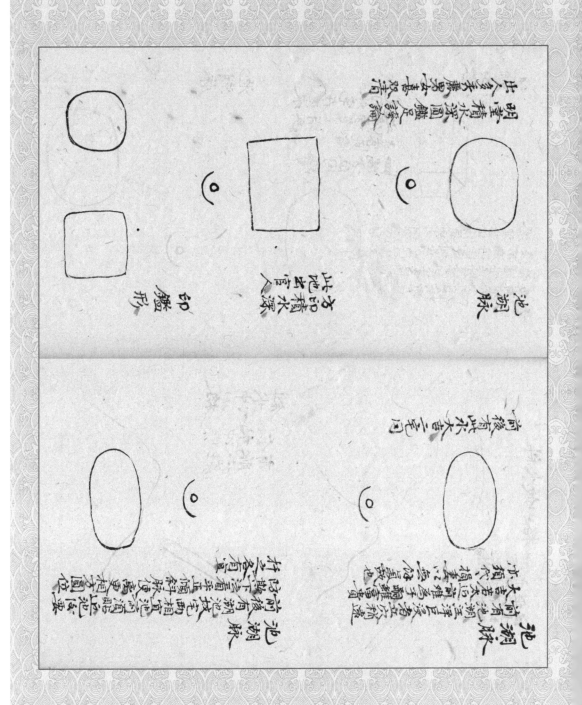

池湖凶格

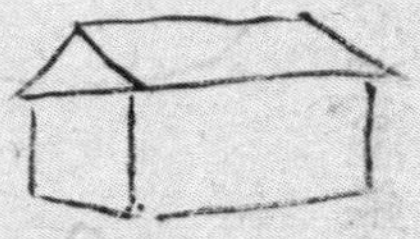

凡內外宅在池水之偏旁者主有殃死客死者

四隅方位同論

灣池若坐偏氣脉不周主子孫多不孝刑獄更相牽○又曰凡灣池塘水在塚後偏斜主子孫不孝及有獄死○又曰坑坎皆不十分吉

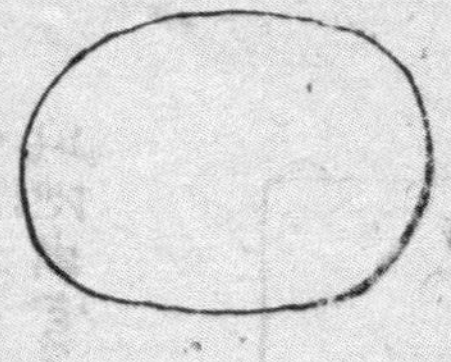

池湖脉

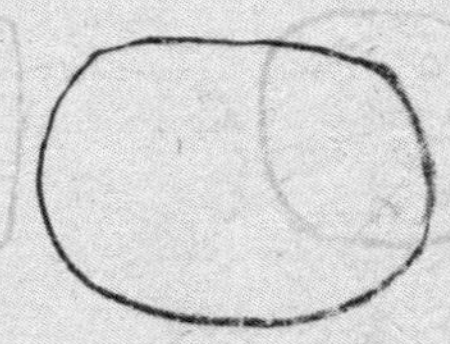

橋梁格

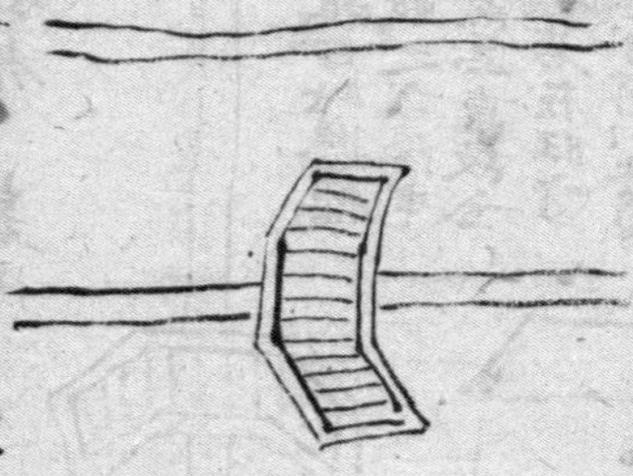

當門橋來直沖着此為大凶惡○主出瘟病孤寡人口不寧 墳宅大凶

蔣大鴻曰此亦橋在衰敗之方故也若在旺方反能召福不嫌朱雀

橋梁格 青龍之上有橋橫頭水任君安

橋應論方位合元不可但云青龍

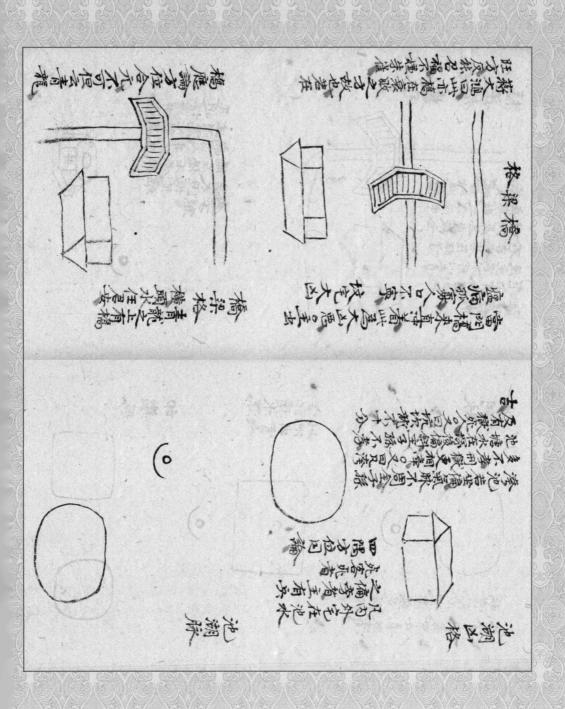

橋梁格　墓同

蔣大鴻曰此應橋在衰敗之方陽宅以洩氣為重故全不吉也若在旺方反主吉不可以青龍白虎分吉凶也陰宅橋輕

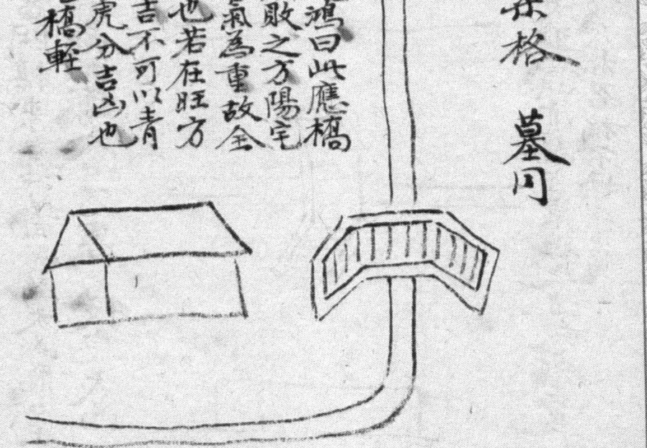

凡近塚有井者主有患心腹及病目人井不分偏左偏右前後若太近塚側難為子孫

直流水格

直水水無灣兩旁不可安全然無氣脈到此不須看

直中取灣格

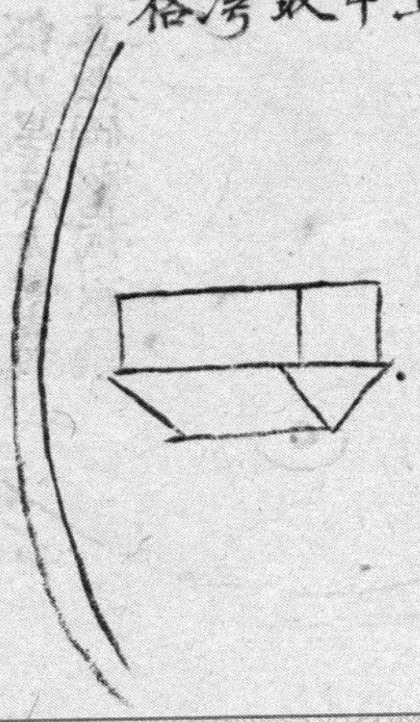

直水地居灣其家反得安

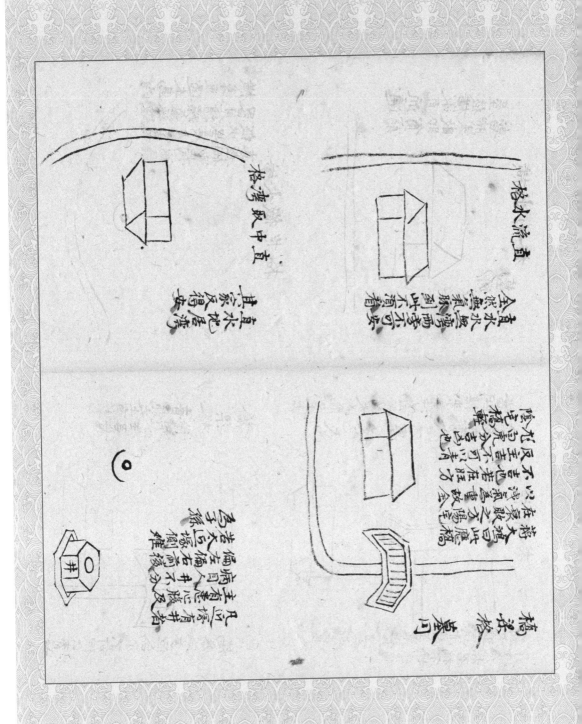

橫水凶格

墓同

屋後橫水直流通
暫時未敗即貧窮

橫水微抱格

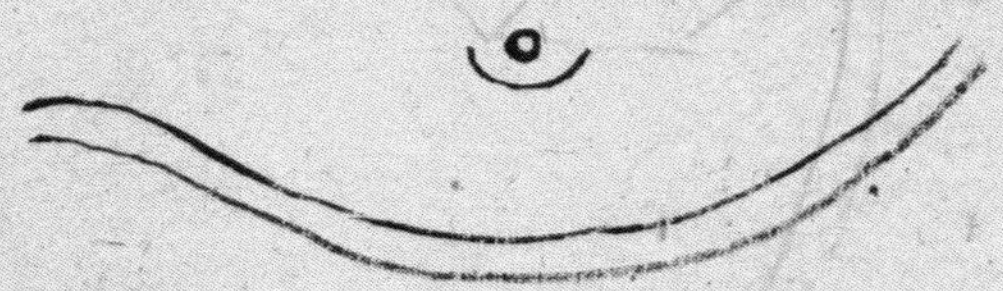

橫身直過本為凶
畧見灣環氣脈鍾
縱少星辰占富貴
喜無傾敗損家風

明堂橫過水格

宅同

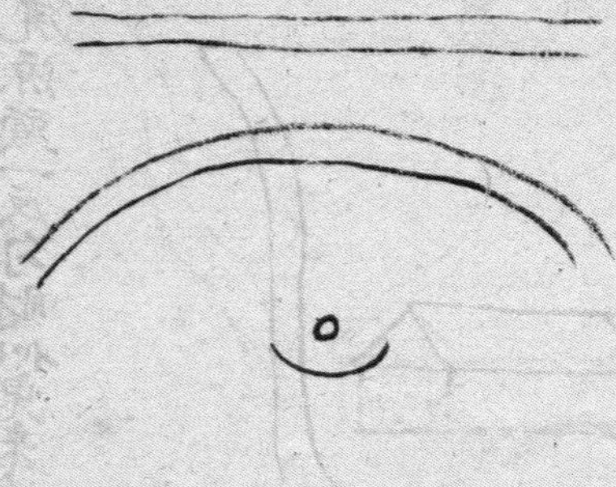

內圓外直取內作吉。凡橫過水不
牽不掣不斜不側不反不飛乃作吉

明堂橫過水格二

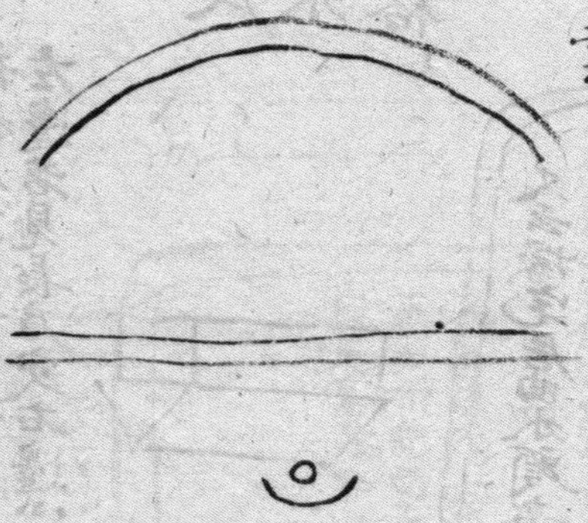

貼体硬直內氣不鍾灣弓外抱隔遠
無功

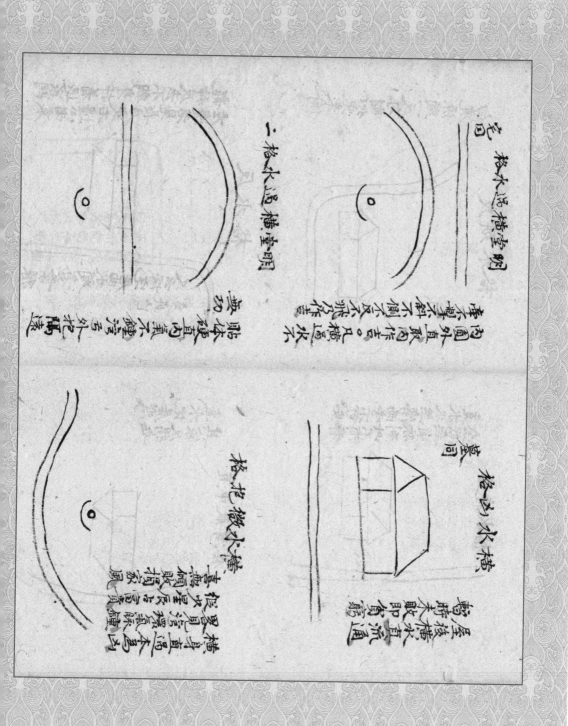

反跳水格

墓同

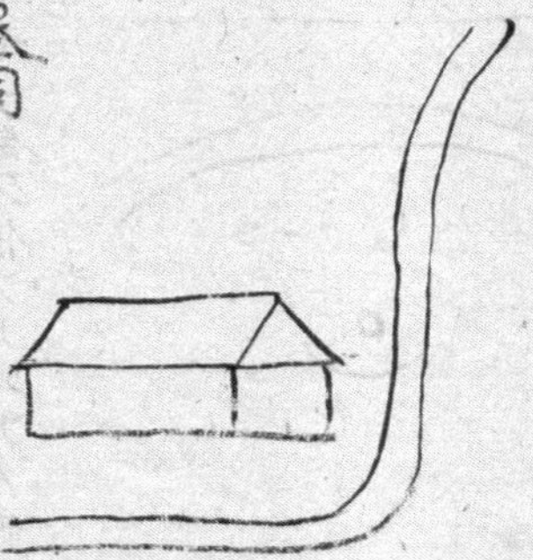

白虎源頭一反勾財似鬼來偷

反水格

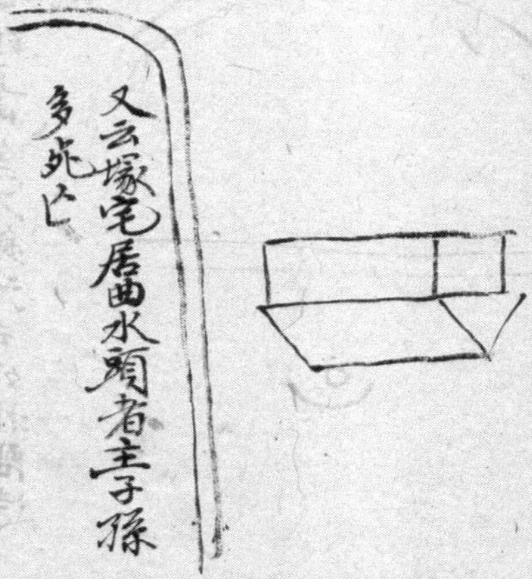

龍神反去不朝身扦着退家門左邉若見長房灾右邉小者哀

又云塚宅居西水頭者主子孫多死亡

反飛水格

墓同

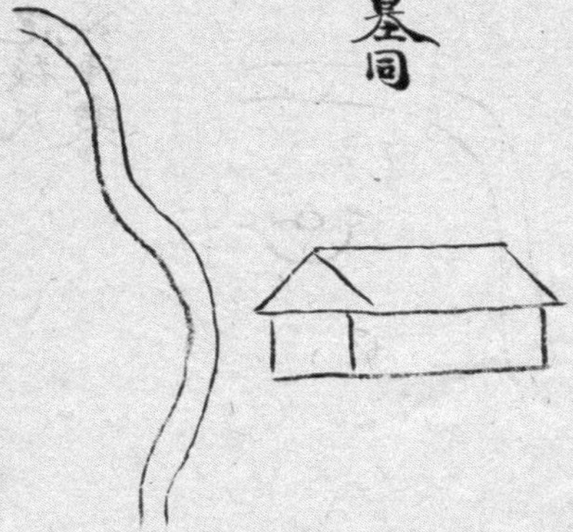

青龍頭去反如飛家破及人離

拖脚反水格

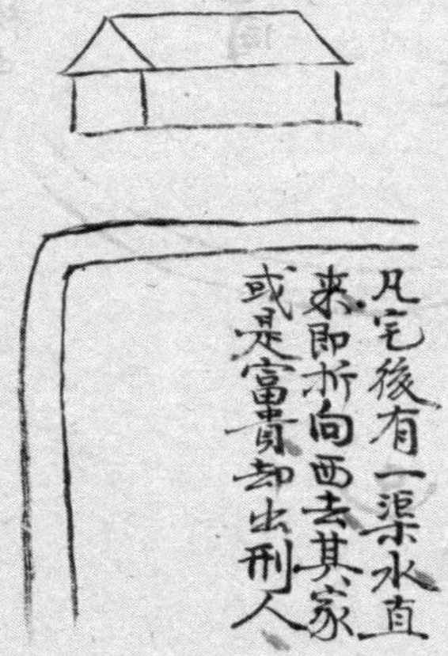

坐後轉身作土星其名拖脚更須論吉無曲勢何能發穴若偏旁愈失神

凡宅後有一渠水直來即折向西去其家或是富貴却出刑人

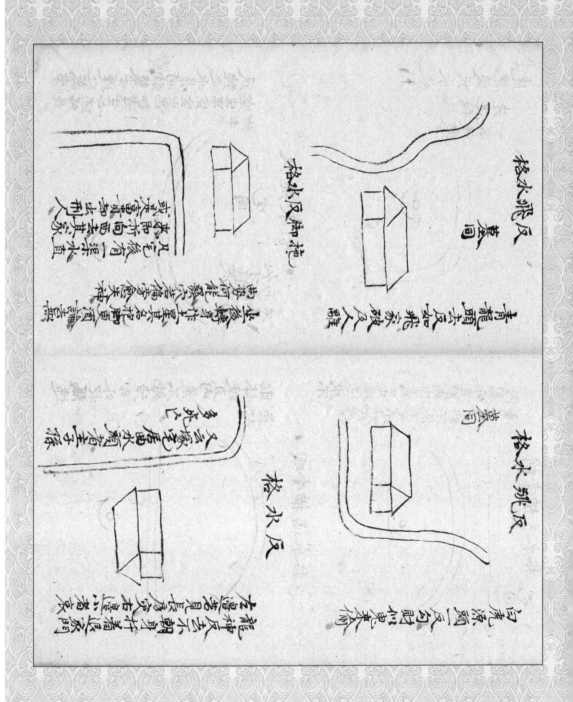

先抱後反水格

先抱後反
一發便衰

反跳水格

宅同

水才過穴
而反跳一丈
不值主凶

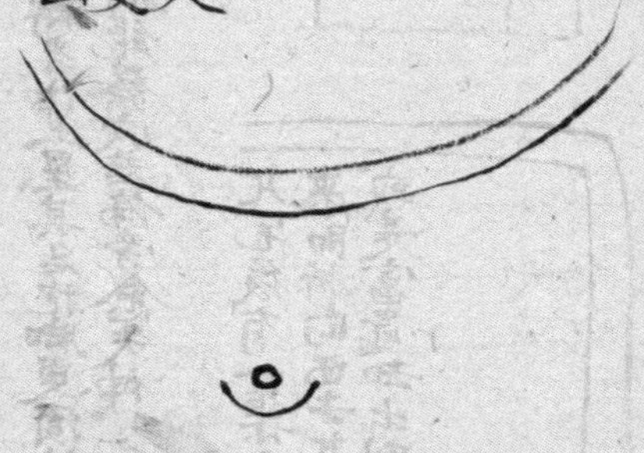

反跳之水是回胸墓宅逢之萬事
空生男定空少忠和孝生女还歸夜
柳中

反弓水格

水法似翻弓背之必有凶
出人多狗性悖逆亂家風

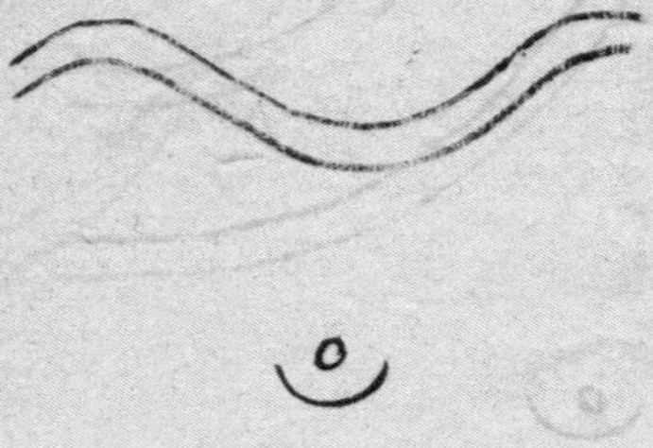

捲舌水格　墓同

水如捲舌最愚悲退散人丁最不宜瘖啞
之人端的有時常攛唆是和非

後雖遠
抱而左
手反去
所以吉
中有凶

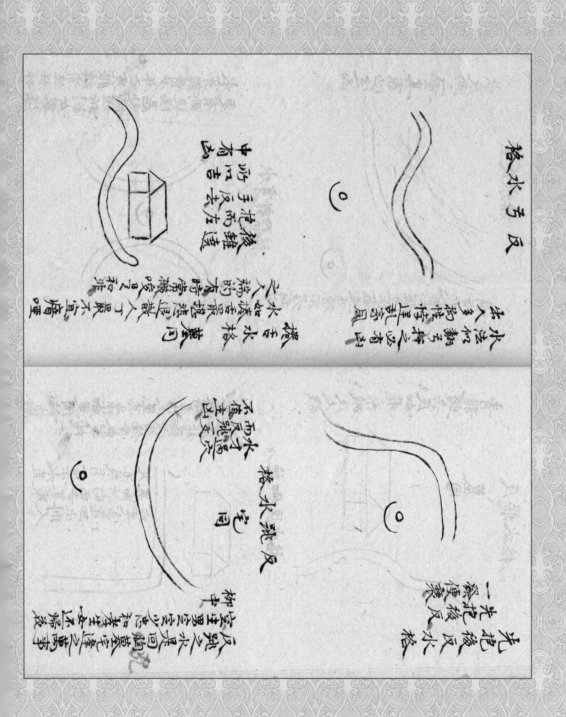

重反水格

水反兩三重其家必定凶

前有兩水流向傍边出者主子孫不孝殘疾

水穿龍臂格

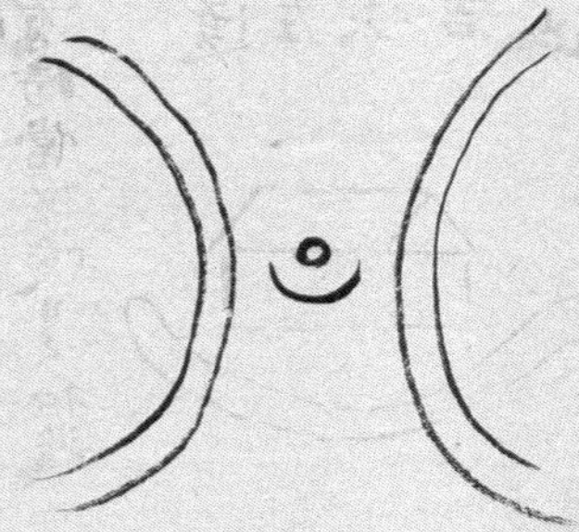

水穿龍臂少年亡虎眼綫流生禍殃、更有兩边墈忌处墻垣祈割女男傷

斜飛水格

水城斜走去如飛兒孫主窮極家業漂零難保守人丁漸、稀

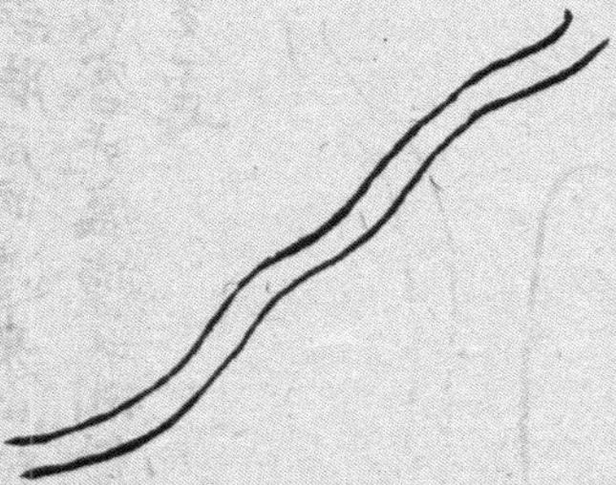

斜飛水格

白虎一去反無情離鄉徒配人

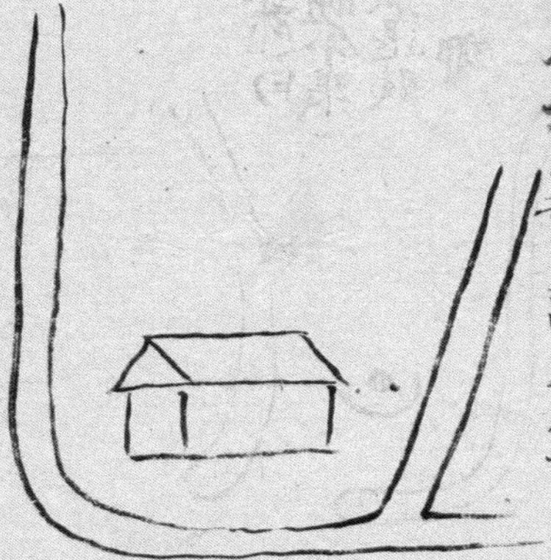

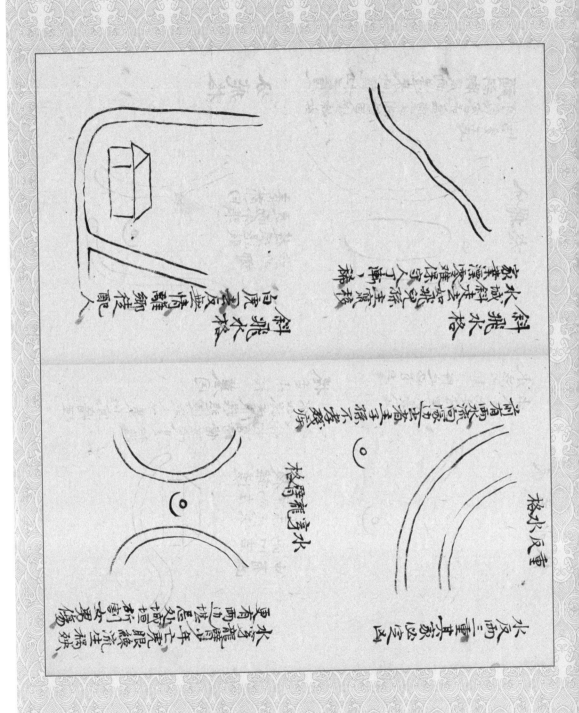

分飛格

頭斜脚反兩邊來此號杠尸宜之
可哀客死瘟㾮并刑獄更嫖婦女
性多歪

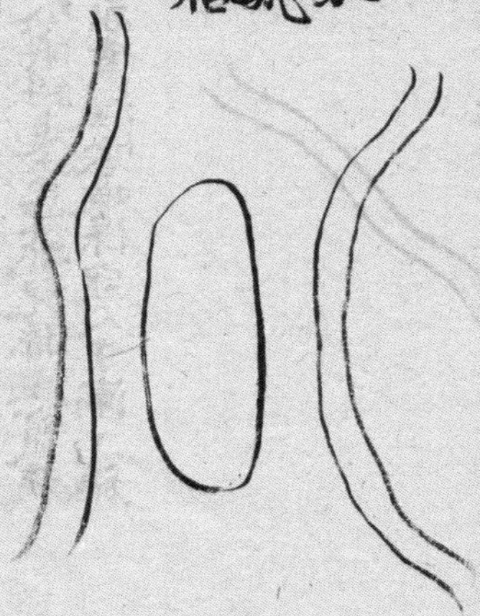

分飛格

青龍白
虎兩分張
徒流退敗
絶離鄉

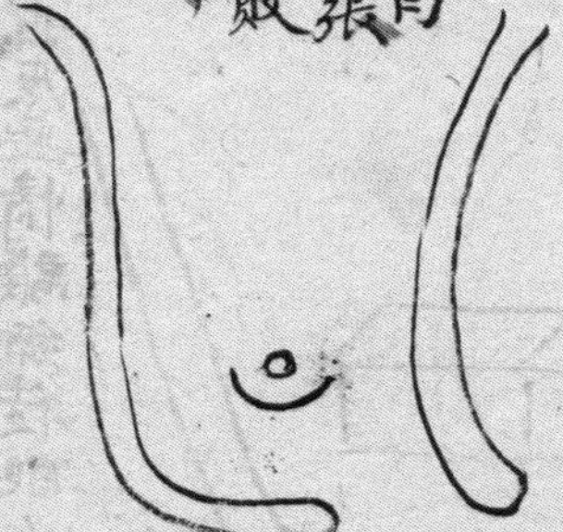

直衝漏氣格

左邊有河直冲來風吹散人財

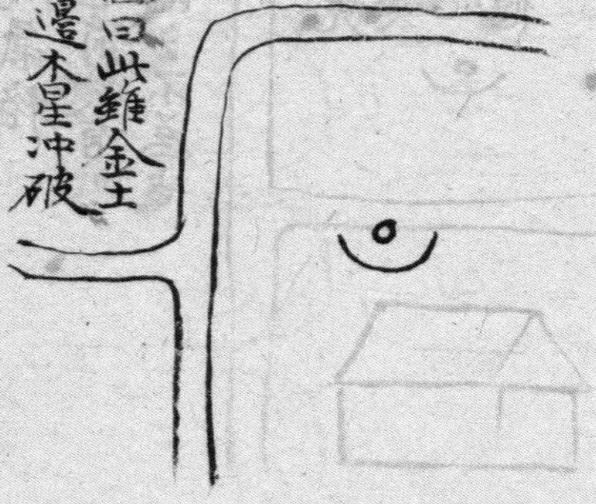

蔣大鴻曰此雖金土
城爲左邊木星冲破

同上

右畔通風水直冲宊禍又逢凶

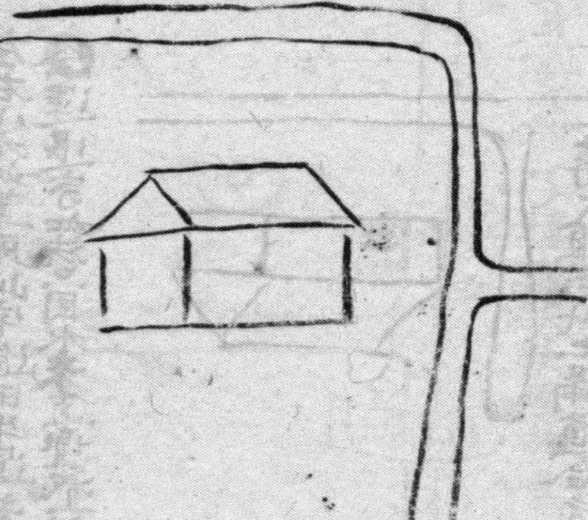

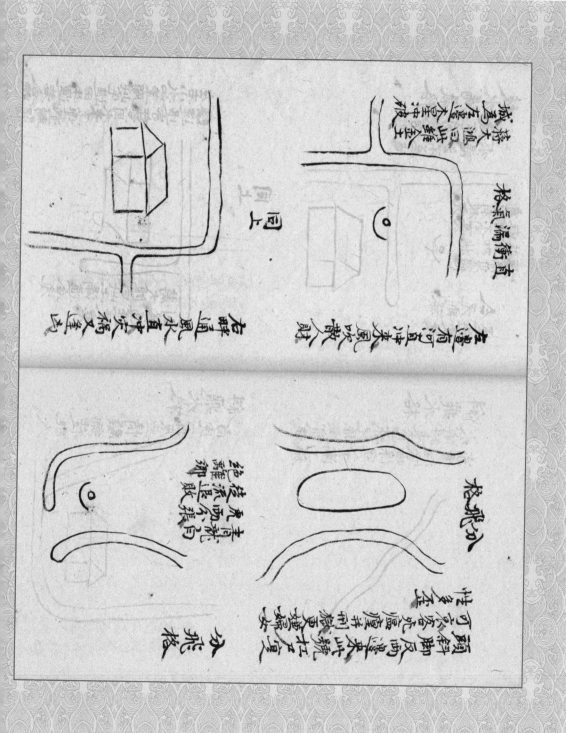

枝水漏氣格

故宅前後有此
水漏之不為吉

直水有枝兜
旺時不用憂
若然加一抱
福祿自優悠

合元則發
運過便衰

同上

左右小水如筆頭
此宅進田牛
運若合時起
隆運退守如洗
回水來直境收轉即無憂

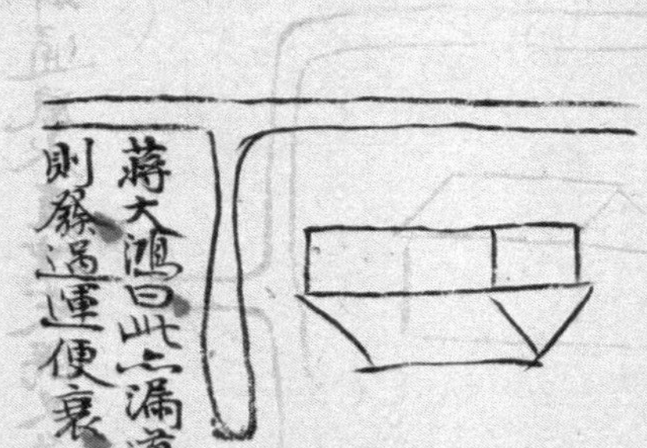

蔣大鴻曰此亦漏道合元
則發過運便衰

漏風水格

十字交流處處通
總然織錦也成空
莫將枝水為收束
浪打風吹無定蹤

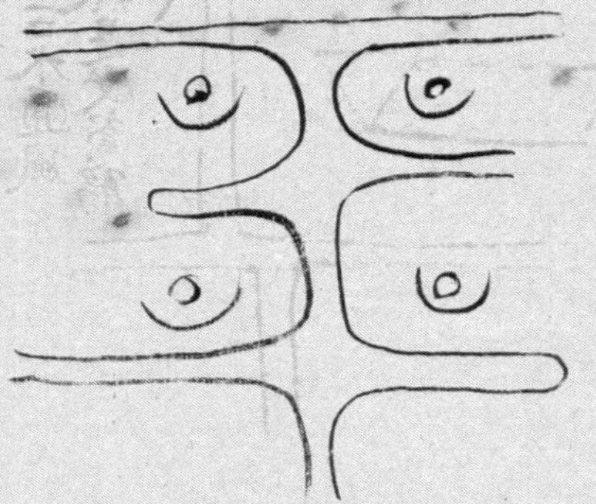

漏風格

漏風吹塚不堪觀
子嗣應知夭壽看
後來穿窬夜行子
橋欄雖阻豈能安

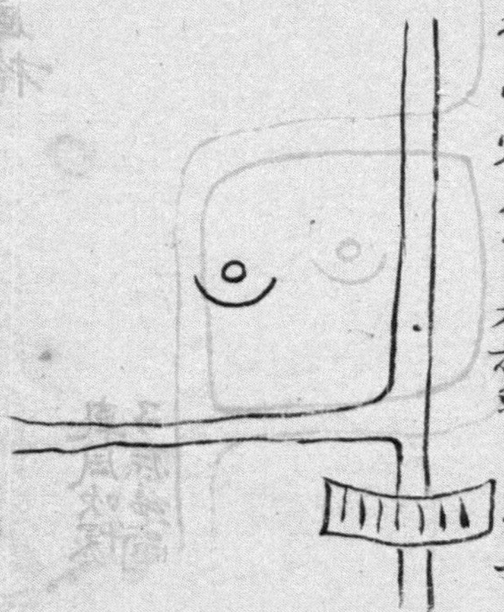

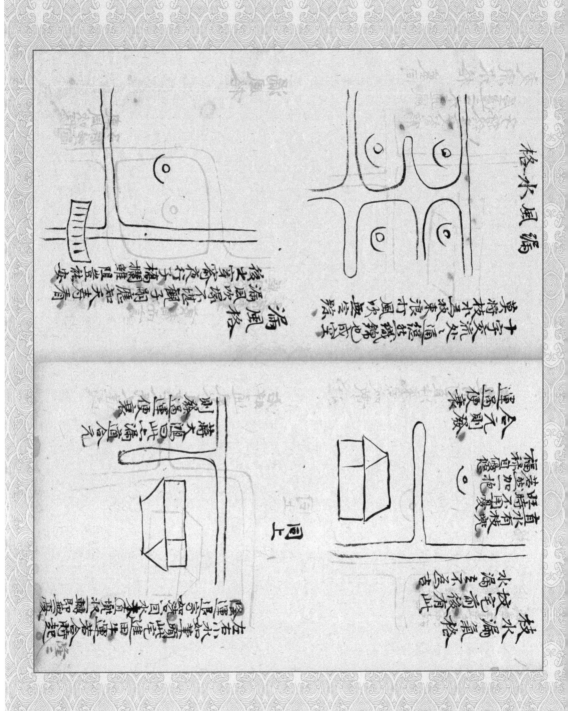

交流水格

屋邊二口水通風　墓同
子孫終是受貧窮

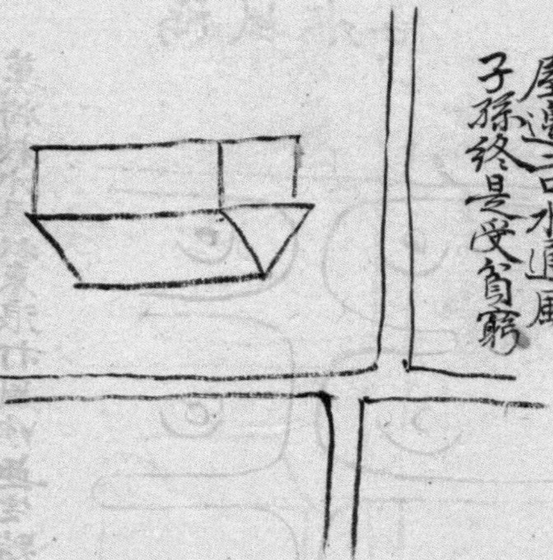

漏風格

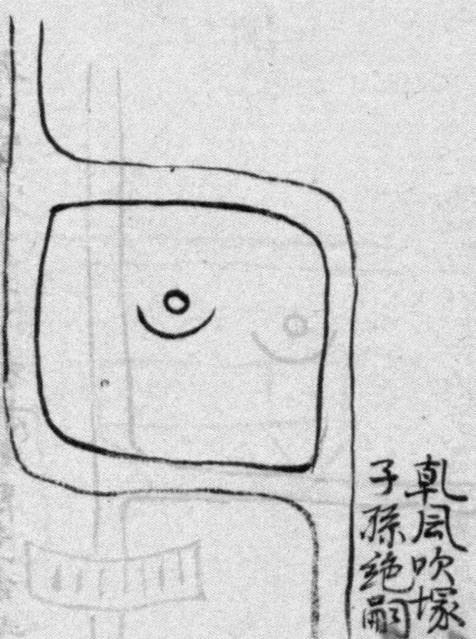

乾風吹塚
子孫絕嗣

巽風吹塚
子孫夆季

蔣大鴻曰此亦兼元運
衰替而言

漏風格

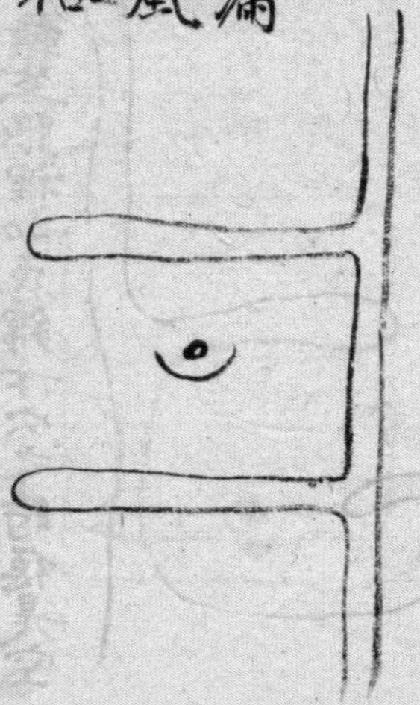

乾坤二風吹子孫主竄離

交流水格

水形似抱穿保交流全然無氣不用搜求
○兩水交流還抱穴漏去還消敗更兼分支作
交流一敗不回頭

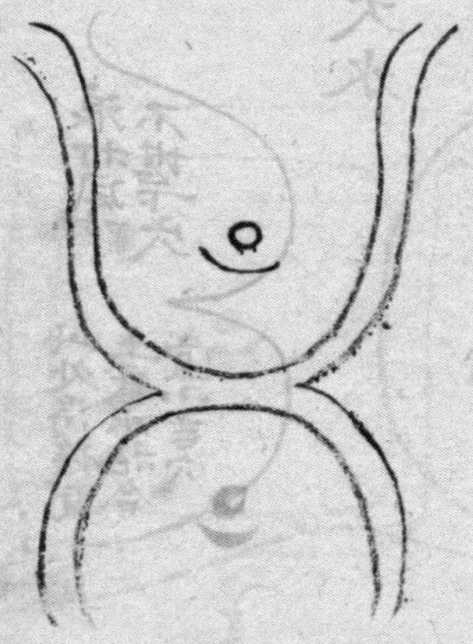

前有兩水若夾埏道交流主有殺傷死

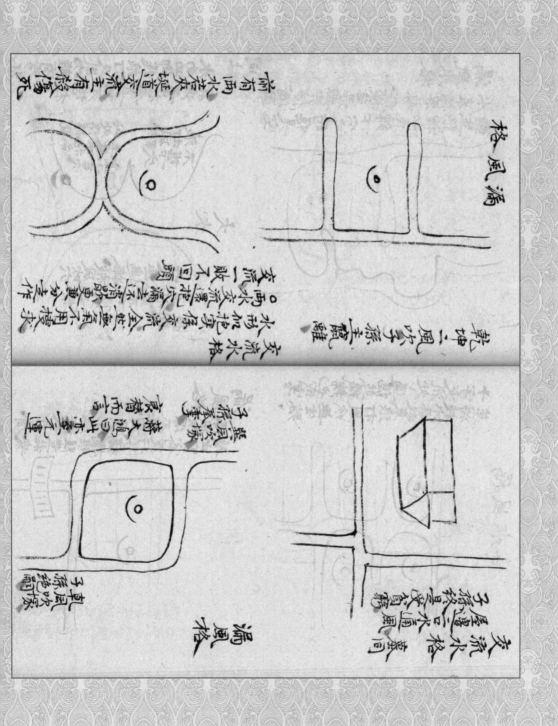

漏風水格

水來捕界勢縱橫　若是無兜便漏風
雖然眼裡如花錦　下穴之時總是空

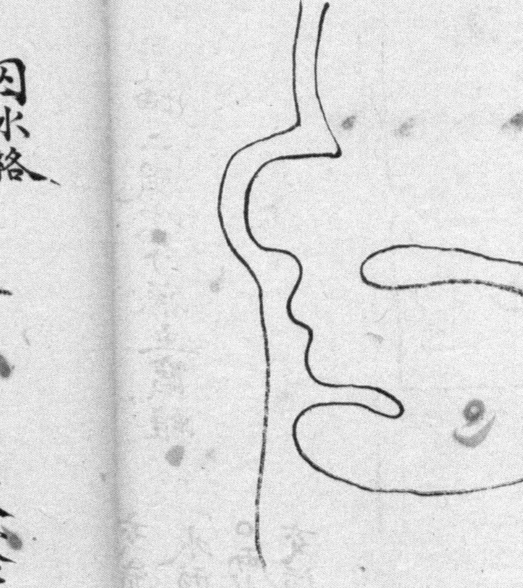

同上

水面四脚飛浪打及風吹雖有灣環并渟蓄憑無真結不堪棲

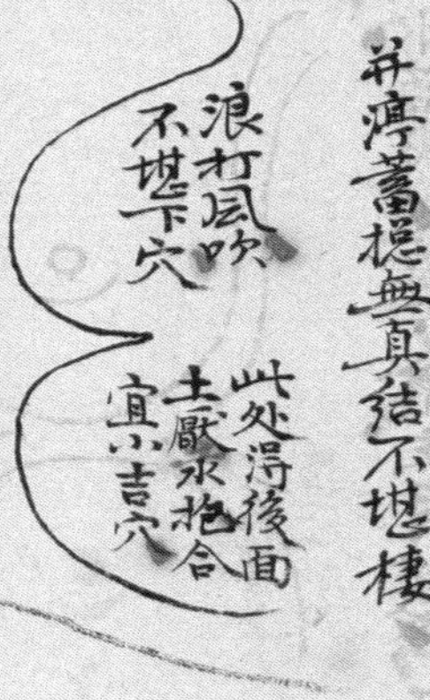

大水

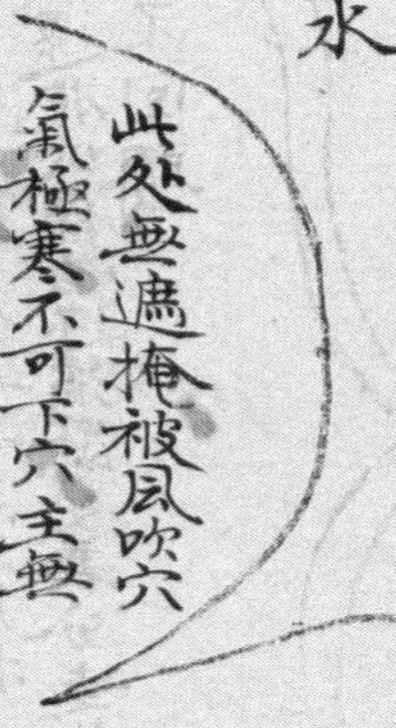

囚水格

四面水停流不久有灾憂心疼及腹痛水痼菜难救

陰陽二宅一發便衰至一代發福二代窮若不急移三代耗絶無收

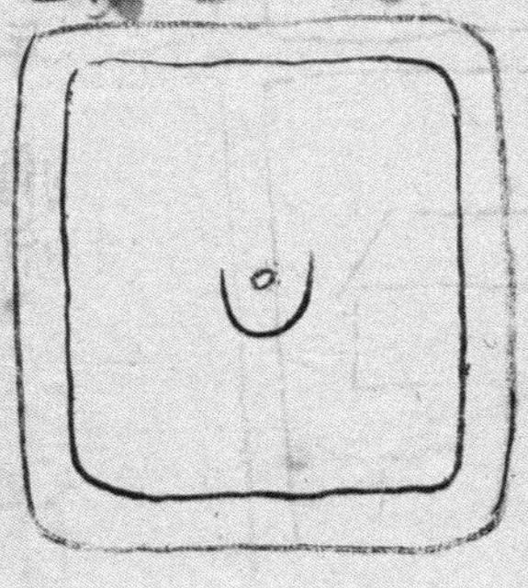

四面水同流　其名喚作囚　旺運之時才一發　運衰之日萬般休　吊角挨边猶自可　居中下穴更堪悲　時師莫訝棋盤上　下着將軍徊到頭

囚水格

同論

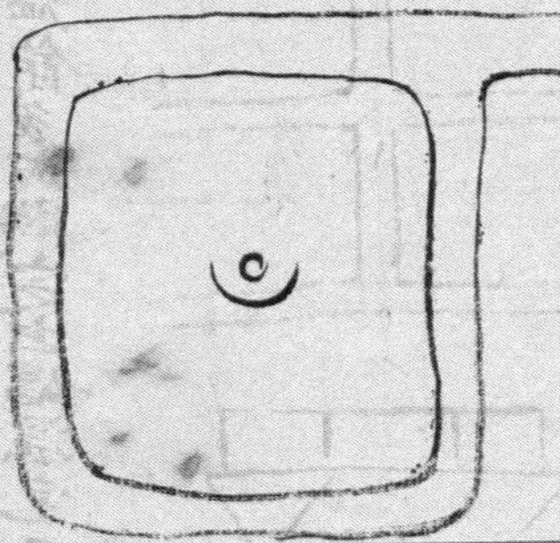

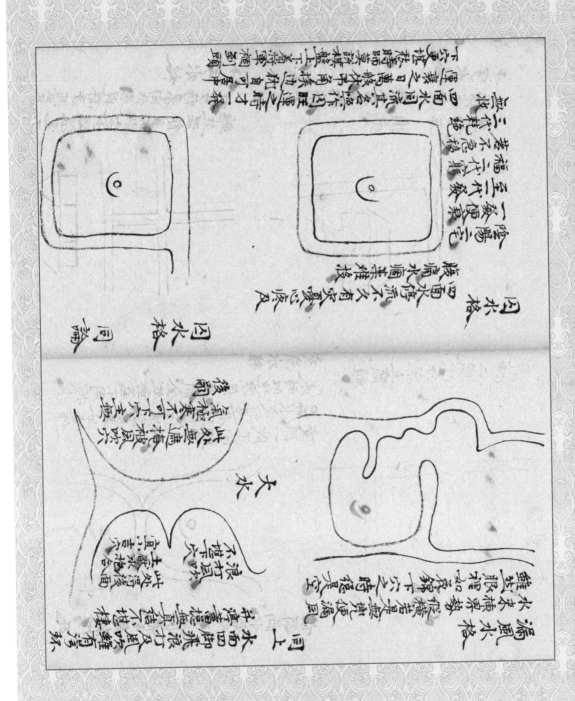

十字水格

此地不宜久居久居日漸消磨。

主人口年、癱病

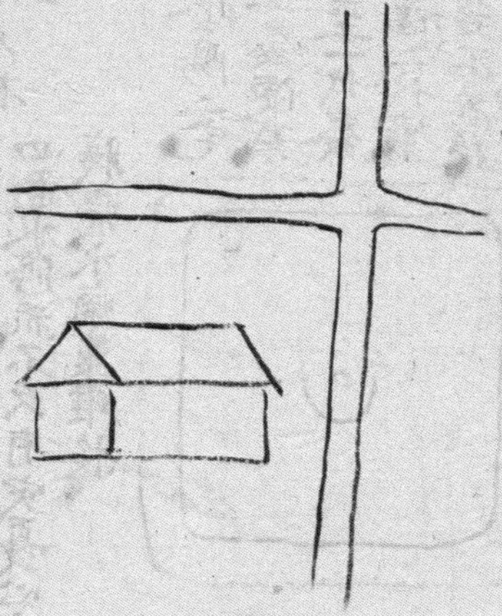

十字水格

十字行來向住居兒孫手藝只宜屠

雖然溫飽多成敗定出娼淫宅已虛

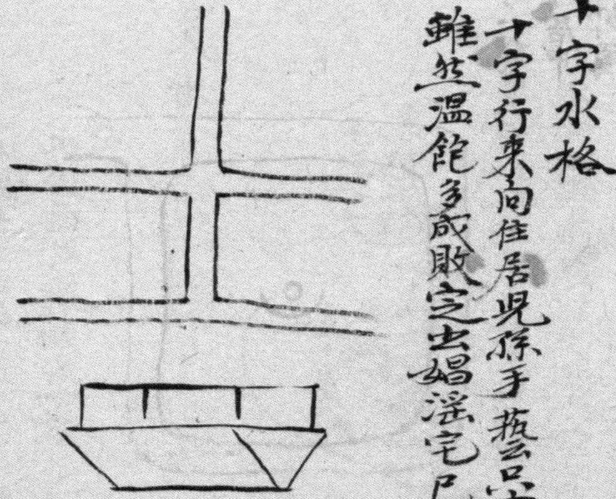

十字水格

宅後青龍十字河

風冲鬼病磨

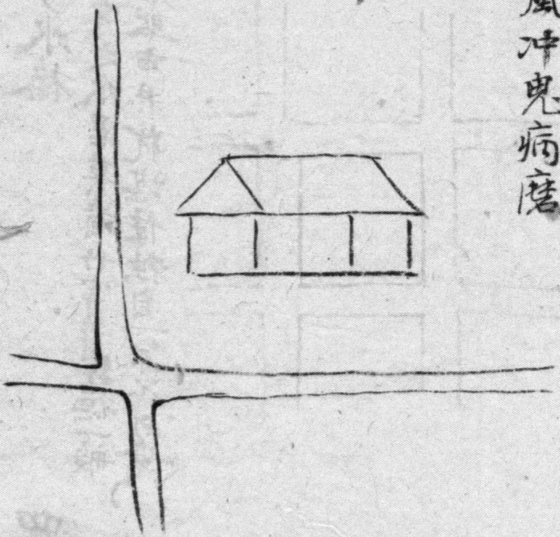

廿字水格

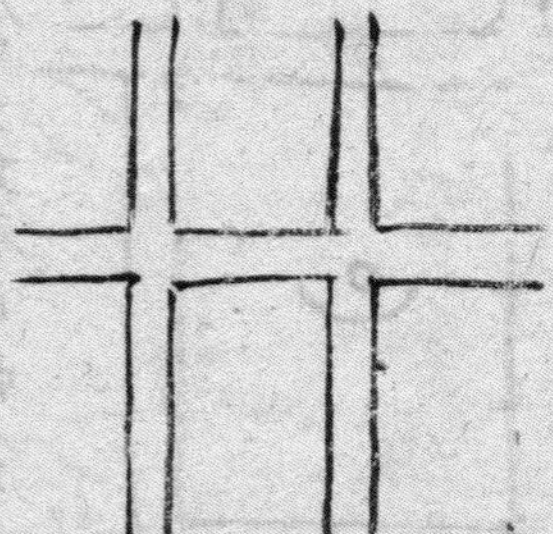

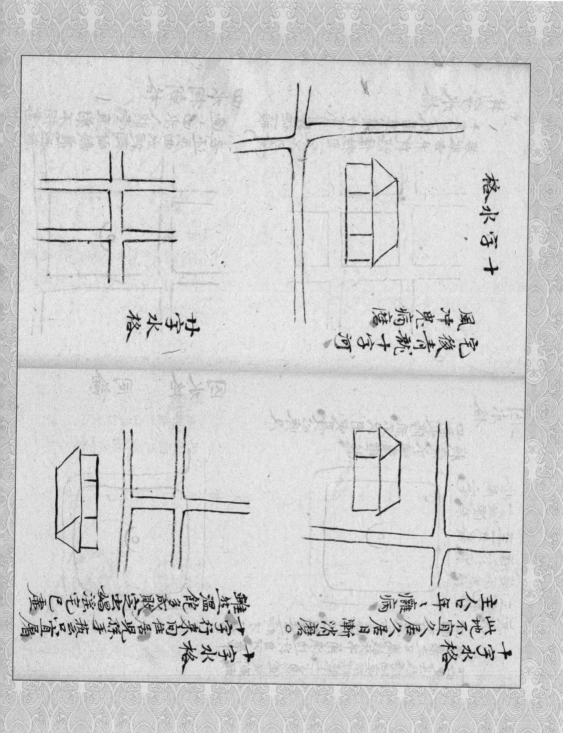

井字水格

十字之水君莫看　廿字井字揔一般
若然市井猶堪住　獨自一家不可安

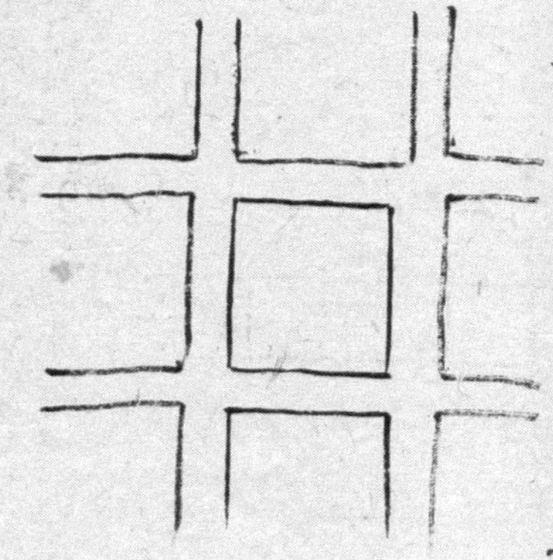

四水相朝格

迫迫四水入明堂　直射不相當
若还屈曲水迴顧　財穀應無數

箭射格　墓同

箭水射當心　飛來大禍侵

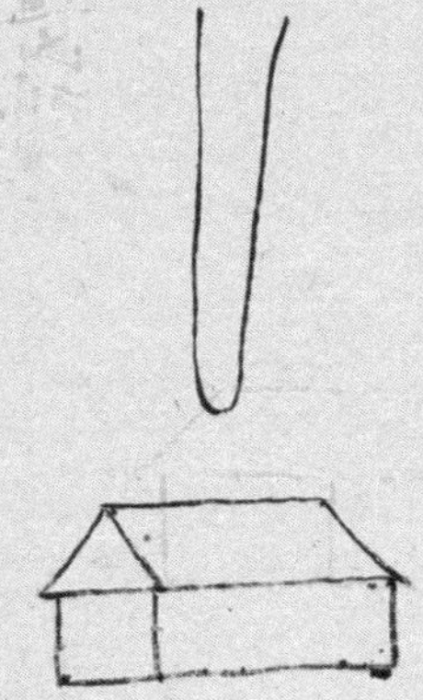

枉矢水格

穿心之水又斜行　上應天文枉矢
星刀箭加身死　兵賊更兼自縊及
官刑

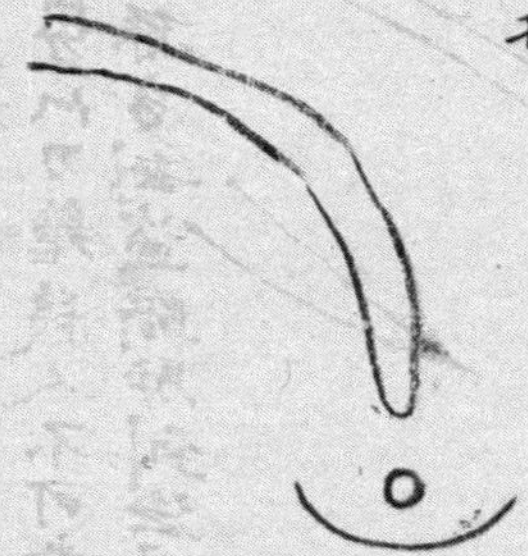

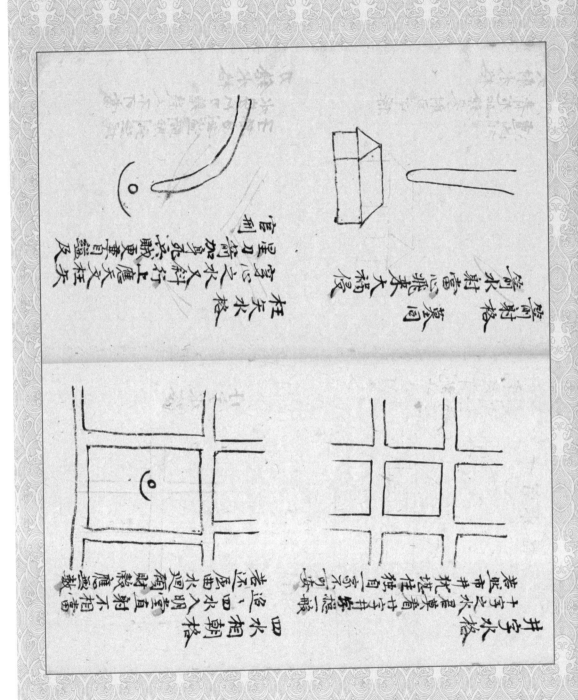

尖射水格

青龍如鎗來射身兒孫
遭凶刑

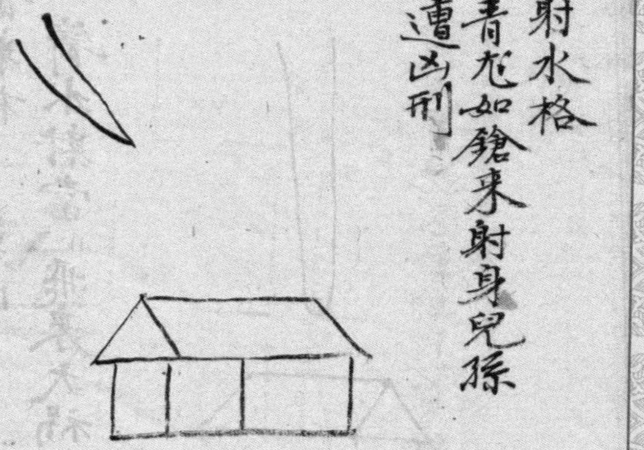

刀鎗水格

水勢似刀鎗殺人不可當
子孫多刦盜騎馬到法場

鎗形格

面前之水若尖鎗此地見凶殃

大凡坐穴看後先前後形吉任君安
四畔如刀來射穴此為凶煞退田園

尖射格

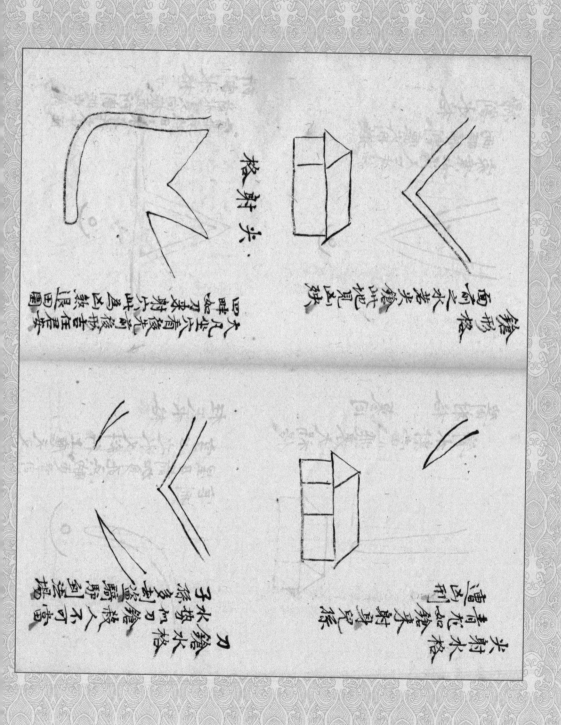

掃割水格

兩畔掃割爐火刑殺
家業如湯人口先絕

斫割水格

前水丁叉向橫直斫割此中識
官非兵盜日日来身作火中灰

衝射割斫格

滔滔流水直冲来認取灣灣倒處裁
不怕吉星并合卦相逢立刻見凶災

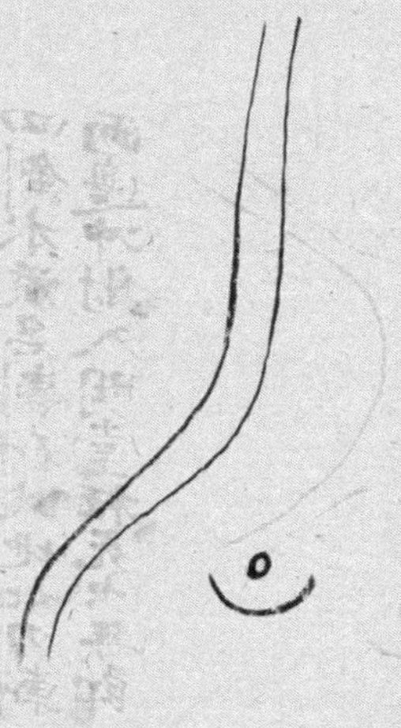

斫割水格

宅同

刀劍攢攻
斫割形此
故一葬主
伶仃男女
死亡無救
助投河自
縊賊軍刑

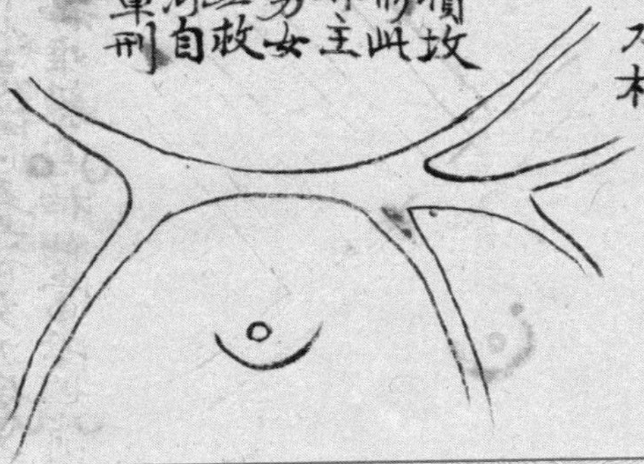

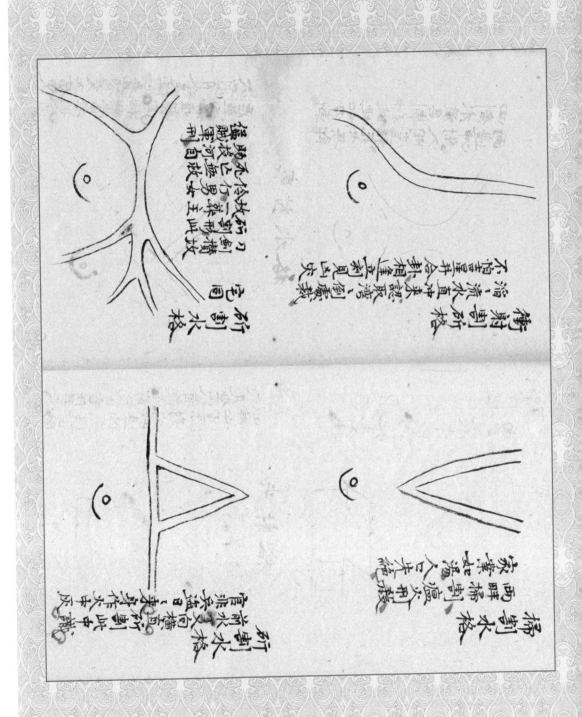

四劍水流名割砍此地如刀斬
兩邊冲射入明堂枉死少年郎

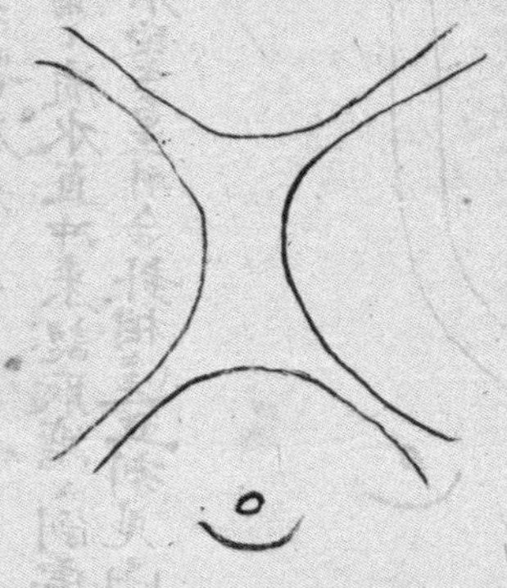

衆射水格

穴前有水是傷心叠直箭交加害更深
恶煞凶神难躲避神仙當此也消魂

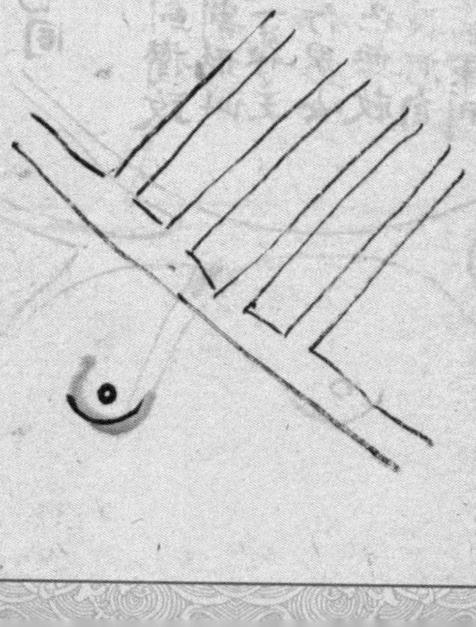

水破明堂格

水破明堂家長难當若不
急移疾病死亡

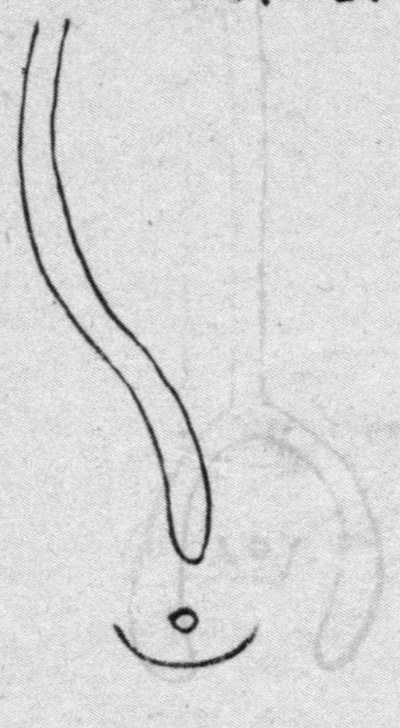

明堂開口格

此水入明堂開張去直長臨之皆
尖射刑獄并瘟癀

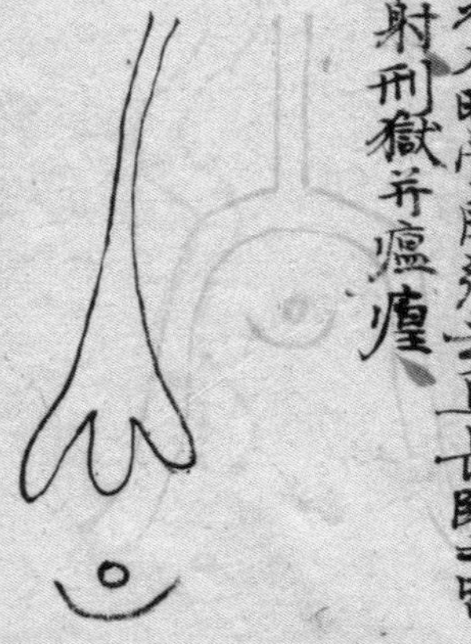

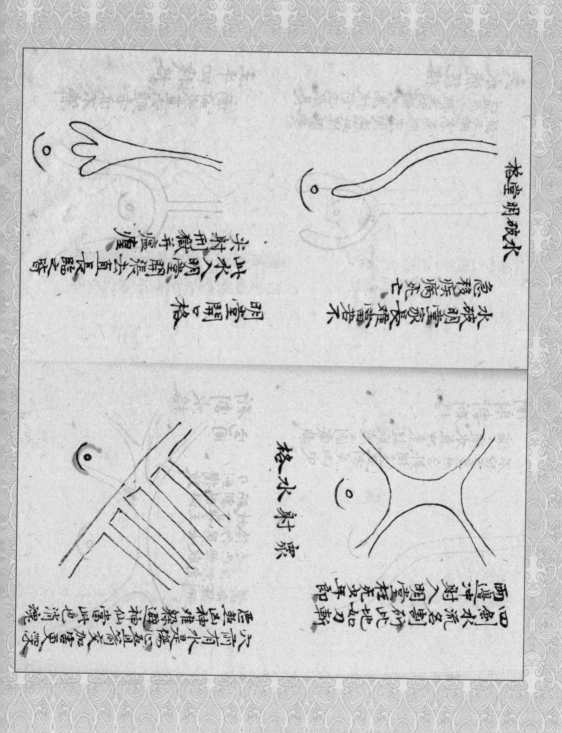

去水流泥格

流泥穴裡主離鄉只為坟前去水長
説与時高着眼不須憑此悞賢良

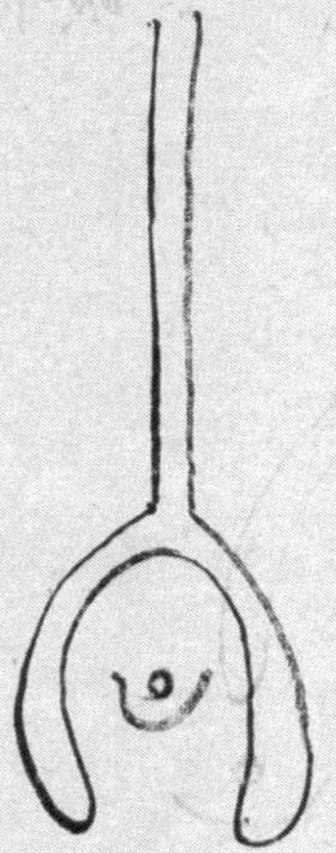

土牛四拽格

面前水直去雖吉亦不濟

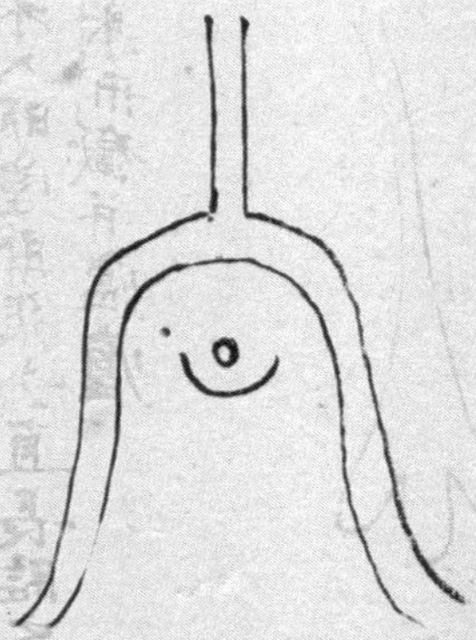

牽動土牛格

即去水流泥格縱有外邊繞
抱亦主離鄉退敗不吉

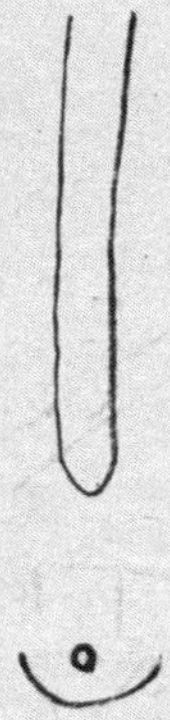

之元水格

明堂曲水如之元土牛不動穴可扞
葬後其家大發福子孫富貴出天然

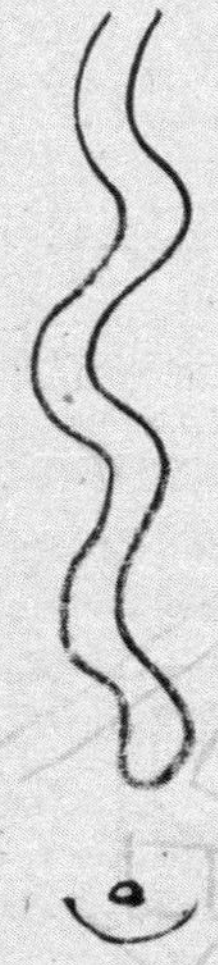

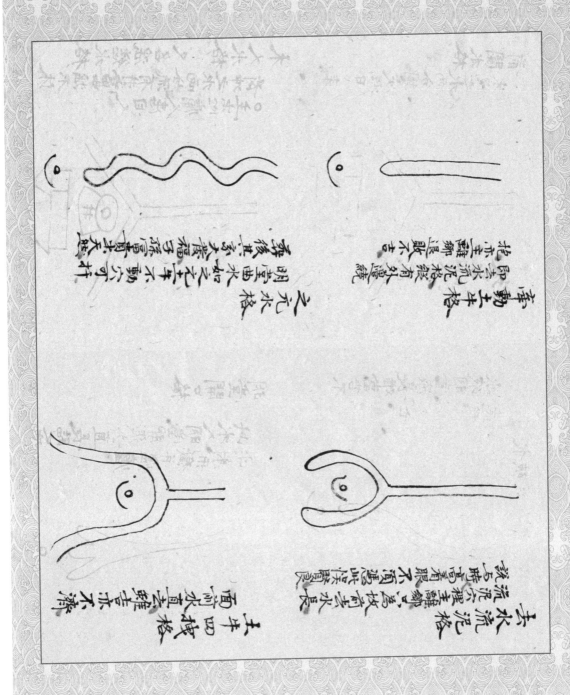

前關水格
朱雀之水两分關灾禍日〻来

坟宅有此主傷宅長

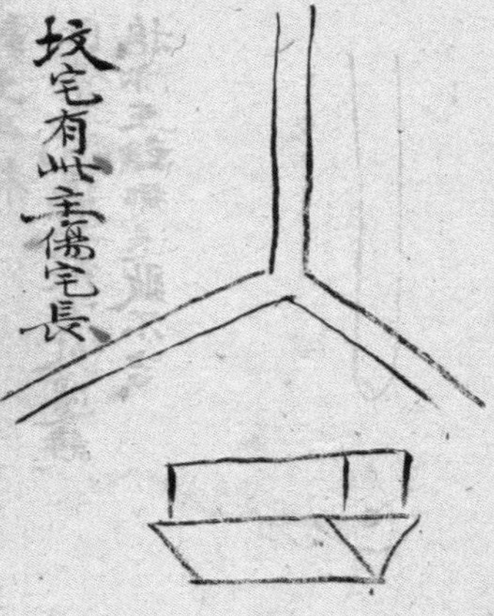

木火水格　又名淫慾水格
前冲之水两分流有井當中淫不休
○主心痛人患目人

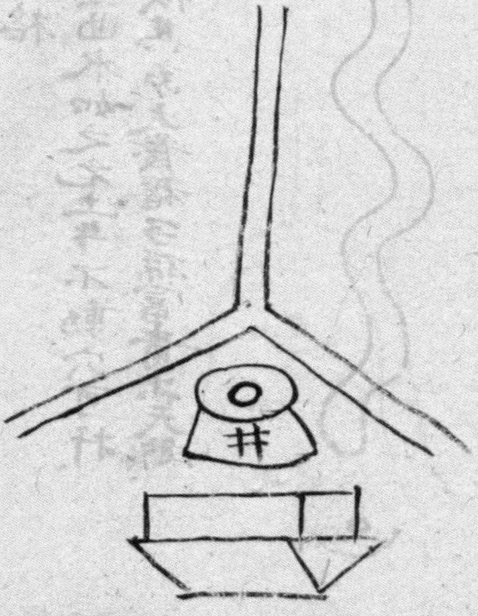

朱雀破頭格　墓同
主人口不寧財源虛耗

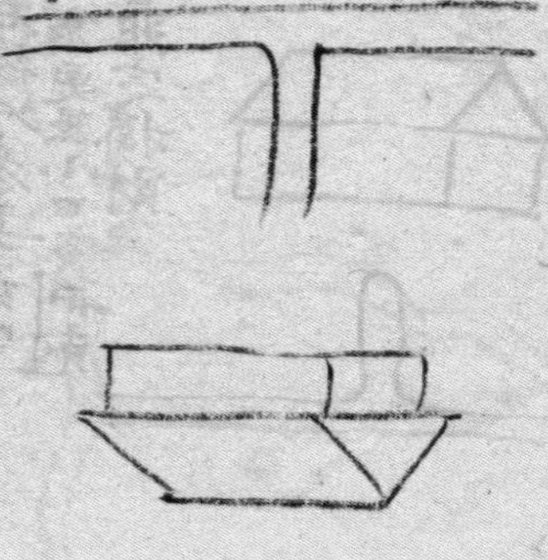

後關反丁水格　墓同
丁水損人丁後射不
姤寧偏側犹还可中
冲宅毋篤

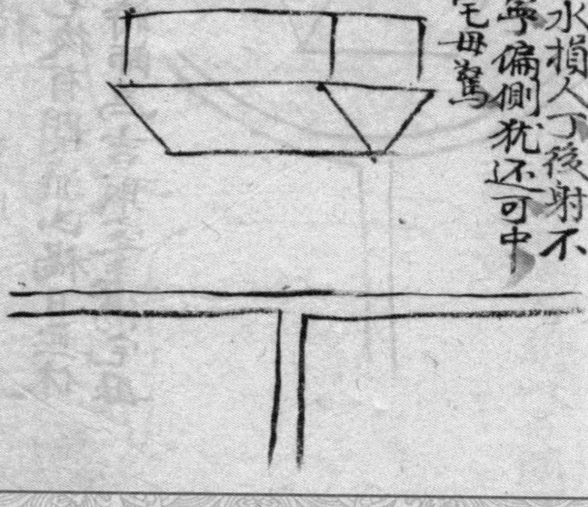

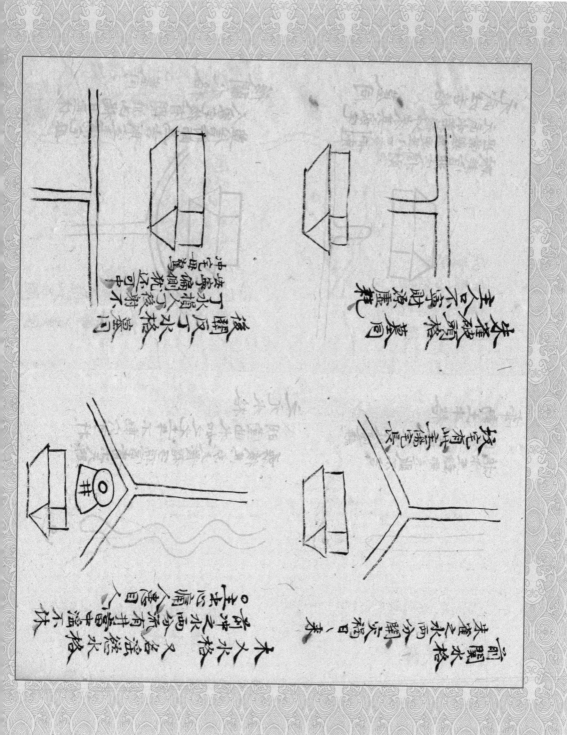

元武吐舌格　　墓同

元武水若後冲來其家宅毋常舉哀更兼小口多刑剋破耗官非定損財

青龍呑塚格

青龍呑塚不宜覩子孫疾病豈能安

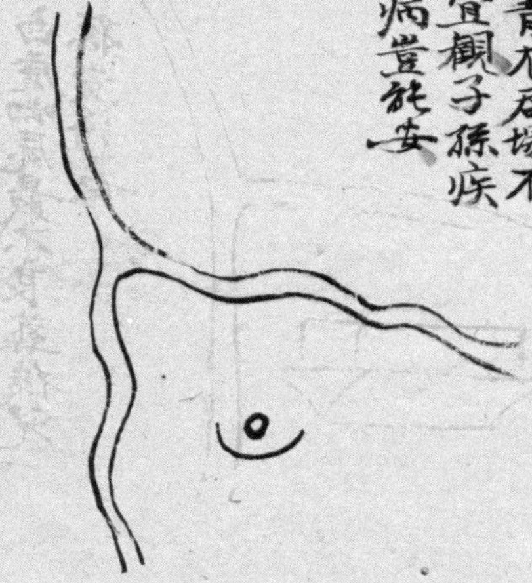

後關水格　　墓同

人家宅後有關流凶禍日無休莫信時師爲吉取定主傷宅母

鬭水格　　即青龍呑塚格　白虎同

一水直冲來尖砂兩傍鬭此名鬭水格墓宅有凶災

青龍多反逆子孫無良賊

○又曰青龍呑塚主人口頻見死亡

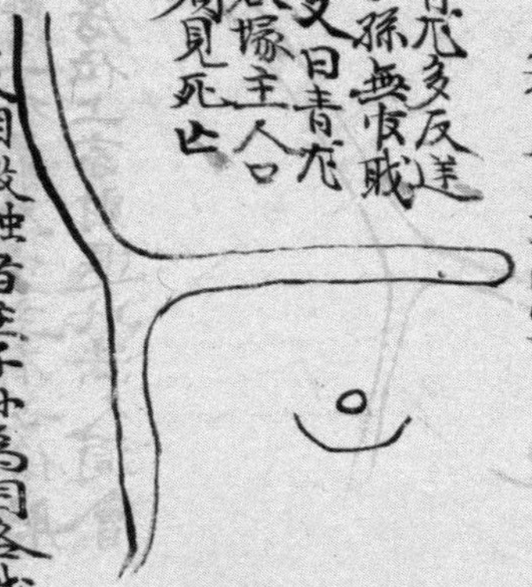

凡水相激觸者主子孫爲相格戰鬭而死又出拳字跛躃之人

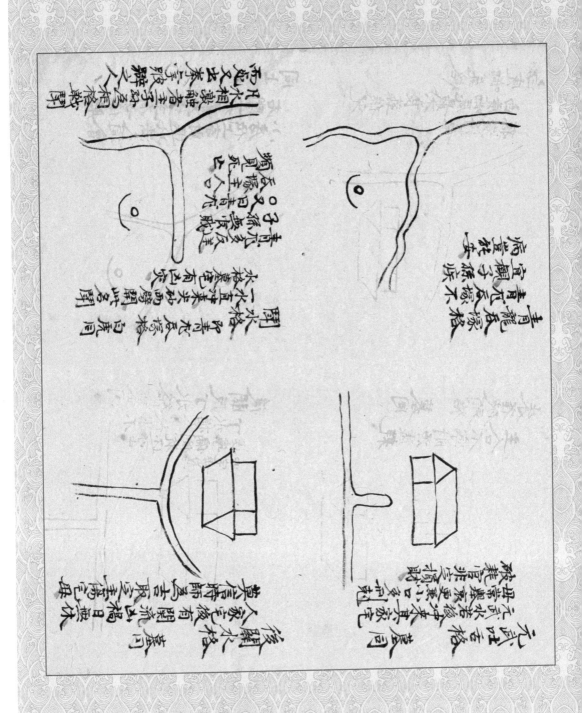

白虎啣屍格

白虎啣屍最不良葬後兒
孫豈得長

同上

右關一水最為災主有女傷胎
小房位上家財退此法人須會

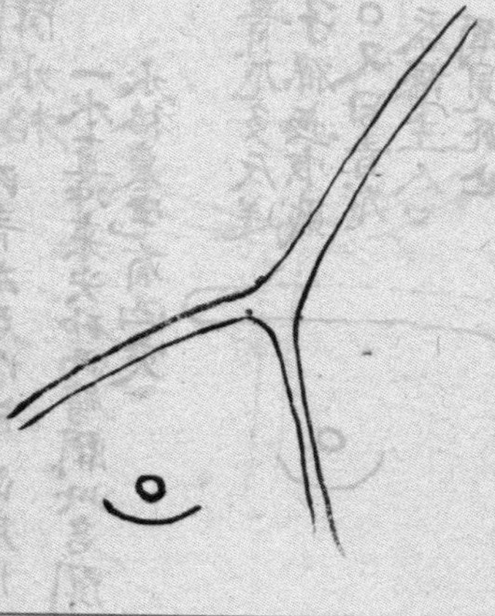

龍蛇吞併格

墓同

交加水射兩無情其家秋佔沒人丁

瘟關水格

前頭流水似叉斜退敗定無家
須知此地多瘟疫人死無埋骨

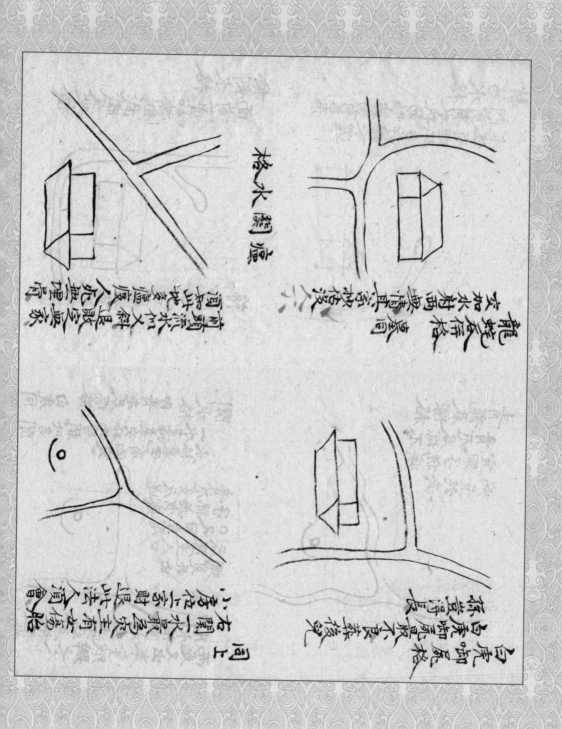

執笏水格

門前有水执笏形仕籍有名声
尤体有迴环方許錦衣還

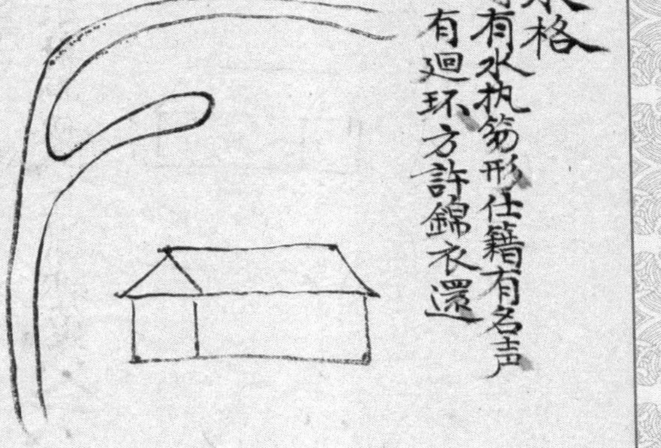

按劍水格

面前一兜如按劍武職及巡檢

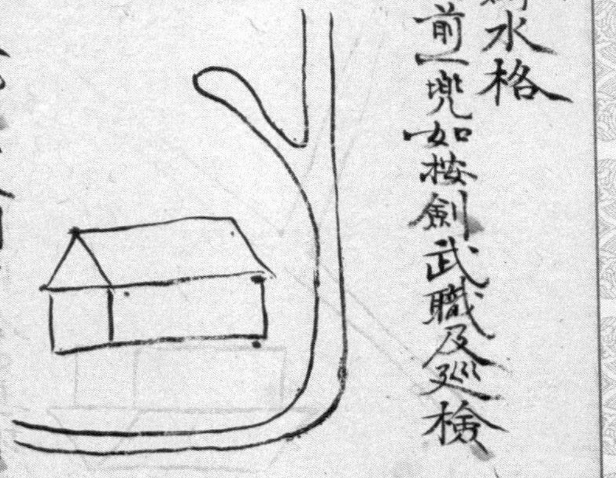

蔣大鴻曰小水圓者吉尖者凶

刀鎗水格　墓同

右邊池湖如刀鎗兒孫主殺傷

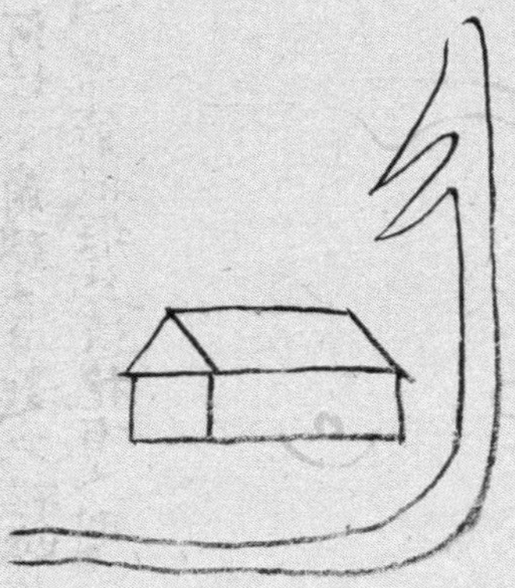

破碎水格

破缺見天星墓宅見憂驚縱些就
脉遠亦有禍來侵

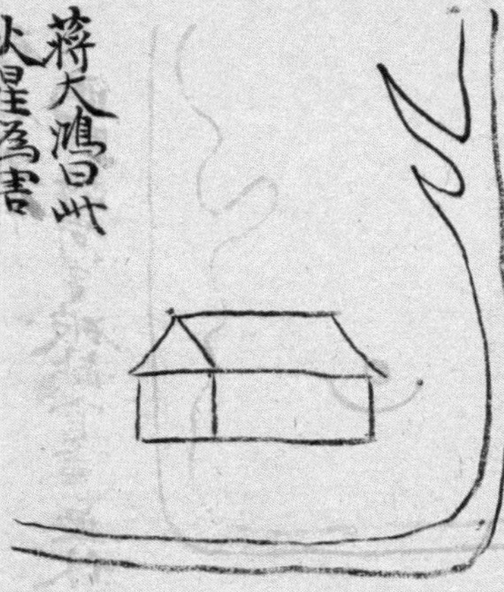

蔣大鴻曰此
火星爲害

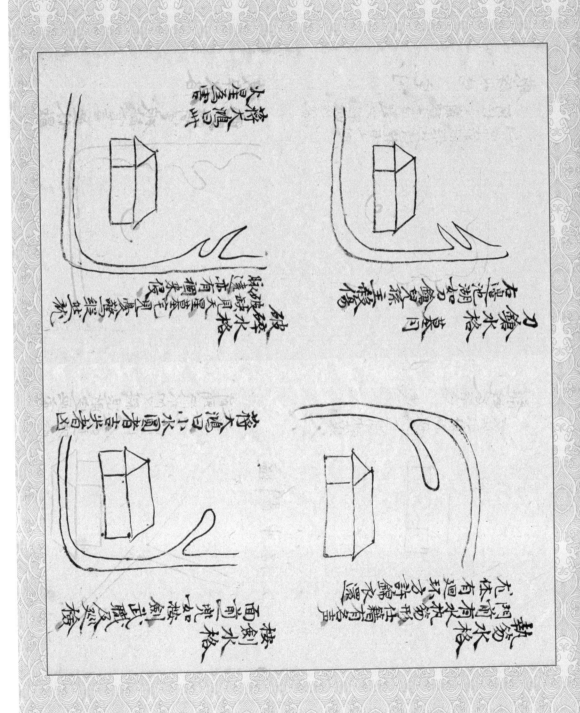

破碎水格　宅同

河圩多崩破家中起灾禍喚作金
鵝帶箭形從然遠抱有凶刑

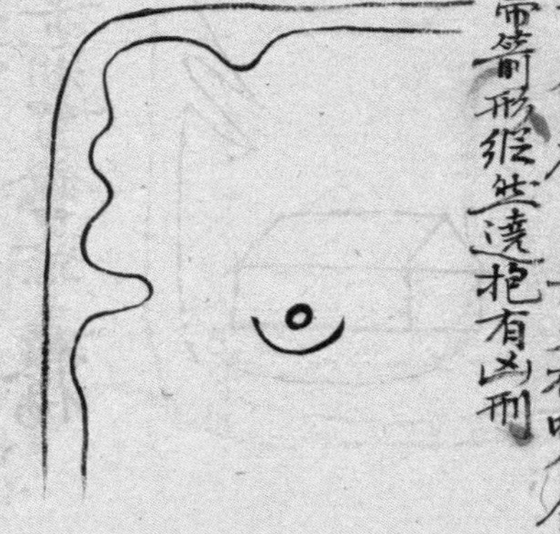

破碎水格

西畔圩河多破缺官事無休歇

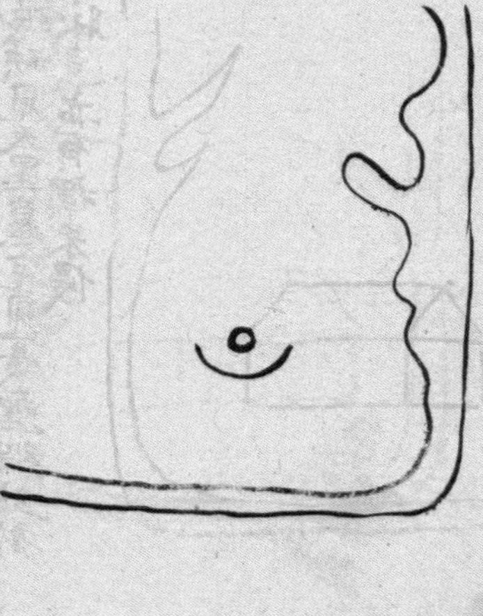

分背水格

塚背之水兩分流財散丁稀門戶休。
凡塚背之水分兩而去崩坑之水停
滯不流皆大不祥

同上

凡水四散去主產难死者子孫
衰弱伶仃不祛繼後

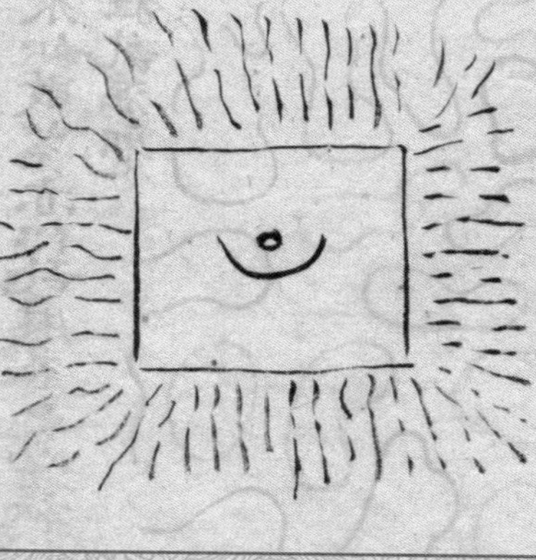

沮洳水格

沮洳之水半濕半乾積垢生苔泥漫漫如
蝦蟆背如牛鼻汗非水非陸杆之生患忌子孫
風狂刑神不旺水蠱腫脹惡疾羸尫

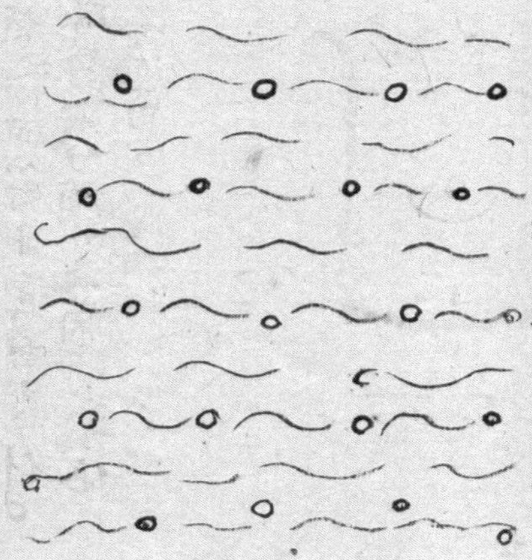

亂水格

水如敗絮亦似亂麻葬之必禍
狂亂淫邪

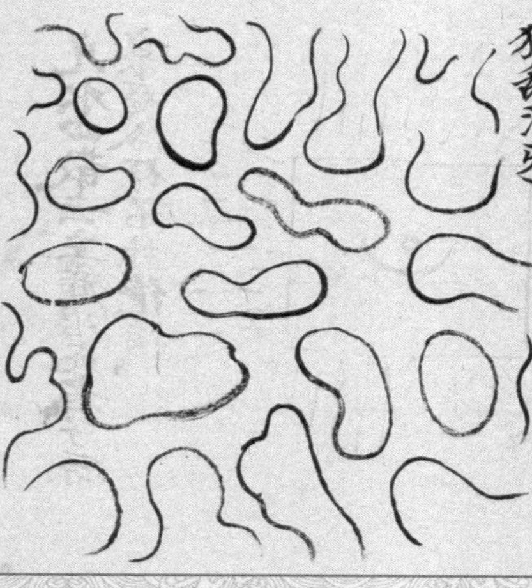

銅角水格

此水出師巫尼姑并藥婆亦能
傷小口氣疾并跏跛○水形似銅
角氣拘不寬廓尼姑巫覡及師
娘賣藥走街坊更兼氣疾跏跛
足小口多傷促

杪佔龍格

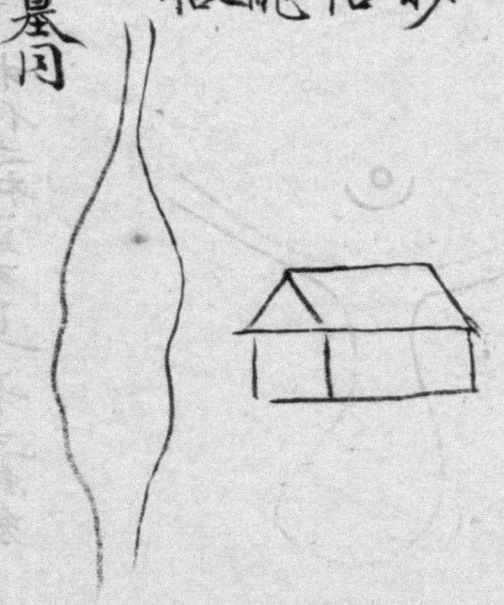

兩頭尖小中間大如蛇吞鼠難急下
馬腿牛蹄總一般出人杪佔家生怪

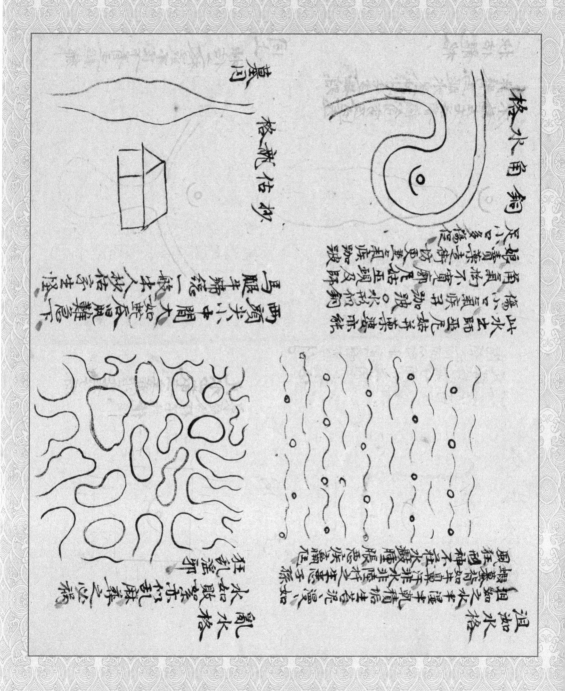

抄估龍格

牛臀馬腿水來沖抄估定知踪
不論左右并前後貧窮及逃走

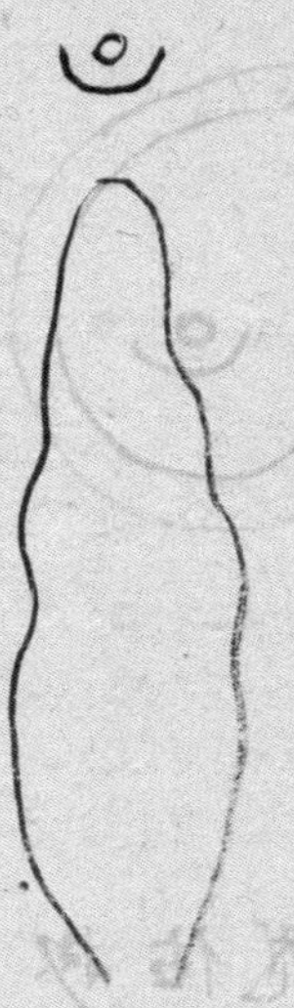

同上

抄估之格最不良下看主離鄉

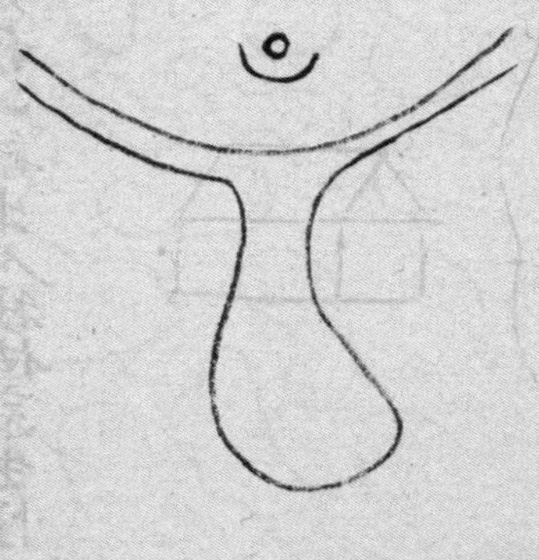

掃帚地格

掃帚地如箕模或㘭三角或分飛此
為徒配居休下貧窮困苦主逃移

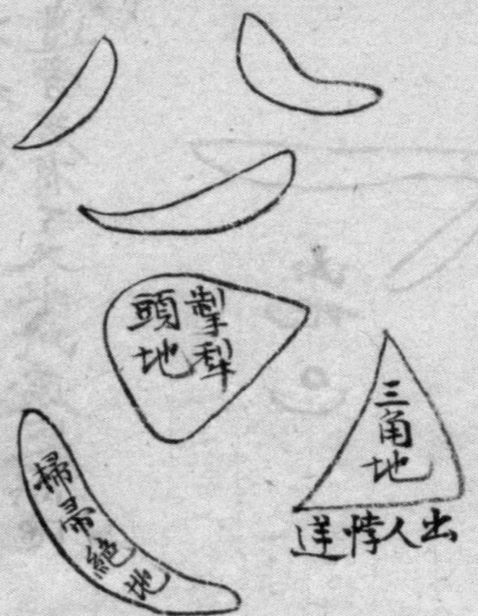

淫慾地格

淫慾地似鴨頭鴨頭之地不知羞面前
或似楸裙樣女兒媳婦上秦樓

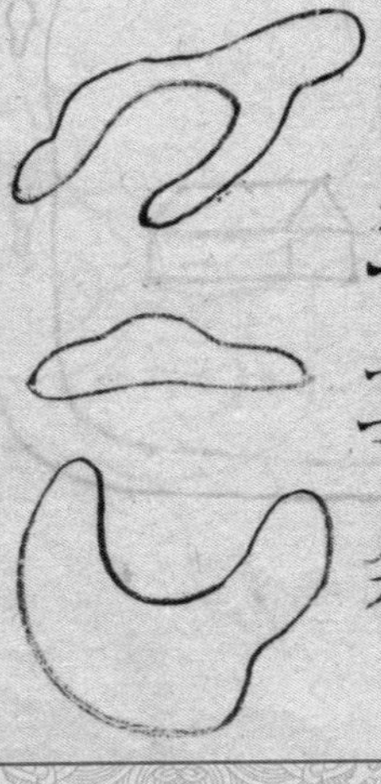

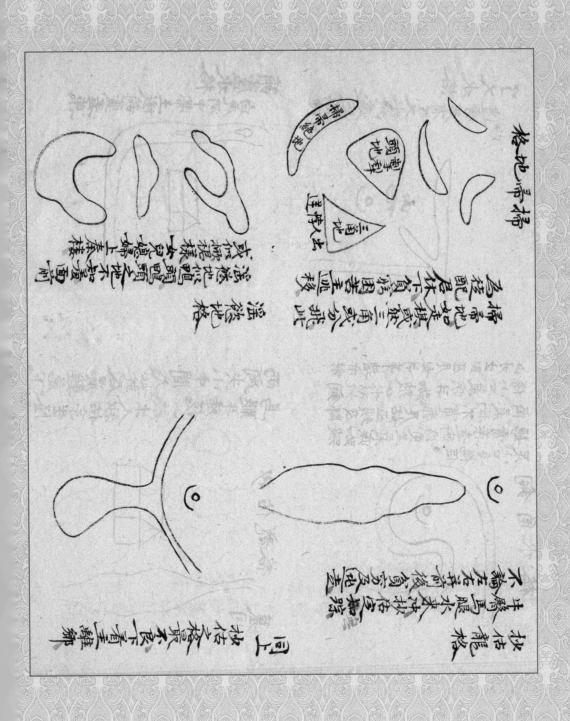

了叉水格

邊旁若有了叉水此處定無地

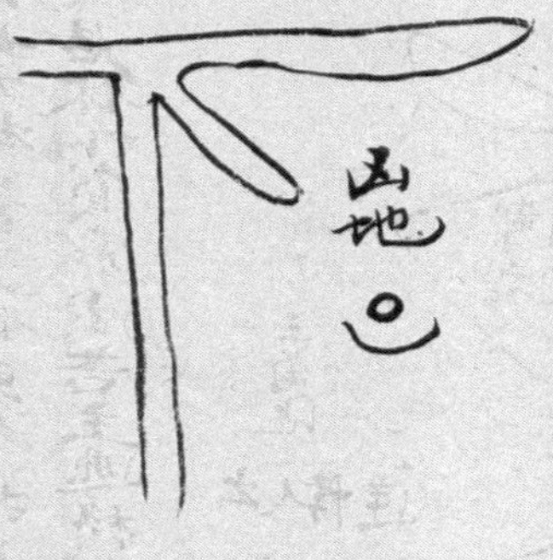

葫蘆水格

白虎河中帶土墩葫蘆毒藥

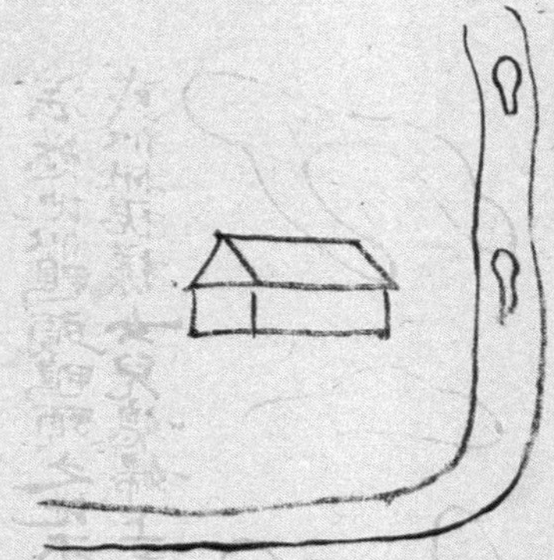

九宮掌訣

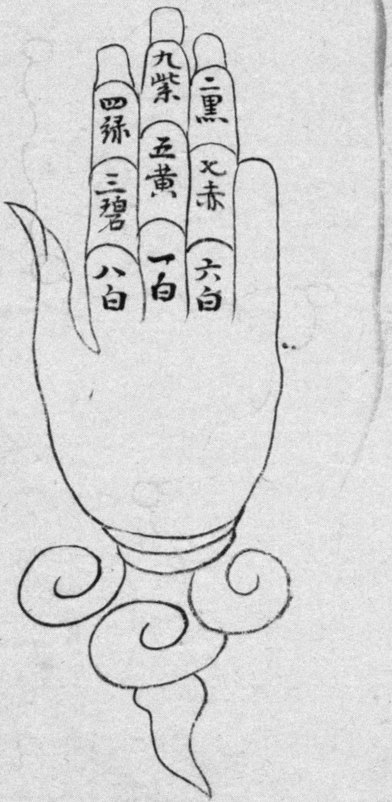

終

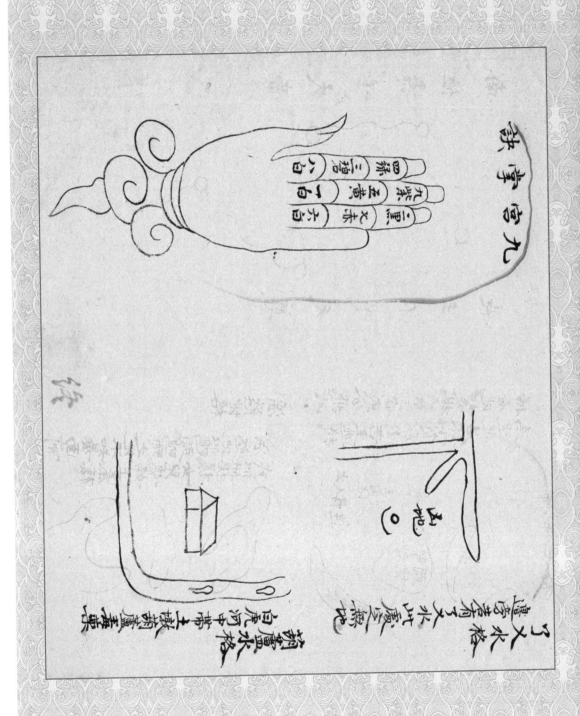

南極壽星大帝

長生不老天尊

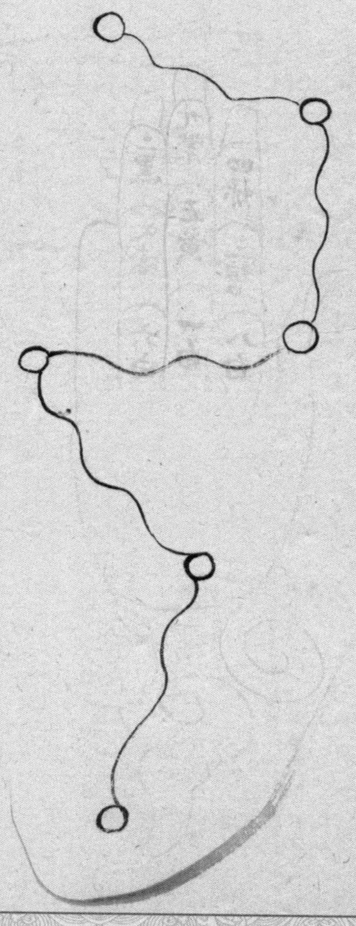

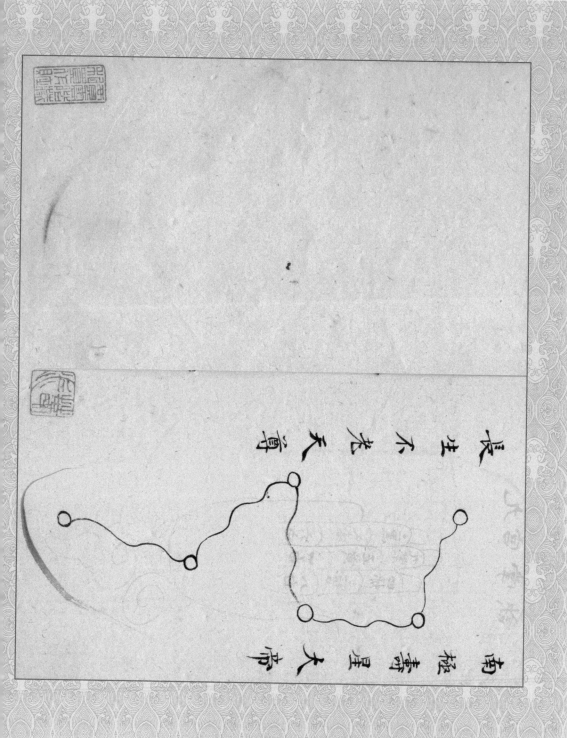